무조건 행복할 것

THE HAPPINESS PROJECT(REVISED EDITION)

무조건 행복할 것

HAPPINESS PROJECT

1년 열두 달,
내 인생을 사랑하는
12가지 방법

10주년
기념판

그레첸 루빈 지음
전행선 옮김

21세기북스

차례

9   **10주년 기념판 서문**
11   **프롤로그1 무조건 행복하기**
16   **프롤로그2 나의 행복 프로젝트**

1월 | **잡동사니부터 해치워라**

39   신체리듬을 되찾아라
43   규칙적인 운동이 보약
50   잡동사니를 해치워라
65   할 일을 미루지 마라
68   억지로라도 활기차게

2월 | **사랑의 증거를 보여라**

79   잔소리는 이제 그만
83   칭찬에 목숨 걸지 마라
86   올바르게 싸우자
95   떠넘기는 것은 최악
101   사랑의 증거를 보여라

3월 | **생산성이 올라가는 환경을 만들어라**

129   블로그의 즐거움
138   실패를 기뻐하라
141   도움은 적극적으로 요청하라
143   시간 활용은 효율적으로
146   지금 이 순간을 살라

4월 | **육아** | ### "안 돼!"라는 말은 하지 말자

160 아침은 노래로 시작하라
164 타인의 감정을 느껴라
170 집은 행복한 기억의 보물섬
179 이벤트는 여유롭게

5월 | **여가** | ### 최선을 다해 최고로 놀자

193 지금보다 더 즐거워질 수 있다
211 가끔 실없이 웃어라
212 가던 길을 벗어나보라
217 열정을 다해 수집하라

6월 | **인간 관계** | ### 친구는 지금 당장 만나라

235 친구의 생일을 기억하라
239 최대한 관대해질 것
251 자주자주 얼굴 보기
253 뒷담화는 절대 금물
257 새로운 친구를 사귀어라

7월   **경험이 확장되는 일에만 돈을 써라**

279 적당한 낭비를 즐겨라
294 필요하면 즉각 구입하라
302 지혜롭게 소비하라
308 욕망을 조절하라

8월   **영적 감성으로 영혼을 무장하라**

319 재난 회고록을 읽어라
329 감사장을 기록하라
336 영적 선지자의 삶을 배워라

9월   **성취의 만족감을 즐겨라**

366 글쓰기에 빠져보라
375 열정의 시간을 만들라
377 결과에는 연연치 마라
379 도전이야말로 행복 에너지다

10월 **포스트잇 한 장으로 충분하다**

391 선문답을 명상하라
394 삶의 원칙을 고찰하라
401 새롭게 마음을 자극하라
412 음식일지를 적어라

11월 **태도** **큰 소리로 웃어넘겨라**

427 큰 소리로 웃어넘겨라
432 좋은 태도를 가져야 한다
438 긍정의 힘을 사용하라
447 나만의 안식처를 만들어라

12월 **목표와 결심의 차이를 알아라**

464 프로젝트 완성하기

469 에필로그 당신의 행복 프로젝트

부록
472 행복 프로젝트 선언문
473 어른의 비밀
474 행복의 역설

476 추천도서 목록

스페인 속담에 이런 말이 있다.
'인도의 금은보화를 집으로 가져가길 원하는 사람은
이미 자신의 몸에 그것을 지니고 있어야만 한다.'

- 제임스 보스웰, 『새뮤얼 존슨의 생애』

행복해야 할 의무만큼
우리가 과소평가하는 의무도 없다.

- 로버트 루이스 스티븐슨

10주년 기념판 서문

이 책은 독자 여러분의 삶을 바꾸기 위한 접근법입니다. 첫째는 우리에게 기쁨과 만족, 죄책감과 분노, 지루함과 후회의 감정을 가져다주는 것은 무엇인지 알아내는 것입니다. 둘째로 우리가 할 일은 각오를 다지는 것인데, 각오와 함께 행복해질 수 있는 구체적인 행위를 확인할 수 있습니다. 그러고 나면 흥미로운 단계에 도달하는데, 바로 각오한 것을 지키는 단계입니다.

이 책은 제가 직접 시도하고 배웠던 행복 프로젝트 이야기입니다. 여러분의 프로젝트는 저와 다를 수 있겠지만, 행복 프로젝트를 시작하고도 아무런 혜택을 누리지 못하는 사람은 아마 거의 없을 겁니다. 여러분이 각자 행복 프로젝트에 관해 생각해보는 것을 돕기 위해 저는 정기적으로 블로그에 글을 쓰고, 주간 팟캐스트인 '그레첸 루빈과 함께 더 행복해지기Happier with Gretchen Rubin'에서도 행복을 주제로 토론하고 있습니다.

하지만 저는 지금 여러분 손에 든 이 책이 여러분의 행복 프로젝트를 위한 가장 강력한 영감이 되길 바랍니다. 물론 이 책은 저의 행복 프로젝트 이야기이기 때문에 개인적인 상황과 가치, 관심사가 반영되어 있습니다.

'만약 모든 행복 프로젝트가 고유하다면, 왜 굳이 그레첸 루빈의 프로젝트를 읽어야 하는 거지?' 아마 여러분은 이렇게 생각할지도 모릅니다. 하지만 행복에 관해 연구하면서 저는 매우 놀라운 사실 하나를 깨달았습니다. 보편적인 원리를 상세히 기술하거나 최신 연구를 인용한 출처보다 한 개인의 매우 독특한 경험을 통해 더 많은 것을 배운다는 것입니다. 특정인이 전하는 어떤 주장보다도 본인에게 특히 효과가 있었다고 말하는 개인 경험에서 더욱 큰 가치를 발견합니다.

우리에게 공통점이 전혀 없어 보일 때도 마찬가지입니다. 예를 들어, 저는 투레트 증후군을 앓는 재치 있는 사전 편찬가, 결핵을 앓는 20대 성자, 위선적인 러시아 소설가, 미국 건국의 아버지 중 한 명이 제게 가장 도움이 되는 안내자가 되리라고는 생각해본 적이 없습니다. 하지만 결국에는 안내자가 되었습니다. 독자 여러분도 제 책을 읽고 여러분 자신만의 행복 프로젝트를 시작하게 되기를 간절히 바랍니다.

무조건 행복하기

나는 막연하게나마 내 한계를 넘어설 수 있기를 늘 기대해왔다.

'언젠가는 머리카락 꼬는 습관을 고치고 말 거야. 운동화만 줄기차게 신는 습관도 버리고, 매일 똑같은 음식 먹는 것도 그만둬야지. 친구들 생일도 챙기고, 포토샵도 배우고, 셰익스피어도 읽어야지. 더 많이 웃고 즐기고, 예의 바르게 행동하고, 박물관에도 자주 다니고. 뭐, 언젠가는 운전을 즐기게 될 날도 오겠지.'

그러던 4월의 어느 날 아침, 갑작스럽게 한 가지 사실을 깨달았다. 바로 내가 삶을 허비하고 있다는 것. 빗방울이 부딪히는 시내버스 창밖을 내다보던 나는 불현듯 세월이 미끄러지듯 멀리 흘러가 버렸다는 것을 알게 되었다.

'도대체 내가 삶에서 원하는 게 뭘까? 아, 정말 행복해지고 싶은데…'

그동안 나는 무엇이 나를 행복하게 해주는지, 혹은 어떻게 하면 행복해질 수 있을지에 대해서 단 한 번도 생각해본 적이 없었다. 물론 행복하다고 느낄 만한 여건은 두루 갖추고 있었다. 까무잡잡한 피부에 키 크고 잘생기기까지 한 내 하나뿐인 사랑 제이미와 결혼했고, 눈에 넣어도 아프지 않을 일곱 살짜리와 한 살배기 두 딸도 있었다. 또한 나는 변호사면서 작가로도 활동하는 중이었고, 내가 가장 좋아하는 도시 뉴욕에서 부모님과 여동생, 시부모님과 살갑게 지내고 있었다. 좋은 친구도 있었고, 아직은 머리를 염색하지 않아도 될 만큼 젊고 건강했다. 그럼에도 불구하고 툭하면 남편이나 케이블 설치기술자 등을 비난했고, 업무상 사소한 차질이라도 생기면 크게 낙담하기도 했다. 오랜 친구들에게 소홀해지거나 쉽게 화를 냈으며, 갑작스러운 슬픔, 불안감, 무기력감, 걷잡을 수 없는 죄책감 등을 느끼기도 했다.

뿌옇게 습기 찬 버스 창밖을 내다보고 있는데 길을 건너는 형체가 눈에 들어왔다. 내 나이쯤 되어 보이는 한 여성이 우산의 균형을 잡으려고 애쓰면서 눈으로는 스마트폰을 들여다보고, 다른 손으로는 노란 우비를 입은 아이가 앉아 있는 유모차를 밀고 있었다. 그 광경은 내게 갑작스러운 깨달음을 주었다.

'저게 바로 나야!'

내가 바로 그렇게 살고 있었다. 지금 나는 공원 건너편에서 같은 구간을 왕복하는 버스를 타고 있지만, 내 인생도 유모차와 핸드폰, 아파트, 자명종, 이웃 등으로 둘러싸여 있었다. 그게 내 인생이었다.

그럼에도 나는 그것을 한 번도 진지하게 생각해본 적이 없었다.

나는 우울증이 있는 것도 아니면서 매사가 불만족스러웠고 심지어 타인에게 불신의 감정까지 느끼는 일종의 '중년기 불만 증상'을 겪고 있었다. '이게 정말 나야?' 아침에 일어날 때나 책상에 앉아 이메일을 읽을 때 나는 종종 묻곤 했다. '이게 정말 내가 맞는 거야?' 데이비드 번의 노래 〈일생에 단 한 번〉처럼 가끔씩 '이건 나의 아름다운 집이 아니야'라는 충격적인 생각이 들었다. 가끔은 무언가에 대해 '이게 정말 맞는 거야?'라고 생각하다가 결국 스스로 대답했다. '그래, 맞아.'

뭔가 빈 듯한 허전함에 만족감을 얻지 못하기는 해도, 내가 얼마나 운 좋은 사람인지는 잊은 적이 없다. 나는 자주 한밤중에 깨곤 하는데 그럴 때면 이 방 저 방 돌아다니며, 이불을 돌돌 말고 자는 남편과 폭신한 인형에 둘러싸여 곤히 잠든 아이들의 모습을 바라보면서 안도감을 느끼곤 한다. 나는 내가 원했던 거의 모든 것을 가졌지만 그 사실에 감사하지 못하고 있었다. 사소한 불만과 스쳐지나갈 위기에 압도당해서, 어쩌지 못하는 일과 싸우느라 지쳐서, 지금 내가 가진 것이 얼마나 훌륭하고 대단한지에 대해 충분히 이해하지 못했다. 하지만 언제까지나 현재를 당연한 것으로 치부하고 싶지는 않았다.

작가 시드니-가브리엘 콜레트의 말은 오랫동안 내 뇌리에 살아있었다.

"아, 나는 얼마나 아름다운 세상에서 살고 있는가! 이 사실을 조금만 일찍 깨달았더라면…"

나는 삶의 마지막 순간이나 크나큰 재난을 당한 후에야 과거를 돌이키면서, '그때는 정말 행복했어. 그 사실을 진작 깨달았어야 했는데'라고 후회하고 싶지 않았다. 그러니 이제라도 진지하게 고민해 볼 필요가 있었다. '어떻게 하면 평범한 일상에 감사하도록 나 자신을 훈련할 수 있을까? 어떻게 하면 아내로서, 엄마로서, 작가로서 그리고 친구로서의 나를 모두 지탱해줄 만한 수준 높은 규칙을 마련할 수 있을까? 어떻게 하면 일상의 사소한 마찰을 좀 더 넓고 초월적인 관점으로 바라보며 흘려보낼 수 있을까?'

이러한 생각에 골몰해 있던 탓에 내가 치약을 사러 가는 중이었다는 사실을 잊어먹을 뻔했다. 판에 박힌 일상의 틀에다 인생의 고상한 목표를 결합해야 한다는 사실이 현실감 있게 다가오지 않았다. 버스는 거의 움직이지 않았고, 나는 빠르게 흘러가는 생각의 갈피를 잡지 못하고 있었다. 그러나 나는 생각했다. '어찌됐든 시도라도 해봐야 해. 여유가 좀 생기면 내 행복을 위한 프로젝트를 시작해봐야겠어.'

하지만 내게 여유란 없었다. 쳇바퀴 돌 듯 바쁜 일상을 살면서 정말 중요한 문제를 생각해보기란 쉬운 일이 아니었다. 만약 진심으로 '행복 프로젝트'를 시도해보고자 한다면 일부러 시간을 내는 길밖에 없었다. 나는 그림처럼 아름다운 섬에서 매일 아침 조개껍질을 줍고 아리스토텔레스를 읽으며 고상한 양피지에 일기를 쓰고 있는 나를 잠시 상상해보았다. 그러나 그런 일은 결코 일어나지 않을 것이다. 지금 이곳에서 당장 그 방법을 찾아야만 했다. 우선 모든 것을 익숙하게 보았던 렌즈를 바꿔 끼워보자!

이 모든 생각이 마음속에 흘러넘치는 동안, 나는 두 가지 사실을 깨달았다. 첫째, 내가 마땅히 행복해야 할 만큼 행복하지 않다는 것과 둘째, 스스로 바꾸려고 시도하지 않는 한 내 삶은 절대 바뀌지 않는다는 것이었다. 바로 그 순간, 나는 더 행복해지기 위해서 내 한 해를 투자해보리라 결심했다.

이 책은 내가 1년간 행복을 찾기 위해 고군분투한 여정의 기록이다. 열정 가득했던 행복 프로젝트 완수 후 나는 당당히 '행복'을 쟁취했고, 현재 그 행복 바이러스를 보다 많은 사람들에게 퍼뜨리고자 애쓰는 중이다.

프롤로그 2

나의 행복 프로젝트

'행복 프로젝트'라는 행복한 기획을 떠올렸지만, 곧바로 이 일에 뛰어드는 것은 불가능했다. 시작에 앞서 배워야 할 것이 너무도 많았다. 몇 주 동안 엄청난 양의 독서를 한 후에, 어떤 식으로 실험을 시작해야 할지에 관해 이런저런 생각을 하다가 동생 엘리자베스에게 전화를 걸었다. 행복에 관한 내 생각을 20분 정도 귀담아 들은 후 동생은 이렇게 말했다.

"언니는 자기가 얼마나 괴짜처럼 보이는지 짐작도 못할걸."

그러고는 재빨리 덧붙였다.

"물론 좋은 쪽으로."

"사람은 누구나 다 괴짜야. 그러니 모든 사람의 행복 프로젝트가 다 달라야 하는 거지. 다들 독특하니까."

"그럴지도 모르지. 하지만 언니의 얘기가 얼마나 웃긴지 알아?"

"웃겨? 왜?"

"행복이라는 게 확실하고 체계적인 방식으로 접근할 수 있는 것처럼 얘기하잖아."

나는 동생의 말을 이해할 수 없었다.

"지금 내 방식이 죽음에 대해 명상하거나 현재를 성찰하는 것 같은 정신적 문제를 구체적인 실행 항목으로 바꾸는 것 같다고 말하는 거니?"

"그래, 그거야. 사실 난 실행 항목이 뭔지 잘 모르겠지만 말이야."

"경영학 용어야."

"알았어. 뭐가 됐든 상관없어. 내가 하고 싶은 말은 행복 프로젝트가 언니가 알고 있는 것보다 언니 자신에 대해 더 잘 보여준다는 거야."

물론 동생이 옳았다. 사람은 자신이 배울 필요가 있는 것을 가르친다고 하지 않는가. 나 역시 스스로를 위한 행복 찾기 강사가 되어 내 결점과 한계를 극복할 방법을 찾아보려고 애쓰는 중이었다. 이제는 나 자신에게 더 많은 것을 기대해도 될 만한 시기였다. 하지만 행복에 대해 생각할 때마다 여러 모순에 부딪히곤 했다. 한 예로, 바꾸고 싶은 마음과 있는 그대로의 나를 인정하고 싶은 마음 중 어떤 것이 더 큰지 가늠하기가 힘들었다. 또한 나를 너무 진지하게 받아들이지 않으면서도, 한편으로는 나에 대해 깊이 생각해보려고 했다. 시간을 잘 활용하고 싶은 마음이 굴뚝같았음에도, 마냥 돌아다니거나 하염없이 책을 읽고 싶은 마음 역시 뿌리치기 힘들었다. 나에 대한 생각을 물리치고자 더욱 나 자신에 대해 생각하기도 했다. 늘 조바심을 내고 있었고, 미래에 대한 선망과 불안을 떨쳐버리고 싶었음에도 열정과 야망만은 포기하지 못했다. 동생과의 대화를 통해 나는 행복 프로젝트의 동기에 대해 다시 한 번 생각하게 되었다.

'지금 나는 원칙에 전념하는 성공적 삶과 영적인 성장을 동시에 추구하고자 하는 걸까? 혹시 지금껏 내 모든 삶에 적용해온 완벽주의 기질을 더욱 확장하려는 것은 아닐까?'

내 행복 프로젝트는 두 가지 모두에 해당했다. 특히 내 천성적인 기질로 보아 도표와 실행 가능한 목표, 계획표, 강박적인 노트 정리가 수반될 것이 불 보듯 뻔했다.

세대를 이어가면서 위인들은 행복이라는 질문의 답을 찾으려 노력해왔다. 따라서 처음 조사를 시작할 때 나는 가장 먼저 플라톤, 보에티우스, 몽테뉴, 버트런드 러셀, 헨리 데이비드 소로, 쇼펜하우어 등을 공략했다. 위대한 종교 역시 행복의 특성을 역설하고 있기에 널리 알려진 종교부터 소수 종교에 이르기까지 광범위하게 탐구했다. 최근 몇 십 년간 긍정심리학에 관한 과학적 관심도 폭발적으로 증가해왔기에 마틴 셀리그만, 대니얼 카너먼, 대니얼 길버트, 배리 슈워츠, 에드 디너, 미하이 칙센트미하이, 소냐 류보머스키의 책을 모두 찾아 읽어보았다. 대중문화 역시 다수의 행복 전문가를 양산하고 있었다. 오프라 윈프리를 비롯해 줄리 모건스턴, 데이비드 알렌 등을 직접 만나 자문을 구했다. 행복에 관한 가장 흥미로운 통찰력은 내가 좋아하는 소설가들인 톨스토이, 버지니아 울프, 매릴린 로빈슨 등의 작품에서 얻을 수 있었는데, 사실 마이클 프레인의 『태양에 착륙하기』나 앤 패쳇의 『벨칸토』, 그리고 이안 맥이완의 『토요일』 등도 행복론에 관해 매우 신중하게 접근하고 있었다.

나는 쉴 새 없이 철학, 전기, 심리학책을 번갈아가며 읽어댔다. 침대 옆에 쌓여가는 책 더미에는 말콤 글래드웰의 『블링크』, 애덤 스미스의 『도덕감정론』, 엘리자베스 폰 아르님의 『엘리자베스와 그녀의 독일식 정원』, 달라이 라마의 『달라이 라마의 행복론』, 마지막으로 '플라이레이디'라는 애칭으로 잘 알려진 말라 실리의 『싱크대에 비친 내 모습』도 있었다. 친구와의 저녁 식사에 딸려 나온 포춘 쿠키 속에서도 지혜의 말을 얻을 수 있었다. "행복은 먼 곳이 아니라 당신의 집 안에 있습니다."

이러한 책읽기가 나에게 일러준 것은 두 가지 중요한 질문에 답을 해야만 계속해서 앞으로 나아갈 수 있다는 사실이었다. 첫 번째 질문은 '나는 스스로를 더욱 행복하게 만들 가능성이 있다고 진심으로 믿는가?'였다. 사실 세트 포인트 이론(set-point theory: 체중이나 체지방을 일정 수준으로 유지하려는 경향)에서 말하고자 하는 바도 한 개인의 기본적인 행복 수준은 약간의 변화만 있을 뿐 그다지 큰 변동을 보이지 않는다는 것 아닌가? 하지만 나의 결론은 '그래, 충분히 가능해'였다.

최근 한 연구에 따르면 개인의 행복 수준을 결정하는 것은 유전적 요인이 거의 절반이고, 다음으로 나이, 성별, 인종, 결혼생활, 수입, 건강, 직업, 종교 같은 생활환경이 10~20퍼센트 정도, 나머지는 그 사람의 생각과 행동방식이 결정짓는다고 한다. 다시 말해 사람은 누구나 타고난 성향과 기질에 어느 정도 지배된다 할 수 있지만, 자신의 생각과 행동방식에 따라 행복의 범위를 최고조까지 끌어올리거나 바닥까지 끌어내릴 수 있다는 것이다. 이러한 결과는 그동안 이루어진 나의 관찰과 연구에 확신을 주었다. 즉 사람들은 습관적으로 행복해하거나 우울해한다는 것이다. 또한 삶에 대한 자세도 행복에 영향을 미친다.

두 번째 질문은 '행복이란 무엇인가?'였다. 법대 학생들은 한 학기 내내 '계약contract'이라는 단어를 가지고 토론하는데, 행복에 대해 심도 깊은 조사를 하는 동안 나는 그때 했던 토론의 효과를 톡톡히 보았다. 학문에서는 한 가지 용어를 정확하고 깊이 있게 정의함으로써 여러 가치를 찾아낸다. 긍정심리학 연구에서는 행복이라는 단어에 대해 여러 정의를 내리고 있지만, '긍정적 정서'니 '주관적 안녕감'이니 '쾌락적 어조'니 하는 용어의 차이점을 탐구하느라 애쓰는 것은 부질없어 보인다.

대신 나는 "정의할 수는 없지만 보면 안다"라고 말함으로써 포르노의 외설스러움을 정의했던 대법원 판사 포터 스튜어트나 "재즈가 뭐냐고 묻는 사람이 있다면 그는 평생 그 답을 얻지 못할 것이다"라고 말했던 루이 암스트롱, 혹은 "시를 정의하는 것이 요크셔테리어가 쥐를 정의하는 것보다 나을 것이 없지만, 자신은 사물이 불러일으키는 징후를 통해 그 대상을 인지한다"라고 말했던 시인 A. E. 하우스만의 멋진 선례를 따르기로 했다.

아리스토텔레스는 "행복이 최고의 선"이라 주장했는데, 어떤 사람은 권력이나 부, 또는 몸매 관리 등의 '다른 선'도 원한다. 그것이 자신을 행복으로 인도해주리라 믿기 때문이다. 파스칼은 "인간은 모두 행복해지길 원하며, 여기에 예외란 없다. 사람마다 각기 다른 수단을 이용하기는 해도 모두 같은 목적지를 향해 가고 있다"라고 주장했다. 한 연구에 따르면 사람들에게 자신의 삶에서 가장 원하는 것과 혹은 자녀들의 삶에서 가장 바라는 것을 질문하면 하나같이 '행복하게 사는 것'이라고 답한다고 한다. '행복'의 정의에는 동의하지 못하는 사람들도 모든 이가 '더 행복해질 수 있다'는 사실에는 동의하는 것이다. 나는 내가 언제 행복을 느끼는지 정도는 알고 있었다. 그러니 그로써 두 번째 질문에 대한 답을 할 수 있었다.

행복을 정의하는 과정에서 내가 도달한 또 하나의 중요한 결론은 '행복'의 반대 개념이 '불행'이 아닌 '우울'이라는 사실이었다. 그러나 그 원인이나 치료법에 대해 짚고 넘어가는 것은 내 행복 프로젝트의 범주를 넘어서는 일이니 일단 접어두기로 했다.

나는 행복의 수준을 향상시키는 것이 가능하고, '더 행복해지는 것'이 무엇인지를 깨달았다는 확신이 들었다. 그래서 나 자신을 더욱 행복하게 만들 수 있는 구체적인 방법을 찾아보기로 했다.

내가 행복에 관해 놀랄 만한 새로운 사실을 발견할 수 있을까? 아마도 아닐 것이다. 수천 년 동안 인간은 행복에 대해 생각해왔고, 행복에 관한 위대한 진실은 이미 모두에게 알려져 있다. "중요한 말도 이미 나올 만큼 다 나왔다." 심지어 이 말조차도 영국의 철학자이자 수학자인 앨프리드 노스 화이트헤드가 했던 말이다.

행복의 법칙은 화학의 법칙만큼이나 확고하게 정립되어 있다. 비록 내가 그 법칙을 만들지는 않았지만 다른 누구도 아닌 나 자신을 위해 씨름 정도는 해봐야 하지 않겠는가. 그것은 다이어트와 마찬가지다. 누구나 다이어트의 비밀을 안다. 적게 먹고 많이 운동하기. 말은 쉽지만 지켜나가기는 만만치 않다. 따라서 나는 행복의 법칙을 꾸준히 실행할 수 있도록 계획을 짜야만 했다.

미국 건국의 아버지라 불리는 벤저민 프랭클린은 자아실현의 수호성인 같은 사람이다. 『자서전』 속에서 그는 "도덕적 완결에 도달하기 위한 대담하고 열정적인 프로젝트"의 일환으로 '덕목 실천표'를 고안하게 된 경위를 설명하고 있다. 그는 스스로 양성하길 원하는 덕목으로 절제, 침묵, 질서, 결단, 절약, 근면, 진실, 정의, 중용, 청결, 평온, 금욕, 겸손 등 열세 가지를 꼽고 도표를 만들어 요일마다 그 덕목들을 적어놓았다. 그리고 매일 그 열세 가지 덕목을 모두 성실히 실행에 옮겼는지를 살펴 점수를 매겼다.

도표를 만들어 원하는 바를 실행에 옮겼던 그의 방식은 매우 현명했다. 사람들은 체계가 있는 책무와 긍정적 강화가 있는 구체적이고 평가 가능한 행위로 목표를 세분화했을 때 실행 면에서 큰 진전을 보이는 경향이 있다.

또한 최근 뇌과학 이론에 따르면 무의식이 판단이나 동기 또는 느낌을 형성하는 데 매우 중요한 작용을 한다고 한다. 여기서 느낌이란 우리의 인식이나 의식 바깥의 것을 의미한다. 또한 무의식 작용에 영향을 미치는 요인은 정보의 접근 용이성, 또는 그것과 함께 마음속에 떠오르는 편리성이다. 최근에 수집한 정보나 과거에 자주 이용했던 정보는 활용하기 쉽기 때문에 기동력 있는 정보가 된다. 나에게 '접근 용이성'은 나 자신에게 특정 목표나 아이디어를 지속적으로 상기시킴으로써 마음에 활기를 띠게 해주는 것을 의미한다.

따라서 나는 나만의 점수표를 고안해냈다. 그것은 일종의 달력과 같은 것으로 그 위에 내가 한 모든 결심을 적어놓고 각각의 결심에 매일 √(했음), 또는 ×(못했음)를 표시하는 것이다. 텅 빈 표를 만들고 난 후, 어떤 결심으로 각 칸을 채울지 결정하는 데는 꽤 오랜 시간이 걸렸다. 프랭클린의 열세 가지 덕목은 내가 길러보고 싶은 자질과는 들어맞지 않았다. 솔직히 '청결'은 내가 그다지 신경 쓰지 않는 사항이었다.

그렇다면 지금보다 더 행복해지려면 무엇을 어떻게 해야 할까? 우선은 개선하고자 하는 영역을 설정하고 행복을 키워줄 결심을 실현 가능한 형태로 제시해야만 했다. 예를 들어, 제정 로마 시대의 정치가이자 철학자였던 세네카부터 마틴 셀리그만에 이르기까지 모든 사람은 '우정이 행복의 주요 원천'이라는 데 동의했고, 나 역시 우정을 더욱 강화하기를 간절히 바랐다. 문제는 정확히 어떻게 해야 바라는 변화를 성취할 수 있는가였다. 스스로에게 무엇을 기대할 수 있을지를 확실히 알 수 있는 구체적인 방법이 필요했다.

실현 가능한 결심을 고민하는 동안 머릿속을 맴도는 생각이 하나 있었는데, 그것은 내 '행복 프로젝트'가 다른 이들의 것과 얼마나 다를까에 관한 것이었다. 프랭클린이 말한 행복의 자질에는 '절제(둔해질 정도로 먹지 않는다. 취할 때까지 마시지 않는다)'와 '침묵(가능한 적게 말하고, 적게 장난치고, 적게 농담한다)'이 포함되어 있었다. 다른 사람의 결심에는 체육관에 다닌다, 담배를 끊는다, 성생활을 향상시킨다, 수영을 배우고 자원봉사를 시작한다 등이 포함되어 있을지도 모른다. 하지만 나는 그런 결심이 필요치 않았다. 내게는 나만의 고유한 우선순위들이 있었고, 거기에는 다른 이의 목록에서도 쉽게 찾아볼 수 있는 사항과 다른 이는 전혀 포함시키지 않을 것 같은 사항도 있었다.

한 예로, 친구가 이렇게 물었다.

"상담치료도 받을 거지?"

"아니, 왜 내가 상담치료를 받아야 되는 거야?"

나는 놀라서 물었다.

"그게 얼마나 중요한데. 네 행동의 근원을 알고 싶으면 당연히 상담치료를 받아야 해. 네가 어떤 사람인지, 또는 왜 네 인생이 다른 사람의 것과 다르길 원하는지 그 이유가 궁금하지 않아?"

나는 그의 말을 한동안 곰곰이 생각해보았다. 그리고 결정했다.

'아니, 별로 궁금하지 않아.'

이런 내가 가식적인 것일까? 물론 많은 사람에게 상담치료가 꽤 도움이 된다는 사실을 모르는 바는 아니었지만, 내가 정말 다루고 싶은 이슈는 바로 눈앞에 놓여 있는 것이어야 했고, 당시 내가 진정으로 찾아내고자 했던 것은 나만의 고유한 접근 방식이었다.

나는 매달 다른 주제에 초점을 맞추고 싶었다. 그래서 1년, 열두 달이라는 시간은 내가 앞으로 채워야 할 열두 개의 칸을 의미했다. 자료조사를 통해 행복에서 가장 중요한 요소가 사회적 유대감이라는 사실을 배웠기에, 나는 '결혼, 부모 역할, 우정'을 목록에 집어넣기로 했다. 또한 행복은 내가 세상을 바라보는 관점에도 의존한다는 사실 역시 깨달았기에 '영원'과 '태도'라는 항목도 목록에 포함시키기로 했다. 일과 여가도 내게는 행복으로 다가서는 중요한 요소였기에 '일, 여가, 열정'도 채택했다.

또 무엇을 넣으면 좋을까? 전체 프로젝트를 성공으로 이끄는 데 '활력'도 기본 요소가 될 것 같았다. '돈'도 다루고 싶은 주제 중의 하나였다. 몇몇 통찰력 있는 견해를 탐구하고자 '마음챙김mindfulness'도 추가했다. 이렇게 나의 열두 가지 주제가 확정되었다. 1년의 마지막 달인 12월은 내가 이 모든 결심을 전부 완벽하게 실행에 옮기는 달이 될 것이다. 그런데 어떤 주제를 가장 먼저 실천에 옮겨야 할까? 행복해지기 위해서는 어떤 요소가 가장 중요할까?

우선 '활력'을 가장 먼저 공략하기로 했다. 활력이 넘친다면 다른 결심을 실행에 옮기는 데도 많은 도움이 될 것이 확실했기 때문이다.

정확하게 1월 1일, 프로젝트 실행의 첫발을 내딛기로 한 날, 나는 열두 개의 결심이 적힌 도표를 완성했다. 첫 달에는 오직 한 가지 결심만 지키려 노력할 것이다. 2월에는 1월의 결심까지 더해 두 가지를 실행에 옮겨야 한다. 12월이 되면 열두 개의 결심 모두를 제대로 실천하고 있는지 스스로 평가하고 점수를 매길 작정이었다.

내가 열두 가지 결심을 명확하게 정의하는 동안, 몇 가지 중요한 원칙이 수면 위로 떠오르기 시작했다. 그 원칙들을 하나하나 고르고 걸러내는 일은 고된 작업이었지만, 마침내 다음과 같은 나만의 12계명에 도달할 수 있었다.

나의 행복 12계명

1. 나다워지기

2. 연연하지 않기

3. 느낀 대로 행동하기

4. 미루지 말고 실행에 옮기기

5. 겸손하고 공평해지기

6. 과정을 즐기기

7. 소비하기

8. 문제가 무엇인지 확실히 파악하기

9. 가벼워지기

10. 반드시 해야 할 일이라면 피하지 않기

11. 계산하지 않기

12. 열심히 사랑하기

이 12계명이 내가 결심을 지키고자 애쓰는 데 상당한 도움이 될 것이다.

나는 살짝 우스울 수도 있는 '어른의 비밀'이라는 목록도 만들었다. 그것은 내가 어른으로 성장하면서 실제 생활을 통해 체득한 일종의 교훈이었다. 처방전 없이 살 수 있는 약이 실제로는 두통을 더 잘 낫게 한다는 사실을 이해하고 포용하는 데 왜 그토록 오랜 세월이 걸렸는지 지금도 잘 모르겠지만, 어쨌든 그것은 사실이었다.

어른의 비밀

○ 다른 사람은 당신의 실수를 잘 눈치채지 못한다

○ 도움을 구하는 것은 부끄러운 일이 아니다

○ 모든 결정에 강도 높은 연구조사가 필요한 것은 아니다

○ 좋은 일을 하면 기분도 좋다

○ 모두에게 친절하게 대하는 것이 무엇보다 중요하다

○ 스웨터를 챙겨 다녀라

○ 매일 조금씩 실천하면 큰 결실을 얻을 수 있다

○ 비누와 물만 있으면 더러움은 대부분 씻겨나간다

○ 단지 몇 번 켰다 끄는 것만으로도 웬만한 컴퓨터 문제는 다 해결할 수 있다

○ 어떤 물건을 도저히 찾을 수 없다면 청소를 해라

○ 자신이 하는 일을 선택할 수는 있지만, 하고 싶은 일을 선택할 수는 없다

○ 행복의 원칙이 늘 사람을 행복하게 만드는 것은 아니다

○ 어쩌다 한 번씩 하는 일보다 매일 꾸준히 하는 일이 훨씬 중요하다

O 모든 일을 다 잘할 필요는 없다

O 실패해본 적이 없다는 것은 열심히 노력해본 적도 없다는 뜻이다

O 처방전 없이 살 수 있는 약도 상당히 잘 듣는다

O 완벽함이 선함의 적이 되게 하지는 마라(완벽함만 추구하다가는 일을 그르친다)

O 다른 사람에게 즐거운 일이라고 해서 내게도 반드시 즐거운 일이 되라는 법은 없다

O 사람들은 자신이 받고 싶은 선물 목록에 올려놓은 것 중 하나를 당신이 선물해주기를 바란다

O 끊임없는 잔소리나 예절학교에 보내는 것으로 아이들의 타고난 기질을 바꿀 수 없다

O 가는 게 있어야 오는 게 있다

O 비상용 두루마리 화장지 하나쯤은 어딘가에 보관해두어라

나는 즐거운 마음으로 12계명과 어른의 비밀 목록을 작성했다. '행복 프로젝트'의 핵심은 내가 삶에서 이루고 싶은 변화를 담은 결심목록에 잘 드러나 있었다. 그런데 몇 걸음 물러나 다시 살펴보니 규모가 너무 작다는 것이 마음에 걸렸다.

1월을 예로 들어보면, '일찍 자기, 미뤄놓은 일 해치우기'는 그다지 극적이거나 다채롭다거나 야망에 찬 것이라 할 수 없었다. 사실 월든 호숫가로 삶의 터전을 옮긴 헨리 데이비드 소로나 이탈리아, 인도, 인도네시아 등지로 날아가버린 엘리자베스 길버트 같은 사람

의 급진적인 행복 프로젝트가 나를 더 들뜨게 했다. 새로운 출발, 자신만의 온전한 책임, 미지로의 이끌림이 있는 그들의 여정은 그 자체로 광채를 뿜어내는 듯했고, 일상의 근심에서 멀어지는 그 여행에서 나는 대리 만족을 느끼며 황홀해했다.

하지만 내 프로젝트는 그들과 달랐다. 나는 모험심 가득한 영혼을 품은 것도 아니고 엄청난 변화를 원하지도 않았다. 아니, 원한다 할지라도 그것을 감당해낼 수 없었을 테니 어찌 보면 행운이라 할 수도 있었다. 내게는 가족과 지켜야 할 책임이 있었으니 혼자 떠나 있는다는 건 1년은 고사하고 일주일도 사실상 불가능했다.

더 중요한 사실을 들자면, 지금까지 살아온 삶 자체를 부인하고 싶지는 않았다. 내가 꾸려나가는 부엌 안에 묻혀 있던 행복을 발견함으로써 크나큰 변화 없이도 삶을 바꿔보고 싶었던 것이다. 내게 있어 행복이란 반드시 머나먼 곳이나 특별한 상황에서 발견되는 것이 아니었다. 마치 행복을 전해준다는 파랑새를 찾아 두 남매가 온 세상을 떠돌아다니다가 결국 집에 돌아가 그곳에서 파랑새를 발견하게 된다는 이야기처럼 행복은 바로 여기, 내가 있는 곳에서, 지금 당장 찾을 수 있는 것이어야 했다.

많은 사람이 내 행복 프로젝트에 이런저런 의견을 주었는데 우선 남편의 이야기부터 살펴보면 이러하다.

"난 도저히 이해를 못하겠어."

운동을 하느라 바닥에 누워 있던 남편이 말했다.

"당신 정도면 이미 충분히 행복한 거 아냐? 정말 불행하다고 느낀다면 지금 이러는 게 이해가 되겠지만, 그런 거 아니잖아?"

그는 잠시 멈췄다가 다시 물었다.

"혹시 정말 불행하다고 생각하는 거 아니지?"

"아니야, 행복해."

나는 남편을 안심시키고는 새로 얻은 전문지식을 뽐냈다.

"사실 대부분의 사람들이 꽤 행복하다고 느낀대. 2006년 시행된한 연구에 따르면 미국인의 84퍼센트가 자신을 '매우 행복하거나 꽤행복한' 사람이라고 생각한다는 거야. 그리고 45개국에서 동시에 이루어진 한 조사에 따르면 1에서 10까지의 척도를 주자 사람들은 평균적으로 7을, 1에서 100까지의 척도를 주자 75를 자신의 행복 점수로 선택했다고 해. 나도 그 행복 측정 설문지로 점수를 매겨봤는데, 1에서 5까지의 척도에서 3.92가 나오더라고."

"근데 정말 당신이 행복하다면, 왜 행복 프로젝트 같은 걸 하려고하는데?"

"그래, 난 행복해. 하지만 당연히 행복해야 할 만큼 행복하지는 않다는 거, 그게 문제야. 말 그대로 근사한 인생을 살아가고 있으니 그것에 더욱 감사하고 싶기도 하고, 또 더욱 행복해지기 위해 노력하고도 싶어."

내 의도를 설명하기가 그다지 쉽지는 않았다.

"나는 쉴 새 없이 불평하고 그러지 않아도 될 일에 쉽게 짜증을 내잖아. 좀 더 감사할 줄 알아야 한다는 거지. 만약 내가 더 행복하다고느끼게 되면 행동도 더 나은 쪽으로 변하게 될 거야."

"정말 이런 것들이 당신이 원하는 변화를 가져다줄 거라고 생각하는 거야?"

그가 아직은 선만 그어져 있는 내 결심목록을 손으로 가리키며 물었다.

"글쎄, 이제 알게 되겠지."

"음, 그러길 바라."

남편이 심드렁하게 대꾸했다.

며칠 후 한 칵테일파티에 초대받아 갔을 때는 남편보다 더 회의적인 사람을 만나기도 했다. 그가 나의 행복 프로젝트 아이디어에 관해 노골적으로 비웃기 시작하면서 칵테일파티는 박사학위 논문심사처럼 변해버렸다.

"그레첸, 그 프로젝트라는 게 본인이 스스로를 더 행복하게 만들 수 있을지의 여부를 한 번 알아보겠다는 건가요?"

그가 물었다.

"맞아요."

나는 들고 있던 와인 잔과 냅킨, 그리고 베이컨말이를 양손에 바꿔 잡으며 지적으로 보이고자 애쓰면서 대답했다.

"기분 나쁘라고 하는 말은 아니지만, 도대체 요점이 뭐예요? 내 생각에는 어떻게 하면 평범한 사람이 더 행복해질 수 있는가를 연구하는 게 그리 흥미로울 것 같지는 않거든요."

나는 적당한 말이 떠오르지 않았다. 그때 그가 다시 말했다.

"그건 그렇고, 그레첸은 평범하다고 할 수 없잖아요. 최고의 교육

을 받았고 전업 작가에다가 어퍼이스트사이드(Upper East Side: 맨해
튼에 있는 부유층이 사는 지역)에 살고 있고 남편도 전문직에 종사하는
데, 어떻게 그레첸 같은 사람이 중서부 지역에 사는 사람들에게 행
복해지는 방법 같은 것을 말할 수 있겠어요?"

"나도 중서부 출신이에요."

내가 기어들어가는 목소리로 대꾸했지만, 그는 들은 체도 않고 말
을 이었다.

"그렇기 때문에 난 당신이 다른 사람에게도 유용한 통찰력을 보여
줄 것 같지 않아요."

"글쎄요. 난 사람들이 서로에게서 많은 것을 배울 수 있다는 사실
을 경험을 통해 믿게 됐어요."

"내가 보기에는 그레첸의 경험이 그다지 잘 전달될 것 같지는 않
은데요."

"최선을 다해봐야죠."

이렇게 대답하고 나는 다른 대화 상대를 찾아 자리를 옮겼다.

언제나처럼 나를 의기소침하게 만들었던 그 사람은 프로젝트를
실행하기에 앞서 내가 정말 걱정하고 있는 한 가지는 간파하지 못했
다. 바로 스스로의 행복에 관심과 노력을 기울이는 것이 지극히 자
기중심적인 행동은 아닐까 하는 것이었다.

나는 이 질문을 오랫동안 생각해보았다. 그리고 행복해지기 위해
노력하는 것은 도전해볼 만한 가치가 있는 목표라고 주장했던 고대
철학자들과 현대 과학자들의 편에 서기로 했다. 아리스토텔레스에

따르면 "행복은 삶의 의미이자 목적이며, 인간 존재의 목표이자 종착점"이다. 또한 에피쿠로스는 이렇게 적고 있다. "우리는 행복을 얻기 위해 스스로 역량을 발휘해야 한다. 만약 지금 행복을 누리고 있다면 모든 것을 가진 것이나 다름없고, 행여 갖지 못했다면 그것을 얻을 수 있도록 모든 역량을 쏟아부어야 할 것이다."

현대의 연구 결과를 살펴보면 행복한 사람은 불행한 사람들보다 훨씬 이타적이고 생산적일 뿐만 아니라, 호감이 가고 창조적이며 융통성 있고 친근하고 건강하기까지 하다고 한다. 그뿐 아니라 행복한 사람은 더 좋은 친구, 더 좋은 동료, 더 좋은 시민이 된다고 한다. 나도 그런 사람들 중 하나가 되고 싶었다.

행복해지면 좋은 사람이 되기가 훨씬 쉬워지리라는 것은 짐작하기 어렵지 않았다. 참을성도 많아지고 활기 있고 쾌활하고 관대해질 것이다. 나의 행복을 위해 노력하는 것은 단지 나만 행복하게 해주는 것이 아니라 분명 내 주변 사람의 행복까지도 함께 고양시킬 것이다.

프로젝트의 초반부터 깨닫고 있던 것은 아니지만, 사실 나는 '준비'하기 위해 행복 프로젝트를 시작했다. 제법 운 좋은 나였지만 그것이 영원하지는 않을 것이기 때문이다. 칠흑같이 어두운 밤 갑자기 전화벨이 울리면 나는 이미 그것이 어떤 전화인지 알고 있을 것이다.

언제 일어날지 모르는 불행한 사태에 대처할 수 있도록 자기 수양을 하고 정신적 습관을 길러야 한다. 아무런 소요 없이 평화로운 삶이 이어지고 있을 때가 바로 운동을 시작하고, 잔소리를 줄이고, 사진첩을 정리할 가장 좋은 시기다.

1월

활력

잡동사니부터 해치워라

✓ 신체리듬을 되찾아라

✓ 규칙적인 운동이 보약

✓ 잡동사니를 해치워라

✓ 할 일을 미루지 마라

✓ 억지로라도 활기차게

JANUARY

옷장 정리라는 지극히 평범한 일을 처리함으로써
그토록 큰 효과를 얻을 수 있으리라고 누가 상상이나 했을까?
정말 중요한 것은 비워냄으로써 오히려 더 채워지는
소중한 경험을 했다는 사실이다.

다른 사람들과 마찬가지로 나도 새해가 되면 신년 계획을 세우지만 매번 작심삼일에 그치고 만다. '올해는 운동도 열심히 하고, 몸에 좋은 음식도 챙겨 먹고, 이메일도 미루지 않고 제때 정리해야지.' 이런 결심은 거의 매년 했던 것 같다. 그렇지만 올해는 행복 프로젝트에 맞춰 새해 계획을 세웠으니 결심대로 지켜나가기가 훨씬 수월하리라 믿는다.

행복 프로젝트를 시작하면서 나는 우선 삶에 활기를 불어넣는 데 초점을 맞추기로 했다. 좀 더 활기찬 일상이 행복 프로젝트 실행에 큰 도움이 되리라 기대하기 때문이다. 연구에 따르면 일상에서 개인이 느끼는 행복감은 삶에 활력을 불어넣고, 동시에 사교생활이나 운동 같은 여러 활동에 훨씬 잘 몰입할 수 있게 해주며, 그러한 활동은 또다시 행복을 고양시키는 역할을 한다고 한다.

또한 몇 가지 연구에 따르면 자신이 활기차다고 느끼는 사람은 그에 비례해 자신감도 충만해진다고 한다. 하지만 피로감을 느끼는 사람은 모든 일이 귀찮을 수밖에 없다. 예를 들어, 휴일에는 집 안을 꾸미는 것처럼 평소에 즐겨 하던 일도 어렵게만 느껴지고, 새로운 소프트웨어 사용법을 익히는 일처럼 좀 더 큰 노력을 요하는 일은 완전히 불가능하게 느껴진다.

활력이 넘치면 내가 행복해지도록 행동하는 게 더 쉬울 것이다. 예를 들어, 소아과에서 정기검진을 받은 후 아이의 할머니, 할아버지께 그 결과를 바로 이메일로 알려드리거나, 아침에 학교 가기 직전 아이가 카펫 위에 우유를 쏟아도 야단치지 않는 것이다. 또한 컴퓨터를 이용하다가 모니터가 멈춰버려도 그 이유를 알아낼 때까지 조급하게 굴지 않고, 식기세척기에 접시를 넣을 때도 허둥대지 않는다.

나는 육체적 활력과 정신적 활기라는 두 마리 토끼를 함께 쫓기로 결심했다. 우선 육체적 활력을 얻기 위해서는 충분한 잠과 적당한 운동이 필요하다. 충분한 잠과 운동이 건강을 유지하는 필수 요소라는 사실은 이미 알고 있었지만, 그러한 단순한 습관들이 행복, 다시 말해 매우 복잡하고 왠지 숭고하며 전혀 손에 잡히지 않을 것 같은 추상적인 목적 달성에도 큰 영향을 미친다는 사실에 나는 놀랐다.

다음으로 정신적 활기를 얻기 위해서는 물건들이 산더미처럼 쌓인 내 아파트와 작업실에 도전장을 내야만 했다. 외적 질서가 내적 평화를 불러올 것이 분명하기 때문이다. 그 외 소소한 어수선함은 반드시 처리해야 하는 일을 하나씩 해결하면 정리될 것 같았다.

마지막으로 여기에다 나는 정신과 육체를 동시에 고양시키는 결심을 하나 더 보탰다. 연구에 따르면 일부러라도 기운이 넘치는 듯이 행동하면 정말로 기운이 난다고 한다. 물론 그 결과를 절대적으로 신뢰하는 것은 아니지만, 시도해본다고 해서 손해날 것은 없지 않은가?

☑ 신체리듬을 되찾아라

매력 넘치는 친구 하나가 언젠가 이런 말을 한 적이 있다.

"잠은 새로운 방식의 섹스야."

최근 내가 한 디너파티에 참석했을 때, 그곳에 모인 손님들은 돌아가면서 자신이 경험했던 최고의 낮잠에 대해 매우 선정적인 단어를 이용해 설명했고, 나머지 사람들은 신음소리를 내가며 이야기에 몰입했다.

수많은 사람들이 권장 수면 시간인 7~8시간을 채우지 못한다. 연구에 따르면 빽빽한 업무 일정과 부족한 수면 시간이 사람들의 일상적인 기분을 망치는 가장 큰 두 가지 요인이라고 한다. 또 어떤 조사에 따르면 밤잠을 평소보다 한 시간 더 자는 것이 6만 달러의 연봉 인상보다도 개인의 일상적 행복에 기여하는 바가 훨씬 크다고 한다. 그럼에도 성인들의 일반적인 수면 시간은 주중 6.9시간, 주말 7.9시간밖에 되지 않으며, 이는 1900년과 비교했을 때 평균 20퍼센트나 줄어든 수치다. 물론 대부분의 사람이 졸음을 적절하게 조절해나가기는 하지만 수면 부족은 기억력을 손상시키고, 면역체계를 약화시키며, 신진대사를 더디게 하고, 심지어는 체중 증가까지도 불러온다고 한다.

놀랍다고 할 수는 없지만 그래도 나의 새로운 결심, 즉 잠을 더 자기 위해 일단 불부터 껐다. 너무 자주 밤늦게까지 책을 읽거나 이메일에 답을 하거나 TV를 보거나 고지서를 정리하기도 했기 때문이다.

굳은 결심에도 불구하고 행복 프로젝트에 돌입한 지 며칠 지나지 않은 어느 날 밤, 딸아이를 품에 안고 재우다가 곯아떨어지기 직전, 남편이 빌려온 DVD를 함께 보자고 제안했을 때 나는 잠시 동안 망설였다. 나는 영화를 좋아한다. 그리고 남편과 함께 시간을 보내고 싶기도 하다. 사실 저녁 9시 30분은 잠자리에 들기에는 어이없을 정도로 이른 시간이 아닌가. 경험으로 미루어보아 일어나서 영화를 보기 시작한다면 잠은 순식간에 달아나고 기운이 펄펄 솟아날 것이 분명했다. 하지만 그때 나는 피곤했다.

도대체 왜 밤늦게까지 앉아 있는 것보다 일찍 잠자리에 드는 것이 더 피곤하게 느껴지는 것일까? 게다가 자기 전에 반드시 해야만 하는 귀찮은 일들이 있지 않은가. 양치질, 세수, 그리고 내 경우에는 콘택트렌즈 빼기까지. 하지만 나는 이미 결심한 대로 단호하게 침실로 향했다. 그리고 여덟 시간을 꽉 채워 단잠을 자고 다음 날 아침 평소보다 한 시간 이른 새벽 5시 30분에 자리를 털고 일어났다. 결과적으로 나는 푹 자고 일어났다는 이점 외에도 가족들이 아직 자고 있는 시간에 나만의 평화로운 한 시간을 보낼 기회도 얻게 되었다.

사실 나는 만물박사이길 자청하는 사람이다. 그래서 어느 날 동생이 전화를 걸어와 불면증을 호소했을 때 무척이나 기뻤다. 엘리자베스는 나보다 다섯 살이나 어리지만 평소에는 내가 그녀에게 조언을 구하곤 한다.

"밤에 한숨도 못 잤어. 카페인 끊은 지는 한참 됐는데… 도대체 뭘 더해야 되는 거야?"

"할 거야 수도 없이 많지."

나는 그동안 조사한 것을 줄줄이 읊어댔다.

"잠자리에 들 시간쯤에는 기민한 사고를 요하는 일은 절대 하지 마. 침실 온도는 약간 싸늘하다 싶을 정도로 유지하는 게 좋고, 자기 전에 스트레칭을 좀 하는 것도 도움이 될 거야. 그리고 정말 중요한 게 한 가지 있는데, 불빛은 몸의 생물학적 시계를 교란시키는 역할을 하니까 취침 시간을 전후해서는 가능한 한 조도를 낮춰놓는 게 좋아. 자다 깨서 화장실에 간다거나 할 때도 말이야. 또 불을 끄면 방 안이 완전히 어두워지도록 해야 해. 호텔방처럼."

"정말 그렇게 하면 불면증이 사라질 거라고 생각해?"

"여러 연구를 통해 밝혀진 사실이야."

나는 그 모든 방법을 이미 단계별로 시도해보았기에 마지막 단계, 그러니까 방 안을 완전히 어둡게 하는 것이 사실상 매우 어려운 일이라는 것을 잘 알고 있었다.

"뭐해?"

어느 날 밤, 여기저기 널려 있던 기계장치들을 정리하는 나를 보고 남편이 물었다.

"기계에서 나오는 불빛 좀 다 차단하려고. 심지어는 디지털 시계의 아주 흐릿한 불빛마저도 수면 사이클을 방해할 수 있다는 글을 읽었거든. 그리고 방 안 꼴도 마치 미친 과학자의 실험실 같잖아. 휴대폰, 컴퓨터, 케이블 단말기, 전부 불빛을 깜빡거리거나 밝은 녹색 빛을 발산하고 있고."

"허."

남편의 입에서 나온 짧은 탄식이었다. 그래도 그는 자명종 불빛을 막을 수 있도록 침실용 탁자 위에 놓인 물건 치우는 것을 도와주었다.

이러한 변화가 확실히 쉽게 잠들 수 있도록 도와주는 것 같았다. 하지만 가끔은 다른 이유 때문에 숙면을 방해받곤 했는데, 그것은 바로 한밤중에 불현듯 잠이 깨는 것이었다. 게다가 신기하게도 보통 새벽 3시 18분에 눈이 떠졌고, 그러면 다시 잠들기가 쉽지 않았다.

그런 밤을 극복하고자 나는 몇 가지 방법을 강구해냈다. 더 이상 참을 수 없을 정도로 깊이, 그리고 천천히 심호흡을 하는 것이었다. 머릿속에 해야 할 일이 떠오르면 생각나는 것을 모두 종이에 적어두었다. 혈액순환이 잘 안 되어 손발이 찬 것도 역시 숙면의 방해요소라는 증거를 여러 연구 결과에서 확인했기에, 발이 시린 경우 울 양말을 신고 잠자리에 들었다. 좀 구질구질해 보이기는 했지만 그래도 도움은 되는 것 같았다.

수면 시간이 늘어난 지 일주일이 지나자 나는 정말 기분이 달라지고 있다는 것을 느낄 수 있었다. 아침에 아이들을 대할 때 훨씬 활기차고 즐거웠다. 오후에도 고통스러울 만큼 절박하게 원하던, 절대 채워질 수 없을 것 같던 낮잠에 대한 갈망 또한 느끼지 않았다. 아침에 이불을 박차고 나오는 것도 더 이상 고문이 아니었다. 울어대는 자명종 소리에 튕기듯 놀라 일어나는 것보다 자연스럽게 잠에서 깨어나는 것이 얼마나 좋은지 말로 다 할 수 없을 정도였다.

하지만 이 모든 장점에도 불구하고 여전히 나는 졸음이 밀려오기 시작하면 바로 잠자리에 드는 데 어려움을 겪고 있다. 하루를 마무리하는 마지막 몇 시간이 더할 나위 없이 소중하기 때문이다. 그러나 결심목록에 들어 있는 일일계획표에는 매일 저녁 내가 자정까지 깨어 있는 것을 금지하고 있었다.

☑ 규칙적인 운동이 보약

운동이 얼마나 좋은지에 관해서는 이미 너무도 많은 증거가 나와 있다. 다른 장점은 제쳐두고라도 규칙적으로 운동하는 사람은 그렇지 않은 사람보다 훨씬 건강하고, 명확하게 사고하고, 잠도 잘 자고, 치매에 걸릴 확률도 낮다. 규칙적인 운동은 활력을 키워준다. 어떤 이는 운동을 하면 피곤해질 거라고 생각할지 모르지만, 사실 운동은 에너지를 불어넣는 역할을 한다. 특히 앉아서 하는 일에 종사하는 사람들에게는 적당한 운동이 필수적이다. 연구에 따르면 미국인의 25퍼센트가 전혀 운동을 하지 않는다고 한다. 하지만 만성피로 때문에 고생하는 사람이 단지 6주 동안 일주일에 세 번 20분씩 운동을 하자 충분한 활력을 되찾을 수 있었다고 한다.

이 모든 이점을 알고 있음에도 매일 소파에 앉아 TV 보는 것에 만족하던 사람이 열정적인 체육관 마니아로 변하기란 그리 쉬운 일이 아니다. 여러 해 전에 나는 겨우 규칙적인 운동을 시작했다. 하지만 그러기까지의 과정이 그리 순탄치만은 않았다. 지금까지도 내가 생각하는 최고의 즐거움이란 침대에 누워 책을 읽는 것이기 때문이다. 게다가 간식까지 있다면 금상첨화일 테고.

고등학교 다닐 때 나는 방의 분위기를 바꿔보고 싶었다. 커다란 꽃무늬 패턴의 프린트 벽지가 고등학생의 취향이라고 하기에는 너무 유치하고 촌스러워 보였다. 그래서 나는 부모님에게 왜 방을 다시 꾸며야 하는지에 대해 역설하는 장문의 제안서를 써서 보여드렸다. 그러자 아버지는 제안서를 꼼꼼히 살펴보시고 말씀하셨다.

"좋아, 방을 다시 꾸며주마. 대신 너도 그 보답으로 뭔가를 해야 해. 한 주에 네 번 20분씩."

"뭘 해야 하는데요?"

나는 의심스러운 표정으로 여쭤봤다.

"우선 할지 안 할지부터 결정해. 그래봐야 20분인데, 뭐 그리 힘든 일이겠니."

"알았어요, 할게요. 뭔데요?"

"조깅."

당신 스스로가 매우 헌신적인 달리기 애호가였던 아버지는 한 번도 얼마나 멀리, 혹은 얼마나 빨리 달려야 한다고 강요하신 적이 없다. 심지어는 내가 약속대로 20분이라는 시간을 제대로 뛰고 있는지에 대해서도 확인하지 않으셨다. 아버지가 유일하게 했던 잔소리는 일단 운동화를 신고 문단속 잘 하고 나가라는 말이었다. 아버지와의 거래가 나로 하여금 규칙적인 운동을 시작하게 했지만, 일단 시작하고 나자 운동이 그리 귀찮은 일이 아닌 것 같았다. 아니, 나는 운동이 싫지 않았다.

사실 아버지의 접근 방식은 예상치 못한 역효과를 낳게 할 수도 있었다. 외적 동기로 마지못해 무언가를 시작하는 사람은 보통 물리적 보상을 바라거나 처벌을 거부하려는 경향이 있다. 반면 내적으로 동기부여가 된 사람은 자기만족을 얻으려 한다. 연구에 따르면 사람은 어떤 행위에 대해 보상을 받을 경우 종종 재미삼아 그 행위를 그만둔다고 한다. 즉 보상을 받는다는 것은 행위가 '일'로 변했음을 의미하기 때문이다. 예를 들어, 전문가들은 부모들에게 아이들의 독서에 대해 보상을 제안하지 말라고 경고한다. 그럴 경우 아이들은 즐거움이 아닌 보상을 바라고 독서를 하게 되기 때문이다. 외적 동기를 부여함으로써 아버지는 운동에 대한 나의 관심을 아예 뿌리부터 없애버릴 수 있는 위험을 감수했던 것이다. 하지만 결과적으로 보았을 때 내 경우에는 오히려 아버지가 제공한 외적 동기가 꽁꽁 숨어 있던 내적 동기를 풀어놓아준 결과를 낳았다.

방을 새롭게 꾸민 이래로 나는 규칙적인 운동을 하고 있다. 한 번도 강압적으로 스스로를 몰아붙인 적이 없음에도 일주일에 여러 번 운동화를 신고 집을 나선다. 하지만 이제는 정말로 근력강화 훈련을 시작할 때가 됐다는 생각을 매우 오래전부터 해오고 있었다. 근력운동은 근육을 강화시키고, 뼈를 튼튼하게 해주며, 몸의 중심을 확고하게 잡아준다. 거기다 내게 가장 중요하다고 할 수 있는, 몸매를 다듬어주는 역할도 한다. 근력강화 훈련을 하는 사람은 나이가 들어도 근육은 더욱 단단해지고 지방은 줄어든다.

지난 몇 년간 단지 몇 번 정도, 나는 열의 없이 근력운동을 시도해본 적이 있었지만 결코 오래 지속하지는 못했다. 하지만 이제, 행복 프로젝트에 적힌 '운동 열심히 하기' 결심과 함께 다시 한 번 시도할 때가 된 것이다.

"제자가 준비되면 스승이 나타난다"는 말이 있다. '운동 열심히 하기' 결심을 실행에 옮긴 지 며칠 지나지 않았을 때, 나는 커피나 한 잔 하려고 만난 친구에게 우리 집 근처에 있는 한 체육관에서 정말 마음에 드는 훌륭한 근력강화 프로그램을 받고 있다는 이야기를 들었다.

"나는 트레이너의 지도를 받으면서 운동하는 건 별로야. 남의 시선도 신경 쓰이고 수강료도 비싸잖아. 그냥 혼자 하는 게 나을 것 같아."

내가 반대 의견을 말했다.

"일단 한번 시도나 해봐."

친구가 설득하며 말을 이었다.

"장담하는데, 마음에 들 거야. 더 나은 대안이 없을 만큼 효과적인 운동법이라니까. 운동 시간이 겨우 20분 정도야. 게다가…."

친구가 잠시 뜸을 들였다가 말을 이었다.

"땀도 안 나. 운동하고 나서 샤워할 필요가 없다니까."

그것이 내 마음을 흔들리게 한 결정적인 말이었다. 나는 체육관에서 샤워하는 것을 좋아하지 않았다.

"그런데 그렇게 좋은 운동이 어떻게 땀도 안 흘리고 20분밖에 안 걸려?"

"네 힘의 한계 지점에서 기구를 들어올리는 거야. 여러 번 반복하지도 않고, 그냥 한 세트만 하면 끝이야. 내 말 믿으라니까. 정말 효과 있어. 너도 맘에 들어 할 거야."

『행복에 걸려 비틀거리다』의 저자 대니얼 길버트는 특정한 행동방침이 미래에 나를 행복하게 만들어줄 수 있을지의 여부를 판단하는 가장 효과적인 방법은 현재 그 방침을 따르고 있는 사람에게 행복한지 직접 질문해보고, 만약 그렇다고 한다면 나도 그처럼 행복하게 될 거라고 가정해보는 것이라고 적고 있다. 그의 논리대로라면 친구가 자신의 피트니스 프로그램을 극찬하는 것이 나 역시도 그렇게 되리라 예측할 수 있게 하는 좋은 지표 같았다. 그리고 그때 나는 '어른의 비밀' 목록 중 하나를 기억해냈다. '모든 결정에 다 강도 높은 연구조사가 필요한 것은 아니다.'

다음 날 나는 약속을 잡고 체육관으로 갔으며, 그곳을 떠날 때쯤에는 이미 그곳의 광팬이 되어 있었다. 트레이너는 대단히 훌륭했고 체육관 분위기도 다른 곳과 비교도 안 될 정도로 좋았다. 음악도, 거

울도, 붐빔도, 기다림도 없었다. 문을 나설 때, 24회 트레이닝을 한꺼번에 결제하면 할인받을 수 있다는 말에 신용카드로 계산까지 마쳤다. 그리고 한 달 만에 남편과 시어머니를 설득해 같은 체육관에 등록하도록 만들었다. 유일한 단점이라면 가격이 비싸다는 것이었다.

"20분 운동 치고는 너무 비싼 것 같아."

내가 남편에게 말했다.

"그 돈으로 어디서 이보다 더 좋은 체육관과 트레이너를 구할 수 있겠어? 시간만 길다고 다 좋은 건 아니야."

좋은 지적이었다.

근력강화 훈련과 함께 나는 걷는 시간도 늘리고 싶었다. 여러 연구에서 주장하는 바로는 걷기를 통해 얻어지는 반복운동 효과가 신체의 이완반응을 불러와서 스트레스를 줄이는 데 좋다고 한다. 게다가 단지 10분만 걸어도 즉각적으로 활력을 높여주고, 기분을 전환시켜주기 때문에, 두려움에서 벗어나고자 할 때 이용할 수 있는 가장 효과적인 방법 중 하나라는 것이다. 또한 건강을 목적으로 한다면 최소한 하루에 1만 보 정도는 걸어야 하는데, 사실 그 정도의 운동량이면 대부분의 사람이 비만에서 탈출할 수 있을 정도라는 글도 읽은 적이 있다.

뉴욕에 살면서 나는 하루에 1.6킬로미터 정도는 걷는다고 느끼고 있었다. 하지만 정말 그럴까? 확인차 나는 만보기를 구입했다. 그리고 일단 허리에 차고 한 주 정도 걸어 다녀봤는데, 내가 매일 상당한 거리를 걸어다닌다는 사실을 알게 되었다. 예를 들어, 엘리자를 학교에 데려다주고 체육관까지 걸어가면 1만 보 정도는 가볍게 채웠다. 하지만 멀리 안 나가고 집 근처만 오가는 날은 3,000보를 채우기도 힘들었다.

일상적 습관에 대해 확실한 감을 찾아간다는 사실은 매우 흥미로웠다. 또한 만보기를 차고 있다는 사실이 나를 더 많이 걷게 했다. 내 최악의 단점이라 할 수 있는 것은 인정받고자 하는 욕구가 너무 과하다는 것이다. 나는 늘 '황금별', 즉 최고라는 칭찬에 목말라 했다. 보통은 부정적인 자질로 평가될 수 있는 내 기질이 만보기를 찬 상황에서는 오히려 득이 되고 있었다. 내가 아주 열심히 걸어다닌다는 사실을 만보기가 인정해주고 있었기에 더욱 많이 걸으려고 노력했기 때문이다. 어느 날 아침 나는 치과에 갈 일이 있어 지하철을 타려다가 문밖을 나서면서 이런 생각을 했다. '치과까지 걸어가도 아마 걸리는 시간은 비슷할 거야. 게다가 만보기 점수도 올릴 수 있잖아!'

걷기가 주는 또 다른 혜택은 생각하게 한다는 점이었다. 니체는 "모든 위대한 사상은 산책에서 잉태되었다"라고 했고, 그의 생각은 여러 과학적 증거들로 뒷받침되고 있다. 운동을 통해 유도되는 뇌의 화학작용은 명확한 사고가 가능하도록 돕는다.

문밖을 나서는 것만으로도 머리가 맑아지고 활력이 샘솟는 것을 느껴본 적이 있을 것이다. 자외선 결핍은 사람을 피곤하게 만드는 여러 이유 중 하나다. 단지 5분 정도만 햇빛을 쬐도 뇌를 활성화시키고 기분을 좋아지게 하는 뇌내 호르몬의 생산이 촉진된다고 한다.

가끔씩 나는 일종의 가책을 느끼면서 책상을 벗어나 주변을 산책

하며 휴식을 취하곤 하는데, 그러면 일에 골몰하는 동안에는 잡힐
듯 잡히지 않던 유용한 통찰력을 얻게 되곤 했다.

☑ 잡동사니를 해치워라

해도 해도 끝이 없는 집안일은 끊임없이 내 활력을 고갈시키는 적
이었다. 아파트 문을 통해 집 안으로 걸어 들어가는 순간, 나는 서둘
러 여기저기 벗어놓은 옷가지를 빨래 바구니에 집어넣고 온 집 안에
널려 있는 장난감을 주워 모아야 할 것 같은 생각이 든다. 물론 쌓아
놓은 잡동사니들 때문에 골치를 썩는 사람은 비단 나뿐만이 아니다.
인간이 사실상 소유물에 치이다시피 살고 있다는 것은 10년 사이 미
국의 창고 수가 거의 두 배 가까이 증가했다는 사실만 봐도 잘 알 수
있다. 한 연구에 따르면 버리지 못하고 여기저기 쌓아놓은 짐만 정
리해도 집안일을 평균 40퍼센트 정도 줄일 수 있다고 한다.

　행복 프로젝트의 첫 달을 방마다 쑤셔 박아놓은 짐 꾸러미 정리하
는 일에 소비하는 것은 왠지 사람을 시시하게 만드는 것 같았다. 그
것은 마치 내가 세상에서 가장 중요하게 여기는 일이 양말 서랍을
정리하는 것이라고 선언하는 것 같았다. 하지만 나는 옷장에 가지런
히 걸린 코트와 여분의 수건 같은 실생활의 질서와 평온함에 목말라
있었다.

　또한 눈에 보이지는 않지만 오히려 심적으로 더 힘들게 하는, 무

언가 할 일이 남아 있다는 부담감에 끊임없이 짓눌리고 있었다. 내 주위에는 생각만 해도 기운이 빠지고 죄책감마저 드는 미뤄둔 일거리가 한도 끝도 없이 늘어서 있었다. 그 쓰레기더미 같은 일거리를 서둘러 마음속에서 치워버려야만 했다.

나는 눈에 보이는 것부터 해치우기로 마음먹었고, 그때 무언가 놀라운 사실을 발견하게 되었다. 심리학자나 사회과학자들 중에 집 정리에 관해 언급한 사람은 아무도 없었다는 사실이다. 그들은 행복에 기여하는 요인을 설명하면서 청소나 잡동사니 정리에 관한 것은 한번도 화제에 올린 적이 없었고, 행복을 증진시키는 전략 목록에도 포함시키지 않았다. 철학자들 역시 그것을 무시하고 있었다.

대중문화 쪽으로 눈을 돌려보니 잡동사니 정리에 관한 견해가 넘쳐나고 있었다. 구석구석 쌓아놓은 잡동사니를 정리하는 것이 행복을 키우는 방법이라고 말이다. 사람들은 인테리어나 가사 관련 잡지를 구입하거나, '잡동사니 처리하기' 블로그를 읽거나, 인테리어 업체를 고용하기도 하고, 자신만의 풍수 논리도 적용해보면서 가정에서의 만족을 얻기 위해 여러 활동을 한다. 두말할 필요도 없이 사람들은 물리적 환경이 심리적 행복에도 영향을 미친다고 믿기 때문이다.

나는 방을 이리저리 다니면서 당장 치워버려야 할 잡동사니의 양과 크기를 어림잡아 보기로 했다. 세심하게 살펴보니 그동안 잡동사니와 짐 꾸러미가 얼마나 많이 산재해 있던지 입을 다물지 못할 지경이었다. 부부용 침실을 살피고 난 후에는 할 말을 잃을 만큼 당황스러웠다. 연한 녹색 벽과 침대와 커튼에 수놓아진 장미꽃 덕분에 방 안 분위기는 아름답고 차분한 느낌이었지만, 커피테이블 위와 방 구석에는 서류 뭉치가 겹겹이 쌓여 있었고, 방 여기저기에 책들이 어지럽게 놓여 있었다. CD와 DVD, 마구 헝클어져 있는 전선줄, 충전기, 동전, 옷걸이, 명함, 사용설명서 같은 잡동사니가 마치 색종이 조각을 뿌려놓은 듯 방을 차지하고 있었다. 치워야 할 물건, 사실상 제자리라는 것이 없는 물건, 도대체 무엇에 쓰이는 것인지 정체도 모를 물건 등에게 적당한 공간을 찾아주어야 할 것 같았다. 혹은 버리는 것도 한 방법일 것 같았고, 필요한 사람이 있다면 줘버려도 괜찮겠다는 생각이 들었다.

눈앞에 버티고 있는 엄청난 일거리에 잠시 멍해져 있을 때, 갑자기 나의 열 번째 계명이 떠올랐다. '반드시 해야 할 일이라면 피하지 않기.' 이것은 어린 시절부터 엄마에게 수도 없이 들어온 다양한 충고를 모아 한 가지 원칙으로 압축시킨 것이었다. 사실 나는 부피가 큰 일을 마주하면 시작도 하기 전에 미리 심정적으로 압도당하곤 했고, 그때마다 어떻게든 지름길을 찾아내어 인생을 쉽게 살고 싶은 유혹을 느꼈다.

우리는 최근 이사를 했다. 이사도 하기 전에 나는 우선적으로 처리해야 할 일 때문에 완전히 공황상태에 빠져버렸다. 어떤 이삿짐 회사를 부르는 것이 좋을까? 짐 정리용 종이상자는 어디서 사야 하는 걸까? 새로 이사 가는 아파트 건물의 작은 엘리베이터 안에 우리 가구를 제대로 실을 수는 있을까? 머리에 쥐가 나는 것 같았다. 하지만 엄마는 차분하고 침착한 태도로 반드시 해야 하는 일부터 차근차근 하라고 충고하셨다.

"생각만큼 그렇게 힘들지는 않을 거야."

응석이라도 부릴 양으로 전화를 드리자 엄마는 다시 한 번 말씀하셨다.

"일단 해야 할 일 목록을 만들고, 하루에 조금씩 해치워**봐.** 제발 호들갑 좀 떨지 말고."

내가 윈스턴 처칠의 전기를 마무리하기 위해 끝도 없는 각주를 확인하면서, 동시에 변호사 시험을 치르고 감사편지를 쓰고 출산을 하고 카펫 청소를 맡길 때도 엄마는 반드시 해야 하는 일을 조금씩 처리해나간다면 해결할 수 없는 일이란 절대로 존재하지 않는다는 사실을 내게 확신시켜주신 분이다.

한동안 집을 돌아본 후, 나는 잡동사니 더미를 몇 가지 종류로 분류할 수 있었다. 첫째는 '추억의 잡동사니'로, 어린 시절부터 고이 모시고 있는 유물 같은 종류였다. 그중에서 나는 몇 년 전 세미나에서 사용했던 자료를 담아놓은 커다란 상자는 더 이상 필요하지 않다고 결정했다. 두 번째는 '보존용 잡동사니'로, 내게는 전혀 소용도 없는데 단지 유용한 물품이라는 이유에서 버리지 못하는 것이었다. 도대체 스물세 개나 되는 화원용 꽃병을 내가 왜 쌓아두고 있는 것일까? 세 번째는 나 같으면 절대 집에 들이지도 않을 물건이지만, 아무 필요도 없으면서 단지 싸다는 이유만으로 사 모은 것들이 있었다. 선물로 받은 것, 물려받은 것, 남이 사용하지 않는다고 그냥 주었으나 나도 전혀 사용할 일 없는 물건 등 '공짜 물건 더미'에 둘러싸여 고생하고 있었다.

얼마 전 시어머니께서 식탁용 램프를 버리려고 하는데 혹시 필요하지 않느냐고 물으셨다. "주세요. 그 좋은 걸 왜 버려요." 나는 두 번 생각해보지도 않고 자동적으로 대답했다. 하지만 며칠 후에야 너무 경솔했음을 깨달았다. 램프 덮개도 별로였고, 색깔도 우리 집과는 어울리지 않았으며, 마땅히 둘 만한 곳도 없었던 것이다. 그래서 며칠 후 메일을 썼다. "사실 램프는 더 필요 없겠어요. 하지만 어쨌든 고맙습니다." 공짜 물건 더미 속에 정말 필요한 것은 거의 없었다.

그다음에는 '구닥다리 잡동사니', 즉 정이 들어서 못 버렸지만 불필요한 물건이었다. 한 10년 전쯤 중고물품 가게에서 구입한 끔찍하게 낡은 녹색 트레이닝복 상의나, 8년째 입고 있는 구멍 뚫린 너덜너덜해진 속옷도 그랬다. 엄마는 이런 종류의 물건만 보면 거의 신경증에 가까운 짜증을 내며 말씀하셨다.

"도대체 그런 걸 어떻게 입니?"

나는 무릎이 나온 요가 바지와 추레한 흰색 티셔츠를 지극 정성으로 챙겨 입는 반면, 엄마는 늘 그림처럼 단아하고 아름다운 옷매를 자랑하셨다.

또 나는 '염원 잡동사니', 즉 내가 사용해주기를 간절히 바라고 있지만 한 번도 제 역할을 못 하고 있는 물건 때문에 특히 부담감을 느꼈다. 예를 들어, 글루건은 쓸 줄도 모르고 있었고, 독특한 은식기 세트는 결혼식 이후로 한 번도 사용한 적이 없었으며, 베이지색 펌프스 하이힐도 신어본 기억이 아득했다. 염원 잡동사니의 반대쪽에는

'불어난 잡동사니'가 있었다. 서랍 하나를 열었을 때 나는 엄청나게 쌓여 있는 플라스틱 액자를 발견했다. 그것은 내가 다른 액자를 선호하게 되면서 더 이상 쓰지 않게 됐지만 아직도 미련이 남아 버리지 못하고 쌓아둔 것이었다.

볼 때마다 불쾌해지는 것들도 있었는데, 일명 '회한의 잡동사니'로, 솔직히 내가 잘못 구입한 물건들이었다. 하지만 나는 그것들이 옷장 속이나 선반 위에서 그 유통기한을 넘겨버렸다는 생각이 들 때까지 버리지 못하고 껴안고 있었다. 구입해서 딱 한 번 사용한 가방도 그랬고, 실용성이라고는 전혀 없는 흰색 바지도 마찬가지였다.

모든 상황을 평가해본 후, 나는 집 안에 쌓여 곪아터지고 있는 잡동사니의 심장부인 '옷장'으로 가장 먼저 쳐들어갔다. 옷가지를 정리하는 데는 전혀 소질이 없는 주인 덕분에 내 옷장은 말 그대로 아수라장이었다. 선반에는 마구잡이로 쌓아올려 한쪽으로 기울기까지 한 셔츠며 스웨터가 쌓여 있었다. 옷걸이를 거는 봉에는 너무 많은 옷가지가 걸려 있어서 뭐라도 하나 꺼내려면 온 힘을 다해 양모와 면직물 뭉치를 뚫고 들어가야만 했다. 억지로 밀어 닫은 서랍에는 양말 끄트머리와 티셔츠 자락이 삐져나와 있었다. 나는 바로 그곳에서부터 정리를 시작했다.

그날 남편은 내가 방해받지 않고 집중해서 일할 수 있도록 두 딸과 함께 시부모님 댁으로 향했다. 가족들 뒤로 엘리베이터 문이 닫히는 소리와 함께 작업이 시작됐다. 옷장을 제대로 정리하려면 여분의 옷걸이나 침대 밑에 집어넣을 수 있는 보관함, 또는 한쪽에 바지 네

벌을 걸어둘 수 있는 걸이대 등에 투자해야 한다는 글을 읽은 적이 있다. 하지만 잡동사니를 정리하는 데 반드시 필요한 도구는 오직 한 가지, 쓰레기봉투뿐이었다. 나는 버릴 것을 담을 봉투 하나와 다른 사람에게 줄 옷가지를 담을 가방 하나를 챙겨놓고 일을 시작했다.

가장 먼저, 더 이상 입어서는 안 될 품목을 골라냈다. 잘 가, 펑퍼짐한 요가 바지. 다음으로는 보나마나 절대 입지 않을 옷을 꺼내놓았다. 안녕, 배꼽까지 겨우 내려오는 회색 스웨터. 선별이 차츰 어려워지기 시작했다. 평소 좋아하는 스타일이긴 하지만 어떤 구두에 맞춰 입어야 할지 생각하면 앞이 막막해지는 갈색 바지가 한 벌 있었다. 도저히 입고 갈 만한 장소가 없다는 것이 유일한 문제인 예쁜 드레스도 한 벌 있었다. 나는 각각의 품목을 어떻게 하면 이용할 수 있을지 시간을 들여 천천히 생각해보았다. 그래도 도저히 안 되겠다 싶은 품목은 가방 안으로 옮겨놓았다. 그러면서 그동안 내가 쓰고 있던 교묘한 책략을 알아차렸다. '나 이거 입을 거야'라는 것은 사실 그동안 한 번도 입지 않았다는 의미였다. '이거 입은 적 있었어!'라는 말은 5년 동안 딱 두 번 입었다는 것을 의미했다. '입게 될지도 모르는데'라는 말은 지금껏 입은 적도 없고 앞으로도 절대 입지 않을 것을 의미하는 말이었다.

일단 가볍게 정리를 끝내고 나서 다시 한 번 꼼꼼하게 살펴보았다. 완전히 끝마쳤을 때는 네 개의 가방이 꽉 차 있었고, 옷장 뒤편에는 너른 공터가 펼쳐져 있었다. 하지만 기력이 고갈된 듯한 느낌이 들지 않았다. 오히려 날아갈 듯 홀가분했다. 이제 더는 과거의 실수와 마주치지 않아도 된다! 이제 더는 흰 셔츠를 찾겠다고 조바심을 내며 옷장을 뒤지지 않아도 된다!

몇 군데를 정리하고 나니 치우는 일에 점점 신이 났다. 나는 가능한 한 많은 것을 내다버릴 생각으로 온갖 꾀를 다 동원했다. 왜 옷걸이 여분을 서른 개나 더 가지고 있어야 하지? 몇 개만 남기고 모두 정리했다. 그러자 엄청난 공간이 확보되었다. 수년 동안 쓰지도 않고 모아두기만 했던 쇼핑백도 치워버렸다. 처음에는 옷장에 걸어두는 것만 정리할 계획이었지만 하면 할수록 기운이 나고 용기도 샘솟아서 양말 서랍과 셔츠 서랍도 열었다. 불필요한 것을 하나씩 골라내는 대신, 서랍을 먼저 완전히 비우고 실제로 신거나 입는 것만 다시 정리해 넣었다.

제법 여유 있는 공간을 확보한 옷장을 보면서 나는 만족감에 미소 지었다. 치워놓고 보니 무척 넓었다. 이제 더는 죄책감을 느끼지 않아도 됐다. 다음 날 나는 또 한 번 도전을 계획했다.

"우리 오늘 밤에 정말 재미있는 거 할 거야."

TV 스포츠 뉴스 시간을 확인하던 남편을 향해 내가 밝은 목소리로 말했다.

"뭔데?"

그는 의심스러운 눈길을 보내며 물었다.

"집에 있는 옷장이랑 옷장, 서랍이란 서랍은 다 정리할 거야!"

"아, 그래. 알았어."

남편은 순순히 대답했다. 물론 그런 반응이 전혀 놀랄 만한 일은 아니었다. 그는 정리정돈을 좋아했다.

"하지만 너무 많이 버리자고는 하지 마. 난 웬만한 옷은 다 한 번씩 돌아가면서 입으니까."

"그야 물론이지."

나는 부드럽게 대답했지만, 정말 그의 생각이 맞는지는 두고 볼 일이었다.

옷장 정리는 예상대로 재미있었다. 내가 그의 옷장에서 한 번에 두 개씩 옷걸이를 빼내는 동안, 남편은 나와 비교해서는 무척이나 편안한 자세로 침대에 걸터앉아 엄지손가락을 올리거나 내려서 버릴 물건과 그대로 둘 물건을 표시했다. 단 한 번 예외가 있었는데, 그때 그는 '나 그 바지 한 번도 본 적이 없어'라고 말했다. 남편의 옷장에서도 역시 어마어마하게 큰 옷가방 하나가 빠져나왔다.

몇 주에 걸쳐 반쯤 비어버린 옷장을 다시 정리하면서 나는 한 가지 역설적인 사실을 알아차렸다. 비록 남아 있는 옷은 전보다 훨씬 적었지만, 입을 옷은 그전보다 많아진 듯한 느낌이 들었는데, 그것은 바로 옷장에 남은 옷은 하나도 남김없이 다 입을 옷이기 때문이었다.

게다가 선택의 여지가 줄어들었다는 사실도 나를 더 행복하게 만들었다. 일반적으로 선택권이 많이 주어질수록 행복감도 더 커질 거라고 생각하지만, 실제로 너무 많은 선택권이 주어지면 오히려 자신감을 잃는다고 한다. 한 연구에 따르면 상점에서 스물 네 개의 잼 종류를 마주하거나 연금으로 투자할 곳이 너무 많다고 여겨질 경우, 사람들은 이성적인 선택을 하고자 애쓰는 대신 대충 아무렇게나 고르기도 하고, 아예 아무것도 선택하지 않은 채 도망쳐버린다고 한다. 확실히 내 경우에는 불편하고 촌스러운 다섯 벌의 검은 바지 중에서 하나를 고르는 것보다는 좋아하는 두 개의 검은 바지 중에 하나를 고르는 편이 훨씬 행복했다. 그리고 그렇게 하는 것이 나머지 바지를 전혀 입지 않는 것에 대한 죄책감도 털어버릴 수 있어 좋았다.

옷장 정리라는 지극히 평범한 일을 처리함으로써 그토록 큰 효과를 얻을 수 있으리라고 누가 상상이나 했을까? 그때쯤 나는 옷장 정리를 통해 만끽했던 흥분과 즐거움을 더 누리고 싶은 욕구를 강하게 느끼고 있었기에, 임신한 친구의 베이비샤워 파티에 참석한 친구들을 상대로 새로운 전략에 대한 자문을 구했다.

"물건 쌓아두는 데를 공략해봐. 왜 있잖아, 식탁이나 주방 카운터처럼 식구들이 온통 이것저것 쌓아놓는 곳."

한 친구가 말했다.

"그래, 맞아. 우리 집에서도 물건이 제일 많이 쌓이는 곳이 침실에 있는 의자 위야. 그래서 그 의자에는 아무도 안 앉아. 그저 옷이나 걸치고 물건이나 올려놓지."

내가 대답했다.

"쓰레기는 더 많은 쓰레기를 끌어들이는 법이거든. 그걸 다 치워버리면 한동안 깨끗하게 살 수 있을걸."

친구가 계속 말을 이었다.

"가전제품이나 기계 같은 거 구입하면 전선이나 사용설명서 같은 것은 아예 처음부터 이름표를 붙인 봉지에 넣어버리는 거야. 그럼

전선 엉키는 것도 피할 수 있고 나중에 그 물건을 처분할 때 부수적인 물품도 함께 없앨 수가 있거든."

그러자 또 한 친구가 덧붙였다.

"가상으로 이사를 해보는 것도 괜찮아. 나도 한 번 해봤는데 효과가 있더라고. 방을 돌아다니면서 자신에게 물어보는 거지. 만약 이사를 한다면 이걸 싸가지고 갈까 아니면 버리고 갈까."

한 친구는 이렇게 주장했다.

"난 감정적인 이유로 뭔가를 간직하지는 않아. 여전히 내가 그 물건을 사용한다면 버리지 않는 이유가 되는 거지."

이러한 제안들은 대부분 도움이 되었지만, 마지막 규칙만은 너무 가혹하게 느껴졌다. 나는 샌드라 데이 오코너(미국 최초의 여성 대법관) 판사 밑에서 시보로 일할 때, 그녀와 함께 에어로빅을 하며 입었던 '정의는 결코 죽지 않는다Justice Never Rests'라는 문구가 새겨진 티셔츠를 아직도 가지고 있다. 이제는 몸에 맞지 않지만 그래도 버릴 수가 없다. 또한 조산으로 낳은 엘리자가 퇴원해서 집에 올 때 입었던, 인형 옷만큼이나 자그마한 아기 옷도 여전히 간직하고 있다. 적어도 그런 물건은 많은 공간을 차지하지 않았다.

어느 날 대학 룸메이트였던 친구 하나가 뉴욕을 방문했을 때, 우리는 커피를 마시며 잡동사니 치우기가 얼마나 근사한 일인지에 대해 열정적으로 수다를 떨어댔다.

"세상에서 약병 캐비닛을 치우는 일만큼 즉각적인 회열을 느끼게 하는 일이 뭐가 또 있을까? 절대 없어!"

내가 주장했다.

"당연히 없지!"

나와 똑같은 열정으로 대답했지만 친구는 나보다 한 수 위였다.

"너 그거 아니? 난 빈 선반 하나를 남겨둬."

"무슨 말이야?"

"집 안 어딘가에 완전히 빈 선반 하나를 남겨놓는다는 뜻이야. 다른 모든 선반은 꼭대기까지 꽉꽉 채우더라도 하나는 반드시 남겨놓는 거지."

나는 그녀의 결단력에 감명 받았다. 빈 선반 하나! 비어 있는 선반은 가능성을 의미한다. 그것은 공간의 확장이었고, 오로지 우아함만을 얻고자 유용하게 쓸 수 있는 무언가를 낭비하는 사치이기도 했다. 내게도 그것이 필요했다. 나는 집으로 돌아가서 곧장 복도에 있는 벽장으로 향했다. 그리고 선반 하나를 비웠다. 그리 큰 선반은 아니었지만 어쨌든 비워놓았다. 그러자 전율이 느껴졌다.

이제 아파트 내부에 잡동사니라고는 하나도 없었다. 아무리 작은 것이라도 내 철저한 조사를 피해갈 수는 없었다. 그동안 나는 아이들이 안 사고는 못 배기는 싸구려 장난감들이 방에 쌓인다고 짜증만 내고 있었다. 반짝이는 슈퍼볼, 소형 손전등, 작은 플라스틱 동물 모형 등이 사방에 널려 있었기 때문이다. 물론 딸아이들이 무척이나 좋아하는 재미있는 물건이었지만 정리하기가 힘들었다. 도대체 그 많은 것이 다 어디로 들어가겠는가.

내 여덟 번째 계명은 '문제가 무엇인지 확인하기'다. 지금까지 살아오면서 나는 어떤 문제에 직면하길 회피하곤 했는데, 가끔은 그 기간이 몇 년에 걸쳐 이어지곤 했다. 그것은 문제의 특성이 무엇인지 파악해 해결책을 찾아내려는 노력을 전혀 기울이지 않았기 때문이었다. 하지만 문제만 확실히 짚고 넘어가도 그 해결책을 찾을 수 있는 경우가 많다는 사실을 우리는 잘 알고 있다. 예를 들어, 나는 집에 들어가면 외투를 벗어 옷걸이에 거는 것을 싫어한다. 그래서 보통은 의자 등받이에 걸쳐놓는다.

문제 : 왜 나는 한 번도 코트를 제자리에 걸어놓지 않을까?

이유 : 옷걸이를 꺼내는 데 수반되는 여러 귀찮은 상황이 싫다

해결 : 그렇다면 문 안쪽에 있는 고리에 걸자

다음으로 나는 이렇게 자문했다. '이 조그만 장난감들이 안고 있는 문제는 무엇일까?' 그러고는 대답했다. '엘리자와 엘리너가 그것을 간직하고 싶어 하지만, 우리 집에는 치워둘 만한 적당한 장소가 없다.' 빙고! 다음 날 나는 커다란 유리 항아리 다섯 개를 구입했다. 그리고 아파트를 이 잡듯 뒤져 장난감 친구들을 모아 항아리 속에 집어넣었다. 마침내 어수선함이 정리됐다. 항아리는 모두 꽉 차 있었다. 내가 전혀 예상치 못했던 사실은 그 항아리를 선반 위에 올리니 무척이나 예쁘더라는 것이었다. 다채롭고 화려하며 매력적이기까지 했다. 내 해결책은 실용성과 인테리어 모두에서 만족스러웠다.

잡동사니 치우기의 의도치 않았던 좋은 결과 중 하나는 '네 개의

체온계 신드롬'도 포함된다. 무슨 말인가 하면, 나는 늘 체온계를 어디에 두었는지 몰라서 필요할 때마다 새것을 구입하곤 했는데, 이번 잡동사니 치우기를 통해 과거에 잃어버렸던 것을 모두 찾아내어 이제 우리 집에는 체온계가 네 개나 되었다는 뜻이다. 사실 체온계는 사기만 했지 써본 적은 한 번도 없었다. 아이들에게 열이 있는 것 같으면 목 뒤에 손을 대보는 것만으로도 그 여부를 알 수 있었기 때문이다. 어쨌든 이러한 결론은 '어른의 비밀'에도 있다. '어떤 물건을 도저히 찾을 수 없다면 청소를 해라.'

나는 이번 결심을 실행에 옮기면서 보편적인 장소, 즉 옷장이나 부엌 서랍 같은 곳에 물건을 치워두는 것이 훨씬 쉬워 보일지 모르지만, 각각의 품목을 가장 특별한 장소에 보관하는 것이 심정적으로 훨씬 만족스럽다는 사실을 깨달았다. 인생에서 느낄 수 있는 가장 사소한 기쁨 중 하나는 무언가를 제자리에 돌려놓을 때 얻을 수 있다. 구둣솔과 광택제를 현관 두 번째 선반에 올려놓음으로써 느낄 수 있는 만족감은 과녁을 명중시킨 궁수의 그것과 비교할 만했다.

나는 또한 집이 지저분해지는 것을 막고자 몇 가지 규칙을 정해 실천하기로 했다. 네 번째 계명 '미루지 말고 실행에 옮기기'를 적극 따르는 것이다. 그러기 위해 나는 '1분 규칙'을 적용하기로 했다. 즉 어떤 일이라도 1분 내에 끝낼 수 있다면 절대 미루지 않는 것이다. 우산은 집에 들어오자마자 접어서 제자리에 두고, 완성할 서류가 있으면 곧바로 작성하고, 신문은 보고 난 즉시 재활용 바구니에 집어넣고, 벽장문은 볼일이 끝나면 바로바로 닫았다. 이런 것을 실천하는

데 드는 시간은 길지 않았지만, 축적된 효과만은 '드라마틱' 했다.

나는 '1분 규칙'과 함께 '저녁 정리정돈 규칙'도 반드시 지켰다. 잠자리에 들기 10분 전 간단한 정리정돈을 하는 것이었다. 밤에 정리정돈을 하면 훨씬 평온하고 쾌적한 아침을 맞을 수 있을 뿐 아니라 자연스럽게 잠자리에 들 준비도 된다는 이점이 있다. 또한 무언가를 질서 있게 정리함으로써 마음의 안정도 찾을 수 있고, 몸을 움직이게 됨으로써 피곤함도 느끼게 되는 일석이조의 효과가 있다. 만약 내가 불을 끄기 전에 이불을 덮고 누워 한 시간 동안 독서를 한다면, 몸을 움직이고 난 후 침대에 누워 느낄 수 있는 사치스러울 만큼 짜릿한 안락감은 절대 경험할 수 없을 것이다.

문이나 캐비닛 안쪽에 쌓여 있던 잡동사니들이 모두 사라졌을 때, 나는 눈에 보이는 잡동사니를 공격하기 시작했다. 한 예로, 우리는 엄청나다 싶을 만큼 다양한 잡지를 구독하고 있었지만 쌓아놓기만 할 뿐 제대로 정리를 못하고 있었다. 나는 서랍 하나를 비우고 그 안에 잡지를 모두 집어넣어서 체육관에 갈 때 하나씩 집어 들고 나갈 수 있게 했다. 또한 우리 집은 수많은 초대장이나 학교에서 날아오는 가정통신문, 메모 등을 게시판에 전부 꽂아두고 있었다. 나는 그것을 모두 떼어내서 한 파일 안에 정리하고 '다가올 행사와 초대장'이라는 제목을 만들어 붙였다. 사실 내가 그전보다 계획적이거나 조직적으로 변한 것은 아니었지만, 우리 집의 시각적 무질서는 훨씬 줄어들었다.

평소 나는 집 안 잡동사니를 정리하는 일에 두려움 비슷한 감정을 느끼고 있었다. 손대기가 너무 엄청난 일 같았고, 실제로도 엄청난 일이었기 때문이다. 하지만 이제는 주변을 돌아보면 매번 여유로운 공간과 질서가 눈에 들어왔고, 그럴 때면 새로운 활력도 조금씩 샘솟는 것 같았다. 나는 집의 향상된 분위기와 환경에 전율하면서 남편이 이렇게 말해주길 기다렸다.

"이런, 모든 게 완벽해! 당신 정말 엄청난 일을 해냈는데. 집이 완전히 달라졌어!"

하지만 한 번도 그런 말은 들려오지 않았다. 나는 늘 칭찬에 목말라하는 사람이기에 그의 무덤덤함이 실망스러웠다. 하지만 남편은 230킬로그램이나 되는 짐 가방을 재활용센터까지 옮겨가면서도 불평 한 마디 하지 않았다. 남편이 내 노력에 대해 기대했던 만큼의 고마움을 느끼지 않는다고 해도 사실 그리 문제될 것은 없었다. 정말 중요한 것은 잡동사니 치우기를 통해 내가 고양된 감정을 느꼈을 뿐아니라, 비워냄으로써 오히려 더 채워지는 소중한 경험을 했다는 사실이니 말이다.

☑ 할 일을 미루지 마라

미뤄놓은 일은 에너지를 고갈시키고 죄책감마저 느끼게 한다. 친구에게 결혼 선물을 해주지 못했을 때, 나는 나쁜 친구라는 자책감에 시달려야 했다. 또한 내 피부가 희다 못해 창백한 색깔임에도 피부

암 검진을 받지 않고 있다는 사실 때문에 무책임한 가족 구성원이라는 죄책감에도 시달렸다. 아장아장 걷는 딸에게 새 신발이 필요하다는 사실을 미리 눈치 채지 못했을 때는 나쁜 엄마라는 자책에 속상했었다. 평소 나는 벌집 모양의 컴퓨터 앞에 앉아 있는 내 이미지를 떠올리곤 했었다. 벌의 형태를 하고 나타난 해야 할 일들이 내 머리에 쿵쿵 부딪히며 '나를 해줘요! 나를 해줘요!'라고 소리치고 있었고, 나는 손을 휘저어 그것들을 떨쳐버리려 애쓰는 모습이었다. 그러니 이제는 안도의 시간을 누릴 때가 된 것이다.

나는 자리를 잡고 앉아서 다섯 페이지에 이르는 해야 할 일 목록을 작성했다. 사실 목록 작성 자체는 재미있었지만, 그다음에는 지금껏, 심지어 몇 년 동안 피하기만 했던 일들을 처리해야 한다는 현실에 직면했다. 의욕을 북돋아줄 한 가지 방편으로 나는 5분 정도만 노력하면 해치울 수 있는 일 몇 가지를 항목에 덧붙였다. 그리고 다음 몇 주간, 적어놓은 항목을 끈질기게 처리했다. 우선은 생애 처음으로 피부암 검진을 받았다. 창문 청소도 해치웠다. 컴퓨터 백업시스템도 설치하고, 케이블 요금이 이상하게 많이 나오는 이유도 알아봤다. 구두 뒷굽도 모두 갈아치웠다.

결심목록에 적어놓은 다소 어려운 항목들과 실랑이를 하는 동안, 나는 어쩔 수 없이 사기를 저하시키는 '부메랑 업무'와 마주쳐야만 했다. '부메랑 업무'는 기쁜 마음으로 해치우고 목록에서 지워버리자마자 더 큰 부담감을 안기며 제자리로 돌아오는 일을 말한다. 예를 들어, 치석 제거는 내가 18개월이나 미뤄온 일이었고, 마침내 그것을 실행에 옮기려고 치과에 갈 때는 드디어 결심목록에서 그 항목을 지워버릴 수 있다는 사실이 너무도 기뻐서 한껏 들떠 있었다. 하지만 치과에서 나는 덧씌운 치아 중 하나가 썩고 있다는 사실을 알게 되었다. 결국 다음 주에 다시 치과에 가야 했다. 부메랑이 돌아온 것이다.

또 한 번은 몇 달을 벼른 끝에 빌딩 관리인에게 전화해 침실의 등을 갈아달라고 말했지만, 알고 보니 그것은 관리인이 고칠 수 없는 것이었다. 어쩔 수 없이 관리인이 추천한 전기기사에게 전화를 걸어 등을 갈아달라고 부탁했다. 하지만 전기기사도 그것을 고칠 수가 없었다. 그는 나에게 수리점 연락처를 주었고 나는 고장 난 등을 들고 직접 수리점을 찾아가야만 했다. 그리고 일주일 후에야 등을 찾아왔다. 그다음에는 전기기사가 다시 와서 등을 달아주었다. 부메랑, 부메랑, 부메랑.

사실 몇몇 귀찮은 일들은 내가 살아 있는 한 절대로 할 일 목록에서 사라지지 않을 것이 분명했다. 그것들은 평생 매일 해야 하는 일이다. 마침내 나는 자외선 차단제를 거의 매일 바르게 되었다. 치실도 거의 매일 사용하게 되었다. 물론 자외선 노출이 피부암을 유발할 수 있다는 사실이나 약한 잇몸이 결국 치아를 잃게 할 수도 있다는 사실은 전부터 잘 알고 있었다. 하지만 자외선 차단제와 치실 이용을 실천할 수 있도록 결정적 동기를 제공한 것은 주름살과 입 냄새였다.

때로 어떤 일을 실행에 옮기는 데 있어서 가장 어려운 부분은 그것을 하기로 마음먹는 일이다. 어느 날 아침, 나는 마흔여덟 개의 단어가 포함된, 작성하는 데 45초밖에 걸리지 않은 이메일 한 통을 보내는 것으로 하루를 시작했다. 하지만 그것은 두 주 이상이나 내 마음 속에 큰 짐으로 자리 잡고 있던 일이었다. 이렇게 미뤄놓은 일들은 비정상적으로 사람의 기운을 소진시킨다.

행복의 중요한 일면은 스스로의 기분을 관리하는 데 있다. 여러 연구에서 증명하듯이 기분이 좋아지게 하는 최고의 방법은 오래 미뤄놓은 일을 처리하는 것 같은 손쉬운 성공을 성취해보는 것이다. 나는 그동안 소홀했던 일들을 하나씩 처리하면서 얻게 된 극적인 정신적 활력에 놀라지 않을 수 없었다.

☑ 억지로라도 활기차게

좀 더 활력을 얻기 위해 나는 12계명 중의 하나인 '느낀 대로 행동하기'를 실행에 옮기기로 했다. 우리는 자신이 느낀 대로 행동한다고 생각하지만, 실은 그와 반대로 행동하는 대로 느끼는 경우가 많다. 여러 연구 결과에 따르면 인위적으로 만들어낸 미소조차도 행복한 감정을 불러일으킨다고 한다. 그리고 최근에 실시된 어떤 조사에 따르면 보톡스를 맞은 사람들이 화를 훨씬 덜 내는 경향이 있는데, 그 이유는 화난 표정을 지을 수 없기 때문이라는 것이다. 철학자이자 심리학자인 윌리엄 제임스는 다음과 같이 설명하고 있다. "행동이 느낌을 따르는 듯 보이지만, 실은 행동과 느낌은 함께 작용한다. 따라서 의지보다 훨씬 구체적인 행동을 통제하면 느낌을 간접적으로 통제할 수 있다."

고대부터 지금까지 모든 분야를 살펴보며 얻은 결론은 우리가 감정을 바꾸면 행동도 바꿀 수 있다는 말을 확실히 뒷받침해준다. '느껴질 때까지 가장하라'라는 전략이 감상적으로 들릴지 모르지만, 나는 그것이 엄청난 효과가 있다는 사실을 체험했다. 기운이 없을 때 나는 더욱 활기차게 행동한다. 걸음도 빨리 걷고 전화 통화하는 동안 이리저리 돌아다니기도 한다. 더 따뜻하고 열정이 담긴 목소리를 내려고 노력하기도 한다. 때로 나는 아이들과 함께 시간을 보내야 한다는 생각만으로도 지쳐버리는 경우가 있다. 그러면 어떻게 해서라도 아이들끼리 놀게 할 방법이 없을까 고심한다. 하지만 어느 피곤한 오후, 나는 아이들 방 안으로 뛰어 들어가 이렇게 말했다.

"애들아, 우리 텐트 안에서 놀자!"

정말 효과가 있었다. 활기 넘치는 척함으로써 정말 활력을 얻었던 것이다.

1월이 다 끝나갈 무렵, 나는 스스로 매우 전도유망한 출발을 하고 있다고 생각했다. 그렇다면 정말 행복하다고 느꼈을까? 사실 그 질문에 대답하기에는 좀 이른 감이 있다. 하지만 나는 훨씬 기민해지고 침착해졌다. 여전히 무리하면 때 이른 생리를 하기는 해도 그 빈도는 줄어들었다.

나는 잘한 일에 대해 스스로에게 상을 주는 것이 결심을 지켜나가는 것을 훨씬 수월하게 해준다는 사실을 깨달았다. 그것이 결심목록에 체크 표시를 하는 정도의 아주 사소한 보상일지라도 말이다. 또한 실행 강도를 약간 높이는 것도 변화를 이끌어내는 한 방법이다. 하지만 결심을 지켜나가야 한다는 사실을 스스로에게 끊임없이 상기시켜야만 했다. 특히 내 경우에는 한 달이 끝나갈 무렵 집을 깔끔하게 유지하려는 열정이 눈에 띄게 줄어들었다. 옷장을 정리하고 난 후에 느낄 수 있는 커다란 만족감은 여전히 비할 데 없이 좋았지만, 집 안을 내내 깔끔하게 유지한다는 것은 거의 불가능했기 때문이다. 하지만 '1분 규칙'과 '저녁 정리정돈 규칙'을 꾸준히 실천하게 되면 조금씩 규칙적으로 집을 치우게 될 테니 이제 더는 그전처럼 잡동사니가 잔뜩 쌓이는 일은 없을지도 모른다.

나는 집이 정돈되면서 얻게 되는 활력과 만족감의 정도가 얼마나 큰지에 대해서 장담할 수 있다. 눈엣가시였던 벽장이 이제는 기쁨의 원천이 되었고 책상에서 누렇게 색이 바래가던 신문 더미도 더는 찾아볼 수 없다. 새뮤얼 존슨은 이렇게 말했다.

"최소한의 불행을 겪으면서 가장 큰 행복을 얻는 기술은 사소한 것을 연구함으로써 얻을 수 있다."

2월

결혼

사랑의 증거를 보여라

- ✔ 잔소리는 이제 그만
- ✔ 칭찬에 목숨 걸지 마라
- ✔ 올바르게 싸우자
- ✔ 떠넘기는 것은 최악
- ✔ 사랑의 증거를 보여라

FEBRUARY

네가 무슨 일을 하든
항상 너 자신을 위해 해야 하는 거야.
만약 다른 사람을 위해 하게 된다면
결국은 그들이 널 인정하고, 믿고,
또 네게 고마워하길 바라게 될 테니까.
하지만 너 자신을 위해 한다면
다른 사람의 반응을 바라지 않게 되거든.

행복과 결혼에 관한 조사를 하던 중, 나는 놀라운 사실을 하나 알게 되었다. 결혼 만족도가 첫아이를 낳은 후 상당히 감소한다는 것이다. 특히 신생아나 10대 자녀를 두고 있을 때 결혼생활에 대한 스트레스가 엄청나게 커지고 상대에 대한 불만도 급증한다고 한다.

남편과 나는 결혼 11년차였고, 확실히 우리 경우에도 딸이 태어난 후부터 심하다고는 할 수 없지만 다투는 경우가 크게 늘어났다. "그것도 못해?"라는 말이 처음 입 밖으로 나온 때도 바로 그 시기였다. 지난 몇 년간 나는 불평도 많아지고 잔소리와 망설임도 심해졌다. 이제 조치를 취할 때가 온 것이다.

그와 나는 법대 시절 도서관에서 서로를 처음 소개받았다. 당시 나는 신입생이었고 그는 2학년이었는데, 유치하게 들릴지 모르지만, 그때 이래로 나는 우리가 매우 특별한 사랑을 이어오고 있다고 믿는다.(그날 오후 남편이 입고 있었던 장밋빛 재킷은 지금도 내 옷장 뒤편에 걸려 있다.) 하지만 최근 몇 년간은 사소한 짜증과 날카로운 대화가 풀리지 않고 웅어리지면서 둘 사이가 조금은 서먹해지고 있는 것이 아닌가 하는 걱정이 들기 시작했다.

결혼생활에는 아무 문제가 없었다. 서로를 향한 애정을 거리낌 없이 드러냈으며 상대에게 늘 관대했다. 갈등도 꽤 현명하게 풀어나갔다. 결혼 전문가 존 가트맨이 결혼생활을 파국으로 이끄는 네 가지 위험 요소라고 지적한 냉담·방어·비난·경멸 등의 행위도 전혀 하지 않았다. 물론 가끔은 냉담·방어·비난까지는 했을지 모르지만, 네 가지 중에 가장 최악인 상대를 경멸하는 행위는 결코 한 적이 없다. 하지만 우리에겐, 아니 솔직히 말해서 나에게는 반드시 고쳐야 할 나쁜 습관들이 생겼다.

결혼생활을 잘 꾸려나가는 것은 내가 행복 프로젝트를 통해 반드시 실현해야 하는 목표였다. 화목한 결혼생활이 행복의 가장 강력한 조력자이기 때문이다. 이는 행복한 사람이 불행한 사람보다 훨씬 쉽게 결혼생활을 유지한다는 사실을 단적으로 반영한다. 그 이유는 행복한 사람이 이상적인 데이트 상대이자 배우자일 수밖에 없기 때문이다. 따라서 세상 모든 사람이 갈구하는 격려와 동료애를 제공한다는 점에서 결혼은 그 자체만으로도 행복의 원천이라 할 수 있다.

대부분의 결혼한 사람이 그렇듯이 나도 결혼이 모든 중요한 선택, 예를 들어 사는 곳, 출산, 친구, 직장, 여가 등을 선택하는 기초라고 생각한다. 결혼생활의 분위기는 삶 전체의 날씨를 결정짓는다. 그 때문에 나는 결혼이라는 주제를 행복 프로젝트에 포함시키는 수준을 넘어서, 두 번째 달인 2월 초반에 넣어 그것을 온전히 공략해보기로 했다.

안타까운 사실은 남편과의 관계가 일상 속에서 내 존재를 결정짓는 가장 중요한 요소임에도 불구하고, 내가 가장 형편없는 사람처럼 행동하기 쉬운 관계이기도 하다는 점이다. 너무 자주 나는 불만과 논쟁에만 초점을 맞추고 그에게 모든 책임을 떠넘기며 탓한다. 만약 전등이 나가거나 집이 지저분해서 기분이 나빠졌거나 심지어는 일 때문에 우울해 있을 때도 나는 남편을 탓한다.

그는 매우 다양한 면모를 가지고 있다. 남편을 잘 모르는 사람이 보면 좀 심하다 싶을 정도로 무관심하고 냉정하고 차가운 면이 있지만, 한편으로는 인정 많고 따뜻한 사람이기도 하다. 나 같은 사람은 도저히 참아내기 힘들 정도로 암울한 〈오픈 워터〉나 〈저수지의 개들〉 같은 영화를 좋아하면서도, 동시에 달콤하고 감성적인 영화도 좋아한다. 그가 가장 좋아하는 영화는 〈금지된 사랑〉이다. 그는 남편들이 당연히 해야 할 일들을 귀찮아하는 경향이 있어 나를 종종 화나게 하지만, 가끔은 요구하지도 않았는데 컴퓨터를 업그레이드하는 등의 일을 해주어 나를 기쁘게 한다. 그는 침대 정리는 해도 빨래 바구니에 벗은 옷을 넣어두는 법은 없다. 생일에 선물을 사는 일에는 소질이 없어도 가끔씩 예상치 않았던 선물을 준다.

다른 사람과 마찬가지로 남편은 좋은 기질과 그다지 좋다고만은 할 수 없는 기질을 둘 다 보여주는 사람인데, 내 습관 중 가장 최악이라고 할 수 있는 것은 그의 모든 장점은 당연한 것으로 간주하고 결점에만 초점을 맞추는 것이다.

나는 행복 프로젝트와 관련해서 매우 중요한 사실 하나를 깨닫게 됐는데, 그것은 바로 내가 다른 사람을 변화시킬 수는 없다는 사실이다. 시도해볼 만한 가치는 있지 않나 하는 생각에 협박 비슷한 잔소리를 끊임없이 늘어놓으며 남편을 다그쳐봤지만 분위기는 더 이상 밝아지지 않았다. 그래서 조금의 영감이라도 얻을 수 있을까 해서 12계명으로 고개를 돌려봤다.

친구 하나가 바로 그 계명의 원천이었다. 그는 까다롭기로 악명 높은 상사를 모시는 일자리를 맡아야 할지 말아야 할지 고민하고 있었다. 인사를 담당하고 있던 직원은 친구에게 이렇게 말했다.

"솔직히 말하겠습니다. 아무개 씨는 능력 있는 분이지만 함께 일하기에는 끔찍하다 싶을 정도로 힘든 사람입니다. 본인이 정말 이 일을 간절하게 원하는지 신중하게 생각해보시는 게 좋을 겁니다."

친구는 정말 그 자리를 간절히 원했고 이렇게 생각하며 그 일을 맡기로 결정했다.

'그래, 무조건 사랑하자!'

그 순간부터 친구는 아무개 상사에 대한 부정적 생각을 모두 떨쳐버렸다. 그가 없을 때, 다른 사람에게 그의 험담을 늘어놓은 적도 없다. 심지어 다른 사람이 그에 대해 불평하는 것도 들으려 하지 않았다.

"동료들이 네가 너무 착한 척한다고 비난하지는 않니?"

내가 물었다.

"아니, 그렇지 않아. 오히려 다들 나처럼 할 수 있었으면 좋겠대. 다른 직원들은 아주 미치려고 하는데, 나는 솔직히 그분이 좋거든."

친구가 상사에게 할 수 있었던 일을 내가 남편에게 못할 이유가 무엇인가? 마음 깊은 곳에는 오직 그에 대한 사랑밖에 없는데. 하지만 그곳까지 가는 동안 나는 사소한 문제들이 나를 방해하도록 그냥 내버려두고 있었다. 그러고는 형편없는 나 자신에 죄책감을 느껴 더 못되게 굴곤 했다.

사랑은 재미있는 것이다. 나는 한순간의 망설임도 없이 남편에게 한쪽 신장을 내주었음에도, 그가 면도 크림을 사야 한다고 예고도 없이 상점에 들르자고 할 때면 이상하게도 심하다 싶을 정도로 신경질을 부린다.

연구에 따르면 부부 간의 갈등을 일으키는 흔한 원인이 바로 돈, 일, 섹스, 대화, 종교, 자녀, 일가친척, 감사하는 마음, 그리고 여가 활동이라고 한다. 아기가 새로 태어나는 것 역시 두 사람에게 매우 힘든 일이다. 하지만 상당히 포괄적으로 보이는 이 범주 안에 우리 결혼생활에 문제를 일으키는 요소는 포함되어 있지 않았다. 나는 타인의 결혼이 아닌 우리의 결혼에 대해, 그리고 신혼 초기 아이가 없던 시절에 느꼈던 애정과 인내심을 회복하기 위해 내가 감당할 수 있는 변화가 무엇인지 곰곰이 생각해보았다.

우선 집안일에 대한 접근 방식을 바꿀 필요가 있었다. 나는 너무 많은 시간을 이것저것 시키고 잔소리하는 데 소비했다. 남편에게 할 일을 안 한다고 잔소리했을 뿐 아니라, 내가 한 일에 대해 칭찬해달라고 귀찮게 굴기도 했다.

다음으로 나는 좀 여유로워지고 싶었다. 영국의 소설가 G. K. 체스터튼이 썼던 글 한 줄이 가슴에서 메아리쳤다. "무거워지기는 쉽지만 가벼워지는 것은 얼마나 어려운가." 또 이런 말도 있지 않은가. "죽기보다 어려운 것이 코미디다."

그리고 더는 남편을 당연한 존재로 여기고 싶지 않았다. 작고 사소할지라도 사려 깊은 말 한마디가 밸런타인데이에 건네는 꽃다발보다 더 소중하지 않은가. 나는 그에게 작은 선물과 예의, 칭찬, 감사의 마음을 전하고 싶었다. 결국 '어른의 비밀'에서 말하는 것처럼 '어쩌다 한 번씩 하는 일보다 매일 꾸준히 하는 일이 훨씬 중요한 일'인 것이다.

그는 내가 이달에 실험하고 있는 것이 무엇인지에 대해 묻지 않았고, 나 역시 말해주지 않았다. 나는 남편을 잘 알았다. 그는 자신이 실험대상이 되고 있다는 사실을 눈치 채고 있었음에도 세부적인 사항을 알게 되면 자신의 행동이 부자연스러워질까봐 모른 척해주었던 것이다.

나는 이번 달의 결심은 실천하기 어렵다는 점을 충분히 잘 알고 있었다. 모든 결심을 다 완벽하게 수행할 수 있으리라는 무모한 기대를 할 만큼 비현실적인 사람도 아니었다. 하지만 과거보다는 목표를 높게 두고 싶었다. 내가 활력을 북돋고 집을 정리하는 것으로 행복 프로젝트의 첫발을 내딛은 이유 중 하나는, 바로 정신과 육체의 부조화에 압도당하지 않는다면 훨씬 여유롭고 사랑 넘치는 사람이 될 수 있으리라 확신했기 때문이었다. 말도 안 되는 소리라고 치부할지 모르지만, 나는 깔끔해진 주변과 충분한 수면 덕분에 이미 행복한 평정심을 유지하고 있었다. 어려운 점이라면 1월의 결심을 계속 유지하면서 2월의 새로운 결심도 함께 실천하는 것이었다.

☑ 잔소리는 이제 그만

남편은 잔소리 듣는 것을 무엇보다 싫어했고, 나도 잔소리하는 것을 싫어했지만, 어찌된 일인지 입에서는 잔소리가 떠날 줄을 몰랐다. 연구에 따르면 부부 사이의 애정의 질을 결정하는 것은 두 사람이 서로에 대한 성적 열정을 어느 정도 만족스럽게 느끼느냐의 여부라고 한다. 그리고 부부 사이의 애정이나 열정을 해치는 요소 중에 잔소리를 따를 만한 것이 없다고 한다. 즉 결론적으로 잔소리는 아무짝에도 쓸모없다는 것이다.

밸런타인데이 카드가 내게 2월의 결심을 실험해볼 수 있는 기회를 주었다. 밸런타인데이 카드는 엘리자가 태어났을 때 무엇인가 해야 할 것 같은 필사적인 마음에서 비롯된 것으로, 할 일에 치어 바쁘다 못해 미쳐버릴 듯한 12월이 아닌 여유로운 2월에 사람들에게 연하장을 보내면 어떨까 하는 발상에서 시작되었다.

올해 카드를 보낼 때가 되었을 때, 남편과 함께 영화 〈미지와의 조

우)를 보고 있던 나는 커다란 봉투 꾸러미를 꺼내놓고 밝은 목소리
로 말했다.

"봉투에 카드 넣는 거 할 거야, 아니면 봉투 붙이는 거 할 거야?"

남편은 슬픈 눈초리로 나를 바라보며 말했다.

"제발 나 좀 시키지 마."

나는 무슨 대꾸를 해야 할지 잠시 망설였다. 반드시 도와줘야 한
다고 강요할까? 나 혼자 이 많은 일을 다 하는 것은 불공평하다고 말
해볼까? 내가 카드 주문하는 일부터 사진 배열하는 일까지 다 해놓
고 겨우 쉬운 일 몇 가지 도와달라는 것인데 너무하지 않은가? 하지
만 다른 한편으로 생각해보면 이 일은 내가 마음대로 결정해서 독단
적으로 실행에 옮기는 일이었다. 남편에게 도움을 요청하는 것이 공
평한 것일까? 사실 공평하고 안 하고의 문제가 아니라 바가지를 긁
는다는 불편한 느낌 없이 그냥 나 혼자서 끝낼 수도 있는 일이었다.

"알았어. 걱정하지 마."

나는 한숨을 쉬며 말했다. 남편이 느릿느릿 소파로 옮겨가는 모습
을 볼 때는 마음속에서 약간의 분노가 꿈틀거리는 것이 느껴지기도
했다. 하지만 잔소리를 하지 않음으로 해서 느낄 수 있는 만족감은
봉투 날개에 침을 바르지 않으면서 TV를 볼 때의 만족감보다 훨씬
컸다는 사실만은 부인할 수 없었다.

영화가 끝났을 때, 남편은 카드를 넣고 입구를 봉한 후 우표까지
붙인 붉은 봉투에 에워싸인 내 모습을 올려다보았다. 잠시 후 그가
내 손 위에 자신의 손을 포개며 말했다.

"나의 밸런타인이 되어줄래요?"

순간 남편을 몰아붙이지 않기로 마음먹었던 내 결정이 대견스럽게 느껴졌다.

나는 일명 '잔소리 줄여주는 기술' 점검표를 만들었다. 우선 위협적인 목소리는 듣기에도 불쾌하니, 굳이 말로 하지 않아도 서로에게 할 일을 제안할 수 있는 방법 몇 가지를 고안해냈다. 내가 현관문 앞쪽 바닥에 편지봉투를 놓아두면, 남편은 그것이 회사 가는 길에 우체통에 넣어달라는 부탁임을 알아차리는 식이다. 또한 남편에게 할 일을 상기시킬 때 한 마디 이상 하지 않기로 마음먹었다. '잊어먹지 마. 공원에 놀러가기 전에 비디오카메라가 왜 고장 난 건지 알아보고 고쳐놓기로 했었지!'라고 으르렁대듯 잔소리하는 대신, 아침식사를 마치고 일어설 때 '카메라'라고 말하는 것이다.

그리고 반드시 내가 정한 일정에 맞추어서 모든 일이 진행되어야 하는 것은 아니라는 점을 늘 상기하려고 노력했다. 하루는 남편에게 빨리 지하실에 내려가서 미끄럼틀을 가져오라고 닦달을 하려다가 꾹 참아야만 했다. 엘리너가 미끄럼틀을 타고 싶다고 말하면, 나는 즉시 눈앞에 그것이 놓여 있어야만 직성이 풀렸다. 하지만 다시 생각해보면 그것은 그리 급한 일도 아니었다. 또 우산 가지고 가라, 아침은 꼭 챙겨 먹어라, 치과에 좀 다녀와라 같은 '전부 당신을 위해서 그러는 거야' 식의 잔소리를 전혀 하지 않았다. 어떤 사람은 그런 종류의 잔소리도 사랑을 표현하는 방식이라고 생각할지 모르지만, 나는 적어도 성인이라면 남의 간섭 없이도 스웨터를 입을지 말지 정도는 결정할 수 있어야 한다고 생각한다.

가장 확실하면서 제일 매력 없는 잔소리 줄여주는 기술은 두말할 필요도 없이 내가 직접 하는 것이다. 나는 도대체 무슨 근거로 집에 늘 충분한 현금이 있어야 하는 것이 전적으로 남편의 책임이라고 확신했던 것일까? 일단 내가 그 일을 맡자 우리 가족은 현찰이 없어서 허둥대는 일도 없어졌고 나도 훨씬 행복해졌다. 그리고 남편이 무슨 일을 하든지 절대로 그 결과에 투덜거리지 않기로 마음먹었다. 한 예로, 남편이 고장 난 비디오카메라에 들어가는 부품 값으로 너무 비싼 돈을 치렀다고 생각했지만, 그것은 어디까지나 그의 결정이었으므로 참견하지 않았다.

또한 남편이 하는 모든 일에 좀 더 관심을 기울이고 감사하는 마음을 품으려 노력했다. 사람은 누구나 자신의 기여도나 기술이 다른 사람과 비교했을 때 훨씬 크다고 무의식적으로 과대평가하는 경향이 있다고 한다. 이것은 작가 게리슨 케일러가 명명한 '워비곤 호수 효과', 즉 모든 사람은 자신이 평균 이상이라고 생각한다는 사실과 관련이 있는데, 내 경우에도 확실히 '무의식적인 과대평가'의 기질이 있었고, 그에 따른 양심의 가책도 느끼고 있었다. 한 연구에 따르면, 그룹 프로젝트에 참여한 학생들에게 자신의 팀 기여도를 평가하라고 한 후 그 합계를 내보면 평균 139퍼센트에 이른다고 한다. 이러한 현상은 우리가 다른 사람이 무엇을 하는가보다는 '내가' 무엇을 하는가에 훨씬 더 관심이 많다는 사실을 염두에 두면 쉽게 이해가 된다. 나 역시도 내가 세금 내는 일에 시간을 써야 할 때면 심하게 불평을 하면서, 남편이 차를 고치는 데 시간을 쓰는 것은 아무렇지도 않게 생각하는 경향이 있었다.

☑ 칭찬에 목숨 걸지 마라

잔소리 습관에 대해 스스로 탐구하는 동안, 나는 상당히 미묘한 형태의 잔소리, 즉 내가 한 일과 관련이 있는 잔소리도 제법 해왔다는 사실을 깨닫게 되었다. 다시 말해 더 많은 칭찬을 해달라고 남편을 들볶아댔던 것이다. 밸런타인데이 카드 보내기와 비슷한 경우들을 통해 나는 내가 진정으로 원하는 도움보다 더 절실히 바라는 것은 바로 남편이 이렇게 말해주는 것임을 깨달았다.

"우와, 애들 사진 정말 잘 나왔는데! 당신 정말 근사한 밸런타인 카드를 만들었어!"

나는 완성한 숙제에 '참 잘했어요' 도장이 찍히기를 바라고 있었다. 도대체 왜 그런 도장을 필요로 하는 것일까? 단지 부추김을 받고자 하는 허영 때문일까? 위로받고 싶은 불안함 때문일까? 이유야 어떻든 간에 나는 해놓은 일에 대해 반드시 남편의 칭찬을 받아야 할 것 같은 느낌을 극복해야만 했다. 나아가 내가 말하지 않아도 그가 스스로 알아차려주길 기대하는 마음도 극복해야만 했다. 그래서 '칭찬이나 감사의 말 기대하지 않기'라는 결심이 생겨났다.

이번 프로젝트를 계기로 세심한 주의를 기울이기 전까지 나는 칭찬받고 싶은 욕구가 행동에 얼마나 큰 영향을 미치는지 제대로 알지 못했다. 어느 날 아침 7시 30분쯤, 나는 잠옷을 입은 채 비틀거리며 부엌으로 나갔다. 자지 않고 보채는 딸을 달래느라 못 자고 있다가 남편이 6시쯤 일어났을 때야 겨우 잠자리에 들 수 있었기 때문이다.

"굿모닝."

나는 다이어트 콜라 캔을 따며 중얼거리듯 말했지만, 남편 덕분에 잠시나마 눈을 붙일 수 있었던 사치스러운 90분에 대해서는 고맙다는 인사 한마디 하지 않았다. 남편은 잠시 기다리다가 말했다.

"내 덕분에 한숨이라도 잘 수 있었던 거 고마워해야 하는 거 아냐?"

그때 매끄럽게 상황을 이끌지는 않았지만, 어쨌든 그도 역시 '참 잘했어요' 도장을 원하고 있었다.

그 당시 나는 어떻게 하면 결혼생활에 좀 더 도움이 되는 방향으로 행동할 수 있을지에 모든 관심을 기울이고 있었다. 점차 많은 것을 깨닫고 있다는 사실에 스스로 대견해하고 있던 참이기도 했다. 그렇다면 내가 부드러운 목소리로 이렇게 말해야 했을까? "당연히 감사하고 있지. 정말 고마워. 자기는 언제나 내 영웅이야." 그러면서 보답으로 남편을 꼭 껴안아주기라도 했을까? 아니었다. 나도 이렇게 잘라버렸다.

"고맙기는 해. 하지만 내가 먼저 당신을 잘 수 있게 해줬는데, 그 점에 대해서는 고맙다는 말 한마디 없었잖아. 그런데 나를 조금 자게 해줬다고 이렇게 공치사를 하는 거야?"

그의 표정을 보면서 나는 왜 그런 말을 했을까 자책했다. 그리고 아홉 번째 계명을 기억해냈다. '가벼워지자!' 나는 그를 껴안으며 말했다.

"미안해. 정말이야. 그런 식으로 말하면 안 되는 건데. 아침에 잘 수 있게 해준 거 진심으로 고마워하고 있어."

그러자 남편이 입을 열었다.

"당신 그거 알아? 나도 힘닿는 데까지 도와주려고 무척 애쓰고 있어. 그리고 내가 먼저 잘 수 있도록 배려해준 것도 고마워하고 있다고."

"알았어."

우리는 서로를 감싸 안았다. 적어도 6초 이상 껴안고 있었는데, 행복에 관해 조사하는 과정에서 우연히 알아낸 바로는 그 정도 시간이 되어야만 친밀감을 북돋우고 기분을 고양시키는 호르몬인 옥시토신과 세로토닌이 분비된다고 한다. 긴장의 시간은 지나갔다.

그때의 대화가 나 자신을 좀 더 잘 통제할 수 있는 통찰력을 얻게 했다. 나는 종종 남편을 위해서 혹은 우리 둘을 위해서 어떤 일을 해냈다고, 또는 각별한 노력을 기울였다고 스스로에게 의기양양하게 말하곤 했다. 그런데 그것이 스스로를 매우 관대한 사람인 양 보이게 할지는 모르지만, 결과적으로는 안 좋은 영향을 미쳤다. 이유는 남편이 내 노력에 대해 고마워하지 않을 경우, 혼자 심술이 나서 어쩔 줄 몰라 했기 때문이다. 따라서 나는 이렇게 말하기로 했다.

"이건 나 자신을 위해 한 일이야. 내가 원해서 한 일이잖아."

밸런타인 카드를 보내자고 한 것은 바로 나였다. 부엌 찬장을 청소하고 싶어 했던 것도 남편이 아닌 나였다. 이것은 이기적으로 들리기는 했지만 사실이었고, 실제로는 덜 이기적이기도 했다. 남편이나 다른 누구에게 '참 잘했어요' 도장을 찍어달라고 잔소리하지 않겠다는 것을 의미했기 때문이다. 내가 무슨 일을 했는지 아무도 눈치 채지 않아도 상관없었다.

시민권 운동에 적극적으로 참여했던 부모님 밑에서 성장한 친구가 이런 말을 한 적이 있다.

"두 분은 늘 이렇게 말씀하셨어. 네가 무슨 일을 하든 항상 너 자신을 위해 해야 하는 거야. 만약 다른 사람을 위해 하게 된다면 결국은 그들이 널 인정하고, 믿고, 또 네게 고마워하길 바라게 될 테니까. 하지만 너 자신을 위해 한다면 다른 사람의 반응을 바라지 않게 되거든."

내 생각에도 그 말은 옳다. 그런데 '참 잘했어요' 도장을 포기하겠다고 하면서도 나는 여전히 남편이 그 도장을 아낌없이 찍어주면 좋겠다는 기대를 버리지는 못하고 있다.

☑ 올바르게 싸우자

내가 바꾸고자 애쓰는 행동 중에서 잔소리는 그나마 다루기 쉬운 편에 속했다. 2월의 결심항목 중에는 정말 힘든 도전이 하나 있었는데, 그것은 바로 '여유로운 태도'였다. 결혼생활의 갈등은 크게 두 범주로 나눌 수 있다. 명확하게 해결할 수 있는 갈등과 그렇지 않은 일. 안타깝게도 훨씬 많은 갈등이 '이번 주말에는 어떤 영화 볼까?', '이번 여름휴가는 어디로 갈까?'처럼 명확하게 결론이 나는 범주보다는 '돈을 어떻게 써야 할까?', '아이들은 어떻게 키워야 할까?' 같은 열린 결말의 범주에 해당한다.

부부 사이에서 의견 불일치는 피할 수도 없을 뿐 아니라 반드시 필요하기도 하다. 남편과 나도 부부싸움이라는 것을 하기에, 어차피 싸워야 한다면 서로 의견이 일치하지 않더라도 다정하고 재미있게 농담도 하면서 다투고 싶었다.

또한 나의 절친한 적이라 할 수 있는 '욱하는 습관'도 고치고 싶었다. 나는 시도 때도 없이 갑작스럽게 신경질을 내면서 일방적으로 남편을 몰아붙여 집 안 분위기를 망쳐놓곤 했기 때문이다. 과거에 나는 분노라는 감정이 왜 7대 죄악에 포함되는지 궁금했다. 또한 그 나머지에 해당하는 교만, 탐욕, 탐식, 색욕, 태만, 질투도 다른 극악무도한 죄악에 비하면 그다지 치명적이지 않다고 느꼈다. 하지만 실상은 그렇지 않았다. 그 감정들은 자체의 심각함 때문이 아니라 더 끔찍한 죄를 발생시킬 수 있다는 점 때문에 7대 죄악에 해당하는 것이었다. 그들은 마치 크나큰 죄악으로 나아가는 출구 같은 역할을 한다. 그리고 그중 '분노'가 나를 지배하고 있었다.

싸우는 스타일은 건강한 결혼생활에 매우 중요한 요소다. 가트맨의 '사랑 실험실' 연구 결과에 따르면 부부가 얼마나 자주 싸우는가보다 어떻게 싸우는가가 그들 관계에 더 큰 영향을 미친다고 한다. 올바른 방식으로 싸우는 부부는 첫 데이트 때부터 마음속에 품어왔던 모든 불만을 싸울 때마다 습관적으로 터뜨리는 대신 한 번에 오직 한 가지 주제에 대해서만 다툰다고 한다. 이러한 부부는 싸움을 시작하자마자 즉시 폭발하는 것이 아니라 싸움의 원인을 천천히 논쟁으로 이끌 뿐 아니라, '당신은 한 번도…' 혹은 '당신이란 사람은 늘…' 등의 폭탄은 가능한 한 피하려고 애쓴다는 것이다. 그들은 어떻게 하면 다툼을 빨리 마무리 지을 수 있을지 알기에 절대 몇 시간이고 질질 끄는 법이 없다. 또한 나쁜 감정을 더욱 심화시키는 행동이나 말을 삼간다. 또한 상대 배우자가 감당해야 하는 여러 압박감을 인지하고 있다. 남편은 아내가 일과 가정이라는 두 가지 힘든 상황 속에서 이러지도 저러지도 못하는 입장이라는 사실을 알고 있으며, 아내는 남편이 자기 어머니와 아내 사이에서 힘들어 하고 있음을 잘 알고 있다.

이제 올바르게 싸우지 않는다는 것이 무엇을 의미하는지 살펴보자. 인정하고 싶지는 않지만 나는 때때로 코를 곤다. 혹 누가 그걸 지적하면 죽기보다 싫어진다. 어느 날 아침 남편이 그것에 대해 농담했을 때 나는 '올바르게' 대응하려고 그와 함께 웃어넘겼다.

그리고 나서 몇 주 후 아침 6시 30분 자명종이 울리기 전, 우리가 즐겨 듣는 라디오 뉴스 프로그램을 듣고 있을 때, 그리고 아직 내가 잠에 취한 상태로 한 달 전 잠동사니로 가득할 때보다 현재가 얼마나 더 쾌적하고 평화로워졌는지 생각하고 있을 때, 그가 달콤하고도 장난기 가득한 목소리로 말을 꺼냈다.

"나는 아침을 두 가지 관찰과 함께 시작하는데, 하나는 당신이 코를 곤다는 사실이고…."

나는 욱하며 말을 자르고 들어갔다.

"그래서? 그게 내가 아침에 눈을 뜨자마자 들어야 하는 첫 번째 말이란 거지?"

감정이 폭발한 나는 그의 얼굴에 이불을 던지고 침대에서 나와버렸다. 그리고 성난 황소처럼 방을 가로질러서 옷장 문을 열어젖히고 거칠게 옷을 꺼내며 말했다.

"그래, 나 코 골아. 아침에 눈뜨자마자 할 수 있는 말로 그보다 좀 나은 걸 생각해낼 재주는 도저히 없었나본데, 내 코골이 소리 듣기 싫으면 자고 있을 때 찔러버리면 될 거 아냐! 그러니까 지겹게 자꾸 말하지 마!"

내가 여기서 얻은 것이 있었을까? 처음 남편이 코를 곤다고 농담했을 때, 나는 별일 아닌 듯 웃어넘김으로써 그것을 주제 삼아 계속 농담을 해도 좋다는 무언의 허락을 해준 꼴이 되어버렸다. 나는 언제나 나 자신에 관한 농담에 여유롭게 웃어넘길 수 있기를 바라지만, 가끔은 도저히 그럴 수 없을 때가 있다. 게다가 처음부터 내가 정직하게 반응했더라면 감정의 폭발을 미연에 방지할 수도 있었을 것이다. 하지만 남편은 자신의 농담이 나를 분노하게 하리라는 경고를 받은 적이 없었다. '올바르게 싸우기'는 그리 만만한 일이 아니었다. 이 경우에 나는 결심한 것을 제대로 실행하지 못했으며, 심지어 그에게 사과조차도 할 수 없었고, 그저 모든 일을 잊고만 싶었다. 제발 다음번에는 더 잘해낼 수 있기를 바랄 뿐이었다.

결혼생활에서는 불쾌한 경험을 최소화시키는 것이 유쾌한 경험을 최대화시키는 것보다 훨씬 중요한데, 그것은 인간이 '부정 편향적'이기 때문이다. 나쁜 사건에 대한 우리의 반응은 좋은 사건에 대한 반응과 비교했을 때 매우 빠르고 강하며 지속적이다. 사실상 세계 각국의 언어에는 긍정적 감정보다 부정적 감정을 묘사하는 개념이 훨씬 발달해 있다.

나는 올바르게 싸우지 못한다는 사실 때문에 커다란 죄책감을 느끼고 있었기 때문에, 올바르게 싸울 수만 있다면 특별한 행복을 만들 수 있을 것 같았다. 마크 트웨인은 이렇게 말했다. "양심의 가책은 입 안에 들어간 머리카락과 같다."

올바르게 싸우는 일에 계속해서 실패하고 있던 어느 날, 나는 시부모님 덕택에 중요한 깨달음 하나를 얻을 수 있었다. 대통령의 날(미국에서 가장 존경받는 대통령인 링컨과 워싱턴의 생일을 기념하는 2월 셋째 월요일)이 끼어 있던 주말에 우리는 시부모님을 모시고 짧은 휴가를 다녀왔다. 시부모님인 주디와 밥은 다정다감한 조력가이며 이런저런 사고와 무질서에도 책임감 있는 인내를 보여주시는 분들이라 함께 하는 여행은 언제나 즐거웠다. 하지만 두 분은 충분한 시간적 여유를 가지면서 여행하길 원하셨다. 그래서 두 분을 모시러 가려고 서둘러 나서는 바람에 나는 배를 채울 여유가 없었다. 모두가 막 아파트를 떠나려 할 때쯤 나는 배가 고파 견딜 수가 없었고, 어쩔 수 없이 엘리자가 밸런타인데이 선물로 받아온 하트 모양의 초콜 릿 상자를 모두 비워 배를 채우고 말았다. 그 많은 초콜릿을 다 먹어 버렸다는 사실에 약간의 죄책감도 들고 뱃속도 편치 않았기에 나는 끊임없이 잔소리를 늘어놓고 짜증을 부렸다. 짜증을 부릴수록 죄책 감은 커져만 갔고, 죄책감이 커져 갈수록 내 행동은 엉망이 되고 있 었다.

"여보, 제발 저 종이 좀 치워버리면 안 돼?"

"엘리자, 엄마한테 그만 좀 기대. 팔 아파 죽겠어."

"여보, 저 가방 좀 집어달라니까 뭐해."

시작이 좋지 않다보니 호텔에 도착하고 나서도 안 좋은 기분을 떨 쳐버릴 수가 없었다.

"당신 괜찮아?"

결국 남편이 내게 물었다.

"그럼, 아무렇지도 않아."

나는 일시적으로 감정을 누그러뜨리며 대꾸했지만, 가라앉은 기 분은 다시 공격을 시작했다.

그날 밤 엘리자와 엘리너가 잠들고 난 후, 어른들끼리 대화를 할 수 있게 되었을 때였다. 그때 우리는 식후 커피를 마시던 중이었는 데, 솔직히 나는 남편과 가족이 된 지 몇 년이라는 세월이 지났음에 도 저녁 식사 후에 독한 에스프레소 커피를 마시는 시부모님의 정력 에는 놀라지 않을 수가 없었다. 우리는 당시 임상실험 중이던 C형 간염 백신 VX-950에 관한 〈뉴욕타임스〉의 최근 기사에 관해 이야기를 나누고 있었다.

모두가 그 임상실험에 관심이 많았다. 남편은 아픈 무릎과 어릴 때 수술로 남은 큰 흉터, 그리고 등의 간헐적인 경련 덕분에 자신이 "망가진 장난감"이 되었다는 농담을 했다. 하지만 그의 가장 큰 문제는 간이었다. 남편은 C형 간염을 앓고 있었다. 만성질환이고 잠재적으로 치명적인 질병이기는 했지만 C형 간염의 좋은 점도 있었는데, 그것은 혈액 교환을 통해서가 아니면 전혀 전염되지 않는다는 사실이었다. 그에게는 겉으로 드러나는 증상이 전혀 없었다. 처음 진단을 받은 계기도 혈액 검사를 통해서였다. 언젠가는 간염이 간경화로 발전해서 간이 그 기능을 멈추게 되어 큰 위험에 처할지도 모르지만, 현재까지는 아무런 이상 없이 건강했다.

전 세계적으로 1억 7,000만 명, 미국에서만도 300만 명의 사람이 C형 간염 보균자이기 때문에, 상당히 활발하게 연구가 진행되고 있다. 남편의 주치의는 앞서 언급한 신약이 앞으로 5~8년 사이에 그 효과를 인정받아 상용화될 것으로 내다보고 있었다. 게다가 C형 간염은 일종의 오랜 저주에 해당했다. 다시 말해 C형 간염이 간경화로 발전한다고 하더라도 그러기까지 보통은 20~30년이라는 시간이 걸렸다. 30년이라는 세월은 언뜻 보아 매우 긴 시간 같지만, 사실 남편은 여덟 살 때 심장 수술 도중에 피를 수혈 받으면서 그 병을 얻게됐다. 그때는 수혈용 혈액에서 C형 간염을 걸러내기 이전이었다. 그리고 지금 남편은 서른여덟 살이다.

오늘날 C형 간염 치료에는 페기레이티드 인터페론과 리바비린을 섞어 쓰는 치료법을 쓴다. 때문에 남편은 독감에 걸린 듯한 불쾌감과 꾸준한 알약 복용, 매주 맞는 주사를 일 년씩이나 견뎌 냈지만 별다른 효과가 없었다. 지금 우리 가족은 많은 연구자들이 새로운 치료약을 발견해낼 때까지 그의 간이 아무 탈 없이 견뎌내기만을 바라고 있다. 간경화가 간의 기능을 정지시킨다는 생각만으로도 상당히 불쾌한데, C형 간염이 간암으로 발전할 수도 있다는 것은 우리를 더욱 의기소침하게 만든다. 그리고 간 이식수술이라는 마지막 지푸라기가 있기는 하지만 그것이 소풍가듯 즐거운 일도 아니고, 원하면 언제라도 이식받을 간을 구할 수 있는 것도 아니라서 두려웠다.

그래서 우리는 늘 새로운 치료법이나 신약 개발을 보도하는 기사에 관심이 많았다. 시아버지는 그 기사를 매우 희망적으로 받아들였지만, 나는 꼬박꼬박 반박하고 나섰다.

"기사를 보니 연구 전망이 상당히 좋다고 하더구나."

"하지만 주치의 선생님 둘 다 식약청의 승인을 받으려면 5년 이상 걸릴 거라고 했어요."

내가 대답했다.

"기사에서는 꽤 진척됐다고 하던데."

아버님은 온화한 미소를 지으며 말씀하셨다. 평소에도 논쟁적인 대화는 절대 하지 않는 분이셨다.

"하지만 여전히 상용화되려면 아주 오래 기다려야 하잖아요."

나는 종종 논쟁적으로 대화를 이끌어간다.

"이 연구 분야는 무척 활발하게 진행되고 있다더구나."

"그렇지만 시간적인 전망은 매우 멀어요."

기타 등등.

나는 시아버지가 너무 낙관적인 분이라고 생각해본 적은 거의 없었다. 오히려 이성과 가능성에 근거한 의사결정을 강조하는 분이었고, 노란색 수첩에 찬성/반대 칸을 만들어놓고 다양한 관점을 수용하려 노력하면서 '인생사 좋을 때가 있으면 나쁠 때도 있지'라는 초연한 태도를 견지하며 당신이 강조하는 바를 몸소 실천하려 노력하는 분이셨다. 하지만 당시에 아버님은 낙관적 관점의 증거만을 선택하셨다. 그게 뭐가 잘못된 일인가? 당신의 의견에 동의하지는 않았지만, 그렇다고 의사도 아닌 내가 뭘 얼마나 잘 알겠는가?

행동을 바꾸고자 하는 나의 새로운 포부는 단순히 크기만 했지 전혀 이성적이지 않았다. 그날의 대화에서 보여준 내 지나친 경쟁심과 규칙에 의존하는 태도는 결코 사소한 짜증에서 시작한 것이 아니라 헛된 희망으로부터 나를 보호하고자 하는 욕망에서 비롯된 것이었다. 아버님은 단지 긍정적인 길을 택한 것이었으므로, 억지로 다투려 하지 않고 그냥 대화가 자연스럽게 흘러가도록 내버려두었다면 내 기분도 훨씬 좋았을 것이다. 나는 상대를 낙담시키는 말만 골라 해서 아버님뿐 아니라 남편까지도 맥 빠지게 했다는 것을 잘 알고 있다. 게다가 싸울 듯이 논쟁적인 태도를 취함으로써 나 자신의 기분도 나빠졌다. 올바르게 싸우는 것은 단지 남편과의 관계에만 적용되는 것이 아니라 모든 사람과의 관계에서 필요한 것이었다.

덜 중요한 사실이긴 하지만, 그날 내가 배운 또 한 가지는 빈속에 500그램이나 되는 초콜릿을 먹으면 절대 안 된다는 것이다.

☑ 떠넘기는 것은 최악

올바르게 싸울 수 있는 방법을 찾는 연구를 시행하는 동안, 나는 도서관에서 결혼이나 인간관계를 주제로 삼은 자료를 엄청나게 빌려다놓았다.

"누구라도 우리 집 책장을 보면 아마 부부 관계에 문제가 생겼다고 짐작할 거야."

남편이 한마디 했다.

"그게 무슨 말이야?"

내가 놀라서 물었다.

"잘 봐, 당신이 뭘 가져다놨는지. 『행복한 부부 이혼하는 부부』, 『사랑만으론 충분치 않아요』, 『결별』. 당신이 무슨 연구를 하고 있는지 몰랐다면 난 걱정하느라 못 견뎠을 거야."

"그렇지만 이 자료들은 정말 괜찮은 것들이야. 얼마나 굉장한 연구 성과들을 담고 있는데."

"알아. 하지만 사람들은 자기에게 문제가 있지 않은 이상 이런 책 거들떠도 안 봐."

어쩌면 남편의 말이 옳을지도 모르지만, 나는 결혼과 인간관계에 관한 최신 연구들을 살펴봐야만 할 타당한 이유가 있다는 사실이 기뻤다. 예를 들어, 친밀감을 얻고자 할 때 남성과 여성의 접근 방식에는 매우 흥미로운 차이가 있었다. 여성의 경우에는 얼굴을 맞대고 대화를 나눌 때 친밀감을 느낄 수 있고, 남성의 경우에는 누군가와 나란히 앉아서 무언가를 할 때 친밀감을 느낀다고 한다. 따라서 남편이 "우리 같이 〈쉴드〉 볼까?"라고 물었을 때, 나는 그의 눈이 말하는 것을 알 수 있었다. '우리는 단지 나란히 앉아 말없이 TV만 보는 것이 아니라, 진정으로 의미 있는 시간을 보내게 될 거야.'

나는 즉시 대답했다.

"좋아."

그리고 머지않아 둘이 함께 침대에 누워 부패한 경찰에 관한 드라마를 보는 일은 그다지 낭만적이지 않지만, 일단 편안하게 베개를 베고 눕는 것은 상당히 낭만적이라는 사실도 깨닫게 됐다.

어쩌면 친근감에 대한 남자들의 기준치가 이처럼 낮기 때문에, 남자뿐 아니라 여자도 여성들과의 관계가 남자들과 맺는 관계보다 훨씬 더 친근하고 즐겁다고 느끼는 것일지 모르겠다. 여성은 남성보다 다른 사람 입장에 훨씬 잘 공감한다. 그리고 매우 중요한 발견이라고 생각되는 것 하나는, 남녀 모두에게 외로움의 정도를 재는 가장 믿을 만한 척도가 여성과 보낸 시간의 양이라고 한다. 남성과 보낸 시간은 아무런 차이도 만들어내지 못한다는 것이다.

이러한 사실을 배워가는 과정 속에서 남편에 대한 내 태도에 엄청난 변화가 생겼다. 나는 그를 진심으로 사랑하고 그도 나를 사랑한다는 것을 알고 있을 뿐 아니라, 내가 그를 전적으로 신뢰하고 있다는 사실도 잘 알고 있다. 하지만 나는 그가 마음으로 나누는 긴 시간의 대화를 원하는 일이 한 번도 없다는 사실에 종종 당황스러움을 느끼곤 했다. 특히, 나는 남편이 내 일에 좀 더 많은 관심을 기울여주기를 바랐다. 동생 엘리자베스는 방송작가인데, 그녀 옆에는 항상 작업 파트너인 사라가 있어서 부러웠다. 두 사람은 매일 글쓰기나 경력을 쌓는 전략 같은 주제로 끊임없이 대화를 나눈다. 나는 일에 대한 대화를 나눌 파트너나 동료가 없기에 남편이 그 빈자리를 채워주길 바랐다. 그리고 그의 무릎 위로 내가 안고 있는 모든 불안감을 떠넘겨버릴 수 있기를 기대했다.

그래서 이런 대화로 그의 관심을 끌어보려고 했다. "난 내 잠재력을 제대로 개발하지 못하는 것 같아." 또는 "나는 인적 네트워킹을 형성하는 데는 재능이 없는 것 같아." 혹은 "이번 작품이 형편없으면 어쩌지?" 하지만 남편은 그런 종류의 대화는 전혀 나누고 싶지 않다는 내색을 드러냈고, 그 사실은 나를 화나게 만들었다. 내가 조바심과 회의감을 극복할 수 있도록 그가 나를 도와주기를 바랐는데 말이다.

여성과 남성 모두 이해받길 원할 때 여성을 향해 도움을 요청한다는 사실을 알게 된 후에 나는 남편이 애정이 없어서 나를 무시하는 것이 아니라는 사실을 깨닫게 됐다. 그는 단지 그러한 종류의 지지와 대화에는 재능이 없었던 것이다. 남편은 내가 블로그를 시작해야 할지, 혹은 저술 중인 책을 어떻게 구성해야 할지에 관해서는 대화하려 하지 않았다. 내게 자신감을 불어넣어 주는데 긴 시간을 할

애하고 싶어 하지도 않았다. 그러니 은근히 기대하는 것 자체가 현실성이 없었다. 정 지원이 필요하다면 다른 방법을 찾아보는 게 더 현명할 것 같았다. 이러한 깨달음이 그의 행동을 바꾸지는 않았지만 내 분노를 멈추게 할 수는 있었다. 또 내가 기분 나빠할수록 남편은 더더욱 그런 주제에 관여하기 싫어한다는 사실도 깨달았다. 어느 날 밤 나는 그에게 말했다.

"나, 정말 기분이 안 좋아. 어떻게 좀 풀어주려고 노력하면 안 되겠어? 자기는 내가 기분이 안 좋을 때면 오히려 더 대화를 안 하려고 하더라."

"그냥 당신이 울적해하는 모습을 보고 있는 게 견딜 수 없어서 그래."

또 다시 빛이 밝아오고 있었다. 그가 호의적인 청자의 역할을 할 수 없었던 것은 괴팍한 성격 때문이 아니었다. 가슴으로 나누는 대화에 오랫동안 집중할 수 없는 유전적 성향을 띠고 있을 뿐 아니라, 내가 우울해하는 모습을 보고 있는 것이 힘들어서 가능하면 나를 화나게 할 만한 대화 주제는 피하고 싶기도 했던 것이다. 그렇다고 남편에게 완전한 면죄부를 주었다고는 할 수 없다. 남편이 원치 않는다고 하더라도 나는 가끔씩 호의적인 청자가 필요하기 때문이다. 하지만 이제는 적어도 그의 관점은 이해할 수 있게 되었다.

남편과의 대화를 통해 나는 내 행복이 그와 다른 사람의 행복에도 영향을 미치게 할 수 있을지 생각하게 되었다. "엄마가 행복하지 않으면 아무도 행복하지 않다." 처음 이 말을 들었을 때는 굉장히 근사한 말이라는 생각이 들었다. 야호! 엄마가 듣기에는 기분 좋은 말이지 않은가. 하지만 만약 이 말이 사실이라면 엄청난 책임감이 수반되어야만 했다.

처음에 나는 행복 프로젝트가 너무 나 자신의 행복에만 집중하는 이기적인 행위가 아닐까 고민했었다. 하지만 내가 행복해짐으로써 얻을 수 있는 이점은 그 이상의 것이었다. 즉 내가 행복하다고 느껴질 때 타인에게도 지금보다 훨씬 더 행복하게 해주려는 노력을 기울일 수 있었다.

행복한 사람은 일반적으로 타인에게 관대하고 도움을 주며 자비롭고 불행한 사람들보다 좌절감에 대한 내성과 자제심이 강하다. 불행한 사람들은 종종 내성적, 방어적, 적대적이기도 하고 자기 내부에만 몰두하는 경향이 있다. 오스카 와일드는 이렇게 말했다. "착한 사람이 늘 행복한 것은 아니지만 행복한 사람은 늘 착하다."

행복은 결혼생활에 특히 지대한 영향을 미친다. 배우자들은 서로의 기분을 금세 알아차릴 수 있기 때문이다. 배우자의 행복이 증가하면 상대 배우자의 행복도 덩달아 증가하지만, 배우자의 행복감이 감소하면 상대 배우자 역시 그렇게 된다고 한다. 뿐만 아니라 '건강일치health concordance'라는 현상이 있는데, 각각의 배우자가 좋은 것이든 나쁜 것이든 상대의 식사, 운동, 병원 방문, 흡연, 음주 등의 습관을 배우게 되면 건강 면에서 서로의 행동이 일치하게 되는 것을 말한다. 이 사실은 나를 매우 놀라게 했다.

남편은 내가 행복해지길 바란다. 실제로 내가 행복해 보이면 남편은 그 행복을 좀 더 키워보려고 노력한다. 그리고 이유가 무엇이든 간에 내가 불행하다고 느낄 때면 그의 표정도 매우 근심스러워진다. 따라서 행복해지기 위한 노력의 일부로 나는 다른 사람에게, 특히 남편에게 '떠넘기지 않기'를 결심했다. 그의 조언이나 지지가 필요하다고 느낀다면 주저 없이 내 걱정을 털어놓을 테지만, 그 외에 사소한 걱정이나 아픔 등을 그에게 떠넘기지는 않겠다고 작정했다.

어느 일요일 아침 나는 그 결심을 실행에 옮길 수 있는 기회를 얻었다. 그날은 오랜만에 나른하고 고요한 아침이었다. 남편은 자신이 팬케이크를 만들면서 어지른 것을 치우는 중이었고, 엘리자는 『해리 포터』에 완전히 몰두해 있었고, 엘리너는 색칠공부 책을 녹색 크레용으로 가득 채우고 있는 중이었다. 나는 아직 뜯지 않은 편지들을 살펴보고 있었다. 그중에는 신용카드 회사의 안내장 같아 보이는 봉투가 하나 있었다. 내용은 회사 보안상의 문제로 우리 신용카드가 취소되었으니 새로운 카드를 발급해준다는 것이었다.

나는 분노했다. 이제 우리는 그 신용카드로 등록해놓은 모든 자동이체를 찾아 새로운 번호로 업데이트해야만 했다. 하지만 목록을 정리해놓은 것이 없었기에 어떤 것을 바꿔야만 하는지 대책이 서지 않았다. 고속도로 통행료 패스, 인터넷 쇼핑 계좌, 체육관 회원권 등등. 또 뭐가 있을까? 신용카드 회사의 안내장은 심하다 싶을 정도로 사무적이었다. 사과의 내용도, 회사의 실수를 인정하는 일말의 언급도, 불편을 끼친 것에 대한 미안함도 전혀 찾아볼 수 없었다. 이건 그야말로 나를 가장 화나게 하는 종합세트였다. 시간과 에너지를 쏟아부어야 하지만, 일을 마쳐도 전보다 나아지는 게 없는 상황 말이다.

"도저히 믿을 수가 없어!"

나는 남편을 향해 거품을 물었다.

"자기들 실수로 우리 카드를 없애버린 거잖아!"

이러면서 통렬한 비난 연설을 날릴 만반의 준비를 하고 있을 때, 갑자기 '떠넘기지 않기'라는 결심이 마음속에 번쩍하고 떠올랐다. 나는 잠시 숨을 골랐다. 내가 왜 혼자만의 짜증으로 이 평온한 아침시간을 망치려고 하는 것일까? 남이 불평하는 소리를 듣는 것은 그 불평이 정당하든 아니든 간에, 내가 기분이 좋든 나쁘든 간에 귀찮고 짜증나는 일이 아닌가. 나는 심호흡을 하면서 화를 가라앉혔다.

"나, 참."

이것이 억지로 마음을 진정시키며 내가 한 말의 전부였다.

남편이 놀란 눈으로 나를 바라보더니 곧 안도하는 표정을 지었다. 남편은 내가 스스로를 억제하기 위해 얼마나 공을 들이는지 알고 있는 것 같았다. 커피를 더 따라 마시려고 자리에서 일어났을 때 그는 말없이 나를 꼭 안아주었다.

☑ 사랑의 증거를 보여라

나는 대학 다닐 때 읽었던 프랑스 시인 피에르 르베르디의 글을 한 번도 잊은 적이 없다. "이 세상에 사랑이란 없다. 사랑의 증거만이 있을 뿐이다." 마음속에 얼마나 큰 사랑을 품고 있든 간에 다른 사람은 오직 내 행동만을 볼 수 있을 뿐 아닌가.

지금껏 실행해온 결심목록을 되돌아보니 '버리고 정리정돈하기' 같은 몇몇 목록에는 매우 활기차 보이는 ✓ 표시가 되어 있었지만, 몇몇 결심목록에는 × 표시가 되어 있는 것을 발견했다. '일찍 자기' 결심은 '칭찬이나 감사의 말 기대하지 않기'보다 훨씬 잘하는 중이었다. 그리고 다행히 '사랑의 증거 보여주기'는 즐거운 습관으로 쉽게 자리 잡을 것 같았다.

사랑을 보여주는 몇 가지 방법은 실행하기가 쉬웠다. 이유는 간단했다. 사람은 자주 애정을 드러내는 가족 구성원에게 그렇지 않은 가족보다 47퍼센트나 더 친밀감을 느끼기 때문이다. 이런 수치가 도대체 어떻게 얻어지는지 궁금하기 짝이 없었지만, 나는 기회가 있을 때마다 남편에게 "사랑해"라고 속삭였고, 이메일의 마지막에도 "ILY I Love You" 같은 약자를 넣어 보냈다. 또한 좀 더 자주 남편을 껴안기 시작했을 뿐 아니라, 내 인생에 들어온 다른 사람들도 많이 안아주려 노력했다. 포옹은 스트레스를 풀어주고 친밀감을 강화시키며 통증을 억제하는 효과도 있다. 한 연구에 따르면, 한 달 동안 하루에 다섯 번씩 되도록 많은 사람을 안아주도록 노력하라는 과제를 주었더니 실험 대상자들의 행복지수가 한 달 전보다 훨씬 증가했다고 한다.

하루는 약속이 있어서 시내에 있는 남편의 회사 옆을 지나다가, 나는 잠시 멈춰 서서 그의 휴대전화로 전화를 걸었다.

"자기 지금 책상에 있어?"

"응, 왜?"

"세인트 바르톨로뮤 성당 계단 좀 내려다볼래."

성당은 남편이 근무하는 회사 바로 건너편에 있었다.

"내가 손 흔드는 거 보여?"

"그래, 볼게. 와, 거기 있구나! 나도 손 흔드는 거 보이지?"

어린애 같지만 애정이 듬뿍 담긴 손 흔들기는 몇 시간이 지나도록 행복한 느낌을 내 안에 가득 채워주었다. 그것은 아주 작은 몸짓에 지나지 않았지만, 우리 부부관계를 밀착시키는 데 놀랄 만큼 큰 변화를 가져왔다. 그리고 얼마 후 나는 정말 큰 몸짓을 보여줄 기회를 얻었다. 시어머니의 생신이 다가오고 있었다.

나는 시어머니가 좋아하실 만한 파티를 알고 있었다. '깜짝 파티'는 당연히 반기지 않으실 테고 집에서 가족이 함께 모여 하는 파티를 훨씬 더 좋아하실 것이 분명했다. 흥청망청 즐기는 것보다 신중하게 행동하는 것을 중요시하는 분이었다. 그러니 선물도 상점에서 사온 것보다는 집에서 만든 것에 더 큰 의미를 부여하실 테고, 음식도 값비싼 레스토랑보다는 집에서 만든 것을 더 좋아하실 터였다. 운 좋게도 시동생 필과 동서 로렌은 파티음식 공급 회사를 운영하는 솜씨 좋은 요리사였으니, 집에서 만들더라도 그 어떤 레스토랑 음식보다 훌륭할 것이 분명했다.

마치 꿈처럼 모든 상황이 머릿속에 전개됐다. 필요한 것은 이 모든 것을 실행에 옮길 감독관이었다. 나는 시아버지의 사무실로 전화를 드렸다.

"아버님, 어머님 생신 파티 때문에 전화 드렸어요."

"너무 이른 것 같은데, 안 그러니?"

"아니에요. 뭔가 특별한 걸 준비하려면 오히려 시간이 부족한 걸요. 그리고 제 생각에는 진짜 특별하게 준비해야만 해요."

잠시 침묵이 흘렀다.

"글쎄다, 내 생각에는…."

아버님이 천천히 말문을 여셨다.

"저한테 좋은 생각이 있거든요. 들어보시면 아마 재미있다고 생각하실 거예요."

"오, 그래?"

안도의 기운이 역력히 느껴졌다.

"무슨 생각인데?"

아버님은 즉시 내 계획을 허락하셨다. 원래 온갖 귀찮은 집안일과 책임 문제를 해결하는 데는 매우 능숙하셨지만, 이런 종류의 계획을 실행하는 데는 그다지 열의를 보이지 않는 분이셨기 때문이다. 다행히 가족 모두가 내 계획에 행복하게 참여해주었다. 다들 어머니가 근사한 생신을 맞이하기를 바라기는 했지만 파티를 위한 계획 짜기에는 서툴렀던 것이다.

머릿속에 떠오른 계획을 실행에 옮기고자 나는 모든 상황을 통제했다. 파티가 있기 며칠 전에 제이미, 시아버지, 필, 그리고 로렌에게 이메일을 돌렸고, 다행히 모두의 두터운 신뢰 덕분에 비난 섞인 반응을 보이는 답장은 도착하지 않았다.

모두 안녕하시죠?

어머님 생신이 며칠 안 남았습니다. 우리에겐 산처럼 쌓인 선물이 필요해요. 이건 여러분 모두에게 해당되는 거 아시죠? 하나로는 충분치 않습니다!

아버님! 엘리자와 제가 아버님께서 드릴 선물을 포장했으니, 샴페인 가져오시는 거 잊지 마세요.

제이미! 당신과 내가 함께 드리기로 한 선물 준비했죠?

도련님과 동서! 저녁으로 무슨 음식 할 거예요? 혹시 내 도움 필요한 거 없어요? 몇 시에 오실 건가요? 와인은 어떤 걸로 준비할까요, 화이트? 레드? 메뉴 카드 만들기로 한 건 잘 진행되고 있나요? 어머님이 무척 좋아하실 거예요.

여러분! 제가 여러분에게 '난 방금 자다 일어나서 왔어요' 같은 의상을 입고 오시는 것은 예의에 어긋나는 일이라고 말씀드리면 엄청난 비난에 휩싸일 거라는 사실을 잘 알고 있으니 아무 간섭하지 않겠어요. 단지 이것만 기억해주세요. 여러분의 멋진 감각과 배려하는 마음이 그날 밤을 한층 멋지게 만들어줄 거라는 사실 말입니다.

정말 재미있을 거예요!

키스와 사랑을 전하며

파티를 위해 나는 많은 준비를 했다. 딸아이를 데리고 '우리의 이름은 진흙입니다'라는 도자기 가게를 찾아갔고, 거기서 엘리자는 파티에서 쓸 접시에 할머니의 열정을 반영하는 연극을 주제로 한 예쁜 장식을 만들어 붙였다. 케이크 사이트를 한 시간이나 뒤져 세상에서 가장 예쁜 케이크도 골라냈다. 엘리자가 할머니의 애창곡 모음을 노래하고 엘리너가 뒤뚱거리며 춤을 추는 귀여운 모습을 남편과 함께 녹화하기도 했다.

생신 파티가 열리는 날 밤, 모두가 모이기로 한 6시 30분이 되기 직전 나는 긴장 속에 마지막 점검을 시작했다. 친정엄마는 누군가를 즐겁게 만드는 일을 정말 좋아하셨는데, 그런 엄마에게서 나는 흔히 '안주인 신경과민'이라는 파티 직전 조급증을 물려받았다. 경험 많은 가족 구성원이라면 그럴 때 내 옆에서 멀리 떨어져 있어야 안전하다는 사실을 잘 안다. 그렇지 않으면 느닷없이 청소기를 돌려달라는 부탁을 받게 될 수도 있기 때문이다. 하지만 어딘가에 숨어 있다가 6시 29분에 나타난 남편은 군복바지와 남방 차림에 신발도 신지 않은 모습이었다. 나는 잠시 기다렸다가 잘 가다듬은 밝은 목소리로 말했다.

"자기 옷 말이야, 조금만 더 신경 써서 입으면 좋겠는데."

남편도 잠시 가만히 있더니 곧 대답했다.

"알았어, 좀 점잖은 바지로 갈아입고 올게."

그러더니 위층으로 올라가 바지와 셔츠를 갈아입고 신발을 신고 내려왔다.

그날 저녁은 정확히 내가 기대했던 대로 진행되었다. 어른들이 저녁 식사를 하러 식탁에 둘러앉기 전, 손녀딸들은 할머니와 함께 앉아 치킨 샐러드 샌드위치를 먹었다. 그것은 시어머니가 즐겨 드시는 음식이기도 했다. 케이크도 아이들이 깨어 있을 때 꺼내서 함께 생일 축하 노래를 부른 후 한 조각씩 맛볼 수 있게 했다. 그러고 나서 엘리자와 엘리너는 잠자리에 들었고, 어른들은 식탁에 둘러앉아 역시 어머니가 제일 좋아하는 음식인 인도 요리를 먹었다.

"정말 멋진 밤이었다."

모두 돌아가려고 자리에서 일어섰을 때 시어머니가 말씀하셨다.

"모든 게 다 마음에 들었어. 선물, 음식, 케이크, 무엇 하나 근사하지 않은 게 없더구나."

어머니가 진심으로 파티를 즐기셨다는 사실은 의심의 여지가 없었고, 가족 모두가 자신도 그 즐거움에 한몫했다는 사실에 기뻐했다. 물론 그날 밤을 가장 즐긴 사람은 다른 누구도 아닌 나 자신이었다. 그날의 파티는 내 12계명 중 세 번째인 '느긴 대로 행동하자'가 얼마나 중요한 것인지 여실히 보여줬다.

처음에 나는 파티를 준비하는 과정이 어쩌면 힘들고 짜증날지도 모른다고 예상했다. 하지만 실상은 애정 어린 과정을 통해 가족 모두를 향한 내 사랑, 특히 시어머니에 대한 사랑을 몇 배는 더 키워주었다.

파티가 열리기 전, 나는 가끔 남편을 비롯한 다른 가족들이 내 노력에 충분히 감사하지 않는다고 생각했다. 나는 여전히 '참 잘했어요' 도장을 원했다. 남편과 시아버지와 시동생이 "우와, 정말 대단한 저녁을 준비했어요! 이처럼 창의적이고 사려 깊은 계획에 뭐라고 감사의 말을 해야 할지 모르겠네요!"라고 말해주길 바랐던 것이다. 하지만 그런 일은 일어나지 않았다. 그러니 이젠 집착도 버려야 할 것 같다. 무엇을 하든 나 자신을 위해 하자!

남편은 나를 잘 알고 있었다. 시어머니가 선물 포장을 뜯고 있을 때, 그는 상자 하나를 내게 건네주며 말했다.

"이건 당신 거야."

"내 거?"

나는 놀랐지만 기쁘기도 했다.

"내가 왜 선물을 받아?"

남편은 아무 말도 하지 않았지만 나는 이미 대답을 알았다. 상자 안에는 광택을 낸 나무 구슬로 만든 아름다운 목걸이가 들어 있었다.

"정말 예쁘다!"

나는 목걸이를 걸어보았다. 인정받고 싶어 하는 마음은 아무 쓸모 없는 것일지도 모르지만, 어쨌거나 남편이 옳았다. 나는 인정받기를 원하고 있었다.

사랑에 빠져서 생기는 엄청난 기쁨 중의 하나는 세상에서 가장 특별한 사람이 나를 선택했다는 황홀한 느낌이다. 나는 처음으로 법대 룸메이트에게 남편이 내 남자친구라고 소개했을 때 느꼈던 놀라움을 지금도 기억하고 있다. 그녀는 이렇게 말했었다.

"나, 저 사람 학교에서 한 번도 본 적 없어."

솔직히 나는 남편이 복도나 식당을 걸어가고 있을 때 모든 사람의 눈이 남편에게로 향하지 않으리라는 상상은 해본 적도 없었다.

하지만 시간이 지나면서 배우자들은 상대의 존재를 당연한 것으로 받아들인다. 남편은 내 운명이다. 내 영혼의 동반자이면서, 내 존재의 구석구석까지 파고들어 있다. 물론 그렇기 때문에 가끔 나는 그의 존재를 무시한다.

주의를 끌려는 배우자의 노력에 상대가 빨리 반응하면 할수록 그 결혼의 결속력이 강한 것이라고 한다. 하지만 나쁜 습관을 얻기가 빨리 반응하기보다 훨씬 쉽다. 나는 남편이 농담이나 대화를 시작하려는 조짐을 보이면 일부러 읽고 있는 책에 더욱 눈을 고정시키고 입으로는 "음, 음" 하는 소리를 내곤 한다. 이상하게도 결혼은 심도 있는 대화를 막는 효과가 있다. 대부분의 결혼한 커플은 상대 배우자가 바비큐 파티에 가서 낯선 사람을 상대로 놀랄 만한 사실을 폭로하는 것을 들어본 경험이 있을 것이다. 전쟁과도 같은 하루 일과 속에서 성찰적이고 진지한 대화를 나눈다는 것은 사실상 불가능하다.

나 역시 다른 사람들보다 남편의 감정을 덜 배려하는 나쁜 결혼 습관에 길들어 있었다. '사랑의 증거 보여주기' 결심의 일환으로 나는 남편에게 작은 배려와 예의를 보여주기로 작정했다. 어느 날 밤, 친구 몇 명이 놀러왔을 때 각자의 음료를 주문 받은 후 나는 남편에게 이렇게 물었다.

"여보, 당신은요? 뭐 마실래요?"

여느 날의 나라면 그저 손님들만 신경 썼을 것이 분명했기에 남편은 다소 놀란 듯했지만 기분은 좋아 보였다. 그의 여행용 세면용품이 다 된 것 같기에 새것을 구입해서 다른 여행용품과 함께 넣어두고는, 새로 나온 스포츠 잡지도 한 권 구입해 회사에서 집으로 돌아오면 바로 볼 수 있도록 탁자 위에 올려놓았다.

내가 배우자에게 늘 관심을 기울이고 있다는 것을 확실히 알려주는 한 가지 방법은 두 사람만 따로 시간을 보내는 것이다. 세계 어느 곳을 가든 결혼 전문가들이 결혼한 부부에게 하나같이 하는 조언은 아이들 없이 두 사람만 따로 시간을 내어 밤 데이트를 하라는 것이다. 하지만 내가 행복 프로젝트를 실행하면서 고민했던 가장 어려운 문제 중의 하나는 '어떤 조언을 무시해야 하는가'였다. 그리고 솔직히 밤 데이트에 별 매력을 못 느끼기도 했다. 남편과 나는 다양한 학교, 직장, 친구들 모임 덕분에 데이트를 자주 하는 편이라서 될 수 있으면 집에 머물러 있으려 노력했다. 그래서 밤 데이트 항목을 목록에 추가한다는 것이 별로 내키지 않았다. 게다가 남편도 결코 그런 것을 즐기는 타입이 아니었다. 하지만 내가 그 생각을 이야기했을 때 남편은 나를 놀라게 했다.

"당신이 원한다면 못할 게 뭐 있어. 우리 둘만 나가서 영화도 보고 저녁도 먹으면 재밌겠다. 그렇지만 평소에 너무 자주 외출하니까 집에 있는 것도 나쁘지 않은 것 같아."

나도 그의 말에 동의했다. 그리고 남편이 그 목적에 동의해주었다는 사실이 매우 기뻤다.

몇몇 전문적인 조언을 제외시키고 나는 비전문가들의 조언을 받아들였다. 어느 날 밤, 독서모임 중에 토론할 거리가 없어지자 나는 친구들에게 결혼생활에 대한 의견을 구했다. 친구들은 이렇게 말했다.

"무조건 잠자리에는 같이 들어야 돼. 무엇이 됐든 간에 뭔가 좋은 걸 얻을 수 있거든. 잠을 더 잘 수 있다든가, 섹스를 한다든가, 또는 대화를 할 수도 있지."

"내가 결혼하기 전에 회사 사장님이 이런 말을 했었어. 유대감이 강한 부부의 비밀은 매일 적어도 세 가지 정도는 그냥 눈감아주고 넘어가는 거래."

"우리 부부는 싸울 때도 한 번에 한 가지 이상은 절대 비난하지 않아."

"우리 조부모님은 결혼한 지 72년이나 되셨어. 그분들 말로는 골프나 테니스처럼 부부가 함께 할 수 있는 운동 한 가지와 집에서 할 수 있는 게임 한 가지씩은 있어야 한대."

집에 돌아가서 나는 남편에게 그런 제안들을 알려줬다. 다음 날 남편은 주사위 놀이 세트를 사가지고 들어왔다.

사랑의 증거를 보여주려고 노력하던 어느 날, 나는 기왕이면 최고 수준의 증거를 보여줘야겠다는 결심을 했다. 바로 '한 주일 동안 베푸는 극도의 친절함'이다. 그것은 번지점프나 스카이다이빙 같은 극한의 스포츠처럼 내 일상적인 노력의 한계를 넘어서는 것이었으며, 내 안의 새로운 깊이를 보여주는 것이었다. 차이점이라면 안락한 집에서 모든 것이 해결된다는 점이다. 일주일간 나는 남편에게 극도로 친절하게 굴었다. 비난도 하지 않고, 말도 자르지 않고, 잔소리도 하지 않았다. 심지어는 부탁도 하기 전에 그의 신발을 수선가게에 맡기기까지 했다.

'극도의 친절함'은 가능한 한 수준 높은 행동을 목표로 해야 한다는 사실을 내게 상기시켜주었다. 일생의 사랑인 남편을 두고 친구나 다른 가족에게 더 관심을 기울인다는 것은 옳지 않았다. 부부가 평생 의견 일치로 살아가기란 쉬운 일이 아니고 결코 가능하지도 않지만, 적어도 일주일 이상 잔소리 안 하고 남편을 대할 수 있어야 한다는 것은 부인할 수 없는 사실이었다. 또한 남편의 도움 덕에 내 결심을 실행에 옮길 수 있었으니, 어떤 면에서 보면 2월 전체가 '극도의 친절함'의 실기 시험장이라고 할 수도 있었을 것이다. 하지만 그 주에 나는 친절함의 정도를 거의 극적인 수준까지 끌어올릴 작정이었다.

'극도의 친절함'을 실행하기로 한 첫날 아침, 남편이 부드러운 목소리로 물었다.

"나 일어나서 헬스클럽 갈 거야. 빨리 끝내고 올게. 괜찮지?"

남편은 거의 강박적으로 체육관에 다니고 있었다. 짜증스러운 눈길로 바라보며 마지못해 대답하는 대신 나는 이렇게 말했다.

"알았어. 하지만 지금 바로 가. 그래야 얼른 오지. 애들한테 공원에 데려간다고 약속했잖아."

"물론이지. 얼른 다녀올게!"

그렇게 반응하기가 쉽지는 않았지만 잠시 돌려 생각한 것이 도움이 되었다. 만약 남편이 운동을 하기 싫어한다면, 혹은 운동이라면 아예 진저리를 치는 성격이었다면 어땠을까? 또는 하고 싶어도 할 수 없는 상황이라면? 나에게는 매력적이고 운동신경도 뛰어난 남편이 있는 것이다. 그가 체육관에 가고 싶어 한다는 사실은 정말 행운이다.

'극도의 친절함'을 실천하는 동안, 나는 엘리자와 엘리너에게 점심을 만들어주다가 남편이 낮잠을 자려고 몰래 침실로 들어가는 것을 보았지만 그냥 자게 내버려두었다. 또한 욕실 선반 위에 널려 있던 빈 병과 튜브 등을 말끔하게 정리했다. 남편이 다큐멘터리 DVD를 빌려왔을 때는 "재미있겠다!"라고 말해줬다. 아이스크림 포장지를 아무 데나 던져두지도 않았다. 대놓고 인정하기 구차하지만, 솔직히 이러한 상황 하나하나가 상당한 자제심을 요하는 것이었다.

'극도의 친절함'을 베풀기로 결심한 탓에, 어느 날 밤에는 내가 아직 읽지도 않은 잡지를 남편이 내다버렸다는 사실을 알았음에도 왜 그랬는지 꼬치꼬치 따질 수가 없었다. 하지만 다음 날 아침 일어났을 때 그것이 얼마나 하찮은 일인지 깨달았고, 한바탕 소란을 부리지 않았다는 사실에 안도감을 느꼈다.

"해가 질 때까지 분을 품지 마라."

나는 『성경』의 이 구절을 늘 실천에 옮기려 노력했다. 사소한 분노나 짜증은 빨리 해소하려 애썼다. 잠자리에 들기 전에 나쁜 기분을 분출해버려야만 했기 때문이다. 한 놀라운 연구 결과에 따르면 분노를 분출시킴으로써 카타르시스를 얻을 수 있다는 말은 허튼소리라고 한다. 화를 분출하는 것이 건강에 도움이 된다거나 건설적이라는 믿음이 옳은 것이라고 증명할 만한 증거는 어디에도 없었다. 연구에 따르면 공격적으로 표출된 분노는 화를 가라앉히는 것이 아니라 오히려 배가시킨다고 한다. 반면 화난 감정을 밖으로 드러내지 않으면 흉한 흔적을 남길 일도 없을 뿐 아니라 나쁜 감정도 곧 사그라지게 한다는 것이다.

'극도의 친절함' 베풀기 계획은 나로 하여금 우리 부부가 어느 정도까지 서로의 '명령'을 들어주어야 하는 것인지에 관해서도 생각하게 했다. 사실 결혼한 사람들은 여러 귀찮은 일을 하게 하려고 상대방을 구슬리는 데 많은 시간을 소비한다. 또한 일상의 소소한 업무를 처리하는 데 있어서 서로를 돕는 능력이 행복한 결혼의 중요 요소라고 말할 수도 있을 것이다.

나는 남편이 이런 식으로 행동하면 얼마나 좋을까 하는 생각을 하곤 한다. 내가 "관리인에게 전화해" 혹은 "식기세척기에서 그릇 꺼내 놔"라고 말하면 남편이 주저함 없이 내 명령에 따르는 것이다. 물론 남편도 이런 상황을 바라고 있을지 모른다. "음식 좀 아무데서나 먹지 마" 또는 "지하실 열쇠 찾아놔"라고 하면 나는 잔말 않고 그의 명령을 따르는 것이다. 그래서 나는 그가 요구하는 것이 무엇이든 기쁘게 들어주었다.

시간이 흐르면서 나는 '한 주간 베푸는 극도의 친절함'이라는 복권에 자신이 당첨되었다는 사실을 남편이 전혀 눈치 채지 못하고 있는 것 같아 화가 나기 시작했다. 하지만 곧 그가 전혀 알아채지 못했다는 사실에 고마워해야 한다는 것을 깨달았다. 극도로 베풀었던 친절함이 그에게 그다지 충격적이지 않았다는 사실은 우리의 일상에서 그동안 내가 베풀었던 친절도 그렇게 나쁘지 않았음을 반증하기 때문이었다.

한 주간 베푼 극도의 친절함은 '느낀 대로 행동하기'라는 계명이 얼마나 강력한 힘을 낼 수 있는지 잘 증명해주었다. 남편에게 최대의 친절을 베풂으로써 나 역시 그를 향해 더 큰 애정을 느낄 수 있었기 때문이다.

그것이 비록 가치 있는 실험이기는 했어도, 그 주가 끝나자 안도의 한숨을 쉬지 않을 수 없었다. 강도 높은 친절을 언제까지 계속해나갈 수는 없는 노릇이었다. 혀까지 깨물며 참아야 했던 탓에 아파서 견딜 수가 없을 정도였다.

2월의 마지막 날 오후에 결심목록을 채우고 있던 나는 그 목록이 내 행복 프로젝트에 얼마나 중요한 것인지 불현듯 깨닫게 되었다. 결심을 지속적으로 점검하고 매일 실천하도록 스스로를 다잡는 과정은 이미 내 행동에 큰 영향을 미치고 있었는데, 정말 중요한 사실은 아직 3월이 시작되지 않은 시점이라는 것이었다.

나는 열 살이 되던 해부터 수도 없이 많은 결심을 해왔다. 하지만 결심목록을 적기 시작한 이후부터 그동안 내가 지켜왔던 것보다 훨씬 충실하게 그 결심들을 수행할 수 있었다. 언젠가 경영대학에서 들은 "인간은 측정할 수 있는 것만 감당할 수 있다"는 표현은 내 경우에 딱 들어맞았다.

2월의 마지막 날은 내게 또 하나의 중요한 깨달음을 주었다. 오랫동안 나는 행복에 관한 포괄적인 이론을 제시하는 데 어려움을 겪고 있었다. 하지만 그날 오후, 수많은 시행착오를 거친 후에 마침내 놀라운 행복의 공식에 도달하게 되었다. 그때 나는 지하철에 앉아 독일의 경제학과 교수 프라이와 스터처가 함께 쓴 『경제학, 행복을 말하다』를 읽고 있었다. 그때 다음 문장에서 잠시 고개를 들고 그 의미를 곰곰이 생각해보았다.

"좋은 기분이나 나쁜 기분, 그리고 삶의 만족감을 느끼는 것은 개별적 사고에 기반을 두고 있다."

그다음 이어진 문장에서는 행복과 불행, 과학 용어로 바꾸어 말하자면 긍정적 감정과 부정적 감정이 같은 정서의 양면을 구성하고 있는 것이 아니라 완전히 개별적인 영역이며 독자적으로 오르내린다는 사실이 몇몇 연구를 통해 밝혀졌다는 내용이 적혀 있었다. 내가 그 문장에 대해, 그리고 지금까지 겪어온 여러 고유한 경험에 대해 생각하고 있을 때, 갑자기 모든 것이 하나의 결론으로 뭉쳐지면서 마음속에 나만의 행복 공식이 솟아올랐다. 그때의 기분이란 마치 내 머리 위에 전구가 번쩍 하고 켜지는 것 같은 느낌이었다.

'행복해지고자 한다면 나는 좋은 기분, 나쁜 기분, 그리고 올바른 기분을 느끼는 것에 대해 생각해야만 한다.' 이는 매우 간단하면서 한편으로는 매우 심오한 말이었다. 어디서든 한 번쯤은 읽어봤음직한 말일지도 모른다. 하지만 내가 배운 모든 것을 걸러내고 그 질서를 잡아줄 수 있는 하나의 틀을 마련하는 데는 엄청난 노력이 필요했다.

행복해지고자 한다면 긍정적 감정을 좀 더 많이 배출함으로써 내 인생 속에 기쁨, 즐거움, 열정, 감사, 친근함, 그리고 우정의 양을 증가시킬 필요가 있었다. 그것은 결코 이해하기 어려운 사실이 아니었다. 또한 나쁜 감정을 느끼게 하는 원인을 모두 제거해 죄책감, 후회, 부끄러움, 분노, 시기심, 지루함, 짜증 등의 감정으로 고통 받는 일을 줄여야만 했다. 이것 역시 이해하기 어려운 말이 아니었다. 이렇듯 좋은 기분을 유지하고 나쁜 기분을 떨쳐내는 것과 더불어 나는 올바른 기분을 느낀다는 것이 무엇을 의미하는 것인지 생각해봐야 했다.

'올바른 기분을 느끼는 것'이란 매우 복잡한 개념이었다. 그것은 내가 당연히 영위할 만한 삶을 살고 있다는 느낌이었다. 예를 들어, 나는 변호사로서 훌륭한 경력을 쌓아왔지만 늘 직업에 대해 불편한 느낌을 안고 있었다. 즉 당연히 해야 하는 일을 하는 듯한 느낌이 아니었다. 반면 글 쓰는 일에 관해 말하자면, 현재 작가로서의 내 직업은 '좋은 감정'을 느끼게 하는 원천일 뿐 아니라 '나쁜 감정'을 갖게 하는 근원이 되기도 한다. 하지만 그 직업을 영위하면서 나는 '올바른 기분'을 느낀다.

'올바른 기분'은 직업, 장소, 결혼관계 등 모든 면에서 자신이 적합한 삶을 살아가고 있다는 생각이 들 때 얻을 수 있는 느낌이다. 그것은 또한 미덕에 관한 것이기도 했다. 맡은 바 의무를 다하고 스스로의 기대에 부응해 살아가는 미덕. 어떤 사람의 경우에는 높은 직업적 위상이나 결혼 규범 같은 목표를 '올바른 기분을 느끼는 것'에 포함할 수도 있을 것이다.

마침내 찾고 있던 행복 공식을 발견했다는 황홀감은 서서히 사라졌고, 나는 그것이 아직 무언가 완성되지 않았음을 암시한다는 것을 깨달았다. 중요한 요소 중의 하나가 빠져 있었다. 나는 사람들이 끊임없이 행복을 갈구하고 그것을 향해 자신을 확장시키도록 프로그래밍되어 있는 것 같다는 사실을 설명할 방법을 찾고 싶었다. 한 예로, 인간은 현재보다 미래가 좀 더 행복할 거라고 생각하는 경향이 있다. 행복에는 기대감이 매우 중요하다. 하지만 나의 공식은 이러한 관찰을 설명하지는 못했다. 그래서 뭔가 빠져 있는 개념을 찾아내고 싶었다. 그것이 노력일까? 아니면 성취감? 목적? 희망? 이 모든 단어 중 어떤 것도 적당하지 않았다.

그때 예이츠의 말이 생각났다.

"행복은 미덕도 기쁨도 이도 저도 아니다. 그것은 단지 성장이다. 우리는 성장할 때 비로소 행복을 느낀다."

현대의 연구자들도 같은 주장을 한다.

"행복은 목표에 도달하는 것이 아니라 그것에 도달하려 애쓰는 과정이다. 다시 말해 성장, 그것이 행복을 가져다준다."

당연하다. 성장이었다. 마라톤을 훈련하는 과정에서, 새로운 언어를 공부하는 동안, 그리고 우표를 수집할 때 느낄 수 있는 행복은 성장이라는 말로만 설명 가능했다. 또한 아이들이 말을 깨우치도록 도울 때나 줄리아 차일드의 요리책에 적힌 모든 조리법을 하나씩 해볼 때도 우리는 성장을 통한 행복을 느낀다. 내가 어릴 때 아버지는 테니스를 무척 잘, 그리고 자주 치셨다. 그러다가 어느 날은 골프를 치기 시작하더니 테니스는 완전히 접어버리셨다. 이유를 묻자 아버지는 이렇게 설명하셨다.

"테니스 실력은 갈수록 형편없어지는데 골프 실력은 점점 좋아지거든."

인간은 적응력이 매우 강하기에 환경이 향상되든 악화되든 간에 새로운 삶의 환경에 재빨리 자신을 맞추어간다. 그리고 그것이 보통의 환경이라고 간주해버린다. 이러한 성향은 환경이 악화되었을 때는 도움이 되지만, 반대 상황에서는 안락함이나 특권에 무감각해지는 단점이 있다. 흔히들 '쾌락의 쳇바퀴hedonic treadmill'라고 말하는 이것이 우리가 '기분 좋게 느끼는 것', 예를 들어 새 차나 새 직급, 또는 새로 산 에어컨 같은 것에 빨리 익숙해지도록 만들기 때문에 좋은 기분을 이내 사라지게 한다. 그런데 성장의 분위기가 그것을 상쇄시키는 것이다.

한 예로 식당에 새로 들여놓은 식탁은 얼마 지나지 않아 당연한 것으로 여겨지지만, 정원을 가꾸는 일은 새싹이 돋아날 때마다 신선한 기쁨으로 다가온다. 성장은 영적 의미에서도 매우 중요한데, 나는 물질적인 성장도 역시 기쁜 것이라고 생각한다. 많은 사람이 행복은 돈으로 살 수 있는 것이 아니라고 말하지만, 솔직히 작년보다 올해 더 많은 돈을 가질 수 있다면 그걸 마다할 사람이 몇이나 되겠는가.

그렇게 해서 나만의 행복 공식에 도달할 수 있었다. 그것에 '첫 번째 찬란한 진실'이라는 이름을 붙여 그 중요성을 기려야겠다는 생각을 했다. 그리고 '첫 번째'라고 순서를 정해놓았으니 올해가 가기 전에 '찬란한 진실'을 적어도 하나는 더 얻을 수 있으리라는 믿음도 생겨났다. 첫 번째 찬란한 진실, 그것은 '행복해지고자 한다면 좋은 기분, 나쁜 기분, 그리고 올바른 기분을 느끼는 것에 관해 성장의 관점에서 생각해야만 한다'는 것이었다.

3월

일

생산성이 올라가는 환경을 만들어라

✓ 블로그의 즐거움

✓ 실패를 기뻐하라

✓ 도움은 적극적으로 요청하라

✓ 시간 활용은 효율적으로

✓ 지금 이 순간을 살라

MARCH

매일 거르지 않고 어떤 일을 조금씩 해나간다면
천하장사 헤라클레스가 해치우는 일도 간단히 해낼 수 있다.

- 앤서니 트롤럽

행복과 일은 서로 큰 영향을 미친다. 행복한 사람은 매주 더 긴 시간을 일하고, 여가 시간에도 더 많은 것을 한다. 그들은 훨씬 협동적이고, 덜 자기중심적이며, 다른 사람을 돕는 일, 말하자면 정보를 공유하거나 동료를 돕고자 힘을 모으는 일 등에 훨씬 적극적이다. 그리고 그들이 남을 도움으로써 남들도 그들을 돕는다. 따라서 대인관계도 원만하다. 행복한 사람은 그렇지 않은 사람보다 극도의 피로감, 잦은 결석, 반박, 비생산적인 작업, 업무 논쟁, 또는 보복 같은 역효과를 일으키는 행위를 훨씬 덜 하기 때문에 대다수가 그들 주변에 머물기를 선호한다. 너무나 당연한 일이라 하겠다.

또한 행복한 사람은 능률적인 리더의 자격을 갖추고 있기도 하다. 그들은 리더십이나 정보 지배력을 요하는 경영업무 수행에서 더욱 두각을 나타낸다. 또한 덜 행복한 사람보다 훨씬 적극적이고 자신감이 넘친다. 친절하고 따뜻할 뿐 아니라 육체적으로도 훨씬 매력적으로 보인다. 한 연구에 따르면 대학 신입생 때 매우 만족해하는 학생들은 집안이 부유하지 않아도 30대에 상대적으로 훨씬 많은 소득을 올린다고 한다. 행복하다는 사실은 가정뿐 아니라 직업에서도 커다란 차이를 만들어낼 수 있다는 뜻이다.

일이 행복과 중요한 연관이 있는 이유는 우리가 상당히 긴 시간을 일하면서 보내기 때문이기도 하다. 대다수 미국인은 매일 7시간 이상을 직업과 관련된 일을 하고 있으며, 휴식 시간은 갈수록 줄어드는 추세다. 또한 일은 행복한 생활을 영위하는 필수 요소인 성장 가능성, 사회적 접촉, 재미, 목적의식, 자존감 등의 원천이 된다.

나는 우울할 때 일을 하면 기분이 풀린다. 가끔 내가 침울해 있을 때면 남편이 이렇게 말하기도 한다.

"작업실에 잠깐 나가 있지 그래?"

전혀 일하고 싶은 기분이 아닐 때조차도, 일단 뭔가를 성취하고자 하는 고무적인 느낌이나 지적 자극에 몰두함으로써, 또는 단순히 주의를 돌리는 사소한 행위로도 나의 괴팍함에서 벗어날 수 있게 된다.

일이 행복에 매우 중요한 요소이기 때문에, 누군가의 행복 프로젝트는 올바른 일을 선택하는 것에 초점이 맞춰질 수도 있을 것이다. 하지만 내 경우에는 이미 행복 추구를 위한 직업 변경 과정을 거쳤다. 법조계에 첫발을 내딛어 훌륭한 경험을 쌓았지만, 오코너 판사의 시보 일이 거의 끝나갈 무렵에는 내가 진정으로 원하는 직업이 무엇인지 결정하기가 힘들었다.

당시 나는 대학원에서 교육학을 전공하는 친구의 집을 방문해서 거실에 잔뜩 쌓여 있는 두꺼운 교재들을 보았다.

"이게 수업을 들으려면 다 읽어야 하는 책들이니?"

"맞아. 그렇지만 쉴 때 읽을 책은 절대 아니야."

친구의 가벼운 대꾸가 나를 사뭇 놀라게 했다. 그럼 난 남는 시간에 뭘 하지? 스스로 질문을 해봤다. 시보 일을 좋아하기는 했지만 나는 업무 시간 외에는 단 1초도 법적인 주제에 시간을 내본 적이 없었다. 여가 시간에는 책을 썼다. 그때 이런 생각이 들었다. 아예 전업 작가가 되는 것은 어떨까? 그리고 지난 몇 달간 바로 그것이 진정으로 내가 원하는 일이라는 사실을 확신하게 되었다.

나는 야망도 크고 경쟁심도 강한 사람이어서 법조계를 떠나 바닥부터 새로운 커리어를 쌓아야 한다는 것이 힘들게 느껴졌다. 예일대학교 법대 학술연구지 편집장을 지냈고, 법률 관련 글을 써서 상까지 받았던 사실은 법조계에서 상당한 경력에 해당했다. 하지만 법조계를 벗어나면 그다지 대단한 일이 아닐 것이 분명했다.

그렇지만 나는 열정이 직업적 성공을 거두는 데 큰 비중을 차지한다는 사실을 확신하게 되었다. 자신의 일을 사랑하는 사람은 부지런함과 성실을 뛰어넘는 강도와 열정으로 일에 매진한다. 대법원에서 근무하던 동료들의 모습에서 나는 그 증거를 발견할 수 있었다. 그들은 법률에 관한 학술지를 재미삼아 읽었고, 점심시간에는 진행되고 있는 여러 재판에 관해 이야기를 나누었으며, 자신들의 노력을 통해 더욱 큰 힘을 얻고 있었다. 하지만 나는 그렇지 않았다.

어떤 분야에서 대가가 되는 데 있어서 열정은 그 어떤 타고난 능력보다 중요하다. 전문성을 개발하는 가장 중요하고도 유일한 요소가 바로 그것을 실천하려는 자발적 노력이기 때문이다. 따라서 직업 전문가들은 자신이 쉽게 접근할 수 있으면서 정말 하고 싶은 일을 직업으로 삼는 것이 성공할 확률을 훨씬 높여준다고 주장한다. 그래야만 더욱 열정적으로 일에 임할 수 있고, 그 결과 경쟁력 있는 위치도 점할 수 있기 때문이다.

나는 쓰기, 읽기, 연구, 노트 정리, 분석, 비평 등을 좋아한다. 사실 글쓰기를 좋아한다고는 말할 수 없지만 실제 어떤 작가도 글 쓰는 행위 자체를 좋아하는 것은 아니다. 어쨌거나 과거를 돌이켜보면, 내가 글을 쓰고 싶어 했다는 단서가 여기저기 널려 있다. 여가 시간은 대부분 책을 읽으며 보냈고, 아직 빛을 보지 못한 채 서랍 속에 고이 간직되어 있기는 하지만 어쨌든 직접 쓴 소설이 두 권이나 있다. 대학에서는 영문학을 전공했다. 그중에서 가장 큰 단서라고 할 수 있는 것은 틈만 나면 글을 썼다는 사실이다.

왜 직업으로 글을 쓰겠다는 생각을 좀 더 빨리 하지 못했던 걸까? 분명 여러 이유가 있겠지만, 가장 중요한 것은 그동안 '나다워지는 것'에 어려움을 느껴왔다는 사실이다. 15세기 네덜란드의 인문학자였던 에라스무스는 "인간에게 가장 큰 행복은 바로 자기 자신이 되는 것"이라고 말했다. 이것은 어찌 보면 매우 쉬운 것처럼 느껴지지만 내게는 늘 어렵기만 했다. 그래서 '나다워지기'가 내 12계명의 첫 번째가 된 것이다.

마음속에 나 스스로의 이상형을 그리고 있었기에, 있는 그대로의 나를 이해하는 것이 어려웠다. 때로 전혀 즐기지도 않는 쇼핑을 즐기는 것처럼 나 자신을 속이기도 했다. 또는 아무 관심도 없는 외교정책 같은 주제에 몰입하는 척하기도 했다. 가장 안 좋은 것은 진정한 욕망이나 관심을 무시해버렸다는 사실이다.

'느껴질 때까지 가장하라.' 이 방법은 내가 '느낀 대로 행동하기'를 따르는 동안에 기분전환용으로 효과가 있었다. 그러나 인생의 주요한 결정을 내리는 데 도움이 될 만한 훌륭한 관리 원칙이 되지는 못했다. '가장하기'를 통해 나는 전혀 흥미를 느끼지 못하는 주제나 활동에 스스로를 몰두시킬 수는 있었다. 하지만 그러한 몰입은 자연스럽게 흥미를 유발시키는 주제를 접했을 때 발산되는 열정과는 그 강도에서 비교가 되지 않았다.

자신에 대한 이해는 내가 동생을 바라볼 때 가장 존경하는 자질이다. 엘리자베스는 자신의 천성에 대해 한 번도 의문을 던지지 않았다. 학생일 때, 나는 운동신경이 형편없었음에도 필드하키 선수로 뛰었고, 정말 싫어하는 물리학 수업을 들었으며, 음악에 재능이 없는 것을 한탄하곤 했다. 하지만 엘리자베스는 달랐다. 결코 변하지 않는 열정으로 자신에게 솔직했다. 소위 똑똑한 사람들과는 달리, 동생은 통속소설이나 TV에 빠져 있는 자신을 전혀 부끄러워하지도, 굳이 변명하려 들지도 않았다. 오히려 자기 행위의 정당성을 입증하기라도 하듯이 청소년을 위한 대중소설을 쓰는 것으로 작가 경력을 시작했고, 후에 방송작가가 되었다. 언젠가는 나 혼자 결단을 내리려고 애쓰다가 결국은 동생에게 이렇게 고백하기도 했다.

"나는 뭔가 논리적이고 정당한 느낌을 원해. 법률이나 정치 같은 쪽은 그런 느낌이 들게 하잖아."

동생에게서 내가 기대했던 답은 '글 쓰는 것도 논리적이야' 혹은 '지금 하는 일이 싫으면 언제라도 원하는 것으로 바꿀 수 있잖아' 등이었지만, 엘리자베스는 내가 생각했던 것보다 훨씬 예리했다.

"스스로가 더 잘 알겠지만, 언니는 어릴 때부터 늘 논리적인 것에 대한 갈망이 있었어. 그건 평생 변하지 않을 거야. 그리고 아마도 그런 욕망 때문에 법대를 선택한 게 분명해. 하지만 그게 언니의 다음 직업까지 선택해주길 기대하는 거야?"

"글쎄…."

"이미 언니는 판사 시보처럼 고도로 합법적인 업무를 해왔어. 그런데 그게 논리적이고 정당한 느낌이 들게 해?"

"꼭 그런 건 아냐."

"지금 아니라면 앞으로도 절대 아닐 거야. 그러니까 그 느낌이 언니의 결정에 영향을 미치도록 그냥 내버려두면 안 돼."

이후 나는 연방통신위원회에서 법률 관련 업무를 한 번 더 택했다. 그러고 나서 작가가 되기로 마음먹었다. 낯설고 검증되지 않은 길로 첫발을 내딛는 일은 무척이나 두려웠다. 하지만 우리 부부가 워싱턴 D.C.에서 뉴욕시로 이사를 한 덕분에, 그리고 남편도 직업을 바꾸기로 마음먹었다는 사실 덕분에 훨씬 쉽게 결정을 내릴 수 있었다. 내가 집필계획서에 대한 정보를 찾아 읽는 동안, 남편은 야간 재무회계 수업을 들었다.

법조계를 떠나 작가가 되기로 마음먹었던 일은 내가 '나다워지기' 결심 쪽으로 내딛은 발자국 중에 가장 중요한 것이었다. 나는 늘 마음속에만 그리고 있던 내가 되기로 결심했고, 다른 사람이 가진 것이 얼마나 매력적으로 보이든 간에 내게 어울리지 않는 선택사항들은 모두 무시해버리기로 결정했다. 그러니 이달의 내 목표에 직업의 재평가가 포함되지 않는다면 도대체 무엇이 포함된다고 하겠는가? 나는 좀 더 활력 있고 창의적이고 생산적인 작가가 되고 싶다. 친근하고 일상적인 것을 나보다 더 좋아하는 사람은 없을 것이다.

나는 낯선 영토를 여행하도록 나 자신을 밀어붙일 수 있는 일의 영역으로 스스로를 확장해보기로 마음먹었다. 따라서 나는 매일 좀 더 읽고 쓰는 노력을 통해 더욱 효율적으로 일할 수 있는 방법을 생각해낼 것이고, 다른 사람들과도 가능한 한 많은 시간을 보내도록 노력할 것이다. 그리고 어쩌면 가장 중요한 결심일지 모르지만, 월요일 아침을 금요일 오후만큼이나 애타게 기다리는 내가 얼마나 운이 좋은 사람인지 잊지 않으려 노력할 것이다.

☑ 블로그의 즐거움

내 연구는 '도전과 새로움'이 행복의 가장 중요한 요소라는 사실을 알려주었다. 인간의 뇌는 놀라움에 자극받으며 예상치 못한 상황을 성공적으로 이끌었을 때 강렬한 만족감을 얻는다. 만약 누군가가 새로운 일을 한다면, 예를 들어 박물관을 생애 처음 방문한다든가, 새로운 게임을 배운다든가, 새로운 장소로 여행을 가거나, 새로운 사람을 만나게 된다면, 그는 친근한 활동만을 고수하며 사는 사람보다 행복한 느낌을 얻을 기회에 더 많이 노출되는 것이다.

이것은 행복의 다양한 역설 중 하나다. 인간은 누구나 자신의 삶을 통제할 수 있기를 원하지만, 정작 행복은 낯설고 예상치 못한 상황에서 온다. 게다가 새로움은 뇌에 더 많은 작용을 요구하기 때문에, 새로운 상황을 다루는 행위는 더 강렬한 정서적 반응을 불러일으킬 뿐 아니라 시간의 여정을 더 느리고 풍성하게 만들어준다. 한 친구가 첫아이를 얻고 난 후 이런 말을 한 적이 있다.

"아이가 생겨서 좋은 이유 중에 하나가 뭔지 알아? 바로 시간이 느리게 간다는 거야. 아내와 나는 우리 삶이 화살처럼 달아난다고 느끼고 있었거든. 그런데 클라라가 태어난 순간 시간이 멈춰버린 것 같아. 한 주 한 주가 마치 한 세기는 되는 것 같다니까. 무슨 일이 그렇게 많이 일어나는지 모르겠어."

그렇다면 어떻게 해야 행복 프로젝트 안에 새로움과 도전이라는 요소를 결합할 수 있을까? 나는 내가 하고자 하는 다른 일들과 밀접하게 관련된 목표를 선택하고 싶었다. 하지만 전문가들이 뭐라고 하건 간에 바이올린 수업이나 살사 강습 같은 것은 관심 대상이 아니었다. 이 문제를 해결하려 애쓰는 동안, 한 지인이 블로그를 시작해보는 것이 어떻겠느냐는 조언을 했다.

"하지만 어떻게 해야 하는 건지 잘 몰라요. 어렵지 않을까요? 난 텔레비전 예약 녹화도 가까스로 배웠는걸요."

"요즘은 블로그 만들기가 쉬워졌어요. 한 번 생각해봐요. 일단 시작하기만 하면 정말 재미있을 거예요."

얼마 지나지 않아 나는 한번 시도해보기로 마음먹었다. 행복을 얻는 데 새로운 도전이 얼마나 중요한 역할을 하는지에 관해 역설하는 여러 연구 결과들이 좀 더 크고 어려운 목표를 향해 스스로를 확장시켜야 한다고 나를 설득하고 있었다. 어떻게 해서든 블로그를 시작하게 되면, 그것을 통해 나와 같은 관심사를 가진 사람들을 만날 수 있고, 자기표현의 원천도 제공받게 될 것이며, 다른 이들에게도 그들만의 행복 프로젝트를 시작하게끔 설득할 수도 있을 것 같았다.

하지만 커다란 행복의 보상이라는 약속에도 불구하고, 나는 걱정이 앞서기 시작했다. 이미 시간과 정신적 활력의 압박감을 느끼고 있는 상황에서 블로그를 운영하기 위해 더 많은 시간과 노력을 들여야 한다는 점이 부담스러웠다. 훗날 내리기 힘든 결정에 직면하게 될지도 모른다는 생각 때문에 위축되기도 했다. 공공연한 비난과 실패 앞에 매일 나 자신을 노출시켜야 할지도 몰랐다. 그렇게 된다면 스스로가 얼마나 바보처럼 느껴지겠는가.

그때쯤 나는 블로그를 운영하는 지인 두 명과 우연히 함께 할 기회가 생겼고, 그들은 블로그를 처음 시작할 때 필요한 몇 가지 조언을 해주었다. 어쩌면 하늘이 내린 기회와도 같은 이러한 만남은 우주의 조화에서 비롯된 것일지도 몰랐다. 앞서도 언급했듯이 제자가 준비되면 스승이 나타난다고 하지 않는가.

"타이프패드(Typepad: 미국 블로그 사이트)를 이용해."

그 친구는 레스토랑과 요리법에 관한 블로그를 운영하고 있었다.

"그리고 단순하게 유지해야 해. 네가 정확히 무엇을 하고 있는 건지 확실히 파악한 후에 여러 기능을 적용해도 늦지 않을 거야."

"포스팅은 매일 해야 해. 그게 가장 중요한 거야."

두 번째 친구의 조언이었다. 그녀는 법률 블로그를 운영하는 중이었다. 아, 이런. 나는 갑자기 당황스러워졌다. 일주일에 세 번 정도 포스팅을 하겠다고 생각하고 있었기 때문이다.

"그리고 누군가에게 네가 포스트를 올렸다고 메일을 보낼 때는 링크만 보내지 말고 전문을 보내는 거야."

"그러니까, 네 충고대로라면… 내가 포스트를 올렸다는 사실을 다른 블로거들에게 메일로 알려줘야 한다는 거네?"

"응, 맞아."

그런 일까지 해야 할 거라고는 생각도 못하고 있었다. 거의 3주 동안이나 인터넷을 뒤지고 다닌 후에, 나는 은밀해 보일 만큼 신중한 태도로 타이프패드에 계정을 신청했다. 단지 이 첫걸음만으로도, 아직 블로그에 대해 아무 결정도 내리지 않은 상태였음에도, 내 가슴은 조바심과 기쁨으로 터질 것만 같았다. 나는 '다른 사람은 당신의 실수를 잘 눈치 채지 못한다'는 어른의 비밀을 계속해서 떠올렸다. 설령 내가 블로그를 개설하며 실수를 좀 한다 해도 결코 재난이 되지는 않을 것이다.

매일 나는 한 시간 정도씩 블로그 작업을 했고, 타이프패드가 제공하는 텅 빈 공간은 차차 형태를 잡아가기 시작했다. '나에 대해서 About' 메뉴에는 내 소개를 적어 넣었다. 페이지 머리 부분에는 블로그에 관한 설명이 나타나도록 설정했다. 내가 쓴 책들을 링크로 걸고 12계명도 추가해 넣었다. 'RSS(웹사이트나 블로그에서 자주 업데이트되는 콘텐츠를 사이트 이용자에게 제공하기 위해 사용하는 포맷으로, 해당 사이트를 직접 방문하지 않고도 최신 정보만 골라 한 자리에서 볼 수 있게 해준다)'가 대충 무엇이라는 것을 이해하게 되었을 때는 RSS 버튼도 설정해놓았다. 3월 27일, 마침내 나는 깊이 심호흡을 하고 생애 첫 포스트를 쓰기 시작했다.

오늘은 행복 프로젝트 블로그가 세상에 첫발을 내딛는 날입니다. 행복 프로젝트가 뭐냐고요?

그리 오래전도 아닌 어느 날 오후, 나는 어떤 사실 하나를 불현듯 깨닫게 되었습니다. 그것은 내가 삶에서 정말 중요한 질문에는 직면할 생각도 않고 인생을 마냥 허비하고 있다는 사실이었죠.

그 순간부터 행복이라는 주제에 대해서 생각에 생각을 거듭하게 되었습니다. 지금 내가 이러는 것이 단지 일시적인 변덕은 아닐까? 더 행복해지기 위해 뭔가 시도해볼 수는 없을까? 대체 '행복'이란 구체적으로 무엇을 의미하는 것일까?

그렇게 해서 이 행복 프로젝트 블로그가 1년간의 내 회고록을 적는 공간으로 탄생하게 된 것입니다.

앞으로 1년 동안 나는 아리스토텔레스, 리지외의 성녀 테레사, 벤저민 프랭클린, 마틴 셀리그만, 오프라 윈프리에 이르는 여러 사람에게서 내가 얻을 수 있는 모든 원칙, 정보, 이론, 연구 결과 등을 실험하고 실행할 겁니다.

이 중에서 어떤 조언이나 연구 결과가 실제로 효과가 있을까요?

실은 블로그를 시작했다는 사실도 나를 무척이나 행복하게 하고 있습니다. 내가 이달의 주요 목표 중 하나를, 그것도 제때에 성취했기 때문입니다. 스스로에게 과제를 내주고 그것을 완성하고자 노력했고, 결국 성공했죠.

블로그를 준비하는 동안 내가 직접 만든 '어른의 비밀' 중에서 두 가지를 늘 염두에 두고 있었습니다.

하나, 도움을 구하는 것은 부끄러운 일이 아니다. 처음 블로그를 시작하려 마음먹고 나서 나는 진실 하나를 깨닫기 전까지는 하는 일 없이 그저 허둥대기만 했습니다. 그 진실이란 블로그를 운영하는 친구들에게 도움을 요청하는 것이었죠.

둘, 매일 조금씩 실천하면 큰 결실을 얻을 수 있다. 우리는 한 시간이나 일주일 동안 얼마나 많은 일을 해치울 수 있을까에 대해 자기 자신을 과대평가하는 경향이 있습니다. 반면 한 달이나 1년 동안 매일 조금씩 해나가는 것에 의해 성취할 수 있는 일에 대해서는 과소평가하는 경향이 있죠. 하지만 앤서니 트롤럽의 말 들어보셨나요?

"매일 거르지 않고 어떤 일을 조금씩 해나간다면 천하장사 헤라클레스가 해치우는 일도 간단히 해낼 수 있다."

그때부터 나는 하루도 거르지 않고 한 주에 6일간 글을 올리고 있다. 첫 번째 포스팅이 스크린에 펼쳐지는 것을 보는 일은 실로 엄청난 승리감에 견줄 만했다. 내가 그 일을 해냈다는 사실이 도저히 믿기지 않을 지경이었다. 새로움, 도전, 그리고 성장에 관해 논하는 전문가들의 이론이 정확했다는 사실을 인정했다.

블로그를 시작한 지 얼마 지나지 않아 나는 그것이 도전을 통해서만 결실을 맺을 수 있는 뛰어난 행복의 원천이라는 사실을 깨달았다. 아니, 좀 더 형편없는 표현으로 바꿔 말하자면, 때로 나는 블로그가 주는 곤혹스러움 때문에 거의 미칠 지경이 되어버렸다. 뭔가를 하면 할수록 점점 더 부족하게 느껴졌기 때문이다. 사진을 추가하고 싶었고, 인터넷 주소에서 '타이프패드'라는 글자를 없애버리고 싶었다. 오디오나 비디오 파일도 필요한 것 같았고, 실시간 링크도 추가하고 싶었다. 이러한 문제들을 해결하려고 노력하면 할수록 나 자신의 무지함과 무기력함이라는 잔인한 느낌에 압도당하는 것만 같았다. 어찌된 일인지 사진이 전혀 뜨지 않거나 이미지가 너무 작았다. 링크는 모두 깨져버렸다. 갑자기 모든 단어에 밑줄이 그어지기도 했다.

블로그의 여러 기능을 모두 습득하려 애쓰는 동안, 나는 무언가에 대해 즉시 깨닫거나 이해하지 못하게 되면 다급함과 조바심으로 어쩔 줄 몰라 했다. 그러다가 마음을 진정시킬 적당한 방법을 떠올렸다. 나 자신을 '감옥'에 밀어 넣는 것이었다. 나는 혼잣말로 "난 감옥에 갇혔어"라고 중얼거렸다. 혹은 '난 갇힌 거야. 이제 더 이상 갈 데도 없고, 눈앞에 놓인 이 일 말고는 해결해야 할 일도 없어. 시간이야 얼마나 걸리든 그게 무슨 상관이야. 어차피 세상 모든 시간을 다 가졌는걸' 하고 자기암시를 걸었다. 물론 그 생각이 사실은 아니지만 내 앞에 세상의 시간이란 시간은 다 놓여 있다고 생각함으로써 당면한 문제에만 집중하도록 나를 다독일 수 있었다.

블로그 작업을 하는 동안, 나는 '나다워지기'라는 계명을 떠올리면서 행복 프로젝트의 비전에 충실하려고 노력했다. 주변의 현명한 사람들이 주는 조언에도 귀 기울였다. 어떤 이는 '삶의 아이러니'에 집중하라고 용기를 북돋아주었고, 또 몇몇 이들은 시사 뉴스에 대해서도 자주 언급해야 한다는 조언도 잊지 않았다. 한 친구는 동정심이 가득 담긴 목소리로 '행복 프로젝트'라는 블로그 이름이 별로 좋지 않으니, '오, 해피 데이'로 바꾸는 게 좋겠다고 제안하기도 했다.

"솔직히 이름은 바꾸고 싶지 않아. 처음 행복에 대해 생각하기 시작한 순간부터 행복 프로젝트라고 불러왔거든."

그러자 친구는 고개를 저으며 대답했다.

"무엇이든 바꾸기에 너무 늦은 때란 없는 거야!"

또 한 친구는 이런 제안을 하기도 했다.

"엄마와 딸의 갈등을 탐구해보는 것도 좋을 거야. 모두들 그 주제에 관심이 많거든."

"좋은 생각이긴 해…. 그렇지만 난 엄마랑 크게 갈등이 없거든."

생전 처음으로 엄마와 너무 가까운 것에 대해 애석해하면서 대꾸했다.

"음….."

그의 대답은 이것이 전부였지만, 내가 엄청난 사실을 부인하고 있다고 생각하는 것 같았다.

모든 제안은 다 그럴듯하게 들렸고, 선의의 충고이기도 했지만, 매번 새로운 제안을 들을 때마다 나는 극도의 공황상태에 빠졌다. 블로그를 개설하며 마주쳐야 했던 어려움 중에 가장 컸던 것은 내 안의 비평가가 제기하는 회의감이었다. 행복 프로젝트를 재구성해야 하는 걸까? '프로젝트'라는 말이 어렵기만 하고 별 매력은 없는 것일까? 내 경험으로만 블로그를 채우는 것이 너무 자기중심적으로 비치지는 않을까? 열정적 어조가 너무 설교조로 들리지는 않을까? 당연히 그렇겠지! 하지만 나는 첫 문장을 갈고 다듬느라 두 번째 문장은 아예 시작도 못해보는 소설가가 되고 싶지는 않았다. 진정으로 무언가를 성취하고 싶다면 끊임없이 자신에 대해 왈가왈부하고 있을 게 아니라 앞으로 성큼성큼 걸어 나갈 필요가 있었다.

그런 와중에도 흐뭇한 일이 있다면, 그것은 내 블로그가 개설되자마자 사람들이 열광적인 반응을 보여줬다는 사실이다. 처음에는 어떻게 방문자 수를 확인해야 하는지조차 모르고 있었다가 그 방법을 깨우쳤다. 처음으로 주요 블로그 검색엔진을 확인해보고 내 블로그가 나도 모르는 사이 인기 순위 상위 5,000번째 안에 들어갔다는 사실을 발견하고서는 기뻐서 거의 쓰러질 뻔했다. 사실 개인적인 행복 프로젝트의 일환으로 블로그를 시작했기 때문에, 나는 그것이 블로거들의 관심을 받게 되리라는 기대는 거의 하지 않았다. 블로그의 성공은 예기치 않았던 기쁨도 안겨주었고, 내 삶이 성장하는 분위기를 조성하는 역할도 톡톡히 했다.

　도전이 행복을 가져다주는 한 가지 이유는 자기정의를 확대시키는 기회를 제공하기 때문이다. 즉 자아가 확장되는 것이다. 갑자기 요가도 하게 되고, 집에서 맥주도 만들어보게 되며, 스페인어도 잘할 수 있게 된다. 연구에 따르면 인간은 자기 자신의 정체성을 구성하는 요소가 많아질수록, 한두 가지 요소가 위협받을 때 위기감을 덜 느끼게 된다고 한다. 직업을 잃게 되면 자신감이 한 방에 날아가버릴 수 있지만, 자신이 동창회를 이끌고 있다는 사실은 여전히 자존감을 위로하는 원천이 된다는 것이다. 또한 새로운 정체성은 행복의 강력한 원천이 될 수 있는 새로운 사람, 혹은 새로운 환경에 접촉할 기회도 제공한다. 블로그가 내게 해준 것이 바로 그것이었다. 새로운 정체성과 새로운 스킬과 새로운 동료를 주었고, 나와 공동의 관심사를 나누는 사람들과 접촉할 수 있는 길도 마련해주었다. 또한 내가 어떤 종류의 작가가 될 수 있을지에 대한 비전도 심어주었다. 이제 나는 진짜 블로거가 된 것이다.

☑ 실패를 기뻐하라

블로그에 열정을 쏟아붓는 동안 나는 다른 영역으로도 나 자신을 확장해보고 싶었다. 안락한 구역을 벗어나 확장된 구역으로 나갈 수 있도록 스스로를 자극하고 싶었던 것이다. 혹 그런 결심이 '나다워지기' 결심과는 상충하는 것이 아닐까? 그럴 수도 있고, 아닐 수도 있다. 나는 '자연스러운 방향'으로 나를 개발하고 싶었다. 영국 시인 W. H. 오든은 말했다.

"20대와 40대 사이에 우리는 자아를 발견하는 과정에 몰두한다. 그 과정에서 비본질적 한계와 타고난 본질적 한계의 차이점을 배우는데, 전자를 극복하고 넘어가는 것은 우리의 의무라 할 수 있지만, 후자를 극복하고자 할 경우에는 무사히 넘어가기가 힘들다."

블로그를 시작하면서 나는 걱정과 조바심을 느꼈지만, 마음 깊은 곳에서는 결국 해내고 말리라는 사실을 알고 있었고, 초기의 장애만 극복하면 즐기게 되리라는 확신도 있었다. 스스로를 밀어붙이는 것이 엄청난 부담감을 줄 것이라는 점도 알고 있었다. 어른의 비밀에서도 언급하지 않았던가. '행복의 원칙이 늘 사람을 행복하게 만드는 것은 아니다.' 나는 왜 가끔씩 스스로를 밀어붙이는 일에 그다지도 소극적일까 생각해보았다. 그리고 그것이 실패를 두려워하기 때문임을 깨달았다. 하지만 더 큰 성공을 거두고자 한다면 실패를 기꺼이 받아들일 수 있어야만 했다.

나는 영국 시인 로버트 브라우닝의 글을 기억한다. "아, 그러나 인간의 한계는 그의 손이 닿는 범위를 넘어서야만 한다. 그렇지 않다면 하늘이 무슨 소용인가?" 이러한 두려움에 맞서기 위해 나는 스스로에게 말했다.

"나는 실패가 주는 기쁨을 즐긴다."

실패가 재미있는 일이라고 나는 계속 되뇌었다. 실패는 야망의 일부일 뿐이다. 창의성의 일부에 지나지 않는다. 어떤 일이 해볼 만한 가치가 있다면 잘 못해도 그만한 가치가 있는 것이다. 실제로 이 주문이 효과가 있었다. '실패가 주는 기쁨'이라는 말이 두려움에서 나를 해방시켰던 것이다.

그러고 나서 정말로 실패를 경험했다. 명망 높은 작가 커뮤니티에 지원했지만 거절당했고, 잡지에 칼럼을 써 보냈는데 편집자는 칼럼은 괜찮지만 그것을 실을 공간이 없다고 했다. 심지어 내 에이전시는 이렇게 위로하기도 했다.

"쓸데없는 참견일지 모르겠지만, 지금 느끼는 실망감을 행복 프로젝트에 이용해보는 것도 좋을 거예요."

나는 한 친구에게 전기물 독서클럽을 만들어보자고 제안했지만, 그것마저도 무산되고 말았다. 〈뉴욕타임스〉 '북 리뷰'의 맨 마지막에 실릴 에세이를 보내기도 했으나 거절당했다. 팀을 꾸려서 인터넷방송을 해보자고 친구를 설득하기도 했지만 별 성과가 없었다. 블로그에 링크 걸어놓을 사이트를 섭외하려고 수도 없이 이메일을 보냈지만 대부분 무시당했다.

실패를 무릅쓰고 도전하는 동안 몇몇 성공이 찾아오기도 했다. 엄청난 블로거를 거느린 것으로 유명한 〈허핑턴포스트〉 블로그의 기고자로 초대받았고, 라이프해커, 라이프핵, 마지널 레볼루션 같은 대형 블로그에서도 주목받기 시작했다. 또한 라이프리믹스 블로그 네트워크의 초대도 받았다. 나는 〈월스트리트 저널〉에 돈과 행복에 관한 글을 기고하기도 했고, 월간 작가 모임에도 나가기 시작했다. 과

거의 나는 거부당할지 모른다는 두려움 때문에 이런 식의 목표는 추구할 엄두도 내지 못했었다.

또 친구들은 내 포스팅을 읽고 자신에게 도움이 되었다고 생각되는 변화의 경험들을 내게 들려주었다. 한 친구는 어떠한 위기가 닥쳐도 회사 직원들에게 이렇게 말한다고 한다.

"자, 이제부터 진짜 흥미진진해지는 부분이에요!"

아직은 행복 프로젝트의 절반에도 도달하지 못한 상태지만, 나는 이미 행복한 느낌이 실패를 더 쉽게 감당할 수 있도록 해준다는 사실에, 혹은 실패를 즐거운 것으로 포용할 수 있게 해준다는 사실에 감사하고 있었다. 블로그를 시작하는 것 같은 목표는 마음이 행복의 틀 안에 있을 때 추진해보기가 훨씬 쉽다. 그리고 일단 시작하고 나면 그 자체가 행복을 추진하는 엔진이 된다.

☑ 도움은 적극적으로 요청하라

'도움을 구하는 것은 부끄러운 일이 아니다'는 어른의 비밀 중 하나임에도, 나는 도움을 청하라고 끊임없이 나 자신에게 상기시켜야 했다. 가끔씩 아무것도 모르면서 다 아는 척하고 싶은 어리석고 비생산적인 충동을 느끼기 때문이었다.

어쩌면 내가 3월의 목표와 결심을 지속적으로 점검하고 있었기 때문에 도움을 요청하는 새 방식을 찾아낼 수 있었는지도 모르겠다.

그 방식이란 바로 전략그룹을 조직하는 것이었다.

나는 최근에 작가인 마이클과 마시를 만났다. 두 사람 모두 책을 집필 중이었고, 둘 다 우리의 계획과 성공에 수완을 발휘하고 싶어 했으며, 똑같이 외향적인 성격임에도 오랜 시간 혼자 일을 하다 보니 대화에 목말라 있었다. 우연한 기회에 마이클과 마시가 서로 아는 사이라는 사실을 알게 된 나는 불현듯 어떤 영감을 얻게 되었다.

2월 들어 나는 어떤 필요 하나를 인식했는데, 그것은 바로 글쓰기와 경력에 관한 전략을 상의할 수 있는 동료 작가를 내가 간절히 원하고 있다는 사실이었다. 물론 남편에게 그런 짐을 지우고 싶지 않았다. 마이클과 마시와 함께 그룹을 만든다면 그 결핍을 채워나갈 수도 있겠다는 생각이 들었다. 벤저민 프랭클린도 열두 명의 친구와 함께 클럽을 만들어 40년간 매주 만나면서 상호 향상을 도모했었다. 우리도 그룹을 만들면 상호 향상까지는 아니어도 작은 목표는 달성할 수 있을 것 같았다. 나는 조심스럽게 그 생각을 이메일로 마이클과 마시에게 보냈다. 놀랍고 기쁘게도 두 사람 모두 쌍수를 들고 내 의견을 환영했다. 마이클이 모임의 구조를 제안했다.

"6주에 한 번씩 두 시간 동안 만나는 건 어때요? 20분 정도 근황과 안부를 묻고, 한 명씩 돌아가면서 30분간 자신의 관심사에 대해 이야기하는 거죠. 중간에 10분 정도 쉬고."

마시와 나는 그의 계획을 흔쾌히 수용했다. 그것은 우리 셋이 썩 잘 어울린다는 좋은 징조였다.

"우리 모임에 이름도 지어줘야죠. 그리고 모임의 종류는 뭐라고 하면 좋을까요?"

우리는 세 사람의 이름 첫 글자를 따서 'MGM'이라는 모임명을 만들었고, 성격은 '작가 전략 모임'으로 규정했다. 그 후 우리는 어쩌다 한 사람씩 자신이 쓴 글의 한두 챕터를 나눠주기는 했지만, 글쓰기에 관해서는 그다지 많은 이야기를 나누지 않았다. 거의 대부분의 시간을 글쓰기 전략에 대해서 이야기했다. 예를 들어, '마이클이 사이버 비서를 고용해야만 할까?' '마시가 작품 사전조사 여행에 너무 많은 시간을 소비하는 것은 아닐까?' '그레첸이 행복 프로젝트 뉴스레터를 보내는 것은 어떨까?' 등이었다.

모임은 성공이었다. 활기 넘치고 고무적이며 영리한 두 작가와 함께 이야기를 나누는 일은 나를 무척이나 유쾌하게 만들었다. 또한 다이어트 모임이나 알코올 중독자 갱생회 같은 모임에서 얻는 위안과 마찬가지로 우리도 서로에게 힘을 주고 있었다.

몇 번의 모임 후에, 나는 우연히 '큰 뜻을 품은 사람들의 모임', 좀 단순하게 표현하자면 '목표 그룹' 같은 것을 결성하는 것이 경력 개발에 도움이 된다고 주장하는 몇몇 논문을 발견하게 되었다. 이런, 난 내가 그 아이디어를 처음 낸 것이라고 생각했었다.

☑ 시간 활용은 효율적으로

나는 능률을 높이는 데 많은 관심을 쏟고 투자를 했더라면 일상 업무를 더 잘할 수 있었으리라는 사실을 깨달았다. 적어도 하루하루를 좀 더 평온하게 보낼 수 있었을 것이다.

　그동안 나는 충분한 시간적 여유가 없다는 사실에 늘 조바심을 느껴왔었다. 그래서 내가 하루를 어떻게 보내고 있는지 주의 깊게 살펴보기 시작했다. 혹시 시간을 담아두는 주머니가 새고 있음에도 아직 모르는 것은 아닐까? 소파 밑에 떨어져 있는 잔돈처럼 다시 주워 담을 수 있는 시간을 찾아낼 수는 없을까? 예를 들어, 매일 밤 아무 생각 없이 드라마 재방송을 시청하는 습관을 고친다면 그 시간을 유용하게 쓸 수 있지 않을까? 나는 스스로가 꽤 효율적인 편이라고 생각했다. 재방송을 보는 동안 인터넷으로 세금을 내는 등 멀티태스킹이 가능했기 때문이다. 그러나 내가 시간을 어떤 식으로 쓰고 있는지 찬찬히 살펴봄으로써 몇 가지 더 좋은 결과를 얻을 수 있었다.

　일단 나는 생산적인 시간에 관한 사고방식을 바꾸었다. 과거에는 서너 시간 정도 아무런 방해도 받지 않고 혼자 있을 만한 환경이 조성되지 않는 한, 자리에 앉아 글을 쓸 수 없다고 철석같이 믿었었다. 하지만 그런 환경은 잘 조성되지 않았고, 나는 비능률적이라는 좌절감을 느끼곤 했다. 그러한 추측이 맞는지 실험해보고자 나는 몇 주에 걸쳐 내가 매일 무슨 일을 해내는지 일일이 적어보았다. 그리고 머지않아 주어진 시간이 짧을 때 내가 더 효율적으로 일한다는 사실을 알게 되었다. 즉 내겐 몇 시간이 아니라 90분 정도가 가장 적합한 시간이었다. 그 정도면 집중해서 제대로 일을 해낼 만큼 길었고, 빈둥거리거나 주의가 산만해질 만큼은 길지 않은 시간이었던 것이다.

그래서 하루를 90분 단위로 나누어 노트 정리, 운동, 친구 만나기, 통화, 블로그 작업 등을 할당해서 집중했다.

또한 평소 나는 15분이라는 시간이 무언가를 시작해서 끝내기에는 너무 짧은 시간이라고 생각하고 있었지만, 자투리 시간 15분 안에서 무엇이라도 시도해보기로 마음먹었다. 그것은 종종 두 개의 약속 사이나 근무 시간이 끝나는 시점에 끼어 있곤 했는데, 실제로 그 짧은 시간이 생산성을 더욱 향상시켰다.

하루에 15분씩, 일주일이면 여러 번 마주치게 되는 그 시간은 결코 얕잡아볼 수 없을 만큼 효율적이었다. 블로그에 올릴 글의 초안을 잡을 수 있을 만큼 길었고, 읽고 있는 연구 자료에 관한 노트 정리를 할 수 있을 만큼 충분하기도 했으며, 이메일 몇 통의 답장을 쓸 수도 있는 특별한 시간이었다. 1월에 내가 '1분 규칙'과 '저녁 정리정돈'을 하기 시작했을 때 깨닫게 되었던 사실처럼, 지속적으로 이어지는 작은 노력이 엄청난 변화를 만들고 있었다. 나는 전보다 훨씬 효율적으로 업무를 통제하고 있다고 느꼈다.

아침에 가족이 모두 일어나기 전에 한 시간 정도 일찍 깨어 일을 시작하는 것도 괜찮지 않을까라는 생각을 처음 하기 시작한 것도 그때쯤이었다. 19세기 영국 작가 앤서니 트롤럽도 자신의 생산성이 매일 아침 5시 30분에 일어나는 습관 덕이라고 말했다. 그는 자서전에서 이렇게 적고 있다.

"늙은 마부가 아침이면 가차 없이 나를 깨워 일으켰다. 나는 그 대가로 마부에게 5파운드를 더 지급했다."

이른 새벽에 일어나는 것은 결코 쉽지 않다. 특히 아침에 흔들어 깨워줄 마부가 없으니 더 어려울 것은 두말할 필요도 없다. 그러니 6시 30분에만 일어나도 내게는 충분히 이른 시간이었다.

나는 작업실을 좀 더 쾌적한 공간으로 만들 수 있는 방법 하나를 생각해냈다. 누군가의 집에서 하는 파티에 초대받았던 날, 사랑스러운 향기를 맡고 킁킁거리며 방을 돌아다니다가 나는 그 향기의 근원지를 찾아낼 수 있었다. 그것은 바로 조 말론 오렌지향 양초였다. 그동안 그런 종류를 한 번도 사본 적은 없었지만, 집에 도착하자마자 나는 컴퓨터를 켜고 같은 양초 하나를 주문했다.

그 후로 작업실에 있을 때면 늘 그 양초를 태우기 시작했다. 나는 향초 하나가 모든 사람이 원하는 행복한 삶의 해결책이라도 되는 것처럼 광고하는 브랜드를 비웃었지만, 향기로운 양초가 타고 있는 방에서 일하는 기분이 아주 근사하다는 사실을 알게 되었다. 그것은 마치 창밖에 내리는 눈송이를 바라보는 것 같기도 했고, 사랑스러운 강아지가 내 옆에 잠들어 있는 것 같기도 했다. 또한 고요함이 방 안에 머물러 있는 듯 평온하기 그지없었다.

☑ 지금 이 순간을 살라

어떤 일을 마지못해 하고 있을 때면, 나는 끊임없이 '현재를 즐기자'라는 모토를 스스로에게 상기시켰다. 작가로서 '이 제안서가 받아들여지면…', 혹은 '이 책이 출간되면…'이라는 전제 하에, 훨씬 행복해진 미래의 나를 상상하곤 한다.

『해피어』의 저자 탈 벤 샤하르는 행복에 관한 여러 오류에 관해 설명하고 있다. 그가 제시하는 오류에는 미래의 목표를 위해 눈앞의 쾌락을 포기하는 것이 행복을 가져다줄 것이라 믿는 '흘러가는 세상 오류floating world fallacy'와 행복해지는 것이 아예 불가능하다고 믿는 '허무주의 오류nihilism fallacy', 그리고 우리가 어떤 특정한 목적지에 도착하면 행복해질 것이라 믿는 '도착 오류arrival fallacy'가 있다. 그중에서 도착 오류의 경우 우리는 도착과 함께 대단한 행복을 누릴 수 있을 것으로 기대하지만, 정작 도착해도 기대했던 만큼의 행복을 누릴 수는 없다는 것이다.

무엇보다 목적지에 도착할 때쯤이면, 거의 다 왔다는 기대감에 부풀어 이미 행복감을 느끼고 있기에 도착해서 만나는 행복은 전체 행복의 일부에 불과하다. 또한 도착은 종종 더 많은 일거리와 책임감을 안겨준다. 상 받는 것을 제외하고, 걱정이 섞이지 않은 순수한 기쁨만을 얻기란 사실상 불가능하다. 아이 갖기, 승진하기, 집 사기 등 사람들은 보통 이런 목적지에 도달하기를 간절히 바라지만, 그곳에 도착하면 희로애락의 감정이 우르르 딸려온다. 당연한 말이겠지만, 하나의 목표에 도달하고 나면 그보다 더 힘든 목표가 눈앞에 또 나타나기 마련이다. 첫 번째 책을 출간하는 것이 두 번째 책을 시작해야 한다는 의미가 되는 것과 마찬가지로 올라야 할 언덕이 또 생기는 것이다. 따라서 도전이란 현재 목표를 향해 나아가는 점진적인 과정과 '성장의 분위기'에서 기쁨을 취하는 것이다. 그다지 시적이지는 않을지 모르지만 이 강력한 행복의 원천에 이름 하나를 지어준다면 그것은 '목적지 이전부터 느끼는 긍정적 감정'이 될 것이다.

특정 목표에 도달함으로써 얻을 수 있는 미래의 행복에 지나치게 몰두한다는 사실을 깨달았을 때, 나는 스스로에게 '현재를 즐기자'를 상기시켰다. 만약 현재를 즐기지 못한다면, 미래에서 나를 기다리고 있는(물론 아닐지도 모르지만) 행복에 기댈 필요도 없어진다. 재미있는 부분은 나중에 오는 것이 아니다. 지금 이 순간이 가장 재미있는 순간이다. 만약 좋아하지도 않는 일을 하고 있다면, 그리고 성공을 통한 만족감을 느낄 수 없다면, 실패는 훨씬 더 고통스러울 것이다. 반면 정말 사랑하는 일을 하고 있다면 그 자체가 행운이다.

한 예로, 처칠 전기문을 쓰던 당시의 경험을 돌이켜보았을 때, 내가 집필 기간 동안 가장 큰 전율을 느꼈던 순간은 바로 집필 작업을 하느라 내내 앉아 있었던 도서관 책상에서였다. 그곳에서 나는 1940년 6월 4일 있었던 처칠의 하원 연설문에 있는 인상적인 글을 읽을 수 있었다. "우리는 끝까지 싸워야 합니다. … 아무리 큰 희생이 따를지라도 영국을 지켜야 합니다." 그 문장을 읽는 순간 이런 생각이 들었다. '처칠의 삶은 고전 비극의 패턴에 딱 들어맞는구나!'

이러한 깨달음은 희열에 가까운 인식의 충격이었고, 내 눈에서는 주체할 수 없을 정도로 눈물이 쏟아져 내렸다. 그 후 며칠 동안 나는 나름의 이론을 실험하면서 보냈는데, 많은 책을 찾아 읽을수록 더 큰 관심과 흥미가 일었다. 고전적인 비극 범주에 포함되기 위한 필요조건은 매우 까다롭게 제한되어 있었지만, 나는 처칠의 일생이 그 모든 조건에 들어맞는다는 사실을 입증할 수 있었다. 아, '이제부터' 정말 재미있어지는 부분이었다.

하지만 도착 오류가 말하는 바가, 목표 자체는 그다지 중요하지 않다는 것을 의미하지는 않는다. 오히려 정반대. 목표는 목표를 향해 나아가는 과정만큼이나 필수적이다. 니체도 말했다.

"한 멜로디의 끝이 반드시 그 음악의 목표가 되는 것은 아니다. 하지만 그럼에도 음악의 멜로디가 끝까지 도달하지 못한다면 결코 그 목적에 도달할 수 없다."

그리고 현재를 즐기기 위해 내가 반드시 극복해야 할 것이 있었다. 그것은 바로 비판 받는 것에 대한 두려움이었다. 나는 찬사를 얻게 될지 비난을 받게 될지에 지나치게 신경을 쓰고 있었고, 비방자들의 공격에 대해서도 과도한 걱정을 했다. 그러한 두려움이 일면서 얻는 기쁨을 망치고 있었고, 더 심각한 것은 작품의 질마저 떨어뜨릴 게 분명하다는 점이었다.

몇 달 전 내가 행복 프로젝트를 실행에 옮길 준비를 하고 있을 때, 이 문제를 해결할 좋은 기회를 얻을 수 있었다. 그때 〈워싱턴포스트〉지에 내가 쓴 JFK 전기문에 대한 비평 기사가 실렸던 것이다. 당시 나는 다양한 행복 이론을 배워가는 중이었고, 나만의 12계명도 만들어놓고 있었지만, 실행은 잘 못하고 있었다.

비평문은 나를 우울하고 방어적이고 화나게 만들었다. 나는 혹평에도 흔들리지 않는 열린 마음과 안전한 느낌을 소망했고, 비평가들에게 관대해지고 싶었다. 그래서 세 번째 계명 '느낀 대로 행동하기'를 실천하기로 마음먹었다. 그 계명이 이러한 극단적 상황에서도 정말 효과가 있을까?

나는 정말 하고 싶지 않았던 일을 하기로 했다. 비평가에게 친절한 메일을 보냈던 것이다. 그것은 내가 그의 비판을 고맙게 받아들일 만큼 자신감에 차 있다는 것을 알리고, 공격이나 자기 정당화 없이 반응한다는 것을 보여주기 위함이었다. 그 이메일을 쓰는 데는 긴 시간이 걸렸지만 효과가 있었다. 메일을 보내자마자 기분이 훨씬 나아졌기 때문이다.

'보내기'를 클릭하는 순간 나는 굉장한 만족감을 느꼈다. 나는 스스로를 바꾼 것이었다. 관대하고, 비판에 열려 있으며, 상처를 주는 사람에게도 행운이 함께하길 바란다는 소망을 적어 보낼 수 있는 사람이 되어 있었다.

일과 행복에 맞추었던 3월의 초점은 야망과 행복의 상관관계라는 까다로운 문제를 부각시켰다. 세간에는 행복과 야망이 공존할 수 없다는 믿음이 있다. 주변의 야심찬 사람들은 자신이 행복하지 않다고 주장하는 데 매우 열성적이다. 마치 그것이 자신들의 열망을 강조하는 방법이라고 생각하는 것 같다.

어쩌면 불만, 경쟁심, 질투처럼 행복을 저해하는 감정은 야망으로 달려가게 하는 필수적인 자극일지도 모른다. 그렇다면 야망을 품은 채 행복하게 사는 것은 불가능할까? 만약 행복 프로젝트가 나를 더 행복하게 만든다면, 지금 이대로 현실에 안주하게 될까? 오히려 도착 오류가 나를 계속 노력하게 만드는 중요한 메커니즘이 아니었을까?

몇몇 연구에 따르면 예술계나 공직생활에 몸담고 있는 창조적이고 영향력 있는 사람들은 평균 이상의 '신경증 증상'을 보인다고 한다. 즉 부정적 감정을 경험하는 성향이 크다는 것이다. 그리고 의심할 여지없이 이러한 불만족이 그들을 더 높은 성공으로 나아가게끔 몰아붙인다고 한다. 하지만 또 다른 연구에 따르면 사람은 행복하다고 느낄 때 훨씬 유연하면서도 복잡하게 생각하는 경향이 있다는 것이다.

널리 알려진 연구 결과에서 야망과 행복의 상관관계가 일반적으로 어떻다고 말하든 간에, 나는 행복하다고 느낄 때 훨씬 큰 위험부담을 감수하고, 다른 이들에게 적극적으로 다가서며, 거절과 실패에도 과감하게 나 자신을 드러낸다는 사실을 깨달았다. 반면 불행하다고 느낄 때면, 방어적이 되고 화도 잘 내며 자의식도 강해진다. 예를 들어, 만약 내가 불행하다고 느끼고 있었다면 작가 전략그룹 같은 것을 결성하자고 먼저 제안했을 것 같지는 않다. 또한 거절이나 실패에 나 자신을 열어놓지도 않았을 것이다.

3월이 끝나가던 어느 날 밤, 잠자리에 들 준비를 마쳤을 때 남편이 내게 물었다.

"당신의 행복 프로젝트가 원하는 만큼의 변화를 만드는 중인가?"

"아, 당연하지. 효과가 있어. 차이점 못 느끼겠어?"

"물론 느끼지. 그렇지만 그냥 겉으로 봐서는 뭐가 달라졌는지 딱

꼬집어 말하기 어렵네. 나한테는 당신이 늘 행복해 보이거든."

나는 남편의 말에 기뻤다. 내가 행복에 관해서 더 많이 배워갈수록, 그것이 주위 사람들에게 얼마나 큰 영향을 미치는지 점점 더 확실해졌기 때문이다. 그리고 남편은 차이를 잘 모르겠다고 대답했지만, 나는 알 수 있었기 때문이기도 했다. 나는 정말 더 행복하다고 느꼈다. 내 안에서 일어나고 있는 변화는 확실히 진행 중이고 점점 강화되고 있었다.

"사실 오늘 좀 기분이 안 좋아."

남편이 한숨을 쉬며 말했다.

"정말? 왜?"

내가 방을 가로질러서 그를 안아주며 물었다. 껴안는 것이 기운을 북돋아준다는 사실을 지난달에 배우지 않았던가.

"모르겠어. 그냥 하루 종일 기분이 좀 가라앉더라고."

나는 기분을 풀어줄 만한 질문을 하려고 입을 열었지만, 남편은 대화할 기분이 아닌 것 같았다. 대신 이렇게 말했다.

"그럼 어서 불 끄고 자자. 지금 기분 안 좋아도 푹 자고 일어나면 훨씬 개운해질 거야."

물론 그 방법은 효과가 있었다.

4월

육아

"안 돼!"라는 말은 하지 말자

✓ 아침은 노래로 시작하라

✓ 타인의 감정을 느껴라

✓ 집은 행복한 기억의 보물섬

✓ 이벤트는 여유롭게

APRIL

엄마가 행복하지 않으면 아무도 행복하지 않다.
아빠가 행복하지 않으면 아무도 행복하지 않다.
그리고 모든 부모는 아이가 느끼는 행복만큼만 행복하다.

내게 아이들은 행복의 원천이다. 그들은 삶에서 최고의 순간은 물론이고 하루하루를 더 행복하게 해주는, 셀 수도 없이 많고 사소하지만 소중한 순간을 내게 베풀어준다. 물론 이렇게 느끼는 사람은 나 하나뿐이 아니다. 많은 이들이 그들 삶에서 가장 행복했던 순간이 바로 아이가 태어났을 때라고 이야기한다.

물론 아이들은 엄청난 걱정과 짜증, 비용, 불편함, 그리고 잠 못 자는 밤 등을 겪게 하는 원천이 되기도 한다. 사실 행복 전문가들은 비록 나 같은 부모가 아이들이 행복의 원천이라고 주장할지라도, 그러한 믿음은 사실이 아니라는 것이 몇몇 연구를 통해 이미 밝혀졌다고 말하기도 한다. 어떤 연구에 따르면, 직장 여성들을 대상으로 업무를 수행하는 동안 느끼는 감정 상태를 조사해보았더니, 아이를 돌보는 동안에 느끼는 감정이 출퇴근할 때 느끼는 감정보다 아주 조금 더 기쁘게 나왔다고 한다. 또한 결혼생활의 만족감도 첫아이가 태어난 직후 급격하게 감소하고, 아이가 커서 집을 떠나면 다시 상승한다고 한다. 남편과 내 경우에도 아이들이 태어난 이후 사소한 문제로 티격태격하는 경우가 훨씬 늘어났고, 서로를 위해 보내는 시간은 훨씬 줄어들었다.

하지만 나는 아이들이 행복을 불러오는 원천이 아니라고 주장하는 전문가들의 견해에는 결코 동의할 수가 없다. 왜냐하면 아이들은 그 자체로 진정한 행복의 원천이기 때문이다. 물론 순간순간 행복을 전해주는 방식은 아니지만, 그보다 더 심오한 방식으로 행복을 전해준다. 한 설문조사의 결과를 보면 사람들에게 '인생에서 당신에게 가장 큰 행복을 가져다준 대상은 무엇인가요?'라는 질문을 했을 때 가장 많이 나온 대답이 바로 '자녀'나 '손자손녀' 혹은 둘 다였다고 한다. 그렇다면 이 사람들이 모두 자기기만의 수렁에 빠진 것일까?

자녀를 갖는 행복감은 여러 면에서 '안개 같은 행복감'이라고 정의할 만하다. 안개는 손에 잡히지 않으면서 우리를 둘러싸고 대기를 바꾸어놓는다. 하지만 붙들고 확인하려는 순간 사라져버린다. 안개 같은 행복감이란 행복을 주지 않을 것 같았던 활동을 통해서 느끼는 은근한 행복이다.

나는 한 파티에서 안개 같은 행복감의 실체를 확인할 수 있었다. 파티 주최자인 친구는 서른 명의 손님에게 대접할 세 종류의 메인 요리를 내오느라 바쁘게 부엌을 오가고 있었다.

"네가 주최한 파티인데 즐기기는 하는 거니?"

그의 길을 막아서고 있다는 것을 막 깨달았을 때 내가 물었다.

"음, 지금 당장은 아닌 것 같지만."

그가 산만하게 대꾸했다.

"끝나고 나서 즐기면 되지."

정말? 언제? 나는 궁금했다. 설거지하면서? 가구 배치를 다시 하면서? 끈끈해진 와인 병을 재활용 바구니에 넣으면서? 정확히 언제, 어디서 즐긴다는 거지?

그 일은 내게 생각할 계기를 주었다. 사실 내가 즐거운 일이라고 여기는 많은 일은 진행 중, 직전 또는 끝난 직후에는 그다지 즐겁지 않은 경우가 많았다. 파티 주최, 공연, 글쓰기 등 이러한 활동의 많은 단계에서 나는 미루기, 두려움, 조바심, 불안, 잡다한 일을 해야 하는 성가심, 짜증, 산만함, 시간 없음, 실망스러운 결과 등을 경험하게 된다. 하지만 이러한 활동은 의심할 여지없이 나를 '행복'하게 만든다.

아이를 키우는 일도 마찬가지다. 물론 어쩌다 한 번씩 부정적인 면이 긍정적인 면을 압도해서, 내가 이 일 말고 다른 뭔가를 하고 있다면 좋겠다고 소망할지도 모른다. 하지만 아이를 키우는 경험은 내게 무엇과도 바꿀 수 없는 커다란 안개 같은 행복감을 준다. 그것은 늘 나를 에워싸고 있으며 또 어디에든 있다.

아이를 갖기 전에는 부모가 된다는 사실이 무척 두려웠다. 그중에서도 나를 가장 겁나게 했던 것은 일단 부모가 되면 절대 돌이킬 수 없다는 사실이었다. 배우자, 직업, 일, 사는 곳 등 살면서 하는 큰 결정들은 대부분 재고가 가능하다. 그로 인해 야기되는 변화가 어렵고 고통스러울지 모르지만 어쨌든 가능하기는 하다. 하지만 아이를 갖는 것은 다르다. 아이는 반환도 취소도 할 수 없다. 엘리자가 태어났을 때 나는 부모 역할의 돌이킬 수 없는 특성이니 뭐니 하는 것은 두 번 다시 생각하지 않았다. 가끔씩 아이가 없던 시절 누리던 자유와 여가가 그리울 때도 있지만, 그렇다고 아이를 가진 것을 후회해본 적은 없다. 대신 나는 좋은 부모가 되는 것을 걱정한다. 그렇다고 내가 지향하는 부모 역할의 기준이 높은 것은 아니다. 나는 딸아이들의 음식이 유기농인지 아닌지, 또는 애들 방이 깔끔하게 정리됐는지 아닌지에 대해 수선을 떨지는 않는다.

하지만 행복 프로젝트를 시작하고 나서는 종종 내가 스스로의 행동 규범에 맞게 살지 않는다는 느낌이 들었다. 갑자기 화도 잘 냈고, 아이들과 충분히 놀아주지도 않았으며, 아이들의 인생에서 지극히 짧은 시간을 함께 하고 있다는 사실에 충분히 감사하지도 않았다. 사실 기저귀를 갈아 채우고 옷을 입히고 유아용 카시트에 앉히는 시간은 마치 끊임없이 지속될 것 같지만, 그 순간은 정말 순식간에 흘러가버린다. 그런데도 나는 정말 문제가 되는 것은 잊어버린 채, 그저 할 일 목록만 열심히 확인하고 있었던 것이다.

헌신적인 부모가 되기로 한 4월의 목표는 무엇이었을까? 바로 두 딸아이에게 훨씬 다정다감하고 잘 놀아주는 엄마가 되는 것이었다. 나는 집에 평화롭고 활기 넘치며 심지어는 재미있는 분위기가 감돌기를 원했고, 잔소리와 고함지르는 것은 목표 달성에 아무 도움이 안 된다는 사실도 알고 있었다. 건강하고 사랑스러운 두 딸이 있으니 부모로서 내 일거수일투족이 집 안의 기운을 상승시키길 원했다. 갑작스럽게 화내는 습관도 고치고 싶었다. 나는 자주 욱하곤 했으며, 그러고 나서는 그런 상황에 기분이 상해서 더 괴팍하게 행동하곤 했다. 나는 좀 더 관대해지고 싶었다. 그래서 이번에는 행복한 기억을 오래 간직할 수 있도록 무언가 조치를 취해야만 했다.

엘리자는 엄마가 행복에 대한 책을 쓰고 있다는 사실을 충분히 이해할 만큼 자라 있었지만, 그 애에게 내가 '부모의 기술'에 대해 작업하고 있다는 사실을 알리지는 않았다. 내가 어렸을 때 부모란 모르는 것이 없이 현명하고, 모든 것을 할 수 있을 만큼 전지전능하며, 자기회의 같은 것도 느끼지 않는 존재인 것 같았다. 그러니 내가 엄마로서 내 행위에 의문을 품고 있다는 사실을 엘리자가 알게 된다면 보나마나 불안해할 것이 분명하지 않은가. 비록 엘리자에게 내가 무슨 작업을 하고 있는지에 대해서는 알리지 않았지만, 편리하게도 만우절이 내가 4월의 첫날 몇 가지 결심을 실행에 옮길 수 있도록 기회를 제공해주었다.

전날 밤, 나는 체리 한 사발에 우유를 부어 냉동실에 넣었고 4월 1일 아침에 엘리자에게 수저와 함께 그것을 가져다주었다. 그리고 아이가 아무 성과도 없이 애써 얼음을 파고 있는 모습을 지켜보았다. 엘리자의 당황스러운 표정은 정말 재미있었다.

"오늘 만우절인데!"

아이가 신이 나서 물었다.

"이거 만우절에 나 놀리려고 만든 거예요? 멋지다!"

엘리자는 그릇을 자세히 들여다보다가 곧 아빠에게 보여준다며 뛰어나갔다. 내 장난에 제대로 걸려들어 즐거워하는 모습이 역력했다.

사실 전날 밤 나는 체리 사발을 냉장고에 넣는 것을 잊어먹고 잠자리에 들었고, 잠시 귀찮은 마음에 계획을 취소하고 그냥 자버리고 싶은 유혹을 느꼈다. 하지만 4월의 목표를 기억해내고는 침대에서 나올 수 있었다. 아침이 왔을 때는 그 장난을 준비해놓았다는 사실이 너무도 기뻤다. 사실 인생은 내가 마음먹은 결심을 지켰을 때 더 재미있다.

☑ 아침은 노래로 시작하라

가정에서 아침이 평온하게 흘러갈 수 있는 방법을 찾아내려는 노력은 그 무엇보다도 값지다. 아침이 모든 가족에게 그날 하루의 분위기를 결정해주는 시간이기도 하지만, 어른들에게는 자기 자신을 챙기고 단장하는 일뿐 아니라 아이들을 재촉하며 준비시키는 일도 해야 하는 시간이기에 그 자체만으로도 여간 피곤한 순간이 아닐 수 없다. 그런데 나는 엘리자와 대화를 나누고 난 후 아침을 노래와 함께 시작하기로 결심했다.

"오늘은 학교에서 뭐 했니?"

내가 엘리자에게 물었다.

"아침에 부모님이 우리를 어떻게 깨우는지에 대해서 얘기했어요."

"그래서 넌 뭐라고 했니?"

호기심과 두려움을 반반 느끼며 내가 대답을 재촉했다.

"굿모닝 송을 불러서 깨워준다고 했어요."

내가 아침에 노래를 불러준 일은 아이 일생을 통틀어 손가락에 꼽을 만큼 몇 차례 되지 않았기 때문에, 아이가 왜 그런 대답을 했는지 나로서는 전혀 알 길이 없었다. 하지만 엘리자의 대답을 듣고는 매일 노래를 불러주리라 다짐했다. 또한 그 대화는 상담 전문가들이 신문에 날 만한 일은 하지 않는 것과 같은 이유로, 부모도 학부모의 날 교실 뒷벽에 전시되어 공개되길 원치 않는 일은 절대 해서는 안 된다는 사실을 상기시켜주었다.

일단 노래를 시작하자마자 그것이 정말로 기분을 상쾌하게 하는 효과가 있다는 것을 몸으로 느낄 수 있었다. 나는 '느낀 대로 행동하기' 계명의 진정한 신봉자가 되어가고 있었다. 행복하게 행동함으로써 진정 나 자신을 행복하게 만들고 있었던 것이다. 〈나는 황금 티켓을 가졌네〉를 부르고 났을 때는 잠에서 덜 깬 까칠한 목소리에서 벗어날 수 있었다.

아침에 노래 부르는 것은 내게 '가벼워지기'라는 아홉 번째 계명을 떠올리게 해주었다. 따라서 억지로라도 나 자신을 몰아붙여 아이들의 웃음에 무임승차를 시도하기로 했다. 특히 엘리너는 늘 누구보다 먼저 웃음을 터뜨렸기 때문에 그 쾌활함에 묻어가기로 한 것이다.

또한 적어도 하루에 한 번씩은 반드시 엘리자, 엘리너와 함께 아이들만의 즐거움을 만끽할 수 있는 시간을 보내기로 했고, 남편의 장난에 웃어주기로 마음먹었으며, 야단을 치거나 잔소리를 하거나 아이들의 불평불만에 대응할 때도 부드러운 목소리를 유지하기로 다짐했다.

분위기를 밝게 띄우는 가장 효과적인 방법은 농담하는 것이다. 하지만 칭얼대는 아이들은 보통 머릿속에 든 모든 유머감각을 빨아내버리기 때문에 이 방법은 가장 어려운 것에 속하기도 한다. 어느 날 엘리자는 아침 내내 징징거리고 있었다.

"왜 오늘도 가야 하는데요? 나 태권도 가기 싫단 말이에요."

그때 나는 이렇게 받아치고 싶었다.

"넌 뭐든지 하기 싫다고 해놓고 일단 가면 재미있어 하잖아."

혹은 이렇게 말할 수도 있었다.

"아침에 너 징징대는 소리 듣기 싫어."

대신에 나는 쉽지 않은 선택을 했다. 달래는 말을 노래로 부르기 시작한 것이다.

"태권도 수업이요? 가고 싶지 않아요. 넌 시인이야. 그것도 모르는 거야?"

그리고 계속해서 노래를 불렀다.

"아무리 가라고 해도, 난 안 간대도."

그러자 엘리자가 답가를 했다.

"발차기만 하고, 놀지는 못하고."

나는 지저분한 유머는 좋아하지 않았지만, 엘리자가 좋아라 하기에 이렇게 속삭여주었다.

"태권도 학원은 당나귀, 고집쟁이 엘리자는 방귀."

아이는 무척이나 신이 나서 이렇게 덧붙였다.

"떠들지도 못하는 학원에 갈래? 아니, 난 그냥 방귀나 뀔래."

우리는 배가 아플 때까지 마주보고 웃었고, 엘리자는 태권도 가는 것에 대해 다시는 칭얼대지 않았다. 이 방법은 소리 지르는 것보다 훨씬 효과가 있었고, 또 몇 배는 재미있기도 했다.

그 후에 나는 다소 극단적이고 낙천적인 전략을 또 한 가지 구사하게 되었다. 그 방법이란 어떤 일을 내가 정말 좋아하는 것이라고 얘기하는 것이었다. 예를 들어 엘리너의 생일이 다가왔을 때, 나는 루빈 가족의 전통을 따르기 위해 아이스크림 케이크를 주문하고, 아이들과 함께 파티용품 전문점에서 종이접시를 고르고, 선물도 사고, 가족 생일 파티 카드를 만드는 등 모든 일을 완벽하게 처리하려고 거의 강박증 환자처럼 허둥대고 있었다. 시간이 흘러간다는 사실이 못마땅해 죽을 지경이었다. 그러다가 스스로에게 이렇게 말했다.

"난 엘리너의 생일 파티 준비하는 게 너무 좋아. 정말 재미있잖아! 내 평생 이렇게 어린 아기를 다시는 키워볼 수 없을 거야!"

그러자 정말 태도가 바뀌는 것을 느낄 수 있었다.

가끔은 누군가 내 일을 대신 해주겠다고 제안하는 상상을 하기도 했다. 다시 말해 누군가 엘리너의 생일 파티를 대신 기획해준다고 하면 내가 순순히 그러라고 할까? 아니었다. 바로 그러한 깨달음이 내 태도를 바꾸어주었다.

한 친구는 자기 아이들이 다섯 살과 세 살이었을 때, 매일 아침 6시면 일어나서는 부부의 아침잠을 깨웠다고 한다. 부부는 다시 침대로 돌아가 자든가, 아니면 조용히 놀라고 아이들을 설득했지만 아무 성과도 없었다. 그래서 결국 아이들 단념시키기를 포기하고 말았다. 대신 아이들 옷을 갈아입혀 밖으로 데리고 나갔다. 나가서는 커피를 한 잔 사서 마시고, 함께 공원으로 가서 한 시간 동안 아이들이 뛰어노는 것을 지켜보았다.

친구 말에 따르면 당시 기억 중에 일찍 일어났던 아침이 가장 선명하고 행복한 추억으로 남아 있다고 한다. 아침 햇살, 조용한 공원, 풀밭을 가로지르는 개구쟁이 아들 녀석들. 하루는 길지만 세월은 짧은 법이다.

☑ 타인의 감정을 느껴라

4월 조사의 일부로써, 나는 세계적으로 유명한 육아 전문가인 아델 페이버와 일레인 마즐리시의 연구 모음집 중 『천사 같은 우리 애들 왜 이렇게 싸울까』와 『어떤 아이라도 부모의 말 한마디로 훌륭하게 키울 수 있다』 두 편을 네 번이나 읽었다.

이 책들의 특징은 실용적인 충고와 예로 꽉꽉 들어차 있다는 점이다. 대부분의 육아 관련 책들은 마치 아이들이란 모름지기 올바르게 행동하고, 예의 바르고, 불만이 있어도 잘 참아낼 줄 알고, 자발적이어야 한다는 등 목표의 중요성에 관한 논쟁만 장황하게 풀어놓는다. 물론 그것도 나쁘지는 않다. 하지만 만약 당신의 아이가 슈퍼마켓 통로에 주저앉아 발을 구르며 울어댄다면 어쩌겠는가?

페이버와 마즐리시의 책에서 제시하는 가장 중요한 교훈은 매우 간단하고, 아이들에게뿐만 아니라 어른들에게까지 적용 가능하다. 즉 모두가 다른 사람의 실제 감정이 어떤지 이해해야 한다는 것이다. 다시 말해 분노, 짜증, 두려움, 꺼림칙함 등의 감정을 부인할 것이 아니라, 오히려 그 감정을 더 분명히 표현해야 한다는 것이다. 말은 쉽게 들릴지 모르지만 절대 그렇지 않다. 나만 해도 많은 경우에 딸애들이 주장하는 감정이 틀렸다는 것을 입증하려고 얼마나 애썼는지 모른다. "왜 광대를 무서워하니?" 혹은 "도대체 레고가 왜 더 필요하다는 건지 엄마는 도대체 모르겠다. 지금 있는 것도 잘 가지고 노는 건 아니잖아!" 또는 "넌 배 안 고파. 금방 먹었잖아" 등의 말을 수도 없이 해댔다.

하지만 나는 아이들이 하는 말을 그저 반복해주는 것만으로도 '엄마는 네 감정을 충분히 이해하고 있다'는 사실을 알려주는 효과가 있어서 극적인 평화를 불러온다는 것을 깨닫게 되었다. 그래서 엘리너에게 "징징대지 좀 마. 너 목욕하는 거 좋아하잖아!"라고 윽박지르는 대신 "우리 목욕하면서 재미있는 놀이 하자. 목욕할 때가 되기는 했지만, 네가 하기 싫어하는 거 엄마도 잘 알아"라고 말해주었다. 이러한 전략은 놀랄 만큼 효과가 있었고, 덕분에 나는 대부분의 아이가 느끼는 좌절감이 억지로 뭘 해야 하는 상황에서 오는 것이 아니라 자신들의 의견이 무시당하고 있다는 느낌에서 온다는 것을 알게 되었다.

그렇다면 아이들에게 그들의 감정을 잘 이해하고 있다는 사실을 효과적으로 전달하려면 어떤 전략을 이용해야 하는 것일까? 첫째, 적어서 보여주자. 몇 가지 이유에서 우리 아이들은, 심지어 글을 읽을 줄 모르는 엘리너마저도 무언가를 적어놓는 간단한 행위에서 매우 큰 감명을 받는다. 그러니 가족의 평화를 다시 찾고자 할 때면 펜과 종이, 그리고 간단한 선언이면 충분하다. "엄마가 여기에 적어놓을게. 엘리너는 방한 장화 신는 것을 싫어한다!"

둘째, 반드시 내가 무슨 말인가 해야 한다고 생각하지 말자. 엘리자는 가끔씩 입술을 내밀고 뾰로통해질 때가 있다. 그때 나는 아이를 무릎에 앉히고 5분 정도 가볍게 흔들어준 다음 일어나는데, 그러면 놀랍게도 엘리자는 다시 명랑해진다.

셋째, "안 돼! 그만해!"라는 말은 하지 말자. 대신 나는 아이들이 납득할 만한 정보를 주려고 노력한다. 즉 내가 그들의 욕구는 이해하지만 승낙할 수 없는 이유를 대는 것이다. "계속 놀고 싶은 거 엄마도 아는데, 아빠가 열쇠를 안 가지고 가셨다니 얼른 집에 가서 문 열어드려야지." 연구에 따르면 어른들이 아이들에게 전달하는 정보의 85퍼센트가 안 돼, 그만해, 하지 마 등의 부정적인 것이라고 한다. 그러니 가능하면 그런 반응을 최소한으로 줄이는 것이 어떨까. "점심 때까지는 안 돼"라고 말하는 대신 "그래, 점심 먹고 바로 하자"라고 해주는 것이다.

넷째, 요술 지팡이를 흔들자. "나에게 요술 지팡이가 있다면 밖에 나갈 때 두꺼운 코트를 입지 않아도 될 만큼 날씨를 따뜻하게 할 텐데." "내가 오즈마 공주라면 지금 당장 시리얼 한 상자가 나타나게 할 텐데." 이런 말은 내가 아이의 욕구를 이해했고 할 수만 있다면 그들의 소원을 들어주었을 거라고 아이들이 이해하게 해준다.

마지막으로 다섯째, 정말 어려운 일도 있다는 것을 인정하자. 여러 연구에 따르면 사람은 미리 해결하기 어렵다고 들은 문제를 해결할 때는 그 반대의 경우보다 훨씬 오래 인내심을 보이는 경향이 있다고 한다. 나는 엘리너에게 그것을 실험해보았다. 나는 아이에게 용기를 북돋아주고 싶을 때 "양말 벗는 거 그렇게 어렵지 않아. 우리 한번 해보자" 하는 식으로 말하곤 했지만, 그 대신 이렇게 말해 보았다. "양말 벗는 거 정말 어렵지? 그런데 발가락부터 잡아당기지 말고 발목 부분을 먼저 끌어내리면 조금 쉬워지기도 해."

내가 이와 같은 커닝페이퍼를 만들어놓은 지 얼마 지나지 않아, 그 원칙들을 시도해볼 수 있는 기회가 찾아왔다. 어느 토요일, 남편과 내가 침실에서 이야기를 나누고 있을 때 엘리자가 갑자기 울음을 터뜨리며 뛰어 들어왔다. 우리는 아이의 울음이 억지가 아니라 진짜라는 것을 금방 알 수 있었다. 엘리자가 마치 신파극의 여주인공이라도 되는 듯이 양쪽 눈을 손으로 가린 채 울어댄다면 그것은 가짜 울음이었다. 그런데 이번에는 손이 내려가 있었기에 아이가 정말 상심했다는 것을 알 수 있었다. 내가 엘리자를 끌어다 무릎에 앉히자

아이는 내 어깨에 얼굴을 파묻고 흐느끼며 말했다.

"사람들이 다 엘리너만 신경 쓰고 나한테는 관심이 없어요."

남편과 나는 뜨악한 표정으로 서로를 바라보았다. 남편의 시선은 이렇게 말하는 듯했다.

"뭐라고 달래야 되는 거야? 당신이 좀 어떻게 해봐."

바로 그때 '다른 사람의 실제 감정을 이해하자'라는 내 결심목록이 떠올랐다. 아무도 엘리자에게 관심을 보이지 않는다는 말이 결코 사실이 아니라는 것을 알고는 있었지만, 나는 입에서 우발적으로 튀어나오려는 말을 가까스로 참아낼 수 있었다. "그럼 어젯밤에 너랑 우노 게임을 다섯 번이나 같이 한 건 뭐야? 너도 알잖아. 엄마, 아빠 둘 다 엘리너만큼 너도 똑같이 사랑하는 거"라고 말하는 대신에 나는 이렇게 말했다.

"이런, 그래서 마음이 아팠구나. 무시당한 기분이 들었겠다."

그 말이 약간은 도움이 된 것 같았다. 나는 조용히 아이를 흔들어 주다가 다시 말을 이었다.

"사람들이 엘리너를 더 예뻐한다는 생각이 드는 거구나."

"네."

아이가 조용히 대답했다. 그리고 곧 물었다.

"이제 난 어떡하면 좋아요?"

쓸데없는 가짜 해결책을 제시하는 대신 나는 이렇게 말했다.

"정말 어려운 질문인데. 너랑 아빠랑 엄마랑 셋이서 한 번 곰곰이 생각해보자."

우리가 자리에서 일어났을 때, 엘리자는 내 허리에 팔을 두르고 꼭 껴안아주었다. 그것은 고마움의 표현이라기보다는 나를 정말 필요로 한다는 몸짓 같았다. 확신할 만한 뭔가가 필요한 것 같았다. 나는 아이를 껴안고 이렇게 말했다.

"누가 뭐라던 너는 엄마, 아빠의 가장 소중하고 사랑스러운 엘리자라는 걸 네가 더 잘 알잖아. 그 누구도 너보다 더 소중할 수 없다는 거 알지?"

그때 남편이 말했다.

"이리 와, 엘리자. 아빠가 만든 빵 반죽 부풀었나 보러 가자. 부풀었으면 네가 주무르는 거야."

엘리자가 남편의 손을 잡고는 날 듯이 방을 나갔다!

전문가들은 나쁜 감정을 부인하는 것이 오히려 그 감정을 강화하는 역할을 한다고 주장한다. 그러니 나쁜 감정을 인정함으로써 좋은 감정이 돌아오게 할 수 있다는 것이다. 그것이 바로 엘리자에게 일어났던 일이었다. 그리고 우리 가족에게는 그것이 진정한 행복의 돌파구가 되었다. 단지 엘리자를 달래는 데 효과적인 방법이 되었다는 사실 때문만이 아니라, 충동적으로 아이를 무시하거나 논쟁적인 어조로 설득하는 대신 사랑으로 대하는 방법을 통해 훨씬 만족스러운 결과를 얻었기 때문이기도 했다.

어느 날 아침 엘리너가 소리소리 지르며 바닥을 구르고 있을 때, 남편이 아이를 안아들더니 부드럽게 말했다.

"우리 아기가 많이 속상한가 보네. 저 신발은 싫고, 루비 슬리퍼가 신고 싶은 거구나."

그러자 엘리너는 울음을 뚝 그쳤다.

☑ 집은 행복한 기억의 보물섬

행복과 관련된 연구나 조언의 중요성이 책을 읽는 동안에는 전혀 눈
에 들어오지 않는 경우가 있다. 그러다 얼마 후 내가 뭔가 중요한 것
을 놓쳤다는 생각을 하곤 한다. 그중 하나가 바로 행복한 기억을 생
생하게 간직하는 것의 중요성이었다. 하지만 그 원칙을 곰곰이 생각
해본 후에 나는 긍정적인 기억을 떠올리게 하는 기념품의 가치가 얼
마나 엄청난지 깨닫게 되었다.

몇몇 연구 결과에 따르면 행복했던 시절을 떠올리는 것이 현재
의 행복을 고양시키는 데 큰 도움이 된다고 한다. 추억을 떠올릴 때
면 사람들은 긍정적인 기억에 초점을 맞추게 되므로, 과거를 상기하
는 과정에서 긍정적인 면은 확대하고 부정적인 면은 축소하게 되는
것이다. 하지만 사람이란 자신의 현재 기분에 어울리는 과거 사건을
떠올리기 마련이므로 행복한 사람은 행복한 사건을, 불행한 사람은
비참한 사건을 더 잘 기억해낸다고 한다. 우울한 사람에게도 다른
사람들과 마찬가지로 떠올릴 만한 행복한 기억이 많이 있지만 단지
그것을 기억하려 하지 않을 뿐이다.

그래서 나는 가족 구성원 모두가 행복한 순간을 더 생생하게 기

억할 수 있도록 도와줄 방법을 모색해야겠다고 다짐했다. 남편은 가족 앨범이나 이제는 너무 작아 입지 못하는 손바닥만 한 아이들 옷을 들여다보기를 좋아하는 감상적인 구석이 있다. 하지만 그러한 추억의 물건들을 한데 모으고자 시간을 내려고는 하지 않는다. 따라서 만약 가족을 위해 '행복한 기억의 보물섬'을 만들고자 한다면 행동 요원은 나밖에 없었다.

이제 나는 앨범을 정리하느라 소비하는 시간에 대해 더 이상 불만을 토로하지 않는다. 그 앨범을 매년 돌아오는 가족들의 생일 파티, 추수감사절 저녁 식사, 휴가 장면을 상기시키는 대상으로뿐 아니라 가족들이 나누는 재미난 이야기나 우스운 사건들을 담아두는 가족 일기장으로 쓰고 있기 때문이다.

사진 찍는 일 외에 이 목적을 달성할 수 있는 또 하나의 방법은 내가 가족의 행복을 퍼뜨리는 리포터 역할을 맡는 것이다. 우리에게는 네 분이나 되는 가족 지향적인 조부모님이 계셨다. 우리 집 근처에 사는 두 분은 물론이고 캔자스시티에 사는 두 분도 우리 가족의 소식에 늘 귀를 쫑긋 세우고 계셨다. 나는 소아과에 다녀온 날이나 학교 행사가 있는 날, 혹은 재미있는 사건이 일어난 날에는 이메일로 소식을 보내드리려 노력하고 있다. 내가 부모가 되고 보니, 자식과 손자손녀의 행복이 부모의 행복에 얼마나 큰 영향을 미치는지 잘 알 것 같았다. 재미있는 내용을 담은 메일을 신속하게 보냄으로써 가족 구성원 모두에게 행복감을 전해줄 수 있었고, 나 역시도 좋은 일을 함으로써 더욱 기쁠 수 있을 것 같았다. 2월에 깨달았던 사실대로라면, 남편도 하루 중 가족에게 일어난 얘기가 담긴 메일 받는 것을 좋아했다.

이러한 사실을 마음에 담아두고 있던 어느 날, 엘리너를 재우고 난 후 침실에 들어가 남편과 마주 앉았을 때 나는 이렇게 말했다.

"내가 엘리너의 새로운 밤 인사에 대해서 얘기했던가? 이제는 내가 엘리너를 가만히 흔들어주다가 창가로 데리고 가잖아. 그러면 그 애가 '잘 자, 세상아'라고 말해."

"정말 엘리너가 그런다고?"

남편이 부드러운 목소리로 물었다. 4월의 결심만 아니었다면, 나는 방금 한 얘기를 결코 입 밖으로 꺼내지도 않았을 것이다.

'행복한 기억의 보물섬'을 만들기로 한 결심은 나로 하여금 가족 전통의 중요성 또한 되새기게 만들었다. 가족의 전통은 집안 행사를 즐겁고 특별한 것으로 만듦으로써 시간의 여정을 행복하게 해준다. 또한 그것은 기대감과 안전함, 그리고 영속성을 제공한다. 몇몇 연구에서 보여주는 바에 따르면 가족의 전통은 어린이의 사회성 개발을 도와주고 가족 간의 화합을 강화시킨다. 그럼으로써 인간, 특히 아이들이 갈구하는 유대감과 예측성을 제공한다. 나는 우리가 무엇을 할지, 그리고 언제 그것을 하게 될지 정확히 알고 있는 주말이 훨씬 기대된다는 사실을 잘 알고 있다.

그와 동시에 가족 전통이란 특별 장식이나 음식, 행사, 특정 사람들의 참여와 연관되어 골치 아픈 상황들이 생겨서 그로 인한 죄책감, 분개, 분노, 실망감 등을 느낄 여지도 상당히 많다. 따라서 내가 활력에 초점을 맞추어 행복 프로젝트를 시작한 것은 잘한 일이었다. 스스로 활기 넘친다고 느낄 때면, 나는 장식을 내다걸거나 비디오카메라를 꺼내오거나 혹은 더 귀찮은 일마저도 기쁘게 해낼 수가 있다. 하지만 기분이 안 좋을 때면 모든 일이 짐처럼 느껴진다. 작년에 나는 할로윈 행사에 쓸 호박 사는 일을 계속 미루다가 결국에는 사고 싶어도 살 수 없는 지경에까지 이르고 말았다. 엘리자와 엘리너는 별로 신경 쓰는 것 같지 않았지만, 나는 무척 실망했다. 그것은 내 책에서 잘못된 부모 역할로 지적한 행동이었다.

하지만 호박이 없었음에도 나는 가족의 할로윈 전통을 실천에 옮길 수 있었다. 매년 할로윈마다 나는 깜찍한 의상을 차려입은 엘리자와 엘리너의 사진을 찍어서 할로윈을 주제로 한 액자에 넣어 할로윈 사진 갤러리에 걸어둔다. 또한 아이들의 할머니, 할아버지께도 사진을 간직할 수 있도록 메일로 보내드린다. 이러한 전통을 유지하기 위해서는 상당한 노력을 기울여야 하지만, 그래도 재미있는 행사 사진을 액자에 넣어 걸어놓는 일은 가족들에게 큰 기쁨을 준다. 그것은 가족의 연대감을 느끼게 해줄 뿐 아니라, 참석하지 못한 할머니, 할아버지께는 커다란 선물이 되기도 한다. 이게 바로 누이 좋고 매부 좋은 일석이조의 효과 아니겠는가!

하지만 '행복한 기억의 보물섬'을 만들겠다는 나의 욕구는 한 가지 문제점을 드러냈다. 할로윈 사진처럼 아이들의 소중한 기념사진을 어떻게 모아두어야 하는지 대책이 서지 않았던 것이다. 나는 아이들도 각자 그들만의 사본 하나씩을 간직하게 하고 싶었다. 하지만 그 많은 것을 다 어디에 둔다는 말인가? 또한 딸애들이 만드는 생일 초대장이나 가족 밸런타인 카드, 가족 결혼 초대장, 학교에서 찍은 사진 등도 다 모아놓게 하고 싶었다. 그런데 그것들은 또 어디다 보관해야 되나? 작은 파일을 만들어 구석진 캐비닛 안에 넣어두거나 게시판에 핀으로 고정해두는 것은 장기 보관용으로는 좋은 방법이 아니었다.

한 친구는 아이마다 각각의 행사 스크랩북을 만들어준다고 했지만, 나는 행사 때마다 스크랩북을 만든다고 생각하니 가슴이 철렁 내려앉는 것 같았다. 가족 앨범 하나도 제대로 정리 못하는 사람이 그 많은 일을 어떻게 감당하겠는가.

그때 내 12계명 중 하나가 섬광처럼 머릿속을 스쳐 지나갔다. '문제가 무엇인지 확실히 파악하자.' 그래 문제가 뭐였지? 나는 엘리자와 엘리너가 경험한 모든 기억을 간직하고자 하지만, 그 모든 자료를 어디에 보관해야 할지 고민이다. 많은 공간을 차지하지 않으면서 깔끔하고, 편리하고, 저렴하고, 매력적으로 보관하고 싶다.

많은 파일을 아파트 이곳저곳으로 옮기는 대신, 이런 문제에 직면했을 때 하던 식으로 나는 좋은 생각이 떠오를 때까지 가만히 앉아 궁리해보기로 했다. 편리함, 저렴함, 매력, 깔끔함, 종이 보관. 이렇게 원하는 조건을 하나씩 떠올리다가 마침내 해결책을 생각해냈다.

'파일보관함!'

다음 날 나는 파일보관함 두 개를 샀다. 마분지로 된 보기 흉한 상자 대신에 고급 사무용품점을 찾아가 세련된 모양의 상자를 구입했다. 멋진 갈색에 고급스러운 천이 덮여 있는 상자에는 나무로 된 손잡이도 달려 있었다. 나는 그 안에다 파일을 정리했다.

두 개의 상자는 흩어져 있던 사진과 카드를 깔끔하게 정리해 주었다. 이제 아이들이 성장하면 그 상자가 멋진 기념품이 되어줄 것이다. 딸아이가 50세가 되어 자신이 유아원 다니던 시절에 만든 생일 초대장을 다시 꺼내보게 된다면 얼마나 재미있고 행복할지 상상할 수 있겠는가! 남편과의 기념물도 연 단위로 끊어 정리해보니 나는 뿌듯하고 행복해졌다.

우리가 지켜가는 여러 가족 전통에 대해 생각해보다가 나는 '전통이라는 것이 자발적으로 튀어나올 때까지 기다릴 필요가 뭐 있나' 하는 생각이 들었다. '새로운 전통'이라는 말은 어찌 보면 좀 모순적일지도 모르지만, 그렇다고 해서 내가 원하는 전통을 스스로 만들어내지 말라는 법도 없었다. 그때 남편이 멋진 의견을 하나 냈다. 바로 '예의 바른 밤'이 그것이다. 그는 매주 일요일 밤마다 가족이 함께 식탁에 둘러앉아 훌륭한 몸가짐을 배우면서 근사한 저녁 식사를 하는 것이 어떻겠냐고 물었다. 그 전통을 '예의 바른 밤'이라는 이름으로 부르자고 제안한 것은 나였다. 얼마 지나지 않아 우리는 그 전통이 매우 유용하면서도 즐거운 것이라고 인정하게 되었다.

또한 엘리자가 더 어렸을 때, 나는 아이와 할머니가 일주일에 한 번씩 음악 수업을 들으러 가게 하는 전통을 시행했었다. 엘리자가 좀 크고 나서는 엘리너가 언니의 대를 이어 음악 수업에 동행했다. 시어머니는 음악과 연극에 조예가 깊은 분이라, 이 주말 데이트는 할머니와 손녀가 적어도 한 주에 한 번씩 만나는 기회가 된다는 의미뿐 아니라, 할머니가 음악에 대한 자신의 열정을 손녀딸에게 고스란히 전해줄 수 있는 기회가 된다는 데 더욱 큰 의미가 있었다. 그때 그런 생각이 들었다.

'그렇다면 할아버지는? 당신도 손녀와 만들어갈 전통이 필요하지 않을까?'

그래서 나는 또 하나의 새로운 전통을 만들기로 했다. 매년 방학에 엘리자가 할아버지의 사무실을 찾아가 함께 점심 식사를 하는 것이 어떻겠느냐고 시아버지께 제안했다. 물론 할아버지는 대찬성이었고, 지금까지도 그 식사는 성공적으로 진행되고 있다.

우리 부부에게는, 어쩌다가 이처럼 살짝 유치한 전통을 시작하게 됐는지는 모르지만, "우리 가족은 샌드위치를 좋아해요!"라고 소리지르면서 아이들을 번쩍 안아 올려서 꼭 끌어안는 전통이 있다. 그것은 우리 식의 비밀 악수(어떤 단체에서 누군가를 그들의 구성원으로 받아들이는 행위) 같은 것이다.

나는 다른 사람들은 어떤 전통을 유지하며 사는지 궁금해졌다. 그래서 블로그 독자들에게 어떤 가족 전통을 지키고 있는지 글을 올려 달라고 했다. 다음은 관심 있게 읽었던 글들이다.

➥ 어렸을 때 나는 세 여동생이 집 청소하는 것을 돕게 하고 싶었습니다. 그래서 '청소 회사'라는 게임을 만들어냈죠. 물론 실제로 그런 회사가 있다는 사실은 꿈에도 모르고 있었어요. 어쨌든 그 게임은 이렇게 시작합니다. 우선 나는 따르릉따르릉 전화벨 소리를 흉내 내며 전화가 걸려온 것처럼 보이지 않는 수화기를 집어 들어 귀에 가져다 대죠.

'안녕하세요, 청소 회삽니다. 뭐라고 하셨죠? 파티를 열어야 해서 빨리 청소를 해야 하니 지금 당장 와달라고요? 예, 곧 가겠습니다, 사모님.'

다음에는 경쾌하게 손바닥을 마주쳐 동생들의 주의를 끌고는 이렇게 이야기합니다.

'우리 청소 회사에 또 일거리가 들어왔습니다!'

그러면 모두 상상의 차에 올라타고 부릉부릉 소리를 내며 온 집 안을 한 바퀴 돈 다음 거실에 도착합니다. 그러고 나서 '청소 회사! 청소 회사! 우우!'라는 노래를 끊임없이 불러대며 각자 자신이 할당받은 방을 청소하는 거죠. 물론 '우우!' 구절에서는 모두 손을 들어 율동을 해야 해요. 이때 손에 무언가를 잔뜩 들고 있다면 발을 들어도 상관없어요. 어때요, 상당히 재미있지 않나요?

➥ 우리는 식구가 단둘입니다. 제가 딸 하나를 키우고 있죠. 이런 우리 가족에게 있어서 작은 전통이란 꽤 중요한 의미를 차지합니다. 보통 '평범하다'고 여기는 여러 가지 것들이 바로 그 사이사이에 존재

하기 때문이에요.

아이와 나는 정기적으로 '모험'을 떠납니다. 그 전통은 딸아이가 매우 어렸을 때 평범한 심부름이나 나들이를 낭만적인 여행으로 미화시키기 위해 시작한 것입니다. 근래 들어서는 모험을 떠나기 전에 좀더 세심한 계획을 세우기 시작했습니다. 길을 찾는 데 도움이 될 지도와 처리해야 할 임무를 적은 쪽지, 카메라, 그리고 '모험용' 복장(딸은 특히 모자를 좋아합니다), 그리고 한 번도 먹어보지 않은 과자나 간식거리 같은 것을 챙겨가는 것이죠.

➡ 우리 오빠네 가족에게는 한 가지 전통이 있습니다. 가끔씩 '해적들의 저녁 식사'를 하는 겁니다. 우선 식탁에 신문지를 넓게 깔고 접시나 냅킨 혹은 식기를 전혀 사용하지 않은 채 맨손으로 음식을 집어 먹는 겁니다! 오빠는 아이들이 식탁에 앉으면 늘 엄격한 식사 예절을 따라야 하니 가끔은 규칙에서 벗어나게 해주는 것도 좋지 않겠냐 하더군요.

- -

나는 당장 딸아이들과 함께 '해적들의 저녁 식사'를 하고 싶어서 조바심이 났다. 얼마나 매력적인 생각인가!

☑ 이벤트는 여유롭게

전통은 종종 프로젝트와 관련되어 있다. 가족의 생일을 기념하는 일, 밸런타인 카드를 보내는 일, 공들여 구워낸 생강과자집을 근사하게 장식하는 일(사실 우리는 생강과자 대신 다른 과자로 만든다) 등은 매우 즐겁지만, 시간과 정열과 계획과 인내심을 요한다. 또한 어쩔 수 없이 부메랑 일거리까지 떠안게 만든다. 인생을 좀 더 단순화시키고 싶은 욕구 때문에 가끔씩 나는 거창한 가족 행사를 준비하는 프로젝트를 떠맡지 않으려고 애쓴다. 하지만 그 프로젝트가 아이들은 물론이고 어른들의 삶까지도 한껏 밝아지게 만든다는 사실은 잘 알고 있다.

일단 '이벤트는 여유롭게' 결심을 결심목록에 넣고 나서, 나는 오랫동안 마음에만 담아두었던 물건 하나를 구매했다. 코팅기였다. 그것이 도착하자마자 나는 낭비도 가끔씩은 할 만하다는 사실을 깨달았다. 할 수 있는 일의 가짓수가 엄청나게 늘어난 것이다!

우선은 양쪽 할머니께 드릴 어머니의 날 선물을 만들기로 했다. 내 지시에 따라 엘리자가 '내가 버니 토끼를 사랑하는 열 가지 이유'라는 목록을 만들었다. 버니는 친정엄마가 엘리자에게 붙여준 별명이었다. 다음에는 '내가 할머니를 사랑하는 열 가지 이유' 목록도 만들었다. 딸아이가 불러주는 대로 내가 목록을 타이핑하고 각각의 목록에 어울리는 글자체를 아이가 직접 골랐다. 사족이지만 컴퓨터 글자체를 고르는 놀이는 엘리자가 가장 좋아하는 것이기도 했다. 다음으로 우리는 각각의 목록을 두 장씩 프린터로 출력해서 엘리너에게 주고 원하는 모양을 그려 넣어 자신의 흔적을 남길 수 있게 해주었다. 그리고 마침내 코팅을 했다! 그러자 평범하기 그지없던 종잇조각이 갑자기 개성 넘치는 식탁용 매트로 변했다. 다음은? 책 커버, 책갈피, 전화번호 카드, 뭐든 이름만 대시라!

코팅기의 성공적인 사례에 영감을 얻어, 나는 몇 년 동안 시도 한 번 안 해봤던 글루건을 시험 삼아 써보기로 작정했다. 어느 날 저녁, 그 기회가 제 발로 찾아왔다. 엘리너가 잠들고 나자 엘리자가 학교에 스크래피 모자를 만들어가야 한다고 말한 것이다.

"스크래피 모자가 뭐야?"

내가 물었다.

"줄리 에드워드가 쓴 『진짜 위대한 왕두들스의 마지막』에 나오는 모자인데, 우리의 상상력을 보여주는 거예요."

엘리자가 설명했다. 나도 이러한 상황에서는 아이가 리더가 되게 하고, 부모는 점잖고 겸손한 태도로 아이의 생각을 이끄는 보조 역할을 해주어야 한다는 사실을 이제는 잘 알고 있다. 하지만 당시에는 그렇게 하는 대신 내가 더 신이 나서 벌떡 일어나 이렇게 말했다.

"어떻게 만들어야 할지 알겠다! 자, 빨리 가서 야구모자 가져와."

아이가 모자를 가지러 뛰어가는 동안 나는 글루건의 사용설명서를 읽고 플러그를 꽂았다. 그리고 1월 달에 모아두었던 작은 장난감이 든 항아리를 꺼냈다.

"이제 뭐해요?"

모자를 들고 나타난 엘리자가 헐떡거리며 물었다.

"항아리에 든 거 쏟아서 네 상상력을 보여준다고 생각하는 것을 골라봐. 그런 다음에 이 글루건을 사용해서 모자에 붙이는 거야."

"아, 나 글루건 좋아해요. 우리 선생님도 이거 쓰거든요."

아이가 이렇게 말하고는 수북이 쌓인 장난감 더미에서 마음에 드는 것을 고르기 시작했다. 그리고 우리는 장난감을 하나씩 조심스럽게 모자에 붙였다.

"이렇게 재미있는 건 줄 몰랐어요."

한창 장난감을 붙이고 있을 때 엘리자가 이렇게 말했다. 아이는 작은 장난감 조각 하나까지도 그 장점이 무엇인지에 관해 이야기를 나누고 싶어 했기에 작업을 마치는 데는 몇 시간이 걸렸다. 하지만 그런 것은 상관없었다. 프로젝트란 여유롭게 실행해야 하는 법이니.

때때로 가족 프로젝트는 예상치도 않았던 순간에 기획되기도 한다. 한 예로, 나는 엘리자의 생일케이크 고르는 일이 '프로젝트'가 되리라고는 생각지 못했었다. 그저 전처럼 물어보면 될 줄 알았다. 내가 "초콜릿으로 할까, 바닐라로 할까? 장식은 꽃으로 할까, 공주님으로 할까?"라고 물으면, 엘리자가 원하는 것을 고르게 되어 있었다. 그런데 이번에는 생일이 다가올수록 엘리자가 유난히도 케이크에 신경을 썼다. 초대할 손님이나 집 안 장식, 게임 등에 대한 관심이 케이크의 재료와 장식에 쏟아붓는 관심 덕에 모두 뒷전으로 밀려나 있었다. 행복 프로젝트를 실행에 옮기기 전의 나였다면 뭐가 되었든 어서 빨리 고르라고 아이를 재촉해서 케이크를 산 다음, 서둘러 할 일 목록에서 그것을 지워버리려고 애썼을 것이다. 하지만 그간 조사한 여러 연구에 따르면 행복의 중요한 열쇠는 하나의 행복한 사건에서 최대한의 행복을 얻어내려 노력하는 것이라고 했다.

심리학자이자 정신과 의사인 엘리자베스 퀴블러 로스가 제시한 슬픔의 5단계인 부정, 분노, 타협, 우울, 수용에 대해 들어봤을 것이다. 그와 대조되는 것으로 나는 행복에도 4단계가 있다는 것을 깨달았다. 어떤 경험을 통해 얻을 수 있는 모든 행복을 끌어내고자 한다면 우리는 반드시 그것을 예상하고, 경험하기 전에 미리 음미하고, 행복감을 표현하고, 행복한 기억을 회상해야만 한다.

행복의 경험은 우리가 얼마나 많은 관심을 기울이는가에 따라 확대되거나 축소될 수 있다. 예를 들어, 만약 내가 부모님에게 전화로 그날 공원에서 있었던 즐거운 시간에 대해 이야기한다면, 나는 마음속에 담겨 있던 행복의 경험을 말로 다시 풀어놓는 것이다. 또한 사진 찍는 행위가 찍는 당시의 순간을 즐기기 어렵게 한다는 말이 사실일지 모르지만, 미래에는 분명히 행복했던 순간을 떠올릴 수 있게 도와줄 것이 분명하다.

엘리자의 생일케이크가 내게 행복의 '예상' 단계를 한껏 즐길 수 있게 해주었다. 아이는 내게 배스킨라빈스 상품 브로슈어를 가져다 달라고 부탁했고, 우리는 모든 단어를 꼼꼼하게 확인하며 케이크를 살펴보았다. 그다음에 엘리자는 배스킨라빈스의 웹사이트에 들어가서 나열된 아이스크림 맛을 하나하나 고려해보았다. 그리고 매장으로 가서 샘플을 맛본 다음, 케이크 장식에 관해 설명된 안내서도 세심하게 읽어보았다. 그런 후 마침내 엘리자가 원하는 케이크를 마음속에 정했다고 나는 생각했다. 하지만 아니었다.

며칠 후 엘리자가 나를 불렀다.

"엄마, 배스킨라빈스에 다시 가서 케이크 책 보면 안 돼요?"

"엘리자, 우리 거기서 이미 한 시간이나 보내다 왔잖아. 그리고 네 생일은 아직 한 달이나 남았어."

"그래도 나 그 책 다시 보고 싶어요!"

행복 프로젝트를 시작하기 전이었다면 아마도 나는 안 된다고 단호하게 말했을 테지만, 이제는 엘리자의 요구가 단지 생일 파티를 제대로 치러야 한다는 마음에서 나오는 것이 아니라 그 자체의 재미 때문이라는 것을 잘 알고 있기에 그럴 수 없었다. 내 12계명에도 있지 않은가. '과정을 즐기자!'

엘리자는 케이크 먹는 것을 기껏해야 5분 정도 즐길 테지만, 케이크 준비 과정을 통해서는 몇 시간의 즐거움을 얻을 수 있었다. 소위 '장밋빛 기대'라고 알려진 것은 사실 어떤 사건에 대한 기대감이 실제 경험할 수 있는 행복감보다 훨씬 클 수 있다는 것을 의미한다. 그러니 기대감 속에서 맘껏 즐기는 것을 뭐라 할 수 있겠는가.

"좋아. 그러면 금요일에 학교 끝나고 돌아오는 길에 들르자."

나는 마음을 누그러뜨리고 대답했다.

이러한 프로젝트를 실행에 옮기면서 나는 아이들의 행복을 증진시킬 수 있는 또 하나의 방법을 알아냈다. 아이들은 보통 성인들이 유치하다고 생각하는 '좋은 기분'의 원천으로 우리를 다시 연결해준다. 아이들이 아니었다면 내가 어머니의 날 선물을 집에서 직접 만들 생각이나 해봤을까? 배스킨라빈스 케이크 디자인 안내서를 그리도 꼼꼼하게 읽어보려 했을까? 또는 〈너희 엄마 혹시 라마 아니니?〉를 외우거나 토요일 오후에 센트럴파크 보트 연못에 갈 일이 있었을까? 아이들이 아니었다면 나는 〈슈렉〉을 몇 번이고 다시 돌려보거나, 로리 버크너의 동요를 듣는 일도 없었을 것이다. 또 놀이공원이나 자연사 박물관 같은 곳은 결코 가보지 않았을 테고, 작은 술잔에 무지개 요구르트 서프라이즈를 만들겠다고 식용 색소를 넣을 일도 없었을 것이다.

솔직히 말해 나는 아이들과 함께 했던 그 활동들을 즐겼다. 딸애들이 좋아하는 것을 보고 아무 이유 없이 그냥 즐거워졌다고 말하는 것이 아니다. 물론 아이들이 즐기는 모습이 나를 즐겁게 하기도 했다. 하지만 나 자신도 진심으로 그 활동을 즐겼던 것이다. 아이들이 아니었다면 절대 시도해볼 엄두조차 내지 못했을 일을 하면서 그 누구보다도 즐겼다는 말이다.

4월 마지막 날, 나는 매달 마지막 날이면 하던 대로 다음 달 결심을 실행에 옮기기 전에 지금까지의 진척 상황을 살펴보고자 잠시 평가의 시간을 갖기로 했다. 영혼을 찾는 일은 숲이 우거진 계곡이나 적어도 조용한 방에서 수행해야만 할 활동처럼 보인다. 하지만 나의 특별한 자기평가는 시내로 나가는 지하철 안에서 진행되었다. 천천히 지하철역들을 지나쳐 갈 때 나는 스스로에게 물었다.

'자, 내가 좀 더 행복하다고 느끼고 있나? 정말 그런가?'

사실 그날 아침은 기분이 좀 가라앉아 있었다.

'내가 스스로에게 정직하다면, 솔직히 말해 변한 것이 없는 것 같아.'
나는 낙담했다.

'난 예전이나 다를 바 없이 그저 나이 먹어가는 그레첸일 뿐이야. 더 나아진 것도 더 나빠진 것도, 그리고 새로워지거나 향상된 것도 없어. 늘 더 행복해지고 있다고 중얼거리지만, 실제로는 변한 게 없는 거지.'

여러 연구에서 주장하는 바에 따르면, 심리 상담을 받으러 다니는 사람이나 다이어트, 금연, 운동, 또는 무엇이든 간에 어떤 프로그램에 참가하는 사람들은 보통 자신들에게 많은 변화가 일어났다고 믿지만, 실제로는 아주 약간의 혜택만이 있었을 뿐이라고 한다. 확실한 것은 누구라도 많은 돈과 시간과 노력을 무언가에 쏟아붓고 나면, 비록 별다른 변화가 없다 하더라도 보통은 '우와, 난 상당히 좋은 쪽으로 변하고 있는 것이 틀림없어'라고 생각하기 마련이라는 것이다. 나는 그 연구 결과를 떠올리며 중얼거렸다.

"그래서 아마 내가 스스로에게 더 행복해지고 있다고 자꾸 말하는 것일지도 몰라. 실제로 프로젝트는 아무 효과도 없는데 말이야."

지하철에서 내릴 때까지 나는 공허하고 우울한 기분을 떨쳐버릴 수가 없었다. 하지만 두 시간의 미팅이 끝나고 났을 때, 사람들과의 접촉이 우울한 기분을 밝게 해준다는 행복 연구가 사실임을 확인이라도 하듯 나는 다시 활기를 되찾아 훨씬 생기 있게 지하철에 올라 집으로 향할 수 있었다. 그리고 나 자신과 논쟁을 벌이기 시작했다.

'내가 더 행복해졌나?'

이번 대답은 아까와 좀 달랐다.

"아니, 하지만 동시에 '맞아'이기도 해."

정말 그랬다. 내 기본적인 천성은 그대로였다. 겨우 네 달 만에, 혹은 올해가 끝나갈 때쯤에 그런 변화를 진정으로 이루어낼 수 있으리라 믿는다는 사실 자체가 현실성이 없었다. 하지만 무언가는 확실히 변하고 있었다. 그것이 무엇일까?

마침내 나는 그것을 찾아낼 수 있었다. 때때로 지하철에 타고 있을 때처럼 아무 일도 하지 않고 말 그대로 '중립적인' 상황에 있을 때면, 나는 예전과 다름없이 익숙한 그레첸이었다. 차이점이라면 비록 천성은 변하지 않는다 하더라도 나는 매일 삶에서 더 많은 행복을 느끼고 있었으며, 결심목록에는 더 많은 즐거움과 약속, 만족감의 원천이 추가되고 있었고, 동시에 나쁜 감정을 불러일으키는 여러 원천들은 삭제되고 있었다. 실천을 통해 행복의 가장 높은 고지까지 성공적으로 나 자신을 밀어올리고 있는 중이었다.

게다가 나의 행복한 기분은 집안 분위기에도 영향을 미치고 있었다. '엄마가 행복하지 않으면 아무도 행복하지 않다'는 말은 사실이었다. 하지만 '아빠가 행복하지 않으면 아무도 행복하지 않다'는 말 역시 사실이다. 그리고 '누구라도 자신의 가장 덜 행복한 아이만큼만 행복하다'라는 말도 부인할 수 없는 사실이다. 가족 구성원 각자가 모든 가족의 감정에 영향을 받고 또 영향을 미친다. 하지만 너무도 당연하게, 나는 나 자신의 행동 말고는 그 누구의 행동도 바꿀 수 없다.

여가

최선을 다해 최고로 놀자

✓ 지금보다 더 즐거워질 수 있다

✓ 가끔 실없이 웃어라

✓ 가던 길을 벗어나보라

✓ 열정을 다해 수집하라

MAY

나는 남들이 즐겨 하는 활동은 과대평가하고,
자신의 성향은 과소평가하는 경향이 있었다.
하지만 이제는 정말로 '나다워지기'를 실행해야 할 때였다.
내가 즐겼으면 하고 바라는 것이 아닌,
정말로 즐기는 것이 무엇인지 알아내야만 했다.

봄의 시작을 알리는 5월은 '노는 일', 다시 말해 여가 시간에 주의를 기울이기에 적기인 듯 보였다. 남는 시간을 즐기는 것은 내가 원해서 그리고 그 자체를 위해 하는 일이며, 내 나름의 이유 때문에 하는 것이지, 돈이나 야망과는 아무 관련이 없기 때문이다. 내가 헤어나지 못하는 역설적 상황 중 하나는, 어떻게든 즐겁게 일하려고 노력하면서 정작 농담 한마디 하는 것에 대해서는 무척이나 진지하게 군다는 사실이다. 작가 진 스태포드는 이렇게 비웃기도 했다.

"정말 행복한 사람은 즐길 필요가 없다."

여러 연구에 따르면, 기분 나쁘지 않다고 해서 반드시 기분 좋은 것은 아니다. 즉 좋은 기분이 되게끔 이끌어줄 수 있는 무언가를 반드시 찾아내야만 한다. 기분이 좋아질 수 있는 한 가지 방법은 일부라도 즐길 수 있는 시간을 내는 것이다. 이는 연구자들이 매우 만족스러운 활동이라고 정의한 것이며, 경제적 의미도 없고, 사회적인 해를 미치는 것도 아니며, 칭찬이나 누군가의 인정을 받아야 하는 일도 아니다. 어떤 연구에 따르면 정기적으로 즐거운 활동을 하는 것이 행복한 삶을 살아가는 주요 요인이라고 한다. 즐기며 사는 사람은 그렇지 않은 사람보다 스무 배는 더 행복을 느낀다고 한다.

5월에 나는 두 개의 목표가 있었다. 좀 더 즐겁게 지내는 것과 여가 시간에 창의성을 개발하는 것이다. 노는 시간은 할 일 없이 빈둥거리는 것을 의미하지는 않는다. 오히려 그것은 새로운 관심사를 실험하고 타인에게 다가가는 기회를 제공한다.

나는 운 좋은 사람이다. 천직으로 하는 일이 많은 부분에서 즐기자고 하는 일과 같기 때문이다. 쉬는 날에도 일을 한다거나 업무 시간이 끝나고 난 뒤에도 집으로 일을 싸들고 가서 하는 것이 얼마나 안 좋은지에 대해서는 여러 논쟁이 있지만, 나는 주말에도 늘 주중에 하던 것과 같은 일을 하고 싶어 한다. 사진작가인 에드워드 웨스턴은 그의 수첩에다가 "하루 종일 휴일 노동을 했지만, 그것은 논 것과 마찬가지였다"라고 적어놓았었는데, 나는 그것이 무슨 의미인지 정확히 이해한다.

3월에 살펴보았던 것처럼, 새로움은 행복의 중요한 원천이고 창의성을 발현하는 데도 중요한 요소다. 나는 늘 친근한 것을 고수하는 경향이 있었기에, 이제는 마음을 사로잡는 새로운 경험이나 아이디어 쪽으로 스스로를 밀어붙이고 싶었다.

나는 여가 시간을 좀 더 진지하게 받아들일 필요가 있었다. 즐기는 것은 삶에서 자연스럽게 흘러넘치는 무언가라고 믿었기 때문에 굳이 그것의 형체를 파악하거나 그 안에서 얻을 수 있는 것이라면 놓치지 말고 모두 얻어야 한다는 생각은 해본 적이 없었다. 그러나 즐긴다는 것이 쉬운 일 같아도 실은 그렇지가 않았다. 내가 블로그 독자들에게 즐기는 것에 대한 그들의 생각을 물었을 때 몇몇 독자가 다음과 같은 글을 올려주었다.

➡ 나는 무언가를 만드는 행위를 통해 즐거움을 얻습니다. 공예품 제작에도 관심이 많지만, 누군가에게 선물하기 위해 물건을 만들 때면 그 즐거움이 배가된다는 사실을 알게 되었죠. 이번 크리스마스에는 남자친구를 위해 꽤 거창한 계획을 하나 세워놓았는데, 너무 마음만 앞서는 건 아닌가 걱정이 되기도 하네요. 하지만 남자친구가 무척이나 좋아할 거라는 점만은 확신하고 있습니다. 물론 나도 만드는 과정에서 큰 즐거움을 느낄 것이고, 남자친구가 고마워할 거라는 기대감 때문에 무척 행복할 테죠. 내게 있어서 아이디어를 낸다는 것은 단순한 도구들을 이용해 막연한 상상을 현실화하는 매우 창의적이고 지적인 도전을 의미합니다. 그리고 그 과정에서 나는 커다란 성취감과 재미를 동시에 얻고 있습니다.

➡ 그레첸의 블로그를 포함해 해외 블로그를 찾아다니며 읽는 것이 내게는 큰 재미입니다. 주말을 제외한 매일 아침, 나는 커피를 마시

며 블로그 글들을 읽기 시작합니다. 지금 사는 곳이 극동 지역이라 보통 밤사이에 글이 업데이트되거든요. 두말할 필요도 없이, 해외 블로그를 읽는 것은 외국어 실력을 향상시켜줍니다. 내 경우에는 영어죠. 그중에서도 내가 가장 즐기는 것은 다른 문화 속에서 나와 비슷한 취향이나 사고를 보여주는 사람을 찾아내는 겁니다.

➡ 일주일에 한 번씩 받는 라틴어 수업이 내게는 가장 즐거운 시간입니다. 4년 동안 나는 몇 명의 지인들과 즉석에서 라틴어를 읽고, 문법을 공부하고, 다양한 주제의 회화 연습을 해오고 있습니다. 우리는 새로 단장한 아름다운 저택에서 모임을 갖는데, 그곳 분위기는 수업의 즐거움을 더욱 북돋아줍니다. 나는 고등학교 때 라틴어와 사랑에 빠졌었지만, 이 수업을 시작하기 전까지는 라틴어를 배울 기회를 얻지 못했어요. 그래서 지금의 기회가 너무나 행복합니다.

➡ 내가 무얼 하면서 즐기는지 궁금하세요? 창의적인 것이라면 무엇이든, 무엇이든 좋아요! 그래도 가장 재미있는 것을 꼽으라면 복잡한 그림이 그려진 색칠공부 책을 메우는 거예요. 물론 그림은 한쪽 페이지에만 인쇄되어 있어야 하고, 심을 뾰족하게 깎은 색연필 한 상자가 있다면 더 좋겠죠. 그다음으로 좋아하는 것은 여러 가지 색실을 이용해 프린트대로 자수를 놓는 거예요.

➡ 내 경우에는 토론을 하거나, 하드웨어를 뜯어서 내부를 살펴보거

나, 소프트웨어를 분석하는 일, 또는 반대로 하드웨어나 소프트웨어를 제작하는 일, 그리고 온갖 종류의 블로그를 읽거나, 아이들에게 내 어린 시절 이야기를 들려주는 일에서 즐거움을 얻습니다.

➡ 심각한 일일지 모르겠지만, 솔직히 나는 이제 그 어떤 것에서도 즐거움을 얻지 못한다는 사실을 깨달았습니다. 그러니 정말 침울하고 지루하고 슬픈 인간으로 변하기 전에 무슨 조치를 취해야 될 것 같습니다!

- -

마지막 글처럼 나도 삶 속에 더 많은 즐거움을 불러들이고 싶었다.

☑ 지금보다 더 즐거워질 수 있다

즐거움에 대해 생각해보다가 나는 내가 무엇을 즐기는지 찾아내는 데 별 재주가 없다는 사실을 깨달았다. 그리고 최근 들어서야 비로소 내가 작성한 '어른의 비밀' 중 '다른 사람에게 즐거운 일이라고 해서 내게도 반드시 즐거운 일이 되라는 법은 없다'라는 말이 무엇을 의미하는지 이해할 수 있게 되었다. 세상에는 다른 사람은 모두 즐기는데 유독 나만 그렇지 않은 일들이 무수히 많지 않은가!

나는 체스를 두거나, 국제시장에 관한 강의를 들으러 가거나, 가로세로 낱말 맞추기 게임을 하거나, 손톱관리를 받거나, 새로 생긴 레스토랑에서 저녁을 먹거나, 오페라 잡지나 뉴욕 닉스 농구팀의 시즌권을 구입하는 등의 즐거움에 관한 '아이디어'를 좋아한다. 그리고 왜 사람들이 그런 활동에 열광하는지도 잘 알 것 같다. 사실 나도 그런 것을 즐길 수 있기를 바라지만, 결코 그렇게 될 것 같지는 않다. 몇몇 블로그 독자들도 나와 비슷한 감정을 느낀 적이 있다고 한다.

➡ 나는 지난 몇 년 동안 내가 정말로 좋아하는 일이 무엇인가 곰곰이 생각해봤습니다. 그러다가 지금껏 즐기지도 않는 많은 일과 활동을 내가 아무 생각 없이 해오고 있었다는 사실을 깨닫게 되었죠. 그 일과 활동이란 다른 사람에게는 즐거움을 줄지 모르지만 내게는 그렇지 않은 것들입니다. 다른 사람에게 즐거운 일이라고 해서 내게도 반드시 그런 것은 아니라는 사실을 인정하는 과정은 마치 커다란 장애를 극복하는 일처럼 힘겹게 느껴졌습니다. 모두가 즐기는 일이니나도 즐길 수 있어야 한다는 생각을 포기하고, 진정으로 내가 좋아하는 일만 찾아 하려면 대단한 용기가 필요합니다. 사실 나는 영화 보는 것을 좋아하기는 하지만, 주변을 둘러보면 그보다 훨씬 더 흥미롭고 값도 싸게 먹히는 활동이 수없이 널려 있습니다. 요즘은 영화 보는 시간을 차츰 줄이는 중입니다. 가끔은 친구와 함께 영화관을 찾기도 하지만 그전처럼 많이 보지는 않습니다. 전에는 일주일에 두 편 정도 봤었거든요.

➥ 일 년 전쯤 남편이 이런 질문을 하더군요. '당신은 어떤 일을 할 때 가장 즐거워?' 그래서 오랫동안 그 대답을 생각해봤죠. 내게 기쁨을 주는 활동의 대부분은 홀로 조용히 하는 일입니다. 좋은 책에 몰두하는 것을 좋아하고, 바느질을 즐기며, 액세서리 만드는 것도 좋아합니다. 그래서 나 자신에게 그런 종류의 일만 좋아해도 상관없다고 말해주었습니다. 참, 보드게임 하는 것도 무척 좋아하는데, 특히 우리 애들과 함께 할 때가 가장 즐겁습니다.

➥ 내가 이해하고 있는 즐거움의 개념은 분명히 다른 사람들과는 많이 다릅니다. 나는 고독과 조용한 것을 즐깁니다. 심지어 스포츠도 조용한 것만 즐기죠. 읽는 것도 좋아하는데, 책은 물론이고 블로그 읽는 것도 좋아합니다. 컴퓨터 프로그램을 만드는 일도 재미있어요. 다이빙과 등산, 요가도 그렇고요. 하지만 보통 여자들이 즐기는 쇼핑은 전혀 즐겁지 않습니다. 그러니 파티 같은 것에도 전혀 흥미를 못 느껴요.

- -

나는 남들이 즐겨 하는 활동은 과대평가하고, 내 활동은 과소평가하는 경향이 있었다. 다른 사람이 즐기는 활동이 훨씬 가치 있거나 더욱 문화적이라고, 혹은 합법적이라고 느끼는 것이다. 하지만 이제는 정말로 '나다워지기'를 실행해야 할 때였다. 내가 즐겼으면 하고 바라는 것이 아닌, 정말로 즐기는 것이 무엇인지 알아내야만 했다.

어떤 활동을 내가 정말로 즐긴다면, 그것은 내 테스트를 통과할 것이 분명했다. 정말 기대되는 일이 아닐 수 없었다. 그것은 기운 빠지게 하는 일이 아니라 오히려 힘이 솟는 일이었다. 그리고 나중에 죄책감도 느껴지지 않았다. 한 친구는 이렇게 말했다.

"어이쿠, 만약 내가 정말 즐길 수 있는 일이 뭔지 알게 된다면, 난 오히려 마음이 심란할 것 같아. 여유롭게 그걸 즐길 만한 시간이 없을 테니까. 지금은 아무리 좋은 일이 있어도 할 만한 여력이 없어."

친구의 관점이 내게는 좀 암울해 보였다. 과거의 나였다면 아마도 똑같은 말을 하고 있었을지 모른다. 하지만 행복 프로젝트 덕분에 나는 훨씬 긍정적으로 변해 있었기에 이렇게 대답할 수 있었다.

"즐길 시간은 얼마든지 있어!"

하지만 내가 즐기는 것이 정확히 무엇일까? 정말 하고 싶다고 원하는 것이 뭘까? 그다지 많은 것이 떠오르지 않았다. 하지만 적어도 한 가지는 있었다. 나는 동화책 읽는 것을 정말 좋아한다. 아동문학을 통해 어른들의 문학작품에서는 얻을 수 없는 것을 얻을 수 있을지에 대해서는 생각해본 적이 없지만, 분명히 뭔가 있기는 했다. 성인 소설과 동화 사이의 차이점이 단지 책 표지나 서점의 진열 구역, 그리고 주인공의 연령대에만 있는 것은 아니다. 그것은 특별한 분위기에도 있었다.

아동문학은 종종 선과 악의 싸움이라든가 사랑의 숭고한 힘 같은 초월적인 주제를 거리낌 없이 공개적으로 다룬다. 악이 주는 두려움과 매력을 얼버무리고 지나치는 일도 없고, 아무리 사실주의라고 해도 마지막에는 결국 선이 승리한다. 어른을 위한 소설을 쓰는 작가들은 그런 식의 결론은 내지 않는다. 지나치게 감상적이거나 융통성 없거나 단순하다는 평가를 받을까봐 두렵기 때문이다. 따라서 그들은 죄책감, 위선, 선의의 왜곡, 운명의 잔인함, 사회적 비판, 언어의 비신뢰성, 죽음의 불가피함, 성적인 열망, 부당한 비난 등의 주제에 초점을 맞춘다. 그런 것들이 야심찬 문학적 주제가 된다. 하지만 나는 선이 악을 무찌르고, 덕망이 그 정당함을 인정받으며, 악행이 처벌 받는 것을 보는 것도 적잖은 만족감을 안겨준다는 사실을 알게되었다. 작가가 톨스토이든 청소년 문학가 매들린 랭글이든 상관없이 나는 교훈적인 작품에 더 매력을 느낀다.

게다가 선과 악의 대립구조를 따라가는 아동문학은 종종 독자들을 '전형의 세계'로 끌어들인다. 특정한 이미지에는 상상력을 불러일으키는 기묘한 힘이 있고, 아동문학은 바로 그 힘을 뛰어난 효과와 함께 이용한다. 『피터 팬』, 『황금나침반』, 『파랑새』 같은 작품은 상징을 통해 많은 것을 전달하기에 온전히 파악하기 어려운 의미들이 작품 전반에 스며들어 있다. 어른들의 소설도 가끔은 이러한 분위기를 전달하지만, 이는 매우 드문 경우에 해당한다. 나는 동물이 말을 하고 예언이 난무하는, 극명한 선과 악의 세상으로 되돌아가는 것이 즐겁다.

그러나 아동문학에 대한 열정적인 관심은 내가 즐기는 것이지 즐겼으면 하고 바라는 것은 아니었다. 그것은 성인의 취미로는 어울리지 않는다고 생각했다. 나는 진지한 문학, 헌법, 경제, 예술, 그 외에도 다양한 성인들의 주제에 관심을 두고 싶었다. 그리고 실제 흥미도 있었다. 하지만 '민망하게도' J. R. R. 톨킨, E. L. 코닉스버그, 엘리자베스 엔라이트 같은 판타지나 아동문학 작가를 더 좋아했다. 그래서 『해리 포터』 시리즈가 새로 나올 때마다, 당장 서점으로 달려가는 일을 며칠씩 미루는 것으로 나의 어른답지 못한 면을 억압해보려 했다. 심지어 그런 일에는 신경 쓰지 않는다고 스스로를 세뇌시키는 바보 같은 짓도 서슴지 않았다.

만약 내가 정말로 '즐기는 일에 진지해질' 생각이라면, 지금까지 억압해온 열정을 포용하고 즐길 필요가 있었다. 하지만 어떻게? 그 방법을 찾아내려고 노력하던 중에, 나는 한 지인과 점심 식사를 하게 되었다. 그는 앞에 앉은 사람을 주눅 들게 할 만큼 세련되고 학식과 교양을 갖춘 사람이었다. 우리가 '당신과 친구가 되고 싶지만 아직 그 방법을 알아내지 못했군요' 식의 대화를 나누고 있을 때였다. 그때 나는 스티븐 킹의 『미래의 묵시록』을 내가 얼마나 좋아하는지 얘기했다. 지금 생각해보면 상당한 위험을 감수한 말이었던 것 같다. 그가 스티븐 킹류의 소설가를 싫어하는 사람일지도 모른다는 생각을 미리 하고 있었기 때문이다. 하지만 뒤따라 나온 대답은 이러했다.

"나도 스티븐 킹 좋아해요. 『미래의 묵시록』도 정말 좋아하는 작품이고요."

그리고 이렇게 덧붙이기까지 했다.

"그렇지만 『해리 포터』에는 못 미치는 것 같아요."

"어, 『해리 포터』 좋아하세요?"

"『해리 포터』 광팬이에요."

유레카! 나와 같은 관심사를 가진 사람을 찾은 것이다. 우리는 점심시간 내내 『해리 포터』 이야기만 했다. 그러는 동안, 역시 아동문학을 사랑하는 또 한 사람의 지인이 생각났다. 독서모임을 하나 만들어보면 어떨까? 점심 값을 지불하는 동안 내가 조심스럽게 물었다.

"제안 하나 해도 될까요? 혹시 아동문학 독서모임 같은 데 관심 없어요?"

"아동문학 읽는 독서모임이요? 예를 들어 어떤 책을 읽는 건데요?"

"원하는 건 뭐든지요. 『기억 전달자』, 『비밀의 화원』, 『제임스와 거대한 복숭아』, 뭐든 상관없어요. 모임 장소는 한 사람씩 차례로 그 집에서 하고, 저녁을 대접하는 거예요."

"좋아요, 재밌겠는데요."

그가 의욕적으로 대답했다. 얼마나 다행인가. 만약 그가 싫다고 했으면, 나는 보나마나 더는 같은 제안을 하지 못했을 것이다.

"주위에 관심을 가질 만한 친구가 더 있어요."

그래서 나는 주변 사람들에게 이메일도 돌리고, 관심이 있는지 묻고 다니기 시작했다. 일단 관심사를 거리낌 없이 밝히게 되자, 나와 열정을 공유한 사람이 많다는 사실과 내가 그 사람들을 이미 좋아하고 있다는 사실을 깨닫기 시작했다. 하지만 내 관심사를 입 밖으로 내본 적이 없었기에 그들을 알 수 있는 기회가 없었던 것이다.

첫 만남이 있기 전, 나는 C. S. 루이스의 『사자와 마녀와 옷장』을 토론하게 될 우리 집 주소를 적어 모두에게 메일을 보냈다. 이메일 마지막에는 루이스의 에세이 「아이들을 위한 글쓰기의 세 가지 방법에 관하여」에서 발췌한 인용문을 덧붙였다.

"열 살 때 나는 몰래 동화책을 읽었고, 만약 그 사실을 누군가에게 들켰더라면 무척이나 부끄러워했을 것이다. 그런데 쉰 살이 된 지금은 너무도 당당하게 동화책을 읽는다. 어른이 되고 나서, 나는 어린 애처럼 행동하는 것을 두려워하거나 어서 어른이 되고 싶어 하는 철없는 생각 같은 것은 더 이상 하지 않는다."

우리 모임 사람들은 아동문학에 대한 관심과 애정을 굳이 감추려 하지 않았기에 이러한 변명이 큰 의미가 있는 것은 아니었다. 그렇다면 나에게는? 나 역시 더 이상은 아니었다.

첫 만남에서부터 아동문학 독서모임은 내게 엄청난 즐거움이 되었다. 나는 회원들을 사랑했고, 토론하는 책을 사랑했으며, 대부분의 회원에게 아직 아이가 없었으므로 우리가 온전히 우리 자신만을 위해 아동문학을 읽고 있다는 점에 의문의 여지가 없다는 사실 또한 사랑했다. 그리고 저녁 식사를 준비하는 회원은 반드시 책의 내용과 관련이 있는 음식을 대접해야 한다는 모임의 전통도 사랑했다. 이러한 전통은 『사자와 마녀와 옷장』에서 매우 중요한 역할을 하는 터키시 딜라이트(설탕에 버무린 젤리 모양의 터키 과자)를 내가 첫 모임에서 디저트로 내놓으면서 시작됐다.

다음번에 만났을 때 우리는 필립 풀먼의 『황금 나침반』에서 매우 중요한 순간에 등장하는 토케이 포도주를 마셨는데, 나는 토케이라는 지역이 '라라의 세계'에 속한 곳으로 생각하고 있다가 실제로 존재하는 곳이라는 사실을 알고 매우 놀랐다. 루이스 캐롤의 『이상한 나라의 앨리스』 모임에서는 모크 터틀 스프(가짜 자라 스프: 18세기 영국에서 즐겨 먹은 송아지 머리로 만든 스프)와 트리클 타르트를 먹었고, 블루 발리엣의 『베르메르 미스터리』 모임에서는 페트라와 칼더가 먹었던 파란색 사탕을 맛봤다. 그리고 『작은 아씨들』 모임에서는 조가 로리를 처음 만날 때 맥이 만들어간 블랑망제(우유로 만든 젤리 디저트)를 맛볼 수 있었다. 루이스 새커의 『엄지손가락의 기적』을 토론하기 위해 만난 저녁 식사에서는 구멍 뚫린 도너츠를 재미삼아 먹기도 했다.

몇몇 연구에 따르면 개인 간의 공통된 관심사가 관계를 지속할 수 있는 기회를 훨씬 높여줄 뿐 아니라, 삶의 만족감도 2퍼센트 정도 증가시킨다고 한다. 우리 독서모임 역시 내게 새로운 친구는 물론이고, 2퍼센트를 훌쩍 뛰어넘는 삶의 만족감도 안겨주었다. 게다가 새로운 모임의 사람들과 함께 어울리는 것은 그 자체로도 즐거운 일이었다. 모임의 일원이라는 소속감은 서로를 더욱 가깝게 해주고, 자신감과 행복감도 증가시키는 효과가 있다.

대조적으로, 같은 기간 동안 나는 외교관계 자문위원회에도 가입했다. 관심 있는 주제, 흥미로운 그룹, 그리고 더 이상 합법적일 수 없을 만큼 합법적인 단체였다. 어떤 모임이 내게 더 큰 즐거움을 안겨주었을까? 어떤 모임이 새로운 관계를 맺는 데 도움을 주었을까? 당연히 아동문학 모임이었다. 나는 윈스턴 처칠의 삶에 매료되어 있고, 존 케네디에게도 흠뻑 빠져 있었다. 하지만 솔직히 말해 외교관계에는 별 매력을 못 느낀다. 따라서 그 모임은 내가 즐거움을 느낄 수 있는 든든한 바탕을 마련해주지 못했다.

그래서 다시 한 번 '나다워지기' 계명으로 돌아갔다. 나는 진정으로 즐기는 것을 알아내고 그것을 추구할 수 있어야 했다. 그것이 바로 행복으로 통하는 길이었다. 하지만 아동문학 독서모임 외에 또 무엇이 나를 즐겁게 할 수 있을까? 잠시 당황스러운 느낌이 들었다. 더 이상 아무것도 떠올릴 수 없을 만큼 나라는 사람이 재미없고 아둔한 걸까?

뉴욕시에 사는 장점이자 단점인 것 중 하나는 원하기만 하면 할 수 있는 일이 무수히 많다는 사실이다. 발레를 보러 갈 수도 있고, 오프오프브로드웨이에서 연극을 관람할 수도 있으며, 그래픽 디자인 수업을 듣거나, 윌리엄스버그에서 쇼핑을 할 수도 있고, 에스토리아에서 식사도 할 수 있다. 그러나 나는 열거한 일들을 해본 적이 없다. 물론 할 수 있다는 가능성만으로도 흥미롭기는 하지만, 기회가 있음에도 시도조차 해본 적이 없다는 사실은 좀 창피하기도 하다.

몇 년 전에 나는 지하철에서 공익사업 포스터를 본 적이 있었다. 단 한 번 봤을 뿐인데 그것이 뇌리에서 떠나지 않았다. 사진은 중국 음식 포장용기가 두 개의 비디오테이프 위에 놓여 있는 내용이었다. 밑에 쓰인 문구는 "이것이 바로 당신이 시간을 소비하는 모습이고, 뉴욕에 사는 이유입니까?"였다. 뉴욕에는 마음만 먹으면 얼마든지 활용할 수 있는 즐길 거리가 널려 있다.

나는 한 친구를 만나 최대한 많이 즐기려고 노력하는 중이라고 말했다. 그러자 친구는 〈뉴요커〉의 '시내 뉴스'를 손가락으로 가리키며 맘만 먹으면 놀 거리 정도는 널려 있다는 사실을 알려주는 대신, 질문 하나를 던졌다.

"네가 어릴 때 뭐 하고 노는 걸 좋아했는지 생각해봐. 분명히 열 살때 즐기던 걸 지금도 즐겨 하고 있을걸."

정말 흥미로운 생각이었다. 나는 정신분석학자 칼 융이 생각났다. 그는 서른여덟 살이 되었을 때, 여덟 살 때 느꼈던 열정을 다시 느끼고 싶어서 블록 쌓기 놀이를 다시 하기로 마음먹었다. 아이였을 때 난 뭘 가장 즐겁게 했을까? 체스는 아니고, 스케이트 타는 것도 아니었고, 그림 그리기도 별로 좋아하지 않았다. 나는 '백지 책' 완성하는 것을 좋아했다. 그것은 내가 열 살 되던 해 삼촌이 사주신 선물로, 겉모양은 일반 책과 다름없지만 페이지가 비어 있는 백지 책이었다. 지금은 어디 가나 쉽게 살 수 있지만, 당시만 하더라도 선물 받기 전에는 구경도 해본 적이 없는 것이었다.

나는 백지 책 몇 권을 구입했었다. 그리고 텅 빈 페이지에 기사 조각, 수집품, 친구에게 받은 쪽지, 만화, 여러 가지 목록, 흥미로운 정보 등을 채워 또래 아이들이 흔히 간직하는 평범한 책으로 바꿔나갔다. 할머니의 〈리더스 다이제스트〉에서 오려낸 유머도 가끔씩 그 자리를 차지했다. 내가 만든 백지 책 중에 가장 특별한 시리즈는 인용구와 함께 삽화나 사진을 배열해놓은 것이었다. 매번 마음에 드는 글귀를 발견할 때마다 나는 그것을 빈 페이지에 적어두었고, 잡지에서 마음에 드는 그림이나 사진을 발견하면 오려두었다. 그리고 그 두 가지를 적절히 배치해서 책을 만들었다.

백지 책을 메워가는 것이 어린 시절 나의 주된 여가 활동이었다. 학교를 마치고 돌아오면 거실 바닥에 앉아 TV를 보며 자료를 분류하고, 자르고, 맞추고, 복사하고, 풀칠하며 시간을 보냈다. 그 경험을 재현해보는 것이다. 나는 빨리 시도해보고 싶어 조바심이 났고 잠재적인 혜택도 한 가지 더 있을 것 같다는 생각이 들었다.

내가 아는 대부분의 창의적인 사람들은 스크랩북이나 영감을 주는 그림과 사진을 붙이는 보드, 혹은 그 외의 독특하고 창의적인 물건 등을 고질적이다 싶을 정도로 모으는 '병'이 있다. 좋은 예로, 무용계의 살아 있는 전설이라 불리는 트와일라 타프는 매번 프로젝트가 새로 시작될 때마다 파일 박스 하나를 준비해놓고, 무용 작업을 하는 동안 자신에게 영감을 주는 것은 무엇이든 그 상자에 넣어 간직한다고 한다. 정보를 보관하는 몇몇 물리적인 방법은 좋은 아이디어를 생생하게 유지시켜주고, 예기치 않았던 창조성을 발휘하도록 도와준다.

나는 커다란 스크랩 상자 하나를 사서 그 속을 채울 만한 품목을 찾아보기 시작했다. 자그마한 꽃 사진으로 만든 다이애나 왕비의 초상화, 〈뉴욕 리뷰 오브 북스〉에서 오려놓은 『시도서』(매일 일정한 시간에 사용하는 기도서로 기도문이나 성가를 수록)의 서평, 분홍색 식탁보를 씌운 탁자에 분홍색 물건을 가득 쌓아놓은 시각예술가 포샤 몬

순의 작품 〈핑크 프로젝트〉(1994)의 사진, 처칠 전기문을 쓰고 있을 때 하나쯤 가졌으면 하고 바랐던 영국 자치주 지도, 할아버지와 할머니가 돌아가신 후 두 분의 집에서 가져온 꾸러미에 들어 있던 토마스 킨케이드풍의 물레방아 그림이 인쇄되어 있는 트럼프 세트 등 소소한 물건이 후보로 등장했다.

새로운 '백지 책' 작업을 통해 나는 잡지와 신문을 다른 시각으로 볼 수 있게 되었다. 만약 무언가 내 시선을 사로잡으면 이렇게 생각했다. '내가 왜 이것을 다시 한 번 보고 있는 걸까? 백지 책에 넣어둘 가치가 있는 걸까?' 차츰 정보를 받아들이는 수동적 입장에서 벗어나고 있었다. 나는 또한 어린 시절부터 즐겨 했던, 자르고 배치하고 붙이는 과정이 좋았다.

즐거움에 관한 이 모든 생각 덕분에 나는 즐기기 위한 시간을 억지로라도 내야 한다는 사실을 깨달았다. 너무 자주라고 할 만큼 나는 일 때문에 즐거움을 포기했다. 또한 과도한 업무에 압도당한다는 느낌 때문에 자주 이런 생각을 해보기도 했다. '세상에서 가장 즐거운 일은 할 일 목록을 하나씩 지워나가는 거야. 성취감을 얻게 되면 기분이 훨씬 좋아질 테니까.' 따라서 이메일 답장을 쓰느라 스크랩북에 사진 붙이는 것을 미룰 때면 왠지 우쭐한 기분마저 들곤 했었다.

그러나 실은 한 가지 업무에서 또 다른 업무로 넘어갈 때 내가 느꼈던 것은 성취감이 아니라 오히려 속박당한 듯한 기분이었다. 내 안의 기운이 다 소진된 것처럼 허탈하기까지 했다. 『팬텀 툴부스』를 열다섯 번째 읽거나 동생에게 전화를 거는 일처럼 내가 기꺼이 재미를 느끼는 것을 하며 시간을 보낼 때는 할 일 목록에 적힌 일들을 훨씬 잘해낼 수 있겠다는 느낌이 들곤 했다. 즐거움이 활력을 주기 때문이었다.

솔직히 인정하고 넘어가야 할 일이 있는데, 그것은 '나다워지기'를 실천하기 위해 내가 정말 좋아하고 싫어하는 것을 찾아내고 인정하는 동안 이상하게도 일말의 슬픈 감정을 느끼게 되었다는 사실이다. 이제 나는 한밤중에 재즈 바에 갈 일도 없을 것이고, 화가의 스튜디오를 방문하는 일도 없을 것이며, 주말을 이용해 파리를 방문하거나 어느 여름 동틀 무렵 제물낚시를 하기 위해 짐을 싸는 일도 없을 것이다. 세련된 옷장을 샀다고 주변의 감탄을 자아내는 일도, 높은 정부 직위에 임명되는 일도 없을 것이다. 또한 바그너의 오페라 〈니벨룽겐의 반지〉 입장권을 사려고 줄을 서는 일도 없을 것이다. 나는 포춘 쿠키를 좋아하지만, 푸아그라는 시식조차 거부한다.

이러한 사실은 두 가지 이유 때문에 나를 슬프게 했다. 우선은 내게 한계가 그어졌다는 사실 때문에 슬펐다. 세상은 한없는 아름다움이나 한없는 즐거움처럼 말 그대로 한없이 많은 것을 제공하지 않는가! 그런데 이제 나는 그중 대부분을 만끽할 수 없게 되었다. 그리고 내가 여러 가지 면에서 지금과는 다른 나이기를 원했다는 점 때문에 슬프기도 했다. '어른의 비밀' 중에 '누구나 자신이 하는 일을 선택할 수는 있지만, 하고 싶은 일을 선택할 수는 없다'는 말이 있다. 나는 내가 진정으로 하고 싶어 하는 일이 무엇인지 많이 생각했다. 그 주제는 물론이고 흥미를 불러일으킬 만한 직업에 대해서도 관심이 많았다. 하지만 그것은 내가 어떤 사람이기를 원하는지와는 전혀 상관이 없었다. 나는 그레첸이니까.

'행복 프로젝트의 슬픔'이라는 글을 블로그에 올리고 나서, 나는 독자들의 반응에 매우 놀랐다. 사실 내 정서가 다른 누구와도 공명하지 않으리라고 지레짐작하고 있었는데, 열 명도 넘는 독자가 댓글을 올려준 것이다.

➥ 이번 글은 정말 큰 공감을 불러일으키네요. 최근 내 심경과 정확하게 일치하거든요. 나는 이제 절대로 우주비행사가 되지 못할 거라는 사실을 깨달았습니다. 다른 사람처럼 되는 것, 혹은 다른 삶을 살아가는 것이 어떤 느낌일지 알아낼 방법이 없어졌다는 겁니다. 그레첸의 말처럼 이 넓은 세상에서 내가 놓치고 있는 것이 무엇인지 궁금할 따름입니다. 나는 F1 레이서가 되지도 못할 겁니다. 슈퍼모델이 되는 일도 없을 테죠. 또 전쟁터에서 싸우는 것은 어떤 느낌인지도 알아낼 방법이 없을 겁니다. 크루즈 선박에서 춤추는 댄서의 삶은 어떻고, 라스베이거스 딜러의 삶은 또 어떨까요? 그들의 삶을 성취하기 불가능한 것이어서가 아닙니다. 단지 아무리 노력해도 나는 춤을 출 수 없기 때문입니다. 중력 가속도를 견뎌낼 수 없기 때문이기도 합니다. 심지어는 롤러코스터도 탈 수 없습니다. 모델이 될 만큼 크고 아름답지도 않고 물리학과 수학이라면 진저리를 치니 우주비행

사도 될 수 없죠. 하지만 이것은 위에 나열한 일 중에서 내가 실제로 할 수 있는 것이 있는가에 대한 문제가 아니라, 내가 정말로 그 일을 하고 싶어 하는가의 문제입니다. 또는 그 일에 헌신적으로 매달릴 수 있는가의 문제이기도 하겠죠. 나는 절대로 그런 사람이 될 수는 없을 테니까요.

➡ 내 경우에는 정말 좋아하는 어떤 머리모양이 실제 내 머리에서는 절대 나올 수 없다는 사실을 깨닫는 데 아주 오랜 세월이 걸렸습니다.

➡ 정확한 날짜는 생각나지 않지만, 나는 그날의 일을 매우 선명하게 기억합니다. 서른네 살이 되기 전 어느 날, 이런 깨달음이 찾아오더군요. '나는 원하는 것은 무엇이든 할 수 있지만, 원한다고 해서 모든 것을 다 할 수 있는 것은 아니다.' 삶은 변하는 법이니까요.

➡ 나는 영문학을 전공하는 대학생이고 진로에 대해 고민하고 있습니다. 글 읽는 것을 좋아해서 전공을 선택했는데, 책과 관련된 일 중에 내가 할 수 있는 일이 무엇일지 아직 결정을 내리지 못하고 있어요. 거의 매일 한계와 장벽 때문에 한탄만 하고 있죠. 하지만 내 안에 커다란 열정이 있다는 사실만은 그 무엇보다도 나를 기쁘게 합니다.(이제 클럽 같은 곳에는 발도 들여놓지 않을 작정입니다.) 나는 그레첸처럼 나만의 계명을 만들었는데 그중 하나가 '나타샤다워지기'입니다. 이제는 밤마다 클럽에서 춤추며 노는 대신 명작을 읽으며 시간을

보내야겠다고 다짐하고 있습니다. 아동문학도 좋아해서 도서관에 갈 때마다 10여 권씩 빌려오기도 합니다. 우리가 자신의 진정한 모습을 알고 점점 더 자기 자신다워질 때, 세상은 더 살만한 곳이 될 겁니다.

➥ 나는 보통 나보다 열 살쯤 어리고 잘나가는 직장에 다니고 여섯 자릿수 연봉을 받는 사람들을 보면서 '아, 나도 저 사람처럼 살고 싶은데'라고 생각합니다. 하지만 나는 천생 예술가이고 경제적인 상황은 좋지 않습니다. 사실 오랫동안 이 사실 때문에 깊이 고민했고 자주 불행해지기도 했습니다. 지금도 예술가의 길을 걷고 있고, 완전히 파산지경에 놓여 있으며, 늘 돈 걱정을 달고 살지만, 마음만은 그 어느 때보다도 행복합니다. 물론 가끔씩은 '나도 큰 무리에 섞여 좀 더 쉬운 삶을 살 수 있다면 좋았을 텐데' 하는 생각이 들 때도 있기는 하지만요.

➥ 정말 동감입니다. 나도 똑같은 생각을 가끔 하는데, 특히 내가 점점 늙어간다는 생각이 들 때면 더 심해지죠. 세상에 다시 할 수 있는 것은 하나도 없고, 심지어 어떤 일은 아예 일어나지도 않습니다. 그리고 나는 소위 말하는 쿨하고 여유로우며 아무하고나 잘 어울리는 사람이 되고 싶지만 실제로는 그렇지 않습니다. 완전히 다르죠. 낯선 환경에서는 불편해 어쩔 줄 모르고, 좋아하는 일을 할 때는 더욱 초조함을 느끼며, 친구 사귀는 데 오래 걸립니다. 정말 달라지고 싶고, 변한 척도 잘하지만, 내면의 수줍음을 부인하기란 정말 어렵습니다.

그런 사실이 종종 나를 슬프게 하지만, 어쩌겠어요! 그냥 현실을 받아들이는 수밖에요. 인정하고 안 하고의 문제와는 상관없이, 나는 바로 여기, 이곳에 속한 사람입니다.

➡ 아, 분투와 수용 사이의 끝없는 줄다리기. 나는 그것이 필수불가결한 반대 쌍 간에 유지되는 균형이라는 사실 외에는 잘 모르겠습니다. 그리고 그것은 슬픈 사실이지요. 바쁘게 열정을 소진하면서 꿈이나 욕망 목록에 적어놓은 모든 것을 이루려고 노력하는 동안, 나는 단지 있는 그대로의 나를 수용하거나 나 자신다워지도록 내버려두는 것이 아니라, 스스로를 몰아붙이게 되니까요. 하지만 만약 그렇게 하지 않으면, 나 자신은 물론이고 삶과 관련된 모든 것에 불만을 품게 될 겁니다. 분명한 것은 우리에게는 추구하고 수용할 충분한 시간이 있다는 거죠.

- -

이러한 반응들은 큰 위안이 됐다. 1월에 향수와 열망을 불러일으키는 모든 잡동사니를 치워버림으로써 현재 사용하는 물건을 보관할 충분한 공간을 마련할 수 있었던 것과 마찬가지로, 막연히 즐거움을 주리라 믿었던 것들에 대한 환상을 포기하자 정말로 내게 즐거움을 안겨주는 무언가에 매진할 수 있는 여지를 얻게 되었다. 이제야말로 진정 나만의 『시도서』를 디자인할 수 있는 기회를 얻었는데, 그깟 재즈클럽에 못 가는 것이 뭐 그리 대수란 말인가. 나다워지자!

☑ 가끔 실없이 웃어라

해야 할 일로 눈코 뜰 새 없이 바쁜 상태이자, 한편으로는 정신적인 할 일 목록에 산만해진 나는 그 어느 때보다 유머 없고 삭막한 사람으로 변해 있었다. 연초에 했던 결심 중 대다수가 자신을 통제하자는 목표를 향했지만 충분치 않았던 것이다. 행복한 분위기는 단지 잔소리나 고함치기의 포기가 아닌 농담, 게임, 바보 같은 짓을 통해서도 창조되는 것이다.

어느 날, 내가 장 봐온 물건을 빨리 들여놓자고 모두를 재촉하고 있을 때, 남편이 오렌지 세 개를 들고 자신의 저글링 실력을 뽐내기 시작했다. 엘리자와 엘리너는 신이 나서 어쩔 줄 몰라 했지만 나는 신경이 곤두서기 시작했다.

"어서, 팀원들! 이것부터 처리해야지. 여보, 오렌지 내려놓고 저 가방부터 들여놓자!"

하지만 사실 우리에게 바쁠 이유는 하나도 없었다. 얼마 지나고 나서야 나는 그 상황을 좀 더 즐기면서 일이 놀이가 될 수 있게 해야 했다는 걸 깨달았다. 내가 정말 남들 흥이나 깨버리는 그런 사람이 된 걸까? 다음번에 장 봐온 물건을 내릴 때, 나는 귤 두 개를 집어서 엘리너와 엘리자의 눈에 고글처럼 붙여주었다. 아이들은 기쁨에 비명을 질러댔고, 남편은 좋아라 웃어댔으며, 장 봐온 물건도 탈 없이 집으로 들어갈 수 있었다.

연구에 따르면 '감정전이'에 따라 우리는 무의식적으로 그것이 좋은 감정이든 나쁜 감정이든 다른 사람의 감정에 영향을 받는다고 한다. 가끔은 실없는 행동을 함으로써 우리는 서로에게 좋은 기분을 전이시키게 되는데, 바보스러운 장난을 좋아하는 사람은 그렇지 않은 사람보다 3분의 1 정도 더 행복하다고 한다.

이렇게 하루하루 나는 세상사의 우스꽝스러운 모습을 보고, 엘리자와 엘리너의 놀이 세계에 발을 들이고, 가능한 빈둥거릴 기회를 찾아보았다. 엘리너가 '엘리너가 어디 있을까요?' 놀이를 수십 번씩 하자고 졸라댈 때, 그저 참아내려 노력하는 대신 나는 아이와 똑같이 그 게임을 즐기려고 시도했다.

☑ 가던 길을 벗어나보라

〈하퍼스 바자〉 편집장이었던 다이애나 브릴랜드는 "눈은 반드시 여행을 다녀야만 한다"고 했다. 내가 가장 높이 사는 친정엄마의 기질 중 하나는 모험심이다. 당신은 늘 새로운 장소를 찾아다니는 것과 새로운 경험을 쌓는 데 목말라 하신다. 결코 새로운 상황에 주눅 들지 않으며, 단지 무언가가 흥미롭다는 이유만으로 끊임없이 자신의 전문영역을 개발해보기도 한다. 나도 그런 엄마를 닮고 싶었다. '가던 길을 벗어나보자'라는 결심은 바로 그 예상치 못한 생각과 새로운 사람들, 그리고 창조적 에너지와 행복의 원천이 되는, 인습에 얽매이지 않는 자유 속으로 한 발 들어서라고 스스로를 밀어붙이기를 의미했다. 비능률적이면 어쩌나 걱정하는 대신, 나는 탐구와 실험, 탈선, '생산적으로 보이지 않을지라도 실패한 시도' 등에 내 시간을 써보고 싶었다. 그럼 구체적으로 어떻게 해야 하는 걸까?

지금까지 출간한 책의 주제로 삼았던 주요 관심사 외에도, 내게는 소위 '공식적인' 주제에 집중하기 위해 늘 한쪽으로 미뤄두었던 덜 중요한 관심사가 있었다. 예를 들면, 행복 프로젝트를 실행 중이었기 때문에 나는 행복과 관련된 글이라면 무엇이든 읽어보았지만, 그 외의 주제는 모두 무시해버렸다는 것이다. 그리고 지금 무시했던 주제들을 다시 탐색하라고 스스로를 괴롭히는 중이었다.

하지만 그러한 관심사를 무시해버리는 데 얼마나 열심히 매진했던지, 다시 추적해보려 시도했을 때는 정작 머릿속에 떠오르는 것이 하나도 없었다. 나는 자연스럽게 관심을 사로잡는 것에 대해 더 나은 감각을 얻고자 '관심사 일지'를 계속해서 작성해봤다. 호기심을 유발하는 신문 기사를 읽거나 서점에서 어떤 책에 눈길이 간다거나 어떤 대화에 특히 몰두하게 될 경우, 나는 일지에 그 주제를 기록해놓았다. 결과는 뒤죽박죽이었다.

'성녀 테레사, 비만, 인지적 편향(다른 사람도 그렇게 생각한다는 가정 하에 행동하거나, 지금 보이는 것이 앞으로도 지속된다고 믿는 경향), 우생학 창시자 프랜시스 골턴, 장기 기증, 윈터 카운트(집단에서 발생한 역사적 사건을 그림과 문자로 설명하는 북아메리카 인디언의 달력), 조각가 조셉 코넬, 전기문, 사물과 인간의 관계, 아동 발달, 사진, 명상과 화두, 성격 분석, 정보 프레젠테이션 방법, 책 디자인, 삽화 황금기에

활동한 예술가.'

나는 곧 일지 적는 것에 흥미를 잃고 말았다. 하지만 건축가 크리스토퍼 알렉산더의『패턴 랭귀지』, 통계학자 에드워드 터프트의『양적 정보의 시각적 표현』, 조지 오웰의 수필집, 만화가 스콧 맥클라우드의『만화의 이해』, 소설가 플래너리 오코너의 편지, 톨스토이 전기문들, 그리고 루시 몽고메리의 책들 등 관심을 사로잡는 내용이 담긴 책이라면 종류를 가리지 않고 무조건 읽어보도록 스스로를 부추겼다. 교육비평가 매튜 아널드는 이렇게 말했다. "현명한 사람에게는 모든 지식이 흥미롭다."

가끔씩 나는 중동 지역의 정치 상황이나 건축가 루이스 설리반의 건축물, 혹은 정치가 존 마셜이 남긴 유산에 대해 시간을 내서 배운다면 그와 관련된 주제에 매우 흥미를 느낄지도 모른다는 생각을 하곤 했는데, 실제로 그럴 거라는 확신이 든다. 그러다 가끔은 내가 바흐의 음악을 지금보다 훨씬 더 좋아했으면 좋겠고, 노력만 한다면 충분히 그럴 가능성도 있겠지만, 무언가를 좋아하도록 억지로 만드는 생각 자체가 마음에 안 든다는 생각이 들기도 했다. 그래서 이미 좋아하고 있는 것에 더 많은 시간을 투자하기로 했다.

뒤죽박죽 섞인 관심사 목록을 따라가면서 나는 '가던 길'을 벗어날 수 있는 다른 방법들을 찾아보았다. 신문을 읽을 때는 보통 뛰어넘던 기사 부분을 대충이라도 읽어보기 시작했다. 상점 앞을 그냥 지나치는 대신 쇼윈도를 들여다보려고 했고, 눈썰미를 날카롭게 해보려고 어디든지 카메라를 들고 다녔다.

5월에는 월요일마다 그전에는 한 번도 읽어보지 않은 종류의 잡지를 세 권씩 샀다. 첫 번째 월요일에는 수천 번도 넘게 그냥 지나쳤던 체육관 근처의 잡지판매점에 들어가 이리저리 돌아보며 책을 골랐다. 그곳은 마치 잡지 광맥 같았다. 바닥에서 천장까지 줄 맞춰 선 서가에 빈틈없이 잡지가 꽂혀 있었고, 바닥에는 그보다 더 많은 잡지가 펼쳐져 있었다. 나는 그 낯선 주제의 공간을 돌아다니면서 무작위로 세 권의 잡지를 빼냈다. 혹시나 포르노를 집어든 것은 아닌지 확인한 후에 계산대로 향했다. 구입한 잡지는 '건강한 말'을 다룬 특별판 〈에쿠우스〉, 요리와 종이 공예 잡지인 〈페이퍼 크래프트 구어메이〉, 그리고 기독교 잡지 〈프레시 아웃룩〉이었다.

그날 밤, 나는 세 권 모두 샅샅이 읽어 내려갔다. 나는 살면서 단 한 번도 아픈 말을 병원에 데려가거나 말발굽을 관리해주는 일에 대해 생각조차도 해본 적이 없었다. 말 기생충의 묘하고 흥미로운 생활주기에 대해서도 생각해본 적이 없었다. 도대체 무슨 이유로 맨해튼 중심부에 있는 잡지 가게에 말을 기르는 사람을 겨냥하는 잡지가 구비되어 있는 건지 가늠하기 힘들었다.

〈페이퍼 크래프트 구어메이〉 속의 '목테일(mocktail: 알코올을 뺀 칵테일) 파티' 샘플 초대장에 적힌 내용도 무척 흥미로웠다. "우리의 13주년 기념일을 축하하고자 마련한 저녁 식사 겸 목테일 파티에 당신을 초대합니다." 술을 안 마시는 사람도 있다는 사실은 나도 알고 있다. 하지만 파티 주최자가 처음부터 아예 목테일만 접대하는 파티라면 모르몬교도들의 모임처럼 대부분이 술을 입에도 대지 않는 경우를 말하는 것일까?

〈프레시 아웃룩〉에서는 성경구절 하나가 관심을 끌었다. 그날 나는 어떤 친구가 저지른 일 때문에 하루 종일 짜증이 나 있었고 그 친구를 마구 비난하고 싶었다. 물론 그렇게 한다면 결국에는 자책감이 들겠지만, 그래도 누군가 내 입장을 공감하는 사람에게 그 일을 털어놓고 실컷 흉이라도 보고 싶어 입이 근질거리는 것 같았다. 그때 거의 텅 빈 페이지가 내 눈에 들어왔고, 그 안에 적힌 몇 안 되는 글자가 위안이 되었다. "나무가 다하면 불이 꺼지고 말쟁이가 없어지면 다툼이 쉬느니라." 옳은 말이었다.

솔직히 매주 월요일마다 나는 친숙하지 않은 잡지를 읽어야 한다는 것에 부담감을 느꼈다. 그것은 마치 일을 하며 시간을 낭비하는 것 같았고 즐겁지도 않았다. 하지만 매주 그것을 해치웠다는 사실이 기쁘기는 했다. 나는 늘 무언가 유용하거나 생산적이거나 즐거움을 주는 것을 찾아다녔다. 약간의 지출을 필요로 하기는 했지만, 그것은 머릿속에 새롭고 예기치 않았던 아이디어를 심어줄 수 있는 고통 없는 방법이기 때문이다.

나는 매일 밤 시를 읽겠다고 작정했지만 실행하는 데는 실패하고 말았다. 시도만 했다면 충분히 가치가 있었을 테지만 너무 부담감이 커지는 것 같았다. 만약 행복 프로젝트 2탄을 실행하게 된다면 혹시 시도해볼 수 있을지 모르겠다.

☑ 열정을 다해 수집하라

나는 늘 무언가를 수집하고 싶었지만 여덟 살 때 '닉넥(knick-knacks: 집 안에 두는 자질구레한 장식품)'을 수집해본 이래로는 전혀 경험이 없었다. 수집은 사명감과 새로운 장소를 방문할 구실과 추적의 긴장감을 주고, 수집품이 얼마나 사소하든지 간에 전문가 영역에 들어갈 수 있도록 해주며, 가끔은 다른 사람과의 유대감을 느낄 수 있게 도와주기도 한다. 정말 재미있을 것 같지 않은가!

수집가의 유형에는 두 가지가 있다. 첫 번째 유형은 우표, 동전, 바비 인형처럼 완성된 물품을 수집하는 것으로, 그 범위는 광범위하면서도 평범하다. 두 번째 유형은 사이렌의 노랫소리처럼 거부할 수 없는 대상의 매력 때문에 순전한 욕망에 이끌려 수집하게 되는 유형이다.

두 번째 수집가 유형에 속하는 친정엄마는 어떤 대상이나 사물에 대해 엄청난 지식과 열정을 자랑하는 분이다. 수집품을 모으느라 박물관과 관련 상점을 무수히 방문하셨다. 일본 전통 꽃꽂이 바구니, 타탄 도자기(스코틀랜드의 전통 격자무늬가 들어간 도자기) 등은 엄마에게 엄청난 기쁨을 주는 것이다.

나도 수집을 해보고 싶었다. 하지만 무엇을 수집해야 하는 걸까? 값비싼 물건을 수집하는 것을 정당화할 만큼 충분한 열정도 없고 잡동사니를 모아들이고 싶지는 않았다. 나는 행복의 상징인 파랑새를 모으기로 마음먹었다. 행복과 파랑새의 관련성을 처음 깨달은 것은 벨기에 작가 모리스 메테를링크의 연극 〈파랑새〉를 통해서였다. 한 요정이 두 어린아이에게 말한다.

"파랑새는 행복을 상징한단다."

그러고는 두 아이에게 자신의 아픈 딸을 위해 파랑새를 찾아와달라고 부탁한다. 하지만 아이들은 수많은 모험을 치르고도 아무런 성과 없이 집으로 돌아온다. 그리고 집 안에서 그들을 기다리고 있는 파랑새를 발견한다.

"저걸 봐, 우리가 찾고 있던 파랑새야! 지금껏 수많은 곳을 헤매고 돌아다녔는데, 파랑새는 내내 여기에 있었던 거야!"

이 명백한 교훈은 내 행복 프로젝트와 아주 잘 들어맞는다.

'길을 벗어나보자'라는 결심을 지키자는 마음 외에는 별다른 이유도 없이, 어느 날 오후 나는 동네 한 귀퉁이에 있는 잡화점 안으로 들어갔다. 가게는 작았지만 전구부터 목재 퍼즐, 진공청소기, 화려한 양초에 이르기까지 없는 게 없었다. 나는 그 안에서 진짜 새처럼 조각되어 배터리로 작동되는 '브리지 싱어' 새가 여럿 진열된 것을 볼 수 있었다. 동작 센서가 달려 있어서 사람이 지나가면 움직이면서 지저귀는 상품이었다. 솔직히 사고 싶은 생각은 없었지만 파랑새가 하나 있었다. 나는 못 박힌 듯 서 있다가 수집품으로 하나쯤 모아도 좋겠다는 생각으로 구입했다.

며칠 후, 나는 친구와 함께 화원 거리를 걷고 있었다. 우리는 상점에 진열된 조화와 생화, 그리고 눈길을 끄는 싸구려 장식품들을 구경하며 돌아다녔다. 친구도 나도 작은 플라스틱 아기 모형과 모조

백일홍 꽃, 금색 스팽글로 만든 나비 모형 등에 넋이 나갔다.

"혹시 이 가게들 중에서 파랑새를 파는 곳 없을까?"

수집 취미가 쇼핑을 모험으로 바꾸어놓은 것이다.

"너 정말 몰라서 묻는 거야? 이쪽 모퉁이에 모조 새 파는 가게 있잖아."

도대체 친구는 그 가게를 언제 봤는지 모르겠지만, 어쨌든 나는 실제 같은 파랑새를 단돈 2.71달러에 살 수 있었다.

일 년 전의 나였다면 그런 싸구려 물건은 살 생각조차 하지 않았을 테고, 작업실을 파랑새로 채워놓는 일 따위도 절대 하지 않았을 것이다. 또한 '아무것도 아닌 일'을 하려고 진짜 일을 하지 않았다는 사실 때문에 죄책감을 느끼고 있었을 게 분명했다. 결국 '여유롭게 프로젝트 실행하기'와 '가던 길을 벗어나보자' 같은 결심이 내 태도를 바꾼 것이다. 나는 노는 데 시간을 보내는 것도 가치 있는 일임을 알게 되었고, 작은 수집품 더미를 소중히 여기는 것에도 나름의 장점이 있음을 배우게 되었다. 내가 필요 없는 물건들을 집에서 모두 치워버리려고 할 때 한 친구가 이렇게 말했다.

"집은 약간 지저분해도 나쁘지 않다는 거 기억해."

"정말? 왜 그런데?"

내가 놀라서 물었다.

"집집마다 잡동사니 모아두는 서랍이 몇 개 정도는 있어야 돼. 가끔은 그 안에서 예상치 못했던 걸 발견하게 되거든. 어디에도 속하는 것 같지는 않지만 버리기 아까운 물건들이 있으면, 그냥 약간 어질러진 대로 두는 것도 그리 나쁘지 않아. 언제 그게 필요하게 될지 모르는 거잖아. 그리고 그런 것이 있다는 걸 알고 있는 것도 나쁘진 않지."

나는 그가 옳다는 것을 깨달았다. 어딘가 비어 있는 서랍이 필요하고, 또 어딘가에는 잡동사니를 넣어둘 서랍이 필요하다. 어쩌면 파랑새들이 집을 좀 지저분하게 만들지 모르지만 사실 그건 별일 아니었다. 반드시 유용하지는 않아도 즐거움을 주는 무언가를 작업실에 둘 수 있는 것이다.

책상 옆에 있는 스탠딩 램프에 파랑새를 철사로 매달면서, 나는 가던 길을 벗어났다는 사실에 만족스러웠다. 재미있기도 했다. 게다가 그 재미 덕분에 기분도 붕 떠 있는 듯해서, 마침내 자리를 잡고 앉아 오랫동안 미뤘던 일을 시도해볼 마음의 여유도 갖게 되었다. 바로 블로그에 내 사진을 올리는 일이었다. 비록 시간을 낭비하고 있다는 느낌이 들긴 했지만, 컴퓨터를 붙들고 앉아 자판을 두드리는 전형적인 일을 하지 않았을 뿐 실제로는 꽤 생산적인 일을 하고 있었던 것이다.

엘리자의 스크래피 모자 만들기가 내게 또 다른 아이디어를 떠올리게 했다. '행복 상자'라는 것을 만들어 그 안에 행복한 생각과 기억을 상기시키는 물건들을 넣기로 했다. 적당한 상자가 하나 있었는데, 대학 시절 룸메이트가 준 것으로 내가 무척 아끼는 것이었지만, 지금껏 그 어떤 목적에도 이용하기가 적당치 않았었다. 매우 오래된 것으로, 장미색 페인트칠을 한 두 개의 판자와 뿌옇게 변해버린 거울 두

짝이 달린 뚜껑이 있었다. 그동안 아무 쓸모없이 자리만 차지하게 내
버려두는 것이 늘 마음에 걸렸었는데, 이제는 그것만을 위한 특별 계
획이 생긴 것이다. 나는 어린 시절 여동생을 상기시키는 오래되고 작
은 스누피 메모판을 집어넣었다. 그리고 할머니의 찻잔 수집품에 있
던 미니어처 도자기 찻잔도 넣었다. 도로시 도자기 인형도 넣었고,
엘리자가 좋아했던 루비 슬리퍼도 넣었다. 엘리자는 『오즈의 마법
사』 중에서 가장 신나는 장면을 재연할 때면 노래를 부르곤 했다.

"저 루비 슬리퍼에는 언제라도 나를 캔자스로 데려갈 수 있는 힘
이 있어. 단지 발꿈치를 세 번 부딪혀봐, 도로시. 그럼 바로 집에 돌아
가 있을 거야."

그다음 렌즈가 콜라병 바닥처럼 두꺼운, 내가 마지막으로 끼고 다
녔던 안경을 집어넣었다. 얇은 렌즈를 만들 만큼 기술력이 발달하지
않았을 때 착용했던 것인데, 지금 보니 정말 우스웠다. 천으로 만든
자그마한 빨간 모자 인형은 내가 엘리너에게 『빨간 모자와 늑대이야
기』를 읽어주던 때를 떠오르게 했다. 콘 모양의 작은 레고 나무는 어
린 시절의 크리스마스트리를 대신해서 상자 속으로 들어갔다. 내가
가장 좋아하는 뉴욕시 기관을 상징하는 물건으로 뉴욕 공공도서관
책갈피도 넣었다. 기회의 상징인 낡은 주사위도 포함시켰다. 파랑새
가 들어 있는 미니어처 카드도 집어넣었다.

행복 상자는 장난감 항아리만큼 유용했다. 집 안 구석구석에는 그
동안 감상적인 이유로 간직하고 있던 작은 물건들이 셀 수도 없이
많았다. 어떤 것은 뭉치로, 또 어떤 것은 여기저기 낱개로 흩어져 있

었지만 수집품으로는 대단히 만족스러웠다.

나는 블로그 독자들에게 그들의 수집품에 대해 질문해보았다. 독자들은 수집품 모으는 일이 재미있었을까? 어떤 물건들을 수집하고 있을까?

➥ 내게 있어 수집품은 기쁨의 샘입니다. 주말이나 여행할 때면 나는 작은 상점이나 벼룩시장 등을 이리저리 들쑤시며 돌아다닐 구실을 만들어내죠. 물론 무언가 찾고 있는 것이 없다면 그리 재미있을 것도 없는 일이겠죠. 나는 유리로 만들어진 눈 내리는 구슬과 플라스틱 장신구, 불이 들어오는 지구본, 유서 깊은 걸스카우트 물품 등을 수집합니다. 이러한 수집품들은 친구들과 함께 했던 여행이나 행복했던 시간들을 떠오르게 하고, 많은 돈을 쓰지 않고도 집 안 분위기를 세련되게(물론 내 생각입니다) 만들고, 말 그대로 '나의 흔적'이 느껴지게 하지요.

➥ 나는 빈티지 종교 예술 서적을 수집합니다.

➥ 나도 수집품이 몇 가지 있습니다. 빈티지 케이크 장식품, 손수건, 빈티지 파랑새, 그 외에도 더 있습니다. 전에는 하트 모양으로 된 것은 무엇이든 모았죠. 그런데 시간이 갈수록 주변 사람들이 하트만 선물로 주는 겁니다. 그래서 모아둔 것을 진열해야겠다고 생각했죠. 그

때부터 수집이 취미가 됐어요. 평소 좋아하던 것도 변할 수 있다는 점을 아는 것도 중요한 것 같아요. 나는 그동안 모아두었던 인형 수집품을 모두 처분해버렸어요. 이제 더는 그것에 흥미가 없어졌거든요. 엄마는 나중에 내 딸아이가 갖게 버리지 말고 넣어두라고 말씀하시지만, 내 생각에는 자신에게 아무 의미도 없는 마흔 개의 인형을 물려받기보다는 자신만의 수집품을 모으는 것이 미래의 딸아이에게 훨씬 즐거운 일이 될 것 같아요. 그래서 몇 개만 남기고 다 버렸어요.

➥ 수집하는 일이 다른 사람들에게는 큰 즐거움을 주는 것 같지만, 나는 무언가를 집에 모아두고, 치우고, 그러면서 더 많은 것을 쌓아두는 걸 좋아하지 않습니다. 그보다는 책을 읽거나 새로운 조리법을 익히는 데 더 시간을 쓰고 싶어요.

나 역시 두 가지 수집을 시작한 이후, 내게 수집가적 기질이 없다는 사실을 인정했다. 언젠가는 나도 모르게 수집하고 싶다는 생각이 간절해질 만큼 강렬한 흥미를 불러일으키는 대상을 찾게 될지도 모르지만, 아직은 그것을 찾지 못한 것 같았다. 즉, 나는 '수집을 시작해야겠어!'라는 마음을 먹을 수도 없고, 그렇다고 최고 수집가의 수준에도 접근하지 못한 것이다. 아, 앞서 언급했던 어른의 비밀은 사실이었다. '다른 사람에게 즐거운 일이라고 해서 내게도 반드시 즐거운 일이 되라는 법은 없다.'

5월이 거의 끝나갈 무렵, 나는 세 가지 즐거움이 있다는 사실을 이해하게 되었다. 그것은 '도전하는 즐거움, 수용하는 즐거움, 그리고 휴식의 즐거움'이다. '도전하는 즐거움'은 가장 보상이 크지만, 혼란스러움과 조바심을 일으킬 수 있고, 엄청난 노력을 요하기도 한다. 종종 귀찮은 잔일을 수반하기도 하고, 시간도 많이 들며, 열정도 있어야 한다. 하지만 결국에는 가장 만족스러운 즐거움이 된다.

덜 도전적이기는 하지만, 상당한 노력을 요하는 즐거움이 바로 '수용의 즐거움'이다. 놀이동산으로 가족 나들이를 가는 것이 이 범주에 속한다. 물론 놀이동산에 가는 것은 즐겁지만, 내가 그곳에 가는 진짜 이유는 아이들이 원하기 때문이다. '가족 모두가 즐길 수 있는 놀이란 절대 존재하지 않는다'라고 말했던 사람이 코미디언 제리 사인펠드였던가? 가족 모임 저녁 식사에 가는 것, 심지어는 친구와 함께 저녁을 먹고 영화를 보는 일에도 수용이 필요하다. 그것이 관계를 돈독하게 해주고 추억을 만들어주며 재미도 준다. 하지만 엄청난 노력과 조직력, 주변의 협력과 도움, 그리고 '수용'이 필요하다.

'휴식의 즐거움'은 쉬운 편에 속한다. 기술을 연마할 필요도 없고 어떤 행동을 취할 필요도 없다. 사람 사이의 조정이나 미리 처리해야 할 준비과정 같은 것도 없다. 잠자는 시간과 일하는 시간 다음으로 대다수 사람들의 시간을 가장 많이 빼앗아가는 주범인 TV 시청이 바로 대표적으로 휴식의 즐거움을 얻는 길이다.

몇몇 연구에 따르면 도전하는 즐거움과 수용의 즐거움은 오랫동안 더 많은 즐거움을 선사한다고 하는데, 이유는 그 두 가지 즐거움이 사람들을 가장 행복하게 만드는 요소, 즉 다른 사람들과의 강한 결속력, 무언가를 완수했다는 느낌, 성장의 분위기 같은 요소의 원천이기 때문이라는 것이다. 반면 휴식의 즐거움은 의도적인 수동성을 보여준다고 할 수 있다. 그렇다면 휴식의 즐거움이 세 가지 중에 가장 적은 즐거움을 준다는 결론이 나는데, TV 시청은 왜 그렇게 인기가 있는 것일까? 그것은 도전의 즐거움이나 수용의 즐거움에서 우리가 더 많은 것을 얻을 수 있기는 해도, 그것을 얻기까지 쏟아부어야 하는 노력이 훨씬 더 크기 때문이다. 한마디로 열정뿐만 아니라 충분한 사전 준비와 숙고가 있어야 한다는 것이다.

이달의 결심을 수행하는 것은 약간 힘이 들었다. 사실 즐거움을 찾아내고, 가던 길을 벗어나고, 수집을 시작하는 등의 일은 언뜻 보아 매우 즐겁게 할 수 있는 활동 같았고, 또 실제로 즐겁기도 했다. 하지만 그 즐거움은 스스로를 열심히 몰아붙여 마침내 그 일을 해내고 난 후에 느낀 감정이었다. 내가 얼마나 일상에 얽매여 있는지, 새로운 일을 시작하는 것에 얼마나 무관심했는지, 그리고 스스로에게 부과한 읽기와 쓰기에서 벗어나는 일을 얼마나 두려워하고 있었는지 깨달았을 때는 상당히 당황스럽기까지 했다. 나는 습관에 찌들어 헤어나지 못하는 한심한 인간일까?

그때 이런 생각이 들었다. '잠깐, 기다려봐! 새로운 것은 자극적이잖아. 또 가끔씩 무언가 다른 일을 시도해본다는 건 확실히 내게 도움이 되는 거야.' 하지만 오히려 이러한 노력 덕분에 나는 익숙한 일상이나 습관을 내가 얼마나 사랑하는지 깨닫게 되었다. 사실 같은 방식으로, 하루의 같은 순간에, 매일 무언가를 하고 그 느낌을 즐기며 기뻐하는 것은 아무런 가치가 없다. 앤디 위홀은 이렇게 말했다.

"평생 단 한 번 하든가 매일 하든가 둘 중 하나다. 무언가를 한 번 해보는 것은 짜릿한 경험이며, 매일 할 수 있다면 그것도 흥분되는 일이다. 하지만 두 번 하거나 거의 매일 하는 것은 더 이상 즐겁지 않다."

나는 집에서 한 블록밖에 떨어져 있지 않은 도서관 문을 들어설 때면 매우 행복하다. 그곳에서 대부분의 글쓰기 작업을 한다. 도서관에 가지 않을 때 들러서 일을 하는 커피숍 세 군데도 아주 좋아한다. 그동안 사 모은 행복 관련 서적 위에 또 한 권의 책을 올려놓을 때도 무척 행복하다. 그리고 나는 작가로서의 내 일도 사랑한다. 그것들이 내게 즐거움을 주는 것이다.

즐거움을 찾는 데 헌신했던 한 달이 끝나갈 무렵, 나는 또 한 번의 행운과 마주쳤다. 내 행복 프로젝트는 평범한 삶에 내민 도전장이었을 뿐, 행복을 시험하는 커다란 장애에 마주쳐서 시작한 건 아니었다.

행복 프로젝트의 주요 목표는 역경과 마주쳤을 때 그것을 헤쳐 나갈 수 있도록 준비하고, 안 좋은 일이 발생했을 때 대처할 수 있는 자제심과 습관을 개발하는 것이었다. 그러나 블로그에도 올렸듯이, 심각한 질병이나 실직, 이혼, 약물 중독, 우울증 상황에 있는 사람들의 눈에 나의 이런 시도가 어떻게 비쳐질지 걱정되었다. 그들은 이렇게 비난할지도 모른다.

"도대체 이 여자 뭐 하는 사람이야? 삶이 평온할 때 행복에 대해 얘기하자고?"

나는 독자들의 관점은 어떤지 알아보고자 블로그에 몇 가지 질문을 올렸다.

"여러분은 인생이 아무 탈 없이 잘 흘러가고 있을 때, 행복에 대해 생각하고 더 행복해지고자 노력하며 행동을 취하는 편인가요? 아니면 반대로 재난과 직면했을 때 그렇게 하는 타입인가요?

만약 큰 재난과 마주하고 있다면, 친구와 점심을 먹거나, 침대정리를 하거나, 산책을 하는 등의 작고 평범한 일들이 행복을 일구는 데 도움이 된다고 생각하나요? 아니면 사소한 노력들이 직면한 어려움의 엄청난 무게 때문에 더욱 하찮아 보이나요?

내 희망은 행복 프로젝트가 사람들로 하여금 그들의 평범한 일상 속에서 더 행복해지려 노력할 수 있게끔 돕는 것입니다. 또한 행복의 시험대 같은 절박한 상황에서도 모두가 더 행복해지려 노력할 수 있도록 돕는 것이기도 합니다. 여러분은 이러한 전략을 실천하는 것이 행복을 키우는 데 도움을 준다고 생각하시나요?"

많은 독자들의 응답이 있었다. 그들은 평범한 삶이 지속되고 있든, 재난을 마주한 상황이든 상관없이 행복해지기 위해 일정한 단계를 밟아나가는 것은 해볼 만한 가치가 있다는 생각에 동의하고 있었다.

➡ 나는 행복한 일이 일어나고 있을 때 그 순간을 인식하는 능력도 중요하다고 생각해요. 만성 질병으로 고생하는 한 사람으로서 나는 밖에서 친구와 점심을 먹거나, 마감을 맞추거나, 햇살을 만끽할 수만 있다면 그것만으로도 그날은 행복한 날이죠. 행복한 순간을 맞이하고 있음을 인식하는 것은 고통이 너무 커서 그것이 내 모든 것을 압도하는 것을 막아주니까요.

➡ 사람은 역경에 처하기 전까지는 행복이 무엇인지 잘 모르는 것 같아요. 나는 작년에 23년간의 결혼생활을 끝냈습니다. 나와 네 명의 아이들이 느꼈던 분노와 슬픔은 그 정도가 엄청나서 결국 한 아이는 두 학기 내내 학교생활을 망치고 우울증 치료를 받기에 이르렀죠. 또 한 아이는 알코올 문제로 두 번이나 감옥에 가야 했고요. 사람마다 삶을 헤쳐 나가는 방식이 다릅니다. 나는 고통에 멍하니 넋을 잃고 앉아 있기보다는 분노와 슬픔을 이겨낼 수 있는 긍정적인 방법을 찾으려고 노력하고 있습니다. 삶이란 '매 순간 작은 것에 감사하는 마음을 갖는 과정'입니다. 영감을 불러일으키는 것들로 주변을 채우고 집착이 마음을 압도하지 않게 스스로를 다독이는 게 중요하죠. 때로 인생은 힘겨운 몸부림과 고난의 연속 같아 보이기도 하지만 나는 행복이 세상을 대하는 자신의 태도와 그것을 바라보는 시선에서 비롯된다는 사실을 알게 됐어요.

➡ 나는 삶을 통째로 뒤흔드는 재난만이 그 어떤 방법으로도 결코 얻을 수 없는, 행복을 바라보는 통찰력을 제공한다고 생각합니다. 하지만 그 시점에 도달하기 전에 행복이 자신에게 진정 무엇을 의미하는지 깊이 깨달아 알수록, 효과적으로 재난에 대처할 수 있을 겁니다. 그러니 수단과 방법을 가리지 말고 '지금 바로' 행복을 이해하려 노력해야 합니다.

➡ 나는 지난 몇 년간 매우 힘든 시기를 보냈습니다. 행복은 사막에 있는 오아시스처럼 내게 반드시 필요한 것이죠. 그래서 일부러라도 기분을 고양시켜주고 어려움을 이길 수 있게 도와줄 사소한 일들을 찾아다닙니다. 그렇게 찾아낸 일 중 하나가 블로그를 돌아보는 것이죠. 나는 매일 평화를 안겨주는 요가와 명상을 합니다. 정원에서 채소를 가꾸고 가족과 애완동물을 돌보며, 요리도 하고 읽고 싶은 책도 찾아다닙니다. 그림도 그리고 일기도 쓰죠. 햇볕이 따스하게 내리쬐면 산책하기에 '정말 좋은' 날이라고 생각하고, 흐린 날이면 집 안에 있기 '정말 좋은' 날이라고 생각합니다. 모든 것은 태도에 달려 있습니다. 나는 삶이 어떤 드라마를 펼쳐 보이더라도 행복을 택하기로 했습니다.

➡ 나는 행복이 '둑'처럼 쌓아올릴 수 있는 것이라고 생각합니다. 다시 말해서, 배가 평온한 바다를 항해할 때 자기 자신에 대해 배우고, 무엇이 행복하게 해주는지 알아가는 것입니다. 그리고 파도가 높아

지고 거칠어지면 행복했던 시절의 기억을 꺼내는 겁니다. 그 기억의 자리에는 바로 내가 있으니, 다시 한 번 그 자리로 돌아갈 수 있도록 노력해볼 만하겠지요. 그리고 폭풍이 잦아들면 행복이라는 목적지를 향해 다시 노를 젓는 겁니다. 물론 예전과 같은 길로 갈 수는 없어도 어쨌든 도착할 수는 있을 테니까요.

행복이란 삶이 평탄할 때만 생각할 수 있는 것도 아니고, 인생이 형편없이 꼬일 때만 생각할 수 있는 것도 아니라는 내 신념이 더욱 강화되는 것 같았다.

새뮤얼 존슨은 이렇게 말했다.

"현명한 이의 모든 관심은 행복해지는 데 쏠려 있다."

삶이 어떻게 흘러가든 상관없이.

인간
관계

친구는 지금 당장 만나라

✓ 친구의 생일을 기억하라

✓ 최대한 관대해질 것

✓ 자주자주 얼굴 보기

✓ 뒷담화는 절대 금물

✓ 새로운 친구를 사귀어라

JUNE

"성공의 80퍼센트는 얼굴을 들이미는 데 있다"라고
우디 앨런 감독이 말했듯이
우정을 유지하기 위해 가장 노력해야 할 부분도
친구들 앞에 나타나는 것이다.
지속적으로 노력하지 않는 한,
친구들은 결코 내 옆에 머물러 있지 않는다.

내 행복 연구를 통해 드러난 결론 중, 현대 과학자부터 고대 철학자에 이르기까지 모두 한 목소리로 동의하는 한 가지 사실은 '강한 사회적 유대감이 가장 의미 있는 행복의 기반'이라는 점이다.

긍정심리학의 슈퍼스타라 할 수 있는 에드 디너와 마틴 셀리그먼은 '스물네 가지 긍정적인 성격 중에서 삶의 만족감을 가장 높이는 기질은 대인관계에 관련된 것'이라는 사실을 증명하려고 여러 연구를 언급한다. 에피쿠로스도 역시 우정 예찬론자다.

"일생을 행복하게 보낼 수 있는 가장 위대한 지혜는 우정이다."

우리는 모두 가깝고 오래된 관계를 필요로 하고, 다른 사람을 신뢰할 수 있어야 하며, 어딘가에 속해 있어야 한다. 여러 연구 결과에 따르면, 중요한 문제를 상의할 수 있는 친구가 다섯 명 이상 있는 사람은 자신을 매우 행복하다고 할 가능성이 높다는 것이다.

몇몇 연구가들은 지난 20년 동안 보통의 미국인이 주장하는 절친한 친구의 수가 계속 감소하고 있다고 주장한다. 그것은 아마도 사람들이 예전보다 자주 이사를 다니고 일하는 시간도 길어졌기 때문에 우정을 쌓을 만한 충분한 시간을 갖지 못해서일지 모른다. 실제로 중년의 위기를 맞이한 사람들이 가장 흔히 하는 불평 역시 '진정한 친구'가 없다는 것이다.

무엇을 하든 다른 사람과 함께 할 때 사람은 더 행복을 느끼는 경향이 있다고 한다. 운동을 하든, 회사에 가든, 집안일을 하든 간에 함께 하는 사람이 있을 때 우리는 더 재미를 느낀다는 것이다. 이러한 경향은 단지 외향적인 사람들에게만 해당되는 것이 아니라, 놀랍게도 내성적인 사람들에게도 마찬가지로 적용된다. 사실 연구가들은 사람들이 일반적으로 하는 열다섯 가지 일상 활동 중에 여럿이 할 때보다 혼자 할 때 더 즐겁다고 느끼는 일은 오직 기도밖에 없다고 보고했다. 하지만 내 생각에는 기도도 예외가 아닌 것 같다. 기도 또한 자기 자신에게 하는 말이 아니지 않은가?

돈독한 우정을 유지하는 것이 삶에서 더 큰 기쁨을 느끼게 하는 역할만 하는 것은 아니다. 연구에 따르면 놀랍게도 그것은 금연보다 수명을 연장시키고, 면역력도 길러주며, 우울증의 위험도 훨씬 감소시킨다고 한다. 외로움을 떨쳐버리고자 한다면, 우리는 적어도 한 명의 신뢰할 수 있는 사람과 친밀한 관계를 유지해야만 한다. 그렇다고 그 관계가 꼭 친구일 필요는 없다. 누구라도 스포츠나 대중문화, 정치 같은 주제를 함께 이야기할 수 있는 상대면 된다. 또한 우리는 서로를 도와 상호 일체감과 자긍심을 심어줄 관계망도 필요로 한다.

6월에 나는 오랜 친구와의 사이를 돈독하게 함으로써 관계를 강화시키고, 현재 만나고 있는 친구와의 관계를 더 깊이 있게 하면서 새로운 친구를 만드는 노력도 해보기로 했다.

☑ 친구의 생일을 기억하라

행복 전문가들은 친구와의 유대감을 강화하는 것이 얼마나 중요한지 강조한다. 그런데 그러려면 정확히 어떻게 해야 하는 것일까? 최소한 생일만이라도 기억해야 한다고 생각한다.

나는 친구의 생일을 기억해내는 데는 전혀 재능이 없고, 생일을 맞혀본 적도 거의 없으며, 우연히도 나와 생일이 같은 친구를 제외하고는 외우고 있는 친구의 생일도 없었다. 그러니 이메일로 생일 카드라도 보내게 된다면 적어도 일 년에 한 번이라도 친구들과 연락을 하고 지냈다는 것을 의미했다.

일 년에 한 번은 너무 야박한 것 아니냐 할지 모르지만, 그것만으로도 괜찮을 것이 분명했다. 페이스북을 하는 친구가 제법 많아서 생일을 알아내는 것이 그리 어려운 일은 아니었다. 하지만 그렇지 않은 친구도 꽤 되기 때문에, 그들에게는 일일이 메일로 생일을 물어야 했다.

그러던 어느 날, 나는 주소록 전체를 업데이트해서 그 정보를 컴퓨터에 입력해둬야겠다고 마음먹었다. 사실 여러 해 동안 플래너에 친구들의 생일이나 주소를 추가하고 삭제하느라 이제는 글씨를 알아보기 힘들 정도로 지저분해졌을 뿐 아니라 종이도 너덜너덜 위태롭게 매달려 있었다.

친구들에게 답장을 받기 시작했을 때, 나는 생일이 다가오면 미리 알려주는 웹사이트를 알게 됐다. 그래서 생일을 그 웹사이트에 올리고, 주소를 타이핑하는 길고 지루한 작업을 했다. 그 귀찮은 일을 해내는 것은 따분하기가 말로 다하기 힘들 지경이었지만, 그 일을 완수하고 나니 활기가 넘치면서 만족감도 상당했다. 문서로 완성한 주소록을 얻었다고 해서 친구들과 더 친밀해지지는 않았지만, 깔끔하고 보기 쉬운 친구들의 정보를 확보하게 되었으니 앞으로는 그렇게 될 것이 분명했다.

생일 카드를 이메일로 보내겠다는 결심을 친구에게 말하자 그는 이렇게 대답했다.

"그런데 전화는 꼭 해줘야 돼! 전화가 훨씬 가깝게 느껴지거든."

그러다보니 나는 오랫동안 연락을 못하고 지낸 친구에게 "생일 축하해!"라는 제목의 메일을 써서 보낼 때는 왠지 긴 안부의 글을 함께 써서 보내야 할 것 같은 기분이 들었다. 그때 내 어른의 비밀 중 하나가 기억났다. '완벽함이 선함의 적이 되게 하지는 말아라.'

이 말은 볼테르한테서 영감을 얻었던 것이다. 사실 나는 전화 통화를 좋아하지 않았기 때문에 절대 전화는 하지 않을 것이 분명했다. 해야 한다는 것은 알고 있지만 안할 것이 뻔했다. 대신 이메일은 보낼 수 있다. 짧은 이메일이라도 상관없다고 결론 내렸다. 중요한 것은 계속 연락을 하고 지낸다는 점이었고, 만약 내가 그 일 자체를 너무 부담스러워한다면 계속 못할지도 몰랐다.

나는 웹사이트에 생일만 입력시켜놨는데, 한 친구가 자신은 아이들의 중요한 날짜도 함께 올려놓았다고 말해주었다.

"그렇게 하면 우리 애가 처음 말을 한 날이나, 처음 손을 흔들며 인사한 날 등을 기억할 수 있잖아. 일에 치어 살면서 가끔씩 그런 추억을 떠올릴 수 있는 것만으로도 얼마나 행복한데."

조언 덕분에 나는 또 하나의 멋진 행복 아이디어를 얻었다.

완성된 주소록을 바라보고 있자니, 나는 더 이상 친구라고 하기에는 너무 멀어져버린 이름들 때문에 가슴이 먹먹해졌다. 주소록에는 한때 친한 친구였으나 이제는 그렇지 않은 사람들의 이름이 남아 있었고, 그중에서 특히 내 눈길을 끈 이름은 고등학교 때 친하게 지내던 선배였다. 나보다 한 학년 위였지만, 우리는 활기차며 수다스러운 선배와 그를 우상처럼 떠받드는 학구파 후배라는 전형적인 짝꿍이었다. 어쩌다가 소식이 끊기게 됐는지는 확실치 않지만, 우리는 거의 10년 넘게 소식을 모른 채 살아가고 있었다.

주소록에 연락처가 있었지만 최근 것이 아니었다. 나는 고등학교 동창회 사무실에 전화를 걸어 선배의 전화번호나 이메일 주소를 알아봤지만 그곳에도 아무 흔적이 없었다. 그것은 전혀 선배답지 않았다. 흔한 이름이라 인터넷 검색으로는 도저히 찾아낼 수가 없었다. 하지만 내가 주소록 작성하는 것을 끝냈을 때, 그녀와 나를 모두 아는 친구를 우연히 만났다. 친구는 선배가 뉴올리언스에 살고 있을지 모른다고 말했다. 그 정보만으로 나는 선배를 찾아낼 수 있었다. 정말 우스운 일은, 10년이라는 세월이 흘렀음에도 나는 그녀가 자신의 독특한 중간이름을 매우 자랑스러워했다는 사실을 기억해낸 것이다. 그리고 그 이름을 검색어에 포함시켜 선배를 찾을 수 있었다. 소녀 시절 자아가 여전히 우리와 함께 있었던 것이다.

나는 선배의 회사로 전화를 걸었다. 그녀는 무척 놀란 듯했지만 행복해하기도 했다. 그날 밤, 우리는 거의 두 시간 동안 전화 통화를 했다. 그녀의 목소리가 잊고 있었던 수많은 추억을 되살려주었기에, 무감각한 뇌에 다시금 활력이 용솟음쳤다.

전화를 끊기 전에 나는 용케 다음 질문을 기억해냈다.

"참, 생일이 언제지?"

이번에는 연락 한 번 없이 10년이라는 세월을 그냥 흘려보내는 일은 결코 없을 것이다.

우리가 예전처럼 친한 친구가 될 수 있는 방법은 사실상 없다고 봐야 할 것이다. 사는 곳도 너무 멀리 떨어져 있고, 서로의 인생에서 소외된 채 오랜 시간을 보냈으니까. 하지만 여러 해 동안 나는 이렇게 아슬아슬한 상태로 남아 있는 관계들 때문에 신경이 쓰였기에, 선배와 다시 연락이 닿았다는 사실만으로도 너무나 기뻤다. 그래서 선배에게 휴가 동안 캔자스시티에 다녀가라고 졸라야겠다고 적어놓았다.

☑ 최대한 관대해질 것

관대함은 친구 간의 유대감을 강화시킨다. 게다가 연구에 따르면, 사람들은 도움을 받을 때보다 누군가를 도울 때 더 큰 행복을 느낀다고 한다. 나 역시 다른 사람이 내게 베푼 선행을 떠올릴 때보다 내가 다른 이들에게 좋은 일 한 것을 떠올릴 때 훨씬 큰 만족감을 느낀다. 그것은 어른의 비밀에도 있는 내용이다. '좋은 일을 하면 기분도 좋다.'

나는 나타샤라는 학생을 도왔던 일을 떠올릴 때마다 기분이 좋아진다. 우리는 나타샤가 열다섯 살 되던 해 '학생 후원 결연 조직'이라는 단체를 통해 '후원자'와 '학생'으로 맺어졌다. 그 후 3년 정도의 시간이 흐르고 나타샤는 대학 지원서 쓰는 일 때문에 고민했다. 조바심 때문에 점점 무기력해지는 모습이 눈에 보일 정도였다. 처음에는 그런 아이를 어떻게 도와야 하는지 감조차 잡지 못했지만, 곧 주변에 이리저리 도움을 청해 조언을 할 수 있었다. 하루는 둘이 함께 이민자를 위한 대학센터를 방문했다. 그곳의 대학 포스터, 책장에 잔뜩 꽂힌 학교 안내책자와 시험 준비 가이드, 그리고 '영어 에세이 작성에 도움이 필요하세요?'라는 안내문을 보면서 함께 안도감을 느꼈다. 나타샤는 대학 지원서를 제때 작성해서 낼 수 있었다.

좀 더 관대해지고 싶다면 관대함의 특성에 대해 먼저 살펴봐야 할 필요가 있다. 선물을 주는 것도 관대해지는 한 방법이기는 하지만, 디너파티에 초콜릿 한 상자를 들고 가는 것이 관대함을 보여주는 방식이라고는 생각하기 힘들었다. 게다가 나는 쇼핑 자체가 싫었다. 더는 나 자신에게 귀찮은 일거리를 안겨주고 싶지 않았다. 쇼핑도 하고 싶지 않고 귀찮은 일도 싫지만 나 자신의 한계 내에서 관대해지고 싶다면 어떻게 하면 되는 것일까?

나는 관대함의 정신을 좀 더 길러야 할 필요가 있었다. 그래서 다른 전략 몇 가지를 찾아낼 수 있었다. 첫 번째 전략은 다른 사람이 크게 생각할 수 있도록 돕는 것이다. "네가 해야만 해!" "넌 사업을 시작해야 해. 그 보조금 신청해, 알았지?" 이처럼 친구가 북돋아주는 열정과 자신감은 우리로 하여금 야심찬 목적을 이룰 수 있도록 영감을 불어넣는다.

나 역시 사람들이 크게 생각할 수 있도록 도와주었던 경험이 있다. 엘리자가 유치원에 입학하고 난 후, 그전에 다니던 유아원에서 총동창회가 개최됐다. 아이들이 이전 학급 친구와 놀고 있을 때, 유아원 책임자인 낸시와 엘런은 학부모들을 모아놓고 유아원 프로그램 이행에 대한 토론을 이끌었다. 늘 그랬듯이 두 사람의 통찰력은 매우 뛰어났다. 그만 돌아가려고 자리에서 일어서다가 나는 문득 그런 생각이 들었다. '이 두 사람은 책을 써야 할 것 같다.' 그리고 즉각 그것이 대단한 아이디어라는 확신을 얻게 되었다. 나는 일어선 자리에서 두 사람에게 내 생각을 제안했다.

"우리도 그런 생각을 해보기는 했어요. 하지만 진지하게 고민해본 적은 없었죠."

그날 밤 나는 두 사람의 책을 기획한다는 생각에 흥분이 되어 한숨도 잘 수 없었다. 사실 두 여성에 대해 잘 알지도 못해서 어떻게 그 사안을 밀어붙여야 할지도 몰랐다. 그러나 한편으로는 그들이 굉장한 책을 쓰게 될 거라는 느낌이 강하게 들었다. 따라서 내가 발 벗고 나서서 두 사람을 재촉하지 않는 한 시간만 흘러갈 것 같다는 생각이 들었을 때, 술 한 잔 하면서 책 이야기를 해보자고 두 사람을 초대했다. 만나서 이야기를 시작하자 두 사람은 차츰 열정적으로 관심을 보이기 시작했다. 나는 내 에이전시에게 두 사람을 소개했다. 그들은 자신들의 아이디어를 간략하게 종이에 썼다. 번갯불에 콩 볶아먹듯이 일사천리로 낸시와 엘런은 계약서를 작성하고 책을 썼다. 현재 낸시 슐만과 엘런 번바움의 『부모를 위한 실용적인 지혜: 취학 전 시기의 이해』는 우리 집 책장에 꽂혀 있다. 내가 그들의 성취에 작은 역할을 했다는 사실은 무척 강렬한 행복감을 안겨주었다.

두 눈을 크게 뜨고 '사람들이 크게 생각할 수 있도록 돕기 위한' 방법을 찾아내려 애쓰는 동안 나는 거대한 행복의 돌파구를 찾게 되었다. 즉 나의 '두 번째 찬란한 진실'이 생겨난 것이다. 6월의 어느 날 아침, 마침내 그 논리가 확실해졌다.

'나 자신을 행복하게 만드는 최고의 방법은 다른 사람을 행복하게 만드는 것이다. 다른 사람을 행복하게 만드는 최고의 방법은 나 자신이 행복해지는 것이다.'

이것은 더없이 중요한 통찰력이었다. 너무도 자명하고 또 중요했다. '두 번째 찬란한 진실'은 내 마음속에 엉켜 있던 많은 것을 명확히 했다. 예를 들어, 이타심과 행복은 무슨 관련이 있는 것일까? 어떤 이들은 선행을 베풀면 행복을 느낄 수 있기에, 어떠한 행위도 진정한 이타심에서만 비롯되었다고는 볼 수 없다고 주장한다. 우리가 다른 사람의 이익을 위해 무언가를 하면 그 자체가 우리의 기쁨이 되기 때문이라는 것이다.

'두 번째 찬란한 진실'이 제공하는 대답은, '그래, 물론이지. 그래서 뭐가 잘못됐는데? 더 잘된 거잖아!'다. 행복의 느낌이 행위의 '선함'을 축소시키지는 않는다. 사실 누군가 관대한 행위를 하거나 그와 비슷한 행동을 하는 것을 보면 나는 늘 행복을 느낀다. 특히 내가 그 당사자라면 더욱 그렇다! 미덕을 실천에 옮기는 광경은 세상이 제공하는, 가장 섬세한 형태의 기쁨이라 할 수 있는 상승의 느낌을 불어넣는다. 프랑스 사상가 시몬 베유가 지적했듯이 "상상의 악은 낭만적이기도 하고 다채롭다. 하지만 현실의 악은 우울하고 단조롭고 황량하고 지루하다. 상상의 선은 지루하지만, 실제의 선은 새롭고 경이로우며 사람을 도취시킨다."

또한 '두 번째 찬란한 진실'은 행복을 얻고자 애쓰는 것이 언제나 이기적인 것은 아니라는 사실도 강조한다. 결국 내가 열 일 제쳐두고 더 행복해지기 위해 노력하는 가장 중요한 이유 중의 하나는, 만약 내가 조금 덜 조바심내고 짜증내고 분노하고 화를 낸다면, 지금보다 훨씬 쉽게 올바른 행위를 실천할 수 있다는 사실을 깨달았기 때문이다. 알고 지내는 주변 사람들을 찬찬히 살펴보면 행복한 사람일수록 더 관대하고 재미있다. 그러므로 자신을 행복하게 하면 다른 사람도 행복하게 만들 수 있는 것이다. 그 반대도 마찬가지다. '좋은 일을 하면 기분도 좋다. 그리고 기분이 좋으면 좋은 일을 할 수 있다.'

두 번째 전략은 사람들이 함께 모일 수 있도록 하는 것이다. 엘리자와 엘리너의 문학 독서모임과 내 글쓰기 전략모임을 통해 나는 '사람들이 함께 모일 수 있도록 하는 것'이 관대해질 수 있는 또 하나의 방법이라는 사실을 알게 되었다. 연구에 따르면, 외향적인 사람이나 내향적인 사람 모두 다른 사람과 어울리는 것을 좋아한다고 한다. 또한 사람들이 서로에게 정보와 자원의 원천이 되어주기 때문에 만약 내가 사람들이 모이는 것을 돕는다면, 나는 그들에게 새로운 후원의 원천을 제공하는 셈이 된다.

그래서 나는 사람들을 이어줄 방법을 찾아보기로 했다. 우선 나와 함께 대법원에서 일했던 직원들의 친목모임 조직하는 것을 도왔다. 판사들도 퇴직한 직원들의 친목모임을 조직해주기는 했지만, 내가 주선해서 조직한 모임이 같은 기간에 근무했던 모든 직원이 참여하는 유일한 모임이었다. 나는 뉴욕 공공도서관의 어린이도서관 지원모임을 만드는 계획도 세웠다. 한 친구의 소개팅도 주선했는데, 두 사람은 만나자마자 사랑에 빠져 연인으로 발전했다. 그리고 '우리 집 바비큐 자랑하기' 모임도 주선했다. 바비큐에 한 솜씨 한다고 자부하는 사람들이 집에서 만든 바비큐를 들고 와 서로 맛을 보고 세부적인 재료와 솜씨에 대해 토론하는 모임이었다. 예를 들어 소고기와 돼지고기 중 어떤 것이 더 부드럽고, 토마토 소스와 식초 소스 중 어떤 것이 더 맛있으며, 팝콘이나 살짝 데친 채소, 구운 콩 중에 어떤 것이 바비큐와 가장 잘 어울리는지 등을 얘기하는 것이다. 그리고 나는 뉴욕 북부로 이사 갈 준비를 하던 몇몇 친구에게 그 지역에 사는 지인 한 명을 소개해서 그들이 한 집에 살 수 있도록 해주었다.

이런 식으로 사람들을 모으는 데는 이메일 주소를 찾아보거나 서로의 일정을 맞추는 등 몇 가지 귀찮은 일이 수반되곤 했다. 그러나 6월의 결심이 계속 귓가에 울리고 있었기에 나는 사람들을 모으는 일을 계속했고, 매번 그 노력의 대가를 얻었다. 좋은 일을 하면 기분도 좋은 것이다.

나는 사람들을 한데 모으는 방법에 대해 아이디어를 더 얻고 싶어서 블로그에 질문을 올렸다. 다른 사람도 사람들이 모일 수 있도록 도왔을 때 같은 즐거움을 얻는지 알고 싶었다.

- -

➥ 내가 봉사활동을 하던 교회에서 팀을 구성할 때 우리는 '음식, 음식, 음식, 음식'이라는 규칙을 정했습니다. 그 규칙을 통해 정말 맛있는 핑거 푸드가 사람과 사람을 연결해주는 좋은 방법 중의 하나라는 사실을 알게 되었죠. 특히 사람들이 한 번도 먹어본 적 없는 특이한 음식이 효과가 있었어요. 서로의 관심사에 대해 허심탄회하게 대화할 수 있도록 만들었거든요.

➥ 나는 새로운 사람을 만나 그들을 알아가는 데서 삶의 활력을 얻지만, 아내의 경우는 그러한 관계에서 오히려 기운이 소진되는 듯한 느낌을 받는다고 합니다. 하지만 계속해서 약속을 만들고 서신을 주고받는 등 타고난 부지런함을 적절히 이용한 덕분에 아내는 오래가

는 깊은 인연을 맺더군요. 아내와 나처럼 사람은 저마다 잘할 수 있는 분야가 다르니 자신에게 맞는 방식으로 관계를 만들어나가면 될 것 같습니다.

➡ 언제라도 친구들이 모이는 기회가 되면 나는 그들에게 '친구 한 명씩 더 데려와'라고 간단한 요구를 하는데, 그 덕분에 내 주변에는 늘 새로운 사람이 북적거려요. 새로운 사람을 만나는 일은 늘 흥분됩니다. 그리고 오랫동안 소식을 모르던 지인과 우연히 길에서 마주쳐 다음 모임에 나오라고 초대하는 일은 무척 즐거운 일이죠.

➡ 나는 사람들을 이어주고 그들과 내 관계를 강화시키는 방편으로 디너파티를 엽니다. 규모는 작은 편으로 보통 4명 내지 8명 정도가 모이는데, 그 정도 인원이면 깊이 있는 대화가 가능하고, 모든 손님의 관심사를 자연스럽게 이끌어낼 수 있죠. 예를 들어, 지난번 우리 파티에는 동물을 사랑하는 부부들이 모였고, 또 한 번은 여행을 즐기는 사람들이 모였습니다. 또 언젠가는 뜨개질하는 사람들, 해리 포터 팬들, 영화광, 차를 즐기는 사람들이 파티에 참석했어요.

- -

관대함을 위한 세 번째 전략은 내 방식대로 기여하는 것이다. 관대해지는 또 다른 방법들을 찾는 동안, 나는 '나다워지기'를 적용해보는 것이 좋겠다는 생각을 하게 됐다. 하지만 선물 사러 다니는 것을 죽기보다 싫어하면서 어떻게 더 관대해질 수 있을까? 글쎄, 나에게는 1월에 처음 시작한 잡동사니 치우기에 남다른 열정이 있지 않았나! 친구들 중 대다수가 집에 쌓여 있는 잡동사니 때문에 골치를 썩고 있으니, 그 일을 도울 수도 있을 것 같았다. 그리고 기꺼이 하고픈 마음도 있었다. 나는 연락하고 지내는 모든 사람에게 내 봉사 의도를 선전했다.

"어서 가서 돕게 해줘. 난 분주하게 옷장 치워대는 일이 필요하다고! 싹 치워버리고 나면 정말 기분 좋을 거야. 내 말 믿어도 좋아! 중독성도 얼마나 강한지 몰라!"

친구들이 서서히 흥미를 느끼는 듯했지만 좀 민망한 모양이었다. 온통 어질러져 있는 집 안 꼴을 보이기 싫어했지만, 일단 밀어붙였고 아주 만족스러워했다. 한 예로, 어느 날 밤 나는 친구 집에 가서 그의 옷장 하나를 거의 세 시간에 걸쳐 정리한 일이 있었다. 친구는 너무 많은 옷이 들어차 있는 것을 보고 싶지 않아서 아예 옷장 문을 열어보지도 않는다고 했다. 그 안에 있는 옷을 꺼내 입는 대신, 같은 옷만 계속 입었던 것이다. 그러면서 자주 입는 옷들은 서랍장 위에 쌓아놓거나 욕조 위에 걸쳐놓기 일쑤라고 했다.

"네가 오기 전에 미리 해놔야 할 건 없니? 뭐 담을 만한 통이나 행거 같은 거 필요하지 않을까?"

우리가 만나기로 한 전날 친구가 물었다.

"정리용품 같은 거 하나라도 새로 들여놓지 마. 커다란 쓰레기봉투 담을 상자나 몇 개 준비해놔. 참, 한 가지 더 있다. 줄 옷들은 누가 가져갈 건지 미리 정해놓아야 해."

"그건 나중에 하면 안 돼?"

"안 돼. 미리 알고 있는 게 좋아. 그래야 이건 누굴 주는 게 좋고, 저 건 누가 가져가면 잘 쓸지에 맞춰서 정리할 수 있잖아."

"그래, 알았어. 정말 그게 다야?"

"뭐, 정 부족한 것 같으면 다이어트 콜라나 몇 개 준비하든가."

다음 날 나는 친구 집으로 갔다.

"도대체 뭐부터 시작해야 할지 모르겠어."

너무 어질러놓아서 미안하다는 사과를 앞세우며 친구가 말했다.

"걱정 마! 여러 번에 걸쳐서 골라내는 작업을 할 거니까. 네가 정 말로 간직하고 싶은 것만 남을 때까지 필요 없다 싶은 것을 골라내 기만 하면 돼."

"그래."

친구가 미심쩍다는 표정으로 대꾸했다.

"일단 시작하자."

경험으로 미루어보아 시작은 천천히 하는 것이 좋았다.

"우선 옷이 걸려 있지 않은 빈 옷걸이는 다 끄집어내는 거야."

늘 그렇듯이 첫 단계에서는 자리만 차지하고 있는 불필요한 옷걸 이가 엄청나게 쏟아져 나오면서 넓은 공간이 확보됐다. 이것은 내가 사기 진작용으로 이용하는 일종의 기술이었다.

"좋아. 이제 옷가지를 하나하나 꺼내면서 살펴볼 건데, 가장 눈여 겨봐야 할 것은 아직도 가격표가 그대로 붙어 있거나 선물로 받은 것, 혹은 지금 너한테 맞지 않는 옷, 그리고 임부복들이야. 그런 옷은 일단 다 바닥으로 내려놔."

그렇게 해서 우리는 한 무더기의 옷을 골라놓았고, 차츰 남에게 줄 옷가지가 산처럼 쌓이기 시작했다.

"이번에는 같은 옷을 고르는 거야. 예를 들어 검은 바지가 네 벌 있다면, 그중에서 네가 마음에 안 드는 옷을 입을 확률이 얼마나 될까? 아마 없을걸."

몇 벌의 군복무늬 옷과 셔츠, 터틀넥 스웨터가 나왔다. 그때 친구가 셔츠 하나를 집어 올리더니 방어 자세를 취했다.

"너는 버리라고 하겠지만 이건 도저히 안 되겠어. 언제부턴가 입지 않았지만 대학 다닐 때 가장 즐겨 입던 셔츠거든."

"아니야, 가지고 있어! 당연히 어떤 옷들은 정이 들어서 간직할 이유가 있지. 어디 한쪽에 넣어둬. 굳이 자주 쓰는 옷장이나 서랍에 넣어둘 필요는 없잖아."

우리는 보관해둘 옷가지를 상자에 정리하기 시작했고, 잠시 후 그것을 높은 선반 위에 올려놓았다.

"와, 정말 깔끔해졌다."

친구가 함께 정리한 옷장을 바라보며 감탄했다.

"아직 다 끝난 거 아니야."

내가 경고조로 말을 이었다.

"이제 공간을 마련할 방법을 찾아야 해. 여긴 1급 부동산 부지나 마찬가지니까 전기담요랑 캠핑용 가방은 다른 곳으로 치워두자."

친구가 그 물건들을 복도에 있는 수납장으로 옮겼다.

"저기 비어 있는 신발 상자 세 개 혹시 쓰는 거니?"

"아니! 왜 거기에 놔뒀는지도 모르겠다."

친구가 그것을 즉시 재활용물품 쌓아놓은 곳으로 가져갔다.

"다음은 뭐할까?"

"이제 워밍업 끝냈으니까, 옷장을 다시 한 번 샅샅이 훑어볼 거야. 그러면 아직도 버리고 싶은 옷이 얼마나 많은지 알게 될 걸."

천천히 옷장의 뒷부분이 드러나기 시작했다. 정리가 거의 끝났을 무렵, 친구의 옷장은 마치 잡지에 나오는 전시용 수납장처럼 깔끔해졌다. 심지어 친구는 최고의 사치공간이라 할 수 있는 빈 선반까지 하나 얻을 수 있었다. 우리 둘은 승리감에 도취되어 어쩔 줄 몰라 했다. 몇 주 후, 친구는 자신의 집에 저녁 식사를 하러 온 몇몇 지인들에게 옷장 문을 활짝 열어 보이며 자랑했다고 한다.

내가 물건이 켜켜이 쌓여 있는 친구의 옷장을 정리해주고 엄청난 찬사를 받았다는 것은 전혀 과장이 아니다. 그러한 관대함을 베푸는 것이 생일 선물을 사주는 일보다 내게는 훨씬 하기 쉬운 일일 뿐 아니라 받는 사람의 입장에서도 훨씬 가치 있는 일이기 때문이다.

나는 그 외에도 무언가를 베풀 수 있는 기회가 또 없을까 열심히 찾아보고 있었다. 지난 달 나는 '가던 길을 벗어나보자'라는 결심을 실천하려고 어디를 가든 사진기를 들고 다니며 가능한 한 사진을 많이 찍어보기로 작심했었다. 그러다가 출산을 몇 주 앞둔 친구의 사진을 찍어주게 되었는데, 그 친구는 사진을 보고 무척 기뻐했다. 그것이 둘째아이를 임신했을 때 찍은 처음이자 유일한 사진이라는 것이었다. 내 쪽에서는 별다른 어려움도 없이 한 일이었지만, 친구에게는 무엇보다 소중한 추억이 되었던 것이다.

관대함을 위한 마지막 전략은 다른 사람에게 기회를 주는 것이다. 우정을 주제로 한 이번 달에 나는 우연히 두 권의 회고록을 읽게 되었고, 그것은 잊기 쉬운 무언가를 내게 상기시켰다. 즉 사람들의 삶은 겉보기보다 훨씬 복잡하다는 것이다. 그런 까닭에 관대해지기로 한 내 결심의 일부로서, 나는 다른 사람에게 기회를 주기로 마음먹었다.

'기본적 귀인오류'란 다른 사람의 행위는 단지 그들의 성격을 반영하는 것일 뿐 상황과는 아무 상관없는 것으로 간주하고, 자신의 경우에는 상황적인 압박으로 인식하는 심리학적 현상을 일컫는다. 예를 들어, 영화관에서 다른 사람의 전화벨이 울리면 그들은 남을 배려할 줄 모르는 천박한 사람일 따름이지만, 내 전화벨이 울리면 그것은 보모에게서 걸려온 피치 못할 전화이므로 반드시 받아야만 하는 상황이라는 것이다.

나는 타인, 특히 겨우 한두 번 만난 사람에게 너무 각박한 잣대를 들이대며 판단하지 말아야 한다는 사실을 늘 기억하려고 했다. 그들의 행위는 인격을 드러내는 것이 아니라 당장 그들이 처해 있는 상황을 반영하는 것일지도 모르기 때문이다. 참을성도 일종의 관대함이다.

어느 날 택시를 잡으려고 도로 쪽으로 팔을 뻗은 채 가만히 서 있는 동안, 한 남자가 갑자기 팔을 휘저으며 골목길에서 뛰어나와 마침 도착한 택시를 집어타고 가버렸을 때, 나는 이 결심을 상기하려고 노력했다. 그 택시는 누가 봐도 내 차례였기에 그의 무례함에 점점 화가 났지만, 곧 그가 남의 택시를 훔치듯이 타고 갈 수밖에 없을 만한 이유란 이유는 모두 생각해보려 애썼다. 병원으로 급히 가던 중은 아니었을까? 학교로 아이를 데리러 가야 하는데 잊고 있었던 것은 아니었을까? 나는 그리 바쁜 상황이 아니었다. 그러니 그에게 먼저 기회를 주어도 그만이었다.

친구에게 보낸 한 편지에서 플래너리 오코너는 이러한 교훈을 다른 방식으로 적고 있다.

"나 자신의 경험과 회상으로 미루어보자면, 십대 후반에는 보통 다른 이의 죄악에 매우 민감해진다네. 그 나이의 사람들은 감추어진 사실을 보지 않기 때문이지. 너그러운 마음으로 남의 허물을 덮어주고 해명할 기회를 주는 것이 성숙함의 징조라고 할 수 있거든."

'너그러운 마음으로 해명할 기회를 준다'는 것은 '다른 이에게 기회를 준다'는 표현을 좀 더 신성하게 한 것이라 할 수 있다.

☑ 자주자주 얼굴 보기

우디 앨런 감독이 "성공의 80퍼센트는 얼굴을 들이미는 데 있다"라고 말했듯이 우정을 유지하기 위해 가장 노력해야 할 부분도 바로 친구들 앞에 나타나는 것이다. 지속적인 노력을 하지 않는 한, 친구들은 결코 우리 옆에 머물러 있지 않는다. 이것은 한 친구와 대화를 나누던 중에 얻은 깨달음이었다. 나는 친구에게 얼마 전 아기를 낳은 친구들을 방문하기 위해 약속을 잡아야 하는데 자꾸 미루고 있다고 했다. 어서 아기들을 보고 싶은 마음은 굴뚝같지만 그 시간에 일을 해야 한다는 강박관념에서 헤어나지 못해 계속 미루게 된다고 했다.

"너 얼른 찾아가보는 게 좋겠다. 그런 일은 절대 미루면 안 돼."

친구가 충고했다.

"정말 그럴까?"

"당연하지. 일부러 그러는 건 아니지만, 내가 출산했을 때 찾아왔던 친구들은 이상하게 기억하게 되더라고. 너는 안 그래?"

사실 나도 그랬다. 출산한 친구를 찾아가는 것은 가벼운 지인관계에 있던 사람들의 경우는 깊은 친구관계로 발전하고 싶다는 무언의 몸짓이나 다름없고, 친한 친구들 간에는 그들 사이의 친밀감을 확인하는 계기가 되기 때문이다. 나는 즉시 얼마 전에 출산한 친구들과 출산한 지 한참 지난 친구들까지 연락해 찾아갈 날짜를 정했다. 또한 같은 시기에 옷가게를 연 친한 친구의 개업식에도 참석하기로 일정을 잡았다. 친구가 문을 연 지 한 시간이 채 되지 않았을 때 가게를 방문해서 그녀의 첫 번째 고객이 되었다. 나는 이러한 수고를 자청했다는 사실이 매우 행복했다. 또한 재미있기도 했고, 친구와 더욱 가까워지는 느낌도 들었으며, '첫 번째 찬란한 진실'을 제대로 실행하고 있다는 느낌도 들었다.

　가까운 친구들을 만나는 것도 중요하지만, 남편의 회사 파티에 참석하거나 딸아이 학교에서 열리는 학부모 행사에 참석해 잘 알지 못하는 사람들과 얼굴을 익히는 것도 역시 중요했다. 친숙함이 애정으로 발전하기 때문이다. '단순노출효과'란 반복적인 노출이 우리로 하여금 음악이나 사람, 심지어는 'better' 같은 단어까지도 좋아하게 만든다는 이론이다. 따라서 어떤 사람을 자주 보게 될수록 그 사람이 더 매력적이라고 느끼게 될 가능성도 커지는 것이다.

　나 역시 그런 경험을 해본 적이 있다. 비록 누군가를 처음 만났을 때 좋아하게 되지 않더라도, 시간을 내어 자주 볼수록 그 사람이 점점 더 좋아진다. 그리고 동시에 내가 더 자주 모습을 나타낼수록 그 사람도 나를 더 좋아하게 되는 것 같았다. 물론 항상 그런 것은 아니다. 주는 것 없이 미운 사람은 늘 있기 마련이고 그런 사람을 자주 만나봐야 관계만 더 악화될 뿐이니 말이다. 그러나 경우에 따라서 어떤 사람이 그다지 좋지도 싫지도 않다면 단순히 얼굴을 자주 마주치는 것만으로도 그 사람에 대한 느낌을 좀 더 호의적으로 바꿀 수 있다.

✓ 뒷담화는 절대 금물

자주는 아니지만, 장기간의 행복을 얻고자 한다면 단기간의 행복을 포기해야 하는 경우가 있다. 좋은 예를 들어보자면 바로 쓸데없는 잡담이다. 사람들이 모여 잡담하는 내용을 들어보면 대부분의 경우 남의 흉을 보거나 사회적이고 도덕적인 코드를 위반하는 것이다. 안 좋은 평판에도 불구하고, 잡담은 공동체의 가치를 강화시키는 중요한 사회적 역할을 한다. 즉 공동체 구성원들이 더욱 친밀감을 느낄 수 있게 해주고, 규칙을 준수하는 사람들을 통합시켜주며, 그들이 공동체의 가치관을 느끼게 해준다. 또한 배우자를 속이는 사람들이나 부재중 전화에도 답하지 않는 사람들이나 부도덕한 사람들의 행위를 노출시키거나 흥미로운 토막뉴스를 전해주기도 한다. 남자든 여자든 여성과 잡담하기를 즐기는데, 그 이유는 여성들이 만족스러운 청자 역할을 하기 때문이다.

그러나 비록 잡담이 중요한 사회적 역할을 한다 할지라도, 그리고 확실히 재미있는 것이기는 해도, 그리 권장할 만한 일이라고는 할 수 없다. 시답잖은 잡담으로 시간을 때우고 나면 비록 그 시간에는 즐거웠다고 하더라도 늘 뒤끝은 씁쓸했다. 내가 하는 이야기가 사실이라 할지라도 남에게 해가 되는 이야기나 도움이 되지 않는 관찰, 민감한 주제를 꼬치꼬치 캐묻는 행위 등은 하던 중간이라도 멈추고 싶어진다. 심지어 "요즘 그 애가 기분이 안 좋은 것 같아" 같은 걱정의 표현조차도 일종의 소문을 만들어낼 수 있다.

언젠가 한 모임에 참석했을 때 누군가 우리 모두 아는 부부에 관해 이야기를 시작했다.

"그 두 사람, 부부 사이에 문제가 있다고 하던데."

"난 금시초문이야."

누군가 이렇게 대꾸했는데 그 목소리에서 '그러니? 어서 얘기해 봐!'라는 뉘앙스가 진하게 묻어났다.

"아, 괜한 헛소문일 거야."

나는 무관심하다는 듯이 이야기했고, 그 안에는 '그런 이야기는 하지 말자'라는 뉘앙스가 숨어 있었다. 부끄럽지만 나도 그 대화를 계속 이어가고 싶은 욕구를 떨쳐버리기가 무척이나 힘들었다는 사실은 인정하고 넘어가야겠다. 나는 다른 사람의 활력 있는 결혼생활을 적극적으로 분석하는 일을 좋아한다.

사실 잡담을 그만두게 된 계기는 내가 얼마나 잡담을 많이 했었는지 깨닫고 난 후였다. 나는 그다지 야비한 성격의 사람은 아니라고 생각하지만 해서는 안 되는 말을 그동안 얼마나 자주 했는지 깨닫고 난 후에는 정신이 번쩍 드는 느낌이었다.

어느 날 남편과 함께 디너파티에 참석했을 때 내 옆자리에 앉은 사람이 참기 힘들 만큼 마음에 들지 않았다. 단순노출효과와 같은 것도 그 사람과의 관계에 있어서는 전혀 그 효과를 발휘할 수 없을 것 같았다. 저녁 식사를 하는 동안 되도록 그에게 친절하게 대하려 노력했고, 사실 그럭저럭 잘해냈다. 하지만 집에 도착했을 때 남편이 이렇게 말했다.

"짐이라는 친구 괜찮은 사람 같지, 안 그래?"

그 말에 나는 이렇게 대꾸했다.

"당신은 대화도 안 해봤으면서 어떻게 알아. 얼마나 참기 힘든 사람인 줄 알아? 싫은 내색 안 하느라 내가 얼마나 꾹꾹 참았는지 알기나 해?"

그렇게 말하고 나니 기분이 더 안 좋아졌다. 비록 참기 힘든 면이 있기는 했지만 사람은 나무랄 데 없이 좋아 보였는데 내가 야비한 평가를 했다는 것이 속상했다. 게다가 남편이 마음에 든다고 하는 사람에게 군이 비난을 해 그의 마음을 상하게 할 필요는 없었던 것이다. 나는 남의 험담을 하는 데 있어서는 배우자의 특권이라는 것이 있어서 남편에게만은 마음 놓고 흉봐도 된다고 스스로를 확신시키려 했다. 어찌 보면 다른 사람이 아닌 남편에게만 험담을 늘어놓는 것이 더 나을지 모르지만, 여전히 다른 사람을 헐뜯는 말은 아예 안 하는 것이 최선이라는 결론에 도달했다.

그 후 나는 절대 다른 사람을 비난해서는 안 되는 또 다른 이유를 깨달았다. 그것은 바로 '자발적 특성 전이spontaneous trait transference' 때문이다. 연구에 따르면 이러한 심리적 현상 때문에, 사람들은 무심코 내가 다른 사람에게 부과하는 기질을 내게 그대로 전이시킨다는 것이다. 따라서 만약 내가 진에게 팻이 거만하다고 이야기한다면, 진은 무의식적으로 나를 거만하다고 생각하게 된다고 한다. 만약 내가 팻이 명석하고 주변을 유쾌하게 만드는 사람이라고 평가한다면, 나도 그 자질과 연결되는 것이다. 이렇듯 내가 다른 사람에 대해 하는 말은 의도와는 상관없이 내 자질이 되어버리는데, 심지어 오래전부터 알고 지내던 사람과 이야기할 때도 예외가 아니라는 것이다. 그러니 다른 사람에 대해 좋은 얘기만 해야 하는 것이다.

✅ 새로운 친구를 사귀어라

"새로운 사람을 만나거나 새 친구를 사귈 시간적 여유가 없어."

이렇게 말하기는 쉽다. 하지만 이 말은 사실이 아니다. 새로운 친구를 사귀는 일은 기력을 떨어뜨리는 것이 아니라 엄청난 기운이 솟게 한다. 새로운 친구는 새로운 관심사와 기회, 활동 등으로 나아가는 통로를 제공함으로써 개인의 세계를 확장시켜주고, 지원과 정보의 소중한 원천이 되어준다. 그리고 행복 유발인자와 마찬가지로 우리도 상대방에게 같은 역할을 해줄 수 있다.

내가 더 많은 친구를 만들기 위해 차용한 한 가지 전략은 약간 냉정하면서도 계산된 것 같은 느낌이 들기는 했지만 효과는 확실했다. 우선 목표를 정확히 세워야 했다. 예를 들어 엘리자 반의 부모님들을 만나는 자리에 가게 되면, 그곳에서 세 명의 새로운 친구를 사귀겠다는 결심을 하는 것이다. 새로운 직업을 시작하거나, 새로운 수업을 듣거나, 새로운 동네로 이사 가는 일 등은 확실히 새 친구를 사귈 수 있는 기회가 된다.

숫자로 목표를 정해놓고 나니 처음에는 좀 작위적이라는 느낌이 들기도 했다. 하지만 그것이 내 태도를 완전히 바꾸어놓았다. 예전 같으면 누군가를 처음 만났을 때, '내가 그를 좋아하나? 그와 사귈 만한 시간이 있을까?'라고 자문했겠지만, 이제는 '당신이 내 새로운 세 명의 친구 중 한 명이 될 건가요?'라는 생각을 하게 되었다.

어떤 면에서 보면 이러한 변화가 나의 행동 자체를 바꿨다고 할 수 있다. 사람들에게 좀 더 개방적인 태도를 보이게 되었으며, 형식적인 '안녕하세요'보다는 더 많은 말을 하려고 노력하게 되었다. 물론 '친구를 만드는 것'은 삶의 단계에서 각각 다른 의미를 갖는다. 나는 대학 시절에는 매일 몇 시간씩 친구들과 함께 시간을 보냈지만, 요즘은 남편과 보내는 시간이 대부분이고 친구들과는 거의 함께 하지 않았다.

일정 수의 친구를 꾸준히 만나려고 노력하는 동안, 가끔씩 나는 억지로라도 좀 더 친절해지기 위해 노력해야 했다. 그래서 다시 한번 '느낀 대로 행동하자'의 가치를 되새기게 되었다. 더 친근하게 행동함으로써 나는 정말로 더 친절해지는 듯한 느낌이 들었다.

몇몇 연구 결과에 따르면 내성적인 사람이라 할지라도 자신이 쾌활하고, 수다스럽고, 대담하며, 확신에 찬 듯이 행동하면 더 행복하다는 느낌을 얻게 된다고 한다. 나는 내성적인 사람들은 고독하고 조용한 상황에서 더 행복감을 느낀다고 생각했었기 때문에 그 사실을 알고는 적잖이 놀라기도 했다. 내성적인 사람들이 억지로라도 쾌활하게 행동하면 보통은 그 결과에 상당히 만족하고 즐거움을 느낀다고 한다. 다른 사람들과 연결됨으로써 기분이 좋아지는 것이다.

친구를 사귀려는 노력을 하는 동안 나는 어떻게 하면 호의적인 첫인상을 줄 수 있을까에 주의를 집중하게 되었다. 즉, 다른 사람들에게 나와 친구가 되고 싶다는 느낌을 주려면 어떻게 행동하면 좋을까를 고민하게 된 것이다. 첫인상은 매우 중요하다. 우리가 다른 사람을 평가할 때 초기에 습득하는 정보가 나중에 알게 되는 정보보다 훨씬 큰 무게감을 갖기 때문이다. 실제로 사람들은 누군가를 처음 만났을 때 첫 10분 내에 그와 어떤 종류의 인간관계를 이어나가고 싶은지 결정하게 된다고 한다. 그래서 나는 처음 만났을 때 어떻게 해야 좋은 첫인상을 남길 수 있을지에 대한 점검표를 만들어 보았다.

우선, 자주 미소 짓는다. 연구에 따르면 사람들은 자신을 좋아하는 것 같은 느낌을 주는 사람에게 더 호감을 느끼는 경향이 있고, 대화 중에 지어 보이는 미소의 양으로 상대방이 얼마나 친절한 사람인지 판단한다고 한다. 그리고 실제로 안면마비 증세로 미소를 짓지 못하는 사람들은 대인관계에 어려움을 겪는다는 연구 결과도 있다.

두 번째로 사람들이 대화에 참여하도록 적극적으로 유도한다. 이 것은 정중하면서도 모든 사람에게 환영받는 방법이다. 대화의 바깥에 밀려나 있는 사람은 대화 속으로 초대되면 안도감을 느끼고, 이미 대화에 참여하고 있던 사람은 정중한 초대를 했다는 느낌에 기분이 좋아진다.

세 번째는 긍정적인 분위기를 만든다. 바 앞에 길게 늘어서 있는 줄이라든가, 지하철에서 있었던 안 좋은 경험 같은 부정적인 무언가에 초점을 맞추지 말자는 것이다. 새뮤얼 존슨은 이렇게 말했다. "불행한 사람이든 행복한 사람이든 불평하는 말을 듣고 있는 것은 짜증나는 일이다."

긍정적인 분위기를 만드는 것이 중요한 또 하나의 이유가 있다. 어느 날 남편과 내가 큰 행사에 참석해서 연회장 바깥 복도에 서 있을 때였다. 별로 친하지는 않았지만 인사 정도는 나누고 지내던 한 남자가 우리 쪽으로 다가오더니 물었다.

"왜 안으로 안 들어가세요?"

그 말에 나는 이렇게 대답했다.

"안이 너무 추워요. 음악도 너무 시끄럽고요."

그런데 어떤 민망한 상황이 일어났는지 아는가? 그 사람이 바로 그날 밤 행사의 책임자였다.

네 번째는 먼저 대화를 시작하는 것이다. 가장 좋은 방법은 눈앞에 보이는 주변 상황에 대해 이야기하는 것이다. 개최 중인 행사의 이유, 방의 장식, 심지어는 케케묵은 농담이나 날씨 얘기라도 꺼내보는 것이다. 한 친구는 파티든 모임이든 사람들이 모이는 장소에 갈 때면 대화를 이끌어낼 때 쓸 만한 작은 뉴스라도 건지기 위해 미리 구글 뉴스를 검색하고 간다고 한다. "혹시 그 소식 들으셨어요, 아까…."

다섯 번째는 접근하기 쉽고 따뜻한 사람이라는 인상을 주는 것이다. 끄덕임과 으음 정도의 호응, 흥미가 있음을 보여주는 앞으로 숙인 몸, 상대의 말을 한마디도 놓치지 않고 들으려는 노력, 시선 맞춤, 활기 넘치고 열정적인 목소리 톤, 다른 사람의 대화 속도에 내 속도를 맞추려는 배려 등이 좋은 인상을 준다. 절대로 방 안을 이리저리 둘러보아서는 안 되고, 발을 쭉 뻗고 앉거나, 대화 상대로부터 몸을 돌려 앉아서는 안 된다. 그러한 행동은 산만해 보이고 대화에 집중하지 않는 듯한 느낌을 주기 때문이다. (약간의 허점을 보이거나 자신에 대한 농담을 하는 것도 괜찮다.)

여섯 번째는 만족스러움은 즉각적으로 표현하는 것이다. 대부분의 사람은 자신이 웃기보다는 다른 사람을 웃게 만드는 상황을 선호한다. 가르침을 받기보다는 남에게 가르침을 베풀고 싶어 하는 것과 마찬가지다. 그러니 상대방의 노력에 즐거워졌으며 흥미를 느끼고 있다는 것을 적극적으로 표현하는 것은 대인관계의 중요한 기술이다. 결국 우리의 가장 큰 즐거움 중의 하나는 다른 사람을 기쁘게 하는 것 아닌가!

일곱 번째는 다른 사람이 이끄는 대화에도 따르는 것이다. 나는 대화를 특정한 주제로 이끌려고 애쓰는 사람을 보면 종종 그를 좌절시키고 싶은 왜곡된 욕구를 느끼곤 한다. 언젠가 한 번은 자신이 베트남에 살았었다는 사실을 이야기하고 싶어 안달이 난 어떤 남자와 대화를 나눈 적이 있었다. 그가 안달이 났었다고 표현한 이유는 기존에 나누고 있던 대화와는 아무 상관도 없는 그 사실을 대화 도중 두 번이나 언급했기 때문이다. 지금 돌이켜보면 그때 나는 그가 원하는 쪽으로 대화가 이어지도록 도왔어야만 했다. 누군가 특정한 주제에 대해 그렇게도 이야기하고 싶어 조바심을 낸다면 그렇게 해야 하는 것이다.

여덟 번째는 질문을 하는 것이다. 이것은 관심이 있음을 표현함과 동시에 내가 대화에 적극적으로 참여하고 있음을 알리는 좋은 방법이다. 대부분 자기 자신에 대해 이야기하는 것을 좋아하기 때문이다.

이러한 조사 작업을 하면서 나는 나 자신의 경험을 통해서 인식하게 된 한 가지 현상에 관심을 갖게 되었다. 그것은 바로 친구를 사귈 때 내 친구의 친구인 사람과 친해지는 것이 훨씬 쉽다는 것이다. '삼 자간 관계'라는 개념이 왜 내가 아동문학 독서모임과 작가 모임을 즐기는지 잘 설명해주고 있다. 우정은 상호 연대감을 통해 돈독해 진다. 그리고 우리는 사람을 사귐으로써 단지 우정뿐 아니라 사회적 관계망을 형성하는 중이라고 느낄 때 활기와 위안을 얻는다.

6월이 끝나갈 무렵, 한 해 일정으로 계획한 행복 프로젝트도 거의 절반이 실현되었을 때, 나는 늘 해오던 월말 평가는 일단 접어두고 그동안 내가 이룬 점진적인 진보에 대해 생각해보기로 마음먹었다.

나는 인생의 중요한 시점에서 삶을 평가하고 과거를 되돌아보는 것이 매우 유용하다고 믿는다. 지금까지의 삶을 되돌아보았을 때, 그 리고 많은 블로그 독자들도 게시물을 통해 지적했듯이, 가족의 생일 이나 결혼, 혹은 부모님의 죽음이나 아이의 탄생, 실직, 중요한 관계 형성, 또는 종신 재직권을 얻거나 파트너를 구하는 것, 직업 경력에 서 큰 성공을 이루는 것 등은 종종 긍정적인 변화를 이루는 데 촉매 로 작용한다.

행복 프로젝트를 진행한 지 6개월이 지나가는 중요한 시기에 자 체 평가하면서, 나는 내 삶이 그전보다 훨씬 행복해졌다는 결론을 내렸다. 어떤 결심이 행복에 가장 큰 기여를 했는지 스스로에게 물 으며 다시 한 번 깨달은 것은 바로 결심목록을 작성했다는 점이다. 지속적으로 결심을 검토하고 반성하는 과정이 결심을 새롭게 하는 역할을 했기 때문에, 매일 그것을 지켜나가는 동안 결심목록에 적혀 있는 단어들이 계속 마음속에서 깜빡거릴 수 있었다. 만약 지저분해진 책상을 보게 되면 나는 '미뤄놓은 일 해치우기'를 생각했다. 프린트 용지 주문하는 것을 자꾸 미루고 싶어질 때는 '반드시 필요한 물건이라면 사자'라는 결심을 떠올렸다.

결심목록을 만들어 지키는 것은 많은 사람이 관심 있어 했던 생각이다. 나는 블로그를 통해 그 사실을 알게 되었다. 그래서 이런 글을 올렸다.

"당신만의 행복 프로젝트를 시작하고 싶은가요? 만약 영감을 얻기 위해 나의 결심목록을 참고하고 싶은 분은 주저하지 말고 이메일을 보내주세요."

그리고 몇 달 동안 나는 수백 통의 이메일을 받았다.

내 목록표를 보내 달라고 요구하는 사람들은 보통 자신만의 행복 프로젝트를 시작하려고 마음먹는 이들이었다. 그리고 몇 명은 직접 만든 자신만의 12계명을 만들어 내게 보내주기도 했는데, 각자의 다양한 경험을 어찌나 풍성하게 반영하고 있는지 매혹적일 정도였다.

○ 과거를 잊자

○ 미루지 말고 해치우자

○ 낯선 사람과 대화하자

○ 연락하고 지내자

○ 화내고 불평하는 것은 그만하자

○ 밖으로 나가자

○ 싫어하는 사람들 때문에 기분 상하지 말자

○ 영원히 지속되리라 기대하지 말자

○ 쓸모없는 물건들을 사 모으지 말자

○ 실수를 하자

○ 평범한 것에든, 특별한 것에든 고마움을 표현하자

○ 이전에 없던 것을 창조해내자

○ 약자를 배려하자

○ '내가 여기 있다'는 사실을 알리려고 노력하자

○ 실없고 가벼워지자

○ 내 딸들이 되었으면 하고 바라는 여성상이 되도록 노력하자

○ 변화는 일어난다, 그 사실을 믿자

○ 친구가 섹스보다 훨씬 중요하다

○ 사소한 일을 개인적으로 받아들이지 말자

○ 사랑하라, 그리하면 사랑이 그대를 찾을 것이다

○ 흠뻑 빠져들자

○ 이번 일도 언젠가는 지나갈 것이다

○ 고요히 있으라. 그러면 내가 신이라는 사실을 알지니

○ 기억하라, 모든 이가 항상 그들의 최선을 다하고 있다는 것을

○ 추모사를 상상해보자. 나는 어떤 사람으로 기억되길 원하는가?

○ 기적을 기대하자

○ 지금도 나는 충분하다

○ 연연하지 말자

○ 비관은 그만두고 촛불을 켜자. 아니면 입을 다물든가

○ 내 영혼을 인식하자

○ 내가 정말로, 정말로, 정말로 원하는 것이 무엇인가?

○ 도움은 천지에 널려 있다

○ 만약 겁먹지 않는다면 내가 무엇을 할 수 있을까?

○ 어떤 것으로부터 아무것도 얻을 수 없다면 아예 그 안으로 들어가라

○ 단순해지자

○ 가능한 한 많이 주고 대가를 바라지 말자

○ 상황에 반응하라

○ 위험을 감지하자(포화지방, 음주운전 등과 같은 위험은 그다지 위험스 럽게 느껴지지 않는다)

○ 지금 시작해도 늦지 않다

○ 사람들은 그들이 반드시 주어야 할 것을 준다

○ 내가 필요로 하는 것을 정확히 인식하자

○ 다 내려놓고 모든 것을 신에 맡기자

○ 현재에 충실하자

○ 주어진 일에 최선을 다하자

○ 적게 소유하고 많이 사랑하자

○ 하나는 너무 많고 100개는 너무 적다

○ 너무 힘든 일이란 없다

○ 마음을 편안하게 다스리자

어떤 사람의 계명이 다른 이의 계명과 정확히 반대 의견을 내고 있으면 신기하고 재미있기도 했지만, 다양한 사람이 반대 쌍의 조언을 통해 다양한 혜택을 얻는다는 사실을 알 수 있었다.

- ○ 그냥 '좋아'라고 대답하자
- ○ 그냥 '싫어'라고 대답하자
- ○ 미루지 말고 실행에 옮기자
- ○ 기다리자
- ○ 한 번에 하나씩만 하자
- ○ 모든 것을 한꺼번에 하자
- ○ 늘 최선을 다하려고 노력하자
- ○ '80 대 20 규칙'을 늘 기억하자

내 경우에는, 4월에 깨닫게 된 사실에서도 알 수 있듯이 비록 반년 동안이나 행복 프로젝트를 실천해왔음에도 원래 기질은 전혀 변하지 않았다. 하지만 매일매일 좀 더 즐거워지고, 죄책감은 덜해졌으며, 생활도 활기차지고 조바심도 덜 내게 되었고, 깔끔한 옷장과 깨끗해진 양심으로 삶 자체의 기쁨도 배가되었다.

프로젝트를 실행하는 동안 나를 놀라게 했던 한 가지 사실은 건강 상태, 즉 그날그날의 컨디션이 결심을 실천하는 데 얼마나 중요한 역할을 하는가였다. 충분한 수면을 취했는지, 규칙적인 운동을 하고 있는지, 너무 배고프도록 방치하지는 않았는지, 그리고 기분 좋을 정도의 따뜻함을 유지하고 있는지 등의 조건이 상당히 큰 영향을 미쳤다. 또한 스스로가 활기차고 편안하게 느끼도록 주의를 기울여야 한다는 사실도 알게 되었다.

반면 너무나 당연했던 한 가지 사실은, 행복을 가장 직접적으로 증진시키는 방법이 다름 아닌 사회적 유대감을 형성하기 위해 내가 밟아나갔던 여러 단계들이었다. 남편, 엘리자, 엘리너, 부모님, 그리고 친구들과의 관계, 그 관계를 강화하고자 쏟았던 노력이 바로 가장 만족스러운 결과를 이끌어냈던 것이다.

게다가 더 행복해지자 참을성도 늘어나고 성격도 밝아졌으며 친절하고 관대해진 것은 물론이고 그동안 길러보고자 했던 여러 자질을 향상시키는 일도 훨씬 수월해졌다. 따라서 결심을 지켜나가기도 쉬워졌고, 성가신 일을 그냥 웃어넘길 수도 있었으며, 일상을 즐길 만한 활력도 얻게 되었다.

그러나 프로젝트를 처음 시작할 때 가장 어렵다고 느꼈던 영역은 여전히 힘겹게 느껴졌다. 결심목록을 찬찬히 되짚어보면, 확실히 어떤 패턴 같은 것을 느낄 수 있었는데, 그중에서도 ✓ 표시와 × 표시의 분포는 '가던 길을 벗어나보자' 혹은 '관대해지자' 같은 목록을 지켜나가는 과정에서 내가 성질을 누그러뜨리기 위해 몹시 애를 먹었다는 사실을 잘 보여주고 있었다.

사실 어떤 면에서는 스스로를 이전보다 덜 행복하게끔 만들었다는 증거도 눈에 보였다. 즉 잘못이나 결점에 너무 민감해지도록 나 자신을 닦달하는 바람에, 실수라도 할라치면 그 실망의 정도가 이전보다 훨씬 커질 수밖에 없었다. 다시 말해 내 결점이 비난하듯 나를 노려보고 있었던 것이다. 앞서 공개한 어른의 비밀 중 하나는 '행복이 늘 사람을 행복하게 만드는 것은 아니다'였다. 내 결점이나 실패를 과장되게 인식하는 것은 비록 장기적으로 보았을 때는 어느 정도 효과가 있을지 몰라도, 단기적으로는 전혀 행복을 증진시켜주지 않았다. 긍정적인 방향으로 변화한 행동의 결과만 보더라도 내가 더욱 행복해질 수 있다는 점은 확실하다. 나는 역할모델이 되어주었던 벤저민 프랭클린의 말에 위안을 얻곤 했다.

"전체적으로 보았을 때, 사실 나는 그토록 야심차게 얻으려고 애썼던 완벽함에는 한 번도 도달해보지 못했을 뿐 아니라, 아예 그 근처에도 가보지 못했다. 하지만 그 시도와 노력 덕분에 이전에는 꿈도 꿔보지 못했던 행복을 얻을 수 있었으며, 더 나은 사람으로 발전할 수도 있었다."

역설적이게도 나 역시 행복 프로젝트를 실천하느라 어느 정도의 여가 시간은 포기해야만 했지만, 그렇다고 해서 손해봤다는 느낌은 전혀 들지 않았다. 오히려 결심을 실천에 옮기며 더 행복해졌고, 덕분에 진정으로 크나큰 즐거움을 만끽할 수 있었기 때문이다. 저녁 정리정돈 결심을 지켜나가고, 친구의 생일을 기억해주고, 사람들과 자주 만나고, 프로젝트를 실천하기 위한 시간을 내는 등의 여러 일거리들은 한가로이 침대에 누워 『데이비드 코퍼필드』를 읽고 있을 시간을 빼앗기는 했다. 그럼에도 내게는 그 시간을 만회하고도 남을 결심목록이 있었다.

7월

돈

정렬이 확장되는 일에만 돈을 써라

- ✓ 적당한 낭비를 즐겨라
- ✓ 필요하면 즉각 구입하라
- ✓ 지혜롭게 소비하라
- ✓ 욕망을 조절하라

JULY

'소비하기'의 진정한 의미는
잡동사니를 쌓아두지 않는 사람이 되거나
사랑과 관대함에 인색하지 않은 사람이 되는 것이다.
소비하자! 더는 보상에 대해 생각하지 말자.
부유해지려면 자기 자신을 소비할 수 있어야 한다.

돈과 행복의 상관관계는 행복을 연구하는 데 있어서 가장 흥미로우면서도 복잡하고, 또 가장 민감한 질문 중 하나이기도 하다. 대부분이 이 주제를 매우 혼란스러워하는데 전문가들도 예외는 아니다. 행복에 관한 조사활동을 하는 동안, 나는 소설가 거트루드 스타인의 관찰을 자주 떠올리곤 했다. 바로 모든 사람은 '돈은 단지 돈이다'와 '돈이 단지 돈만을 의미하는 것은 아니다' 사이에서 결정을 내려야 하는 입장에 처하면, 보통 '돈은 단지 돈'이라는 결론을 내린다는 것이다.

돈은 기본적인 물질적 욕구를 충족시킨다. 그 자체로 수단이자 목적이 되기도 한다. 점수를 따거나 안전을 확보하거나 사랑을 베풀거나 외부의 인정을 받는 데도 유용하다. 장인의 실력을 양성하든 취미로 하든 간에 자질을 펼쳐 보이는 데도 도움을 준다. 또한 위상과 성공을 상징하기도 한다. 돈만 있으면 시간도 살 수 있다. 다시 말해 목적도 없이 떠돌거나 무의미한 행위로 낭비하는 시간을 줄일 수 있다는 뜻이다. 돈은 인간관계나 물질세상 속에서 권력을 만들어내기도 하고, 우리가 부족하다고 느끼는 부분을 대신하기도 한다. 즉 돈만 있다면 우리는 좀 더 대담해지거나 날씬해지거나 교양 있어지거나 존경받을 수도 있고 더 관대해질 수도 있다.

이달의 결심을 확실히 이해하기 전에 나는 돈에 관한 내 생각을 명확히 할 필요가 있었다. 그동안 내가 읽어온 것들에 약간의 회의를 품고 있었기 때문이다. 특히 '행복은 돈으로 살 수 없다'라는 주장에 관심을 두고 살펴보았다. 하지만 대다수 경제학자나 사회학자는 돈이 행복에 미치는 영향이 상당히 크다는 사실을 대부분 확신하고 있었다. 확실히 돈이 있으면 많은 혜택을 누릴 수 있다. 비록 그 반대의 경우도 종종 있기는 하지만, 이것이 널리 인정되는 바는 아니다. 실제로 부유한 국가에 사는 사람이 가난한 국가의 국민보다 훨씬 더 행복감을 느낄 뿐 아니라, 특정한 국가 내에서도 금전적으로 풍족한 사람이 그렇지 않은 사람보다 더 행복을 크게 느낀다는 연구보고서가 있다. 또한 국가가 점점 부유해질수록 그 국민은 물리적이거나 경제적 안정보다는 행복이나 자아실현 같은 목표에 더 많은 관심을 기울이게 된다. 경제적 번영은 우리로 하여금 물질적인 편안함에서 의미나 균형, 즐거움 같은 초월적인 문제로 관심을 돌릴 수 있게 해준다.

2006년 퓨 연구센터의 보고서에 따르면 미국에서 연소득 10만 달러 이상인 사람 중 49퍼센트에 해당하는 수가 그들의 삶이 '매우 행복하다'고 대답했다고 한다. 이는 소득 수준 3만 달러 이하인 사람 중 24퍼센트가 그렇게 대답한 것과 매우 대조적이었다. 여기서 보고된 행복지수는 소득이 증가함에 따라 높아졌다고 하는데, 연소득 3만 달러 이하의 사람 중 24퍼센트, 3만 달러에서 7만 5,000달러 사이의 사람 중 33퍼센트, 7만 5,000에서 10만 달러에 해당하는 사람 중 38퍼센트, 마지막으로 10만 달러 이상 되는 사람의 49퍼센트가 행복하다고 답했다고 한다. 또한 행복한 사람은 다른 사람에게 매력적으로 보일 뿐 아니라, 그 행복이 성공가도를 달릴 수 있도록 도와주기 때문에 훨씬 더 빠르게 부유해진다고 한다.

부의 절대적인 수준뿐만 아니라 상대적인 수준도 중요하다는 사실이 입증되기도 했다. 인간이 현재 자신의 상황을 평가하는 중요한 척도가 되는 것은 주변 사람이나 자신의 과거 경험과 현재의 자신을 비교해보는 것이라고 한다. 예를 들어, 사람은 일반적으로 동년배와 자신을 비교하면서 스스로를 평가하는데, 비슷한 나이대인 사람들 중에서 본인의 소득 수준이 높은 축에 든다는 사실을 알게 되면 행복을 느낀다는 것이다. 같은 맥락에서, 본인이 감당할 만한 수준보다 훨씬 부유한 동네에 거주하는 사람은 비슷한 수준의 이웃과 살아가는 사람보다 덜 행복하다고 느낀다는 연구 보고가 있다.

다양한 산업에 종사하는 사람들을 대상으로 이루어진 한 연구에 따르면, 직업의 만족도는 급여 수준 그 자체보다는 다른 동료들과 비교했을 때 자신의 급여 수준이 어느 정도인가에 더 많이 좌우된다고 한다. 그리고 대부분의 사람은 이러한 원칙의 중요성을 매우 잘 알고 있다. 한 연구에 따르면, 만약 모든 사람이 2만 5,000달러의 연봉을 받는 곳에서 자신만 5만 달러를 받는 것과 모두 25만 달러를 받는 곳에서 혼자 10만 달러를 받는 상황이 있다면 어떤 것을 선택하겠느냐는 질문을 했을 때, 대부분의 사람이 전자를 택했다고 한다.

친정엄마는 네브래스카에 있는 노스플랫에서 유복하게 성장했다고 한다. 할아버지가 유니온퍼시픽 철도회사라는, 조합 내에서 가장 선망 받는 곳에 종사했었기 때문이다. 대조적으로 뉴욕시 출신인 친구 한 명은 자신이 가난하다고 생각하며 어린 시절을 보냈다고 한다. 뉴욕시의 가장 번화가라 할 수 있는 5번가가 아닌 좀 낙후된 지역이라 할 수 있는 96번지에 살았기 때문이라는 것이다.

'행복은 돈으로 살 수 없다'라는 주장을 지지하는 사람들은 많은 미국인이 인도인과 비교했을 때 안락한 환경에서 살아가고 있음에도, 삶의 질에 대해 평가해달라는 질문에는 자신의 삶의 질이 인도 콜카타의 빈민이 누리는 것보다 결코 높지 않다고 답했다는 연구보고서를 논쟁의 핵심으로 제시한다. 전 세계 대부분의 사람들이 자신의 행복 정도에 '약간'이라는 등급을 매긴다고 한다.

사람이 풍부한 환경과 가난한 환경 그 어디에서도 행복을 찾아낼 수 있다는 사실은 존경할 만하다. 그것은 인간의 의지력, 즉 극복력에 해당한다. 하지만 나는 특정한 개인이 콜카타의 거리와 애틀랜타의 목장 저택 간의 차이에 무관심할 수 있다고 생각지는 않는다. 사실 어느 누구도 과거에 귀했던 소금이나 시나몬이 현재 풍족하다고 해서, 또는 전기나 에어컨을 이용할 수 있다고 해서 기뻐 날뛸 만큼 행복해하지는 않는다. 그 모든 것은 한때 사치품에 해당했으나 이제는 평범한 소비품이 되어버렸다. 하지만 그것은 깨끗한 물을 당연한 것으로 받아들이기 때문에, 수질이 더 이상 인간 삶의 질과는 아무 상관이 없게 되었다는 식의 일반화를 뜻하는 것은 아니다. 만약 그러한 일반화가 사실이라면, 물질적 측면에서 콜카타 주민들이 누리는 삶의 질을 향상시키려고 애쓰는 것이 무슨 소용이 있겠는가?

돈의 미스터리에 깊이 빠져들면 들수록, 나는 행복과는 완전히 다른 주제를 다루는 책이나 연구, 분석 쪽으로 이끌려가고 있음을 느낄 수 있었다. 물론 어느 시점까지는 나도 '가던 길을 벗어나고' 싶기도 했고, 언젠가는 그 주제에 대한 책 한 권을 써낼 수 있을지도 모른다고 생각했다. 하지만 지금 이 순간만큼은 돈의 수수께끼를 풀고 있을 필요는 없었다. 그저 돈과 행복이 어떤 식으로 관련되어 있는지만 알아내면 그만이었다. 그렇다면 내가 '행복은 돈으로 살 수 없다'는 주장을 반박하고 있는 것일까? 대답은 '아니오'다. 돈만으로는 절대 행복을 살 수 없다. 그것만은 확실하다.

그렇다면 "돈이 행복을 사는 데 도움이 될 수는 있을까?" 대답은 '예'다. 현명하게만 사용한다면 충분히 그럴 수 있다. 부유한 자든 가난한 자든 사람은 돈을 어떻게 사용할지 스스로 결정할 수 있고, 그 선택이 행복을 증진시키거나 약화시킬 수 있다. 돈이 모든 사람에게 똑같은 효과를 나타내리라는 추측은 부정확하다. 어떠한 통계적 평균도 특정한 개인의 환경이나 기질에만 의존해서 그가 어떤 식으로 돈에 영향을 받는지 보여주지 못한다. 오랜 관찰 끝에 나는 돈의 의미를 결정짓는 세 가지 요인을 알아낼 수 있었다.

첫 번째 요인은 당신이 어떤 사람인가이다. 돈은 다양한 사람에게 다양한 가치로 호소한다. 누구는 현대미술품 수집을 즐길 수도 있고, 누군가는 고전영화 감상을 즐길 수도 있다. 어떤 이에게는 병든 여섯 명의 아이와 부양할 부모님이 있을 수 있으며, 누구는 아이도 없고 건강한 부모님이 곁에 있을 수도 있다. 그런가 하면 어떤 사람은 여행을 좋아하고, 어떤 이는 실내 활동을 더 좋아할 수도 있다. 또 유기농 식품에 무척 신경을 쓰는 사람도 있는 반면, 가장 싼 물건을 구입하면서도 만족스러워 하는 사람도 있다.

두 번째 요인은 당신이 돈을 쓰는 방식이다. 어떤 구매는 여타의 다른 구매보다 인간 행복에 훨씬 많이 기여하기도 한다. 우리는 돈으로 마약을 살 수도, 애완견을 구매할 수도 있다. 또 대형 스크린 TV를 사서 자기과시에 이용할 수도 있고, 필요 없는 새 자전거를 굳이 사서 낭비대열에 동참할 수도 있다.

세 번째 요인은 주변 사람이나 자기 과거와 비교했을 때, 현재 당신에게 상대적으로 얼마나 많은 돈이 있는가이다. 한 개인의 행운이 다른 이의 불행이 되는 것이다.

위와 같은 세 가지 요인을 개발해서 적용하는 과정이 과거 법대 시절의 즐거웠던 추억을 다시금 떠올릴 수 있게 했고, 실험 자체에도 도움이 되는 틀을 제공해주었지만, 사실 너무 복잡하다는 생각이 들었다. 따라서 돈과 행복의 상관관계를 확실히 전달해줄 수 있는 좀 더 설득력 있는 방식이 필요했다.

　어느 날 오후, 나는 엘리자를 요람에서 들어 올리다가 허리를 삐끗하고 말았다. 그리고 다음 날 아침 심한 허리 통증으로 잠에서 깨어났다. 거의 한 달 정도를 오랫동안 앉아 있을 수도, 키보드 자판을 두드릴 수도, 편하게 잠을 잘 수도 없었지만, 그렇다고 엘리자를 내내 요람에만 뉘어놓을 수도 없어 어쩔 수 없이 또 안아 올려야만 했다. 따라서 허리 통증은 갈수록 더 심해질 수밖에 없었다.

　"내가 다니는 병원 담당 물리치료사를 한번 찾아가봐라."

　허리 통증으로 오래 고생하셨던 시아버님이 말씀하셨다.

　"가면 이것저것 많이 해줄 거야."

　"그냥 좀 있으면 나을 거예요."

　나는 그 대답만 반복했다. 어느 날 밤, 침대에서 돌아누우려고 하다가 이런 생각이 들었다.

　'도움을 요청해! 아버님이 물리치료 받으면 좋아질 거라고 하셨잖아. 도대체 왜 안 가고 고집을 부리는 거야?'

　나는 아버님 회사로 전화를 걸었고 곧 물리치료사와 약속을 잡았다. 그리고 두 번의 치료 후에 허리는 거의 100퍼센트 나았다. 어느 날 오후 마침내 통증이 완전히 사라지게 되자, 나는 다시금 건강을 당연한 것으로 여기게 되었다.

　그러던 어느 날 다시 허리에 경련이 이는 느낌이 들었다. 인생에서 돈이나 건강이 문제가 되면 다른 생각은 거의 할 수가 없다. 하지만 돈이나 건강이 문제가 아닐 경우에는, 그것에 대해 거의 생각하

지 않는다. 다시 말해, 돈이나 건강 둘 다 거의 부정적 측면에서 행복
에 기여한다. 두 가지가 부족하면 그것이 풍족할 때 행복을 주는 정
도보다 훨씬 크게 불행을 가져다주기 때문이다.

건강이 행복을 보장하지는 않는다. 건강한 사람들 중에도 불행한
사람은 얼마든지 있다. 그들 중 많은 수가 자신의 건강을 낭비하거
나 너무 당연하게 여긴다. 사실 어떤 사람에게는 오히려 약간의 신
체적 장애가 있는 편이 낫겠다 싶은 경우도 있다. 언젠가 상당히 거
칠고 부주의한 사람과 휴가를 간 적이 있었는데, 그가 일찌감치 사
고를 쳐서 한쪽 다리를 못 쓰게 되자 안도의 한숨을 크게 내쉬었던
기억이 난다. 얼마나 더 못된 장난을 쳐서 모든 사람을 불행하게 만
들지 몰라 불안해하고 있었기 때문이다. 돈도 그와 마찬가지다. 하지
만 건강이 행복을 보장하지 않는다는 사실이, 건강이 행복에 아무런
영향도 미치지 않는다는 뜻은 아니다. 돈도 그렇다. 현명하게만 사용
한다면 엄청난 행복을 가져다줄 수도 있다.

내가 정의했던 '첫 번째 찬란한 진실'이란 '행복해지고자 한다면
좋은 기분, 나쁜 기분, 올바른 기분을 느끼는 것에 대해 성장의 관점
에서 생각해야 한다'는 것이었다. 돈은 '나쁜 기분'의 범주에서 행복
에 기여하는 가장 중요한 요소다. 대부분의 사람이 크게 걱정하는
범주에는 경제적 상심, 건강 문제, 직업적 안정, 귀찮고 지루한 업무
를 처리해야 하는 것 등이 포함된다. 제대로만 쓴다면 돈은 이러한
문제를 해결하는 데 큰 도움을 줄 수 있다.

나는 돈이 나에게 '나쁜 기분'의 원천이 되지 않는 위치에 있다는

사실만으로도 내가 얼마나 행운아인지 깨달을 수 있었다. 우리 가족에게는 원하는 것을 할 수 있을 만큼 충분한 돈이 있고, 돈으로 살 수 있는 가장 어렵고도 소중한 것이라 할 수 있는 안전을 느끼기에도 충분한 여유가 있다. 나는 행복의 다른 세 가지 요소를 뒷받침함으로써 행복을 더욱 증진시킬 수 있도록 현명하게 돈을 써야겠다는 다짐을 했다.

☑ 적당한 낭비를 즐겨라

나는 어떻게 하면 돈으로 행복을 살 수 있을지에 대해 생각해본 적이 거의 없었다. 늘 돈을 소비하는 것은 자기탐닉에 지나지 않으니 되도록 소비를 줄이고 피하는 것이 좋다는 생각만 어렴풋이 하고 지냈을 뿐이다. 한때 나는 6개월 동안 샌프란시스코에 살면서 빨래방에 가야 하는 경우를 제외하고는 하루에 5달러만으로 만족스럽게 살았었다. 하지만 지금은 행복에 한 걸음 더 다가갈 수 있게 해주는 수단으로써 소비 행위를 이용해보기로 마음먹었다. 연구에 따르면 인간의 기본적인 욕구에는 안전을 느끼고픈 욕구, 자신이 하는 일에 만족하고픈 욕구, 사랑받고 싶은 욕구, 다른 사람과 유대감을 느끼고픈 욕구, 그리고 강력한 통제력을 휘두르고 싶은 욕구가 포함된다고 한다. 돈이 자동적으로 이 요구사항을 채워주는 것은 아니지만 적어도 도움은 줄 수 있다. 사람은 행복으로 더 가까이 다가서게 해주는 방식이든, 혹은 더 멀어지게 하는 방식이든 간에 그들 나름대로 소비를 조정하는 방식을 선택할 수 있다.

나는 가족과 친구들에게 더 가까이 다가갈 수 있도록 해주는 일에 돈을 쓰고 싶었다. 또 활력과 건강을 증진시키고, 더 고요한 집 안 환경을 조성해주며, 능률적으로 일할 수 있게 해줄 뿐 아니라 지루함, 짜증, 결혼의 갈등 요소 등을 모두 제거해주고, 중요한 일들을 지원하고, 나를 확장시키는 경험들에 돈을 소비하고 싶었다. 따라서 각각의 범주마다 이성적인 한계 내에서 행복의 목표를 지원하는 소비 방식을 찾아보기로 했다.

우선, 건강과 행복을 위한 소비는 이미 1월부터 이루어졌다. 나는 더 좋은 운동 효과를 얻기 위해 소비했었다. 내가 수강하는 근력훈련 프로그램은 매우 비싸지만, 장기적인 건강을 위해 무언가 중요한 일을 하고 있다는 느낌과 행복을 증진시키는 역할을 해준다. 또한 밖에서 점심을 먹어야 할 경우가 생기면 음식에 더 많은 돈을 쓰기 시작했다. 지금까지는 베이글을 사먹으려고 델리에 서둘러 들어가는 내게 늘 무언의 축하를 하곤 했었다. 이유는 단 하나, 싸기 때문이었다. 하지만 이제는 그러지 않기로 했다. 비록 가격은 다소 비싸더라도 양질의 샐러드나 스프, 과일 등을 사 먹으면 나 자신에게 정신적인 황금별 하나씩을 주기로 했다.

그리고 관계를 위한 소비를 위해 동생의 결혼식 파티를 열어주기로 했다. 사실 그것은 엄청난 지출을 감수해야 하는 일이지만 행복의 주요 원천이 되기도 하기 때문이다. 동생과 나, 그리고 그 애의 약

혼자까지 포함한 관계는 내 삶에서 가장 중요한 관계 중 하나다. 그러나 두 사람이 로스앤젤레스에 살고 있기 때문에 언제든 쉽게 멀어질 수 있는 위험이 있었다. 결혼식 파티를 주간하면서 관계에 기여할 수 있을 것이다.

또 일을 위해 나는 몇 개의 펜을 샀다. 지금까지는 보통 가방 안이나 서랍 속에 돌아다니는, 임시변통으로 대충 사용할 수 있는 것을 찾아 쓰곤 했었다. 그러던 어느 날, 편지 봉투를 사려고 상점에서 줄을 서 있다가 내가 가장 좋아하는 펜을 발견했다. '디럭스 마이크로 유니볼'이었다.

"펜 하나에 2달러 99센트라니! 말도 안 돼!"

이런 생각이 먼저 들었다. 한참을 머릿속에서 혼자 옥신각신하다 결국 네 자루를 사고 말았다. 제약회사가 홍보용으로 만들어 병원에 배포한, 잉크가 다 떨어져가는 펜으로 그럭저럭 때우는 대신 좋은 펜으로 글을 쓰는 기쁨이 얼마나 큰지는 써본 사람만 안다. 새로 구입한 펜이 결코 싼 것은 아니었지만, 내가 펜을 사용하는 시간이 얼마나 긴지 생각해보면, 그리고 내가 좋은 펜을 얼마나 고마워하는지 떠올려보면 정말 잘 샀다는 생각을 안 할 수가 없다. 좋은 도구는 일하면서 기쁨을 느낄 수 있게 한다.

다른 사람을 위해서 나는 뉴욕 공공도서관의 어린이도서관 프로그램을 후원하는 수표를 써서 보냈다. 이미 도서관 각 지점에 어린이도서관 만드는 사업을 지원하고자 조직된 그룹의 창설에 내 시간과 열정을 기부하기도 했었는데, 돈도 유용한 수단이 되었다.

마지막으로 행복한 기억을 위해, 나는 4월에 적당한 낭비라고 할 만한 파일보관함 두 개를 구입했는데, 그때 친구가 했던 말을 잊은 적이 없다.

"내가 애들 어렸을 때 해주지 못한 일 중에 지금도 가장 아쉽게 생각하는 게 전문적인 사진을 더 많이 찍어주지 못했다는 거야."

다행히 나는 뛰어난 사진작가를 알고 있었다. 아이들 사진을 찍기 위해 약속 시간을 정했고, 후에 결과물을 보았을 때는 전율을 일으킬 만큼 행복했다. 그 사진들은 내가 찍어준 그 어떤 사진보다도 근사했기에 우리가 보관할 것 몇 장과 아이들 조부모님께 보내드릴 것 몇 장을 더 구입했다.

행복했던 순간을 기억하는 것은 행복을 증진시키는 데 큰 역할을 하고, 행복했던 시절을 찍은 사진을 바라보는 것은 그 기억을 생생하게 되살려주는 효과가 있다. 사진에 소비한 돈은 가족의 유대감을 돈독히 하고, 행복한 추억을 더욱 강화시키며, 덧없이 흘러가버릴 어린 시절을 붙잡아두는 역할을 하게 될 것이다. 그 정도면 행복에 투자한 적당한 낭비 아닌가!

어느 날 나는 한 친구에게 '돈으로 행복을 사라'고 압력을 넣었다. 그때 나는 '자주자주 얼굴 보기'라는 6월의 결심을 지키기 위해 출산한 친구 집을 방문하던 중이었다.

"요즘 정말 속상한 일이 하나 생겼어."

친구가 말을 꺼냈다.

"어릴 때 나는 할머니, 할아버지와 매우 가깝게 지냈거든. 그런데 지금 집 근처에 사는 친척들은 우리 애한테 별 관심이 없어. 이미 손자손녀가 일곱이나 되거든. 엄마는 아기가 보고 싶어서 난리시지만, 멀리 사시니까 뉴욕에는 일 년에 한 번밖에 못 오시고."

"그래, 그렇다면 아기가 커서 학교에 들어갈 때까지 네가 클리블랜드로 몇 달에 한 번씩이라도 다녀오면 어때?"

내가 이렇게 제안하자 친구가 웃으며 대꾸했다.

"그 비용은 어떻게 다 감당하고."

"그래, 돈은 많이 들겠지. 하지만 너한테 중요한 일이잖아. 그 정도는 감당할 수 있지 않아?"

친구에게 그 정도 여유가 있음은 내가 더 잘 알고 있었다.

"그렇지만 아기 안고 비행기로 오가는 게 오죽 성가시겠니?"

"그렇다면 어머니께 비행기 표를 사드리는 건 어때? 어머니가 뉴욕에 더 자주 오실 의향이 있으시다면 말이야. 그러실 것 같아?"

"그게…. 당연히 좋다고 하실 거야!"

친구가 대답했다. 이 해결책은 어떻게 돈으로 행복을 살 수 있는지와 여덟 번째 계명인 '문제가 무엇인지 확실히 파악하자'를 실천하는 것이 얼마나 중요한지 잘 보여준다.

현명하게만 사용한다면 돈은 관계를 강화하고, 건강을 증진시키고, 즐거움을 만끽하게 하는 등 행복과 목표를 이루는 데 도움을 준다. 동시에 순전히 무언가를 구매하는 행위, 즉 어떤 것을 획득하는 행위로써 생성되는 감정 또한 매우 강렬하다. 행복 이론은 만약 내가 새로운 아파트로 이사하거나 새 부츠를 산다면 머지않아 새 소유물에 익숙해지므로 그전보다 더 행복해지는 일은 없다고 말한다. 그럼에도 많은 사람이 무언가를 얻는 행위를 통해 행복감을 느끼고자 소비라는 것을 한다.

누군가는 그것이 진정한 행복은 아니라고 말할지도 모른다. 진정한 행복이란 다른 사람에게 선행을 베풀거나, 친구나 가족과 함께 시간을 보내거나, 안식을 찾거나, 명상을 함으로써 얻을 수 있는 것이라고 주장할지 모른다. 하지만 주변을 둘러보았을 때, 나는 확실히 많은 사람이 무언가를 사고 있을 때, 즉 소비를 행하고 있을 때 행복해 보이거나, 또 행복한 듯이 행동한다는 사실을 알 수 있었다.

두둑한 지갑을 들여다보는 행위를 통해 행복을 증진시키는 방법이 특별히 우러러볼 만한 방법이 아니라고 해서, 그것이 진짜 행복이 아니라고 할 수는 없다. 여러 연구 자료와 일상의 경험에 따르면 기대치 않았던 선물을 받거나 뜻밖의 횡재를 하게 될 경우 사람들은 큰 격려와 힘을 얻게 된다고 한다. 어떤 사람의 경우에는 무언가를 사거나 얻는 경험에서 커다란 행복감을 느끼기 때문에 수입보다 많은 돈을 쓰기도 한다. 다만 쇼핑백을 잔뜩 안고 집에 들어서는 즉시 후회와 짜증이 밀려들어, 순간적으로 느낀 행복감이 장기간의 불행으로 변질되는 것이다.

물건을 구입함으로써 사람들이 행복을 느끼게 되는 현상은 오직 소비의 탐닉에서 기인하는 것은 아니다. 어떤 종류든 간에 무언가를 얻게 되는 상황은 적어도 일시적인 성장의 분위기를 만들어낸다.

사람들이 소비를 좋아하는 이유는 다양하다. 집 안을 제대로 수리해서 완벽한 상태로 유지하고 싶은 욕구, 사랑하는 사람이든 손님이든 누구라도 잘 접대하고픈 마음, 최신 도구의 사용법을 배우고 싶은 열의, 남들이 부러워하는 물건을 소유하고픈 욕심, 아이들을 가르치고픈 열정, 동년배와 같은 수준으로 살아가고 싶은 마음, 또는 그들과는 다르게 살고자 하는 개성, 아름답게 치장하고픈 욕구, 수집품을 늘리고 싶은 마음, 새로운 유행에 뒤떨어지지 않으려는 조급함, 기존 유행에 대항하려는 반항심, 취미나 전문적인 능력을 키우고 싶은 도전정신, 다른 사람을 돕고 싶은 의리, 쇼핑의 즐거움을 하나의 활동으로 정당화시키고픈 의도, 선의를 제공하거나 얻고 싶은 마음, 선물과 지원을 아낌없이 주고자 하는 정의감, 원하는 위상을 얻어 그것을 유지하려는 야망, 지배와 통제력을 쟁취하고픈 야욕, 개성을 표현하거나 무언가를 축하하거나 전통을 유지하고픈 마음, 혹은 그것을 깨고픈 마음, 편리하고 건강하고 안전한 삶을 영위하고픈 소망, 또는 더욱 도전적이고 모험적이며 약간은 위험한 삶을 경험하고픈 불굴의 정신에서 소비가 행해진다.

나는 쇼핑으로는 거의 행복을 못 느낀다. 앞의 예들과 정반대라고 할 수 있는데, 보통 소비를 하고 난 후에 내가 '상점충격'이라고 이름 붙인 구매자의 후회라는 감정을 경험한다. 어쩌면 그 때문에 내가 진정으로 다른 사람의 열정을 알아차릴 수 있는지도 모른다. 하지만 내 경우에도 현명하게 쓰기만 한다면, '적당한 소비를 즐기는 것'이 행복을 가져다주기는 한다.

내가 블로그에 '적당한 낭비를 즐기자'라는 결심을 올리자, 방문

자들도 그들 나름의 적절한 소비에 관한 예를 하나둘 올리기 시작
했다.

➡ 여러 해 동안 나는 싸고 형편없는 부엌칼을 사용해왔습니다. 그
러다가 지난해 큰맘 먹고 꽤 질 좋은 칼 몇 자루를 구입했죠. 한 쌍의
부엌칼과 제빵용 칼 하나가 세트인 칼 세 자루에 200달러나 했지만,
써보니 어쩌나 잘 들고 근사한지 그 값어치를 톡톡히 하더라고요. 아
마도 평생을 저와 함께 할 것 같습니다.

➡ 이런 얘기를 하고 싶지는 않지만, 저는 얼마 전 지하실을 청소하
려고 업체를 고용했습니다. 식료품점 게시판에 안내 광고문이 붙어
있더라고요. 그동안 제발 지하실에 있는 잡동사니 좀 어떻게 해보라
는 아내의 성화가 이만저만이 아니었습니다. 그게 벌써 3년이나 되
었네요. 지금까지 나는 그렇게 행복한 마음으로 수표를 끊어본 적이
한 번도 없었지만, 이번엔 달랐습니다.

➡ 내가 올해 스스로에게 주었던 크리스마스 선물은 베개 몇 개였습
니다. 원래 쓰던 것은 영 마음에 들지 않았거든요. 새 베개가 '내 안락
함의 수준 + 잠자는 시간과 수면의 질 + 다음 날의 기분 + 작업 능
률과 생산성'에 미치는 영향은 눈이 번쩍 뜨일 만큼 대단하더군요.

➡ 나는 강아지를 한 마리 샀습니다. 애완동물을 키우고 돌보는 비용이 사료, 예방주사, 여행하는 동안 이웃에게 맡기고 수고비를 지불하는 것 등 예상보다 엄청나게 들더군요. 하지만 그 기쁨도 예상보다 훨씬 컸습니다. 혼자 살다가 강아지를 키우면서 정말 커다란 행복을 얻고 있습니다.

내가 가장 큰 행복감을 느꼈던 '적당한 낭비' 중 하나는 얼마 전 오래 벼르고 벼르다가 구입한 것으로, 다른 사람에게는 그다지 매력적이지 않을 테지만 내게는 확실히 멋진 것이었다. 나는 '적당한 낭비'를 실천하기 위해 맨해튼에 있는 유명한 어린이 서점에 전화를 걸어 프랭크 바움이 쓴 『오즈의 마법사』 시리즈의 하나인 『마법사의 수퍼 스페셜』 15권 전집을 주문했다. 도착한 날 그 커다란 상자를 열었을 때, 나는 말로 다 할 수 없을 만큼 엄청난 전율을 느꼈다. 가지런히 배열된 양장본 전집은 통일된 디자인에 표지도 매력적이었고, 독창적인 삽화가 돋보였다.

긍정심리학자들은 지금쯤이면 내가 이 구매품에 완전히 적응했을 거라고 주장할지 모른다. 이 전집을 소유했다는 사실에 금세 익숙해져서 책들은 그저 먼지만 쌓여갈 뿐이고, 나는 그전보다 더 나아질 것 없는 삶을 살고 있을 것으로 단언할 것이다. 하지만 그런 주장은 사실이 아니다. 나는 아동문학에 남다른 관심과 열정이 있기에 매번 그 책들을 볼 때마다 큰 용기와 격려를 얻는다. 지금까지도 나는 어릴 때 구독하던, 낡을 대로 낡은 엄청난 양의 〈크리켓〉 잡지를 모두 모아두었는데, 선반에 쌓여 있는 그 잡지를 바라볼 때도 역시 비슷한 행복감을 느낀다.

늘 그랬듯이 이번에도 역시 비결은 '나다워지기'와 '현명하게 선택하기'였다. 나를 행복하게 만드는 것은 다른 사람이 아닌 바로 나 자신에게 가치 있다고 생각되는 일이나 물건에 돈을 쓰는 것이고, 그러기 위해서는 다른 사람의 욕구를 앵무새처럼 그대로 따라 하기보다 내가 정말로 원하는 것이 무엇인지에 대한 인식과 절제가 필요했다.

친정아버지를 가장 행복하게 만들었던 소비 중의 하나는 핀볼이었다. 어릴 적 아버지는 하루에도 몇 시간씩 핀볼게임을 했고, 자신만의 핀볼게임기가 있어서 원하면 언제라도 무료로 게임을 하고 싶다는 소망이 있었다고 한다. 이런 소비는 모든 이를 행복하게 하지는 않았지만 아버지에게만은 크나큰 행복을 안겨주었다.

돈과 행복의 상관관계에 대해 생각하던 중, 나는 한 친구의 결혼식에 참석했다가 그곳에 온 손님과 뜻밖의 대화를 나누게 되었다. 나는 그에게 '돈으로 약간의 행복을 살 수 있는 방법'에 대해 고민하고 있다고 말했다.(사실 내가 행복이라는 한 가지 주제에 너무 집착해서 다른 사람들을 지루하게 하는 따분한 사람으로 변하는 건 아닌가 하는 생각이 들기도 했다.)

내가 말을 마치자마자 그녀는 무척 흥분하면서 말을 이었다.

"그건 말도 안 돼요! 무슨 일이 있어도 행복은 돈으로 살 수 있는 게 아니에요!"

"그렇게 생각하세요?"

"내가 바로 그 완벽한 예거든요. 나는 그다지 많은 돈을 벌지는 않아요. 그런데 몇 해 전에 저축해놓은 돈을 모두 찾아서 말을 한 마리샀어요. 엄마는 물론이고 주변 사람 모두가 미친 거 아니냐고 했지만, 그 말은 나를 정말 행복하게 해주었죠. 하지만 조금 남은 여윳돈마저 말을 돌보는 데 다 써버려야 했거든요."

나는 좀 혼란스러운 생각이 들었다.

"어쨌거나 돈을 소비해서 행복해지기는 했잖아요. 말 덕분에 정말 행복했었다면서요?"

"그렇지만 지금은 빈털터리잖아요. 있는 돈을 다 써버렸으니까요."

"그렇군요. 말을 사느라 돈을 다 썼군요."

그녀는 고개를 가로젓더니 내게 구제불능이라는 표정을 짓고는 가버렸다.

사실 어떤 경우에는 돈으로 행복을 사려고 아무리 노력해도 별 효과가 없을 때가 있다. 이것은 내가 '값비싼 체육관 회원권 효과'라고부르는 것으로, 체육관의 경우 비싼 돈을 주고 회원권을 끊으며, '맙소사, 비싸도 너무 비싸군. 하루도 빠지지 말고 죽기 살기로 다녀야지!' 하며 아무리 다짐을 해봐야 결국에는 얻은 것 하나 없이 시간만가버리는 경우가 많기 때문이다.

나 역시도 어떤 활동에서 흥미가 생기게끔 스스로 동기를 부여하기 위해 비싼 돈을 지불해 무언가를 구입하고 나서 '값비싼 체육관 회원권 효과'라는 것을 경험해본 적이 있다. 예를 들어, 언젠가 나는 리폼을 해보고 싶어서 접착·실링·코팅 마감까지 한 번에 끝낼 수 있는 마드파지Mod Podge라는 물건을 구입하려고 세 군데나 되는 상점을 돌아다닌 적이 있었다. 그때는 어서 빨리 해보고 싶어서 조바심이 난 상태였다. 그렇게 해서 마드파지를 구입한 지 벌써 몇 해가 지났지만, 아직까지 포장도 뜯지 않고 있다. 시간을 두고 창의적인 프로젝트를 실행하고 싶었지만, 단지 재료 구입에 돈만 쓴다고 해서 나머지가 저절로 이루어지는 것은 아니었던 것이다. 시간을 내기로 마음먹었으면 실천에 옮겨야 했는데 전혀 그러지 못했다. 아마도 마드파지를 이용하는 것은 행복 프로젝트 2편에서 또 하나의 결심으로 실행해야 할지도 모르겠다.

같은 선상에서, 일중독자라고 할 만한 친구 한 명이 언젠가 값비싼 테니스라켓을 구입한 일이 있었다. 동기는 테니스를 좀 더 열심히 치려는 결심이라고 했지만, 새 라켓은 아직까지 꺼내보지도 못했다고 한다. 테니스라켓은 삶에서 무언가를 바꾸어보고 싶다는 그의 욕망을 표출하게 해준 일종의 표현 수단이었지만, 물건만 구입한다고 해서 그 욕망이 성취되는 것은 아니었다. 달력을 들여다보고 날짜를 정해 밖으로 나가야만 하는 것이지, 쓸 만한 라켓을 찾는 것이 먼저는 아닌 것이다.

'돈으로 행복을 사는 것'에도 한계는 있다. 나는 매우 신나는 사치를 금세 평범한 필수품으로 탈바꿈시키는 '쾌락의 쳇바퀴' 효과를 얕봐서는 안 된다는 사실을 잘 알고 있다. '적절한 낭비'를 통해 기쁨을 얻는 것도 그것을 가끔씩 행동에 옮겼을 때나 가능한 일이다.

룸서비스를 예로 들어보자. 나는 그것을 이용해본 적이 없었기에 신혼여행 기간 동안 처음으로 룸서비스를 제공받았을 때 전율을 느낄 만큼 즐거웠다. 그러나 일 때문에 출장을 다니면서 자주 룸서비스를 이용한다면, 더는 그것을 통해 기쁨을 느낄 수 없을 것이다.

돈은 지속적인 사치와 탐닉을 허용하기에, 그것의 진정한 맛을 느낄 만한 여유를 주지 않는다. 또한 즉각적인 만족이 가능하게 하므로 행복의 기대감은 절반 이하로 줄어들고 만다. 반면 절약, 저축, 상상, 계획, 기대의 단계를 거치는 소비는 행복의 느낌을 확장시킨다. 만약 레스토랑에서 커피를 주문하거나 책을 사거나 TV를 보는 것 같은 평범한 일조차도 커피가 부족하거나 책이 품절되었을 경우에는 일종의 사치가 될 수 있다. 이는 박탈감이 '쾌락의 쳇바퀴'를 돌리는 데는 불쾌한 저주임에 틀림없어도, 행복을 증진시키는 데는 가장 효과적인 방법이라는 것인지 잘 보여주고 있다.

한 친구의 말에 따르면 1990년대에 그가 러시아에 살고 있을 때는, 한 번에 몇 주 동안이나 뜨거운 물 공급이 정기적으로 중단되곤 했다고 한다. 따라서 다시 온수가 수도꼭지로 흘러나오는 날 느꼈던 행복감에 필적할 만한 기쁨은 그때까지 살면서 잘 느껴보지 못했다는 것이다. 하지만 사시사철 끊이지 않고 뜨거운 물이 철철 흘러나오는 미국으로 다시 돌아와 살고 있는 지금은 당시의 느낌에 대해 전혀 생각해보지 않는다고 한다.

'쾌락의 쳇바퀴'는 물건을 구입하는 것이 때로는 행복으로 가는 만족스러운 길이 될 수 없음을 의미한다. 그럼에도 돈이 행복을 도울 수 있기는 하다. 친정아버지는 처음으로 당신이 누군가에게 잔디 깎는 것을 맡기고 돈을 지불할 능력이 생겼다는 사실을 깨달았던 순간에 대해 지금도 자주 말씀하신다. 살아가면서 누릴 수 있는 최고의 것들 중에 어떤 것은 결코 공짜로 얻을 수 없다.

돈의 영향력에 대해 생각해보는 또 하나의 방법은 그것을 '성장의 분위기'의 일부라 할 수 있는 '첫 번째 찬란한 진실'과의 관계에서 바라보는 것이다. 우리는 정신적 성장의 분위기를 필요로 한다. 그리고 물질적 성장도 매우 만족스럽게 생각하는데, 이는 많은 사람이 부인하는 만큼이나 사실이기도 하다.

인간은 모두 변화에 민감하다. 우리는 과거와 비교해서 현재를 평가하고, 더 좋은 쪽으로 변화가 이루어졌을 때 비로소 행복해졌다고 생각한다. 예를 들어 한 연구에서 피실험자들을 대상으로 첫해에 3만 달러, 두 번째 해에 4만 달러, 그다음 해에 5만 달러를 받는 직업과 첫해에 6만 달러, 두 번째 해에 5만 달러, 그리고 세 번째 해에 4만 달러를 받는 직업 중에 하나를 선택해야 한다면 어떤 것을 고르겠느냐고 물었다. 두 번째 직업을 선택하면 3년 뒤에 15만 달러를 벌어들일 수 있지만 첫 번째 직업을 선택하면 12만 달러밖에 벌어들일 수 없다는 사실에도 불구하고, 대부분의 사람이 매년 연봉이 인상되는 첫 번째 직업을 더 선호했다고 한다. 그들의 결정이 이성적인 판단에서 비롯된 것일 수도 있다. 하지만 첫 번째 직업을 선택한 사람들은 행복으로 가는 성장의 느낌이 얼마나 중요한지 이해하고 있었던 것이다. 사람들은 그들이 처한 조건이 좋든 나쁘든 간에 상대적인 변화에 매우 민감하다.

성장의 느낌은 행복으로 나아가는 여정에서 매우 중요한 요소이기 때문에 정상에서 내려오는 것보다는 정상으로 올라가는 과정을 선택하는 편을 더 권할 만하다. 과학자도 아니고 철학자도 아닌 소설가 리사 그룬발트가 바로 이 행복의 원칙을 요약한 멋진 문장을 들고 나왔다.

"최고는 좋은 것이고, 더 좋은 것은 최고다 Best is good, better is best."

4월의 행복 프로젝트 주제였음에도 내가 전혀 손대지 않았던, 지금 생각해보면 그때 도전했어야 하는 부모 역할의 어려움 중 하나는 아이들에게 선심 쓰듯 사주는 물건이나 선물의 한계를 정해놓는 것이다. 예를 들어, 깜짝 선물의 하나로 나는 엘리자에게 착시 현상에 관한 커다란 책을 사주었다. 예상했던 대로 아이는 책에 흠뻑 빠져들었고, 친구들에게도 자랑을 했으며, 침대 옆 탁자에 늘 모셔두었다. 나 또한 아이에게 그 책을 사주었다는 사실이 매우 기뻤다. 그로부터 얼마 지나지 않은 어느 날, 잡화점에 들어갔다가 나는 저렴한 아동도서가 꽂혀 있는 진열장 앞에 서게 되었다. 그리고 그곳에서 또 다른 착시 현상 책을 발견했고, 거의 자동적으로 엘리자에게 사주어야겠다는 생각을 하며 책을 집어들었다. 지난번에 아이가 얼마나 좋아했었는지 떠올랐기 때문이었다.

하지만 그때 나는 자제심을 되찾았다. 이미 엘리자는 300개의 착시 도안이 들어간 책을 한 권 가지고 있지 않은가. 그러니 이 책을 사가지고 가봐야 그다지 새로운 느낌이 들지 않을 것이다. 또한 그러한 이유 외에도 만약 엘리자가 착시 현상 책을 두 권이나 갖게 된다면, 첫 번째 책에 대한 관심이 그만큼 줄어들지는 않을지 걱정되기도 했다. 결코 처음 책에서 얻었던 마법 같은 느낌이나 완벽함을 다시 느낄 수는 없을 테니 말이다.

엘리자가 다녔던 유아원 원장선생님이 파란색 장난감 자동차를 애지중지하던 네 살짜리 소년 이야기를 들려준 적이 있었다. 아이는 그 차를 어디든 들고 다니면서 가지고 놀았다고 한다. 그러다가 할머니가 열 개의 장난감 자동차를 사주셨다. 그러자 꼬마는 자동차를 아예 거들떠보지도 않게 되었다고 한다.

"자동차는 다 어디다 뒀니? 왜 안 가지고 놀아? 그 파란 자동차 정말 좋아했잖아?"

원장선생님이 묻자 아이는 이렇게 대답했다고 한다.

"그렇게 많은 자동차를 다 사랑해줄 수가 없잖아요."

만약 우리가 무언가를 사랑한다면, 또는 무언가 원하는 것이 있다면, 그것을 많이 가지면 가질수록 더 행복해지리라는 착각에 빠지기가 참 쉽다.

☑ 필요하면 즉각 구입하라

돈과 사람의 관계에 대해 주의를 기울이기 시작했을 때, 나는 소비에 접근하는 두 가지 다른 방식을 발견했다. 하나는 '너무 적게 사는 것'이었고, 또 하나는 '너무 많이 사는 것'이었다.

너무 적게 사는 사람 중 하나인 나는 물건을 구입해야 할 일이 생기면 우선 미룰 수 있을 때까지 미룬 다음, 어쩔 수 없이 사야만 하는 순간이 오면 가능한 한 적게 구입한다. 하루에 두 번씩 사용하는 식염수를 살 때도 매번 가장 작은 병을 구입한다. 겨울 코트나 수영복 같은 것을 구입할 때도 늘 필요한 시기를 놓친 다음에야 부랴부랴 사들이느라 수선을 떨곤 한다. 수영복 가방이나 핸드크림, 헤어컨디셔너, 방수 장화, 티슈처럼 특별한 용도로 사용하는 물품을 구입할 때도 매우 주저하는 편이다. 종종 어떤 물건을 사는 것에 대해 곰곰이 생각하다가는 곧 '나중에 시간나면 사지 뭐' 혹은 '사실 그런 거 없어도 되잖아'라고 미룬다. '되도록 적게 사자'주의인 나는 그런 기질 때문에 정작 필요한 물건이 없어서 스트레스를 받는 경우도 많다. 밤늦은 시간에 상점으로 뛰어가는 경우도 심심치 않게 생긴다. 그래서 주변에는 작동이 안 되거나 정확히 용도에 들어맞지도 않는 싸구려 물건이 그득하다.

나는 터무니없이 많은 물건을 구입하는 몇몇 친구들을 보면 놀라움을 금할 길이 없다. 과소비 경향이 있는 사람들은 샴푸나 기침약처럼 한 번 사놓으면 한참 쓰는 생활용품을 집 안 어딘가에 엄청나게 쌓아놓기를 좋아한다. 그들은 '이건 사놓으면 나중에 쓸모가 있을 거야'라는 생각으로 새로운 물건 등을 사들인다. 여행을 가거나 기념일을 보내기 위해서도 마구잡이로 물건을 구입한다. 그러다보

니 날짜가 지나 상한 우유, 약품, 심지어 깡통 스프 등을 무수히 내다
버린다. 또한 선물 받을 사람을 정해놓지도 않고 '이걸 선물하면 다
들 좋아하겠는걸'이라는 생각만으로 물건을 사다 쟁여놓는다. 그런
사람들도 나와 마찬가지로 스트레스를 받는다. 자신이 구입한 물건
이 산처럼 쌓이며 만들어내는 일거리와 쓰레기 때문에 압박감에 시
달리는 것이다.

　내가 이러한 두 가지 소비성향에 대한 글을 블로그에 올리자, 나
처럼 소심한 소비자들은 물론이고 과소비 성향이 있는 독자들도 나
름의 답변을 달아주었다.

➡ 나는 물건을 필요한 양보다 적게 사면 왠지 준비가 덜 된 것 같은
불안감에 시달리기 때문에 과소비를 하는 경향이 있습니다. 딸아이
들이 타이즈를 여러 개 갖게 되거나 언제 떨어질지 모르는 샴푸를 커
다란 병에 가득 채워놓았다는 생각을 하면 기분이 좋아지거든요. 또
휴지나 우유, 기저귀가 떨어지면 왠지 내가 형편없는 엄마라는 생각
이 들기도 해요. 그래서 쇼핑을 마치고 집에 돌아와 산 물건들을 정
리해서 창고가 가득 차면 아주 흡족하답니다.

➡ 나는 무엇이든 가능한 한 적게 사는 소비자에 해당해요. 15년 동
안 입은 파자마도 고무줄이 완전히 끊어져서 내다버릴 때까지 쭉 잘
입었습니다.

➡ 나는 엄청나게 소심한 소비자였고 얼마 전까지는 그 사실을 매우 자랑스러워하기까지 했습니다. 하지만 그것이 선택에서 나온 행동이라기보다는 오히려 집착에 가깝다는 사실을 최근에야 깨달았죠. 나는 치약이나 비누 같은 것도 떨어지기 전에 미리 사다두는 법이 없었습니다. 바닥이 나기 직전에야 마지못해 사러 나가곤 했거든요. 과거에 나는 가난한 연기자였는데, 아마 그 시절의 검소한 생활습관이 몸에 밴 모양입니다. 그 습관을 이제 고치려고 하니 쉽지 않네요. 얼마 전에 늘 구입하던 두 개들이가 아닌 여섯 개들이 두루마리 휴지와 수건 세 장을 구입했는데, 그러고 나니 갑자기 부자가 된 듯한 느낌이 들더군요. 게다가 그처럼 사소한 일로도 마음이 한없이 들뜰 수 있다는 사실에 놀라기도 했습니다.

나는 만약 내가 소심한 소비성향을 바꾸기 위해 더욱 주의를 기울이고, 대신 정말 필요한 물건을 제때 구입할 수 있도록 나 자신을 격려한다면 지금보다 훨씬 더 행복해지리라는 사실을 알고 있었다. 그래서 얼마 전에는 휴지가 다 떨어지기 직전에야 화장지를 구입하던 습관을 완전히 버렸다. 내 어른의 비밀 중 하나는 '비상용 두루마리 화장지 하나쯤은 어딘가에 보관해두어라'다.

적절함과 중용이 현명한 사람에게 기쁨의 원천이라는 사실을 알지만, 나도 두루마리 휴지 몇 개 정도는 어딘가에 쌓아놓고 살고 싶었다. 이러한 종류의 사소한 성가심이 행복에 얼마나 큰 걸림돌이 되는지 알게 되면 모두 놀라고 말 것이다. 새뮤얼 존슨은 이렇게 말했다.

"사소한 것에 끊임없이 부족함을 느끼며 사는 것이 고문을 당하며 사는 것과 같다고까지는 할 수 없겠지만, 끊임없는 괴롭힘을 받으며 사는 것에 해당한다고는 할 수 있다."

내게 정말 필요한 또 한 가지는 거의 매일 입는 흰색 티셔츠였다. 나는 친정엄마와 함께 할 때만 즐거운 마음으로 쇼핑을 한다. 그래서 캔자스시티에 사는 엄마가 뉴욕에 다니러 올 때까지 셔츠 사는 일을 미루고 기다렸다. 내가 원하는 티셔츠는 부드럽고 신축성 있고 너무 얇지 않으면서 브이넥에 소매가 긴 것인데, 내가 그런 셔츠를 직접 찾아다니는 것은 너무 과도한 도전같이 느껴졌다. 하지만 엄마는 달랐다.

"블루밍데일에 가면 있을 거야."

이렇게 결정하곤 앞장서셨다.

상점에 들어서는 순간부터 나는 정신이 없었지만, 엄마는 어느 쪽으로 가야 하는지 정확히 알고 있는 사람처럼 한 구역으로 갔다가 다음 구역으로 가곤 했다. 엄마가 이렇듯 체계적인 검품을 하는 동안 나는 뒤를 졸졸 따라다니며 당신이 옷걸이에서 빼낸 셔츠들을 운반했다. 매장에 있는 흰색 셔츠란 셔츠는 모두 다 둘러봤다는 확신이 들자, 엄마는 그나마 고르고 골라 간추린 스무 개 정도의 셔츠를 모두 입어보게 했고, 그중에서 나는 여덟 개를 구입했다.

엄마는 완벽한 흰색 셔츠를 구입하기 위해 떠난 내 여정에 열정적으로 응해주기는 했지만, 계산대 앞에 수북이 쌓여 있는 단색 면 티셔츠를 보더니 이렇게 말씀하셨다.

"정말 다른 색이나 스타일은 필요 없는 거니? 다 흰색뿐이잖아."

"글쎄…."

나는 약간 망설였다. 정말 흰색 셔츠가 이렇게 많이 필요할까? 그때 한 연구 내용이 떠올랐다. '사람은 그들이 생각하는 것보다 다양함에 훨씬 더 관심이 많다.' 예를 들어, 몇 주 동안 먹을 간식의 종류를 선택하라고 요구받으면 대부분의 사람이 다양한 메뉴를 고르지만, 여러 주가 아닌 한 주씩 먹을 간식을 고르라고 하면 보통은 자신이 좋아하는 음식을 계속 반복해서 선택한다는 것이다.

매장에서 다양한 색깔의 티셔츠를 입어보는 것도 괜찮겠다 싶었다. 하지만 경험으로 미루어보아 옷장 앞에만 서면, 나는 늘 흰색 브이넥 티셔츠, 검은 요가 바지나 청바지, 그리고 운동화라는 같은 품목만 골라내곤 했다. 반드시 필요한 물건이라면 사자.

"그냥 흰색이면 돼요."

나는 단호하게 대답했다.

셔츠 구매의 성공에 힘입어, 나는 물이 새는 믹서도 교체하기로 마음먹었다. 고객별 맞춤형 반송 주소가 인쇄된 엽서도 샀다. 또한 소심한 소비자들은 여분의 상품을 미리 다량으로 구입해놓는 소비자들보다 쇼핑을 더 자주 다녀야 하므로 계산대 앞에도 자주 서게 된다는 역설적인 사실도 깨닫게 되었다. 나는 언젠가 필요할 배터리와 반창고, 전등, 기저귀 등을 구입했고, 몇 년 동안 미뤄오던 명함도 주문했다. 어떤 회의에 참가했을 때 누군가 한 번도 본 적 없는 근사한 명함을 내미는 것을 보고 영감을 얻었다. 똑같은 것을 주문하는 데 필요한 정보는 이미 확보하고 있었기에 거의 비슷한 명함을 주문할 수 있었다.

명함을 주문하면서 세부사항을 결정하는 동안, 나는 내가 소심한 소비자일 뿐 아니라, '극대화자maximizer'의 반대 개념인 '만족자satisficer'라는 사실도 알게 되었다. 만족자들은 일단 그들이 정해놓은 기준에 부합하기만 하면 결정을 내리거나 행동을 취한다. 그렇다고 그들 모두가 평이한 사람이라는 뜻은 아니다. 정해놓은 기준이 매우 높을 수도 있다. 그렇지만 그것이 호텔이든 파스타 소스든 명함이든 간에 그들이 원하는 기준에 도달하기만 하면 만족하는 사람들이다. 극대화자는 최고의 결정을 내리고 싶어 한다. 자전거를 구입하든 배낭을 사든 간에 자신이 정해놓은 기준에 적합하더라도 그 외의 모든 조건을 꼼꼼히 따져보기 전에는 만족하지 않는다. 따라서 까다롭기는 해도 최선의 선택을 한다.

연구에 따르면 만족자들이 극대화자보다 훨씬 행복한 경향이 있다고 한다. 결정을 내리기까지 극대화자가 더 많은 시간과 열정을 쏟아부을 뿐 아니라, 종종 자신이 최고의 선택을 내렸는지에 대해 노심초사하기 때문이다.

한 명의 쇼핑객 자격으로 보았을 때, 친정엄마는 소위 '한계를 아는 행복한 극대화자'라고 할 수 있다. 특정한 범위 안에서 보면 엄마는 극대화자이고, 역시 모든 가능성을 살펴보는 과정을 매우 즐긴다.

엘리자와 엘리너가 여동생의 결혼식에서 화동이 되어줄 예정이었기 때문에, 엄마는 그날 아이들의 드레스란 드레스는 재미삼아 모두 입혀볼 것이 불을 보듯 뻔했다. 하지만 대부분의 경우 극대화자들은 그러한 연구나 실험 과정을 매우 힘들어 하면서도 최고가 아니면 안 된다는 강박관념 때문에 적당히 타협하는 경우가 거의 없다.

이러한 두 가지 방식의 차이점은 어쩌면 뉴욕과 같은 대도시가 사람을 훨씬 의기소침하게 만들기 때문에 발생할지도 모른다. 다시 말해 뉴욕에 거주하는 극대화자는 침실 가구 하나, 또는 나무 행거 하나를 구입하려 해도 몇 달 분량의 방대한 선택사항을 훑어봐야만 한다. 하지만 캔자스시티에서는 아무리 열정적인 극대화자라 하더라도 짧은 시간 안에 이용 가능한 선택의 범위를 어림잡을 수 있다.

대부분의 사람은 두 가지 성향을 고루 갖추고 있다. 거의 모든 범주에서 나는 만족자에 해당하고, 실은 어떤 일에 대해 결정을 내리기 전 더 많이 조사하고 숙고하지 않는 것에 대해 종종 죄책감을 느끼기도 한다. 법대에 다닐 때, 한 친구는 2학년을 마치고 여름 인턴 과정에 들어가면서 자신에게 가장 잘 맞는 회사를 결정하느라 열다섯 개 법률회사를 찾아다니며 인터뷰를 했었다. 반면 나는 단지 여섯 군데를 다녔을 뿐이었는데, 결국 우리는 같은 회사에서 근무하게 됐다. 스스로를 '만족자'로 인식하기 시작한 후부터, 나는 최종 결정에 접근하는 내 방식에 더욱 만족하게 됐다. 게으르거나 불성실하다는 느낌 대신 스스로를 신중하다고 생각하게 되었다. 자아 재구성의 훌륭한 예 아닌가.

☑ 지혜롭게 소비하라

나는 어떤 물건이나 아이디어에 집착하는 경향이 있다. 면도날도 하나 사면 완전히 무뎌질 때까지 사용하고, 칫솔도 누렇게 변해서 헤질 때까지 사용한다. 군복 스타일의 옷이나 면 남방 같은 것은 약간 낡아서 부드러워지면 더욱 멋스러워 보이는 것이 사실이지만, 너무 낡거나 여기저기 얼룩이 묻거나 또는 폐품이 된 듯한 물건에 둘러싸여 사는 것은 그다지 근사한 일이라고 할 수 없다.

가끔은 말도 안 되는 상황에서 절약을 실천하려는 나를 발견할 때가 있다. 일전에 구입한 흰색 셔츠의 경우도 마찬가지였다. 너무 낡아서 결국 셔츠를 새로 구입하기는 했다. 그리고 곧 새 셔츠를 꺼낼 상황이 왔다. 하지만 나는 새로 산 셔츠를 쇼핑백에서 꺼내 판매사원이 접어준 완벽한 모양 그대로 선반 위에 올려놓고 나면, 깔끔하고 '영광스러운 상태' 그대로 셔츠를 아껴두고 싶다는 생각에 사로잡힌다. 하지만 입지도 않을 옷을 구입하는 것은 새 옷을 내다버리는 것만큼이나 낭비 아닌가.

행복 프로젝트의 일환으로 나는 '많은 것이 무조건 좋은 것'이라는 믿음을 버리고, 예전 것을 쌓아두는 일을 그만두기로 했다. 따라서 소비해야 할 것은 소비하고, 남들에게 더 필요할 것 같은 것은 아낌없이 줘버리고, 버릴 것은 가차 없이 버릴 수 있었다. 이것은 단지 이익과 손실 중 어떤 것이 더 큰지 끊임없이 따지고 적는 일에 더 이상 정열을 낭비하고 싶지 않았기 때문만은 아니었다. 나도 소비라는 것을 하고 싶었기 때문이다.

몇 년 전 생일에 동생이 예쁜 상자에 문구용품을 담아 선물해준 적이 있었다. 나는 그것이 무척 마음에 들었지만, 한 번도 꺼내 쓸 생각은 하지 않았다. 아이들의 조부모님께 사진을 우편으로 보낼 일이 있을 때조차도 그 문구용품은 '아껴두는 것'이라는 이유로 쓰기를 망설였다. 하지만 문구용품을 '사용하는 것' 말고 더 좋은 사용 방법이라는 것이 있을까? 당연히 그 안에 있는 것을 꺼내 써야만 한다. 소비해야만 하는 것이다.

나는 집에서 소비하거나 없애버려야 할 만한 것이 있는지 찬찬히 둘러보았다. 내가 가장 마음 아프게 선택한 물건들은 바로 줌 기능이 망가져버린 카메라나 제대로 인쇄되지 않는 라벨용 프린터처럼 과거에 사용했지만 지금은 전혀 쓸모없어진 기계들이었다. 원래 버리는 것을 좋아하지는 않지만, 그런 물품을 수리하려면 새로 사는 것보다 돈이 훨씬 더 들어갈 테고 시간도 많이 잡아먹을 것이 분명했다. 그렇다고 그냥 사용하자니 진이 쏙 빠지는 것 같았다. 그래서 새로 장만했다.

내 목표는 소유하고 있는 물건뿐만 아니라 아이디어와도 관련이 있었다. 예를 들어, 블로그에 올릴 글의 주제로 뭔가 머릿속에 떠오르면 나는 이렇게 말하곤 한다.

"정말 좋은 생각이다. 아껴뒀다가 다음에 꼭 써먹어야지."

왜? 도대체 왜 미루는 것일까? 다음에는 그보다 더 좋은 아이디어가 지금보다 훨씬 무궁무진하게 떠오를 것이라는 사실을 왜 믿지 못하는 것일까? 나는 현재의 좋은 생각은 바로 지금 이용해야 가치가 있다는 사실을 인정할 필요가 있었다. 아이디어는 티스푼으로 찔끔찔끔 퍼내는 것보다 거침없이 마구 쏟아내는 편이 창의성 발달에 훨씬 도움이 된다.

'소비하기'는 또한 너무 엄격하게 능률을 따져서는 안 된다는 것을 의미하기도 한다. 어느 날 밤 우리 부부는 〈준벽〉이라는 사랑과 행복의 특성에 관한 영화를 빌려봤다. 영화가 끝났을 때, 나는 특별히 마음에 들었던 몇 장면을 다시 돌려 보고 싶다는 생각이 들었지만, 곧 시간낭비라고 생각하고 마음을 접었다. 그러고 나서 바로 '소비하기' 결심을 떠올렸다. 그 결심에는 물건뿐 아니라 시간을 써버리는 것도 해당되기 때문이다. 나는 때때로 시간을 낭비하면서 하는 일도 꽤 가치 있는 결과를 가져온다는 사실을 깨닫게 되었다. 그래서 리모컨을 잡고 장면 선택으로 들어가 교회 친목모임에서 벌어지는 장면을 다시 봤다.

하지만 '소비하기'의 가장 중요한 의미는 잡동사니를 쌓아두지 않는 사람이 되거나 사랑과 관대함에 인색하지 않은 사람이 되는 것이다. 그것은 2월의 결심인 '칭찬이나 감사의 말 기대하지 않기'와도 관련이 있다. 나는 지속적으로 칭찬을 요구하거나 대가를 바라고 행동하는 습관을 고치려고 마음먹었다. 테레사 성녀는 이렇게 말했다.

"사랑을 하면 더는 계산하지 않습니다."

나는 항상 보상을 바라는 계산자였고, 유독 남편에게는 더 심했는데, 늘 이런 식이었다.

"내가 어제 엘리너 목욕시켰으니까, 자기가…."

"내가 아까 낮잠 자게 해줬으니까, 당신이…."

"내가 비행기 표 예약했잖아. 그러니까 이번에는…."

그만! 소비하자. 더는 보상에 대해 생각하지 말자. 부유해지려면 사람은 자기 자신을 소비할 수 있어야 한다.

프랑스 연극배우 사라 베르나르는 이렇게 말했다.

"기부를 많이 하는 사람일수록 훨씬 부유해진다."

한 흥미로운 연구에 따르면 이 말은 사실이라고 한다. 이 명제의 사실 여부를 밝히려고 다양한 변수와 방대한 데이터를 조사한 연구자는 다음과 같은 결론을 냈다고 한다.

"자선행위는 단지 높은 수익에만 관련되어 있는 것이 아니라, 실제로 높은 수익을 창출해내기도 한다."

이 놀라운 결과가 어떻게 가능한지 설명하는 내용에는 자선활동이 뇌를 자극한다는 사실이 포함되어 있었다. 또한 자선활동을 하는 사람은 리더십의 위치까지 올라가는 경우가 많다는 것이다.

'소비하기'가 풍성한 사랑과 애정의 분위기를 만들어가는 반면, 계산하고 축적하는 행위는 분노를 키워간다는 사실은 우리 집의 경우만 봐도 확실히 알 수 있다. 내게는 망각하기 쉬운 '소비하기' 결심을 확실히 마음속에 각인시켜 주는 유물이 하나 있었다.

할머니가 돌아가시기 전 나는 마지막으로 할머니의 집을 몇 번 방문한 적이 있었다. 그때 할머니의 서랍장 위에는 오래전부터 같은 자리를 지키고 있는 '나의 죄악^{My Sin}'이라는 향수가 놓여 있었다. 상자에서 병을 꺼내지도 않은 상태였기에 혹시나 해서 뚜껑을 열어보니, 향수는 가득 차 있었다. 어떻게 얻은 향수인지 할머니께 여쭤보지는 않았지만, 보나마나 여러 해 전에 선물 받은 후 말 그대로 소중히 '간직'하고 계셨던 물건이라는 사실을 짐작할 수 있었다. 그런데 무슨 이유로 '간직'하셨던 것일까? 할머니가 돌아가신 후 나는 그 상자를 집으로 가져와 작업실에 놓아두고는 '소비하자'라는 말을 상기하기 위해 바라보곤 했다.

내가 그 향수에 관한 글을 블로그에 올리자 몇 명의 사람들이 '소비하기'에 관한 자신들의 경험을 함께 올려주었다.

➥ 이 글을 읽으니 오래전 어머니가 돌아가셨을 때, 당신의 집에서 찾아낸 예쁜 아마포 냅킨이 생각나는군요. 나는 그 집에서 매우 오랜 세월을 어머니와 함께 살았지만 그 냅킨을 한 번도 본 적이 없었습니다. 그러니 어머니도 그 냅킨을 '아껴'두신 거죠. 하지만 이유가 뭘까요? 아무리 생각해도 알 수가 없더군요. 어머니는 그 물건에 손도 대지 않으셨어요. 그리고 이제 그것은 제 것이 되었으니 다음에 누군가 저녁 식사를 하러 오면 주저하지 않고 그 냅킨을 꺼내놓을 예정입니다. 생각해보니 그날이 바로 내일이군요!

➥ 아름다운 도자기 그릇이든 값비싼 속옷이든 혹은 그 무엇이든 간에 나중을 위해 그저 아껴두기만 하기에는 세월이 너무 짧습니다. 그

나중이라는 것이 결코 오지 않을 수도 있으니까요.

➡ 나 말고도 이런 식으로 물건을 아껴두는 사람이 또 있었다니 정말 믿을 수 없을 만큼 놀랍네요! 나는 정말 오랫동안 그런 습관 때문에 고민해왔거든요. 그리고 그런 기질이 정신적인 우울증을 유발한다는 사실을 깨달았어요! 나는 늘 새롭거나 좋은 물건은 '혹시라도 닥쳐올지 모를 안 좋은 상황'을 위해 비축해두어야 한다고 생각했거든요. 게다가 슬프게도 내가 그런 생각을 딸아이에게까지 강요하고 있다는 사실을 알게 되었습니다. 예를 들어, '장난감 배터리 다 닳게 하지 마!'라고 소리치거든요. 바로 그 순간에 내 습관이 얼마나 안 좋은 것인지 깨닫게 되었어요. 이제는 오늘 소비할 수 있는 것은 가능한 한 오늘 다 써버립니다. 내일 어떤 일이 일어날지 누가 알겠어요!

➡ 나는 그 누구보다도 이 교훈을 매우 뼈아프게 배웠습니다. 어린 시절 내게는 하누카 축제(유대교의 신전 정화 기념 축제로 8일 동안 계속됨)에 필요한 미술용품을 담아두는 용도로 정교하게 제작된 상자가 하나 있었습니다. 조부모님께서 주신 것으로, 그 안에는 정말 아름다운 그림과 붓, 분필, 종이 등이 있었죠. 좀 더 훌륭한 예술가가 되면 그때 쓰겠다는 마음으로 계속 아껴두기만 했습니다. 보물 같은 물건을 낭비하고 싶지 않았거든요. 사실 어린 시절에는 모두 자신의 실력이 쑥쑥 향상되고 있다고 믿기 때문에 그다지 어리석은 생각은 아니었습니다. 그러던 어느 날 나는 우연히 상자를 열어볼 일이 있었는

데, 아무리 둘러보아도 찾을 수가 없더군요. 그래서 어머니께 여쭤보았죠. '아, 네가 그 상자는 손도 대지 않기에 좋아하지 않는 줄 알았지.' 그래서 중고물품점에 가져다주셨다지 뭡니까! 때로 '나중에'는 '결코 오지 않을' 수도 있습니다.

☑ 욕망을 조절하라

가끔 어떤 것은 나를 행복하게 만드는 동시에 불행하게 만들기도 한다. 흡연이나 컵케이크 하나를 더 먹는 것, 새벽 3시까지 앉아 영화 〈대부〉를 다섯 번째 보는 것, 그리고 행복과 불행을 동시에 안겨주는, 가장 인기 있는 활동에 해당하는 쇼핑도 마찬가지다. 많은 사람이 물건 사들이는 행위를 통해 짜릿한 즐거움을 만끽하지만 소비를 매개로 해서 얻어지는 행복은 일단 집에 돌아가면 후회와 자책으로 돌변하기 마련이다.

일반적인 경우에는 소극적 구매자에 해당하는 나도 가끔은 '일단 사고보자'식으로 변하기도 한다. 언젠가 한 친구는 나의 이러한 성향을 '쇼핑모드로 돌진한다'고 표현하기도 했다. 우리 가족이 지금 살고 있는 아파트로 처음 이사 왔을 때, 바로 그런 성향이 나타났다. 그때 나는 생애 처음으로 개인 사무공간을 꾸밀 수 있게 되었다는 사실에 너무도 들떠서 거의 물불 안 가리고 설쳐대는 중이었다.

그래서 복잡하게 생긴 사무용 의자, 탁상용 서류 정리함, 문구용품을 보관하는 특별 용도의 상자 몇 개, 다양한 종류의 우편봉투, 고급 노트, 접착식 메모지, 무늬가 인쇄된 값비싼 고무밴드, 전화용 헤드셋, 노트북용 추가 배터리, 그 외에도 머리에 떠오르는 것은 무엇이든 닥치는 대로 사들였다.

엄청나게 쌓여 있는 물건 더미를 보고 비로소 죄책감을 느끼기 시작한 시점은 바로 종이 클립을 붙여놓을 새 모양의 자석을 구입했을 때였다. 나는 '적당한 선에서 포기하기'로 결심했다. 정말 필요한 것은 모두 다 가지고 있었기에 '작업실 꾸미는 데 더는 돈 들이지 말자'라는 규칙을 하나 만들었다. 작업실 꾸미기 '정책'에서 '소비하기' 범주를 완전히 뽑아낸 것이었다. 그리고 스스로에게 '안 돼' 하면서 소비를 그만두는 기분도 꽤 괜찮았다. 그 정도면 충분했기 때문이다.

내가 '적당한 선에서 포기하기'라는 결심과 관련된 위의 경험을 블로그에 올리자, 누군가 이렇게 조언해주기도 했다.

"될 수 있으면 긍정적인 쪽으로 초점을 맞추는 게 좋은 것 같아요. 스스로에게 '안 돼, 불가능해, 하지 마'라고 말하는 대신, 내가 원하는 것에 초점을 맞추고 서서히 자제심을 길러나가는 거죠. 그렇지 않으면 원래의 나쁜 습관으로 되돌아가 거듭 실패할 수밖에 없을 겁니다."

정말 마음에 새겨두면 좋을 조언이었지만, 항상 그런 것만은 아니라는 생각도 들었다. 우선 내 경우에는 무언가를 포기하기로 마음먹으면, 자제심을 기르려고 애쓰는 대신 완전히 포기해버리는 것이 더 쉽게 느껴졌다. 게다가 가끔 '다시는 하지 않을 거야', '더는 안 돼', '내일은 몰라도 오늘은 못 해!'라고 다짐하는 것이 기분이 더 좋았다.

행복 전문가들은 무언가를 결정하고 그것을 고수해나가는 것도 행복의 원천이 될 수 있다고 지적한다. 그것이 통제력, 효과, 책임감 등을 느낄 수 있게 해주기 때문이라는 것이다. 특히 경제적으로 힘든 시기에 '상징적으로라도' 스스로의 재정을 통제한다면 훨씬 기분이 좋아진다고 하는데, 그것은 스스로의 상황을 통제하고 향상시키기 위한 절차를 밟기 시작했음을 의미하기 때문이라는 것이다.

새 아파트를 꾸미는 데 들어가는 지출 때문에 마음이 불안할 때면, 특정 범주에는 더 이상 돈을 쓰지 않겠다고 마음먹는 것이 큰 위안이 되기도 한다. 물론 스테이플러 하나 살 돈을 절약한다고 해서 식탁용 의자를 구입할 수는 없는 노릇이니 경제적인 면에서 그다지 합리적인 결정이라고 할 수는 없었지만, 심리적으로는 효과가 있었다.

나는 블로그 독자들에게 혹시 어떤 범주의 구매를 완전히 포기함으로써 행복을 증진시켜본 경험이 있는지 물었다. 그랬더니 많은 사람이 나와 비슷한 상실의 경험담을 들려주었다. 예를 들어, 건강에 좋지 않아 컵케이크 먹는 것을 끊었다거나, 자가용을 포기했다거나, 복권 사는 것을 그만두었거나, 온라인으로만 뉴스를 본다거나, 최신 스마트폰을 사는 일을 그만둔 것 등이었다.

➥ 일 년 반쯤 전 지금 살고 있는 곳으로 이사했을 때, 나는 케이블 TV를 시청하지 않기로 마음먹었습니다. 그것은 철학적 의미가 담긴 검소함에 기반을 둔 선택이었는데, 만약 그 검소함의 수준이 내가 목표한 재정적 수준을 달성하는 데 더는 필요치 않다고 느끼는 시점이 오면, 그때는 케이블 TV 시청을 다시 한 번 생각해볼 예정입니다. 물론 케이블을 다시 설치한다고 하더라도 예전보다는 훨씬 적은 시간을 소비할 생각이에요.

➥ 수시로 생수 마시기, 회사에서 달콤한 과자 사먹지 않기, 금요일과 토요일 저녁에는 외식하지 않기. 이런 조건들을 실천한 이후부터 아내와 나는 살도 빼고 돈도 절약하게 됐습니다.

➥ 인터넷 쇼핑몰에서 물건 구입하지 않기! 사실 처음에는 재미있었지만 갈수록 통제 불능 상태가 되더군요. 이것저것 둘러보면서 새로운 물건을 발견하는 걸 좋아하는 탓에 결국은 전혀 필요하지도 않은 물건들을 사들이게 되는 겁니다. 그리고 그 결과를 지갑 속에서 보게 되는 거죠. 어느 날 사이트에 들어갔다가 '더 이상은 안 돼!'라고 스스로에게 말했습니다. 그랬더니 정말 안심이 되더군요. 게다가 그동안 내가 얼마나 많은 시간을 마우스만 클릭하며 허비하고 있었는지도 깨닫게 되었습니다.

독자들은 또한 소비와 관련 없는 습관, 예를 들어 주말에 해가 중천에 떠오를 때까지 늦잠 자기, 수시로 연예뉴스 확인하기, 시리얼 먹기, 일광욕하기 같은 것을 완전히 포기하고 나니 매우 행복해졌다고 이야기하기도 했다.

➥ 나는 무언가를 포기하고 난 후, 그전보다 훨씬 행복해진 경험이 있어요. 약 5년 전쯤 지금 일하고 있는 동물보호소에서 새로 일자리를 얻게 되었는데, 당시만 해도 나는 엄청난 육식주의자였습니다. 하지만 동물보호소에서 오래 일을 하면 할수록 한편으로는 동물을 구하고 있으면서, 또 한편으로는 동물을 먹고 있다는 사실 때문에 점점 더 마음이 불편해지는 것이었어요. 몇몇 동료들은 완전 채식을 실천하고 있었기에 저도 곧 동참해보기로 했습니다. 그래서 지금은 고기도 먹지 않고, 유제품, 달걀 등도 먹지 않아요. 모피, 가죽, 양모 등으로 만든 옷도 사지 않고요. 내가 먹는 식단이 건강에 큰 이득을 준다고 생각하지는 않아요. 그래도 이제는 내 행동과 도덕적 코드가 일치한다는 사실은 확신하지요. 또한 적어도 나는 감정이 있는 동물을 착취하지 않는다고 자부하며 잠들 수 있습니다.

➥ 나는 가공설탕을 포기했습니다. 물론 쉽지 않은 결정이었고 실천하기도 힘들었지만, 꼭 예상했던 이유 때문에 힘든 것은 아니었습니다. 나는 거의 중독되었다고 할 만큼 사탕을 좋아했어요. 그래서 거

의 미칠 지경으로 사탕이 그리울 줄 알았죠. 하지만 정말 단단히 마음먹었기 때문에, 그리고 주변사람들에게 내 결심을 말해놓았기 때문에, 그다지 어렵지 않게 결심대로 포기할 수 있었습니다. 협상도 없었고, 여기서 조금 저기서 조금 얻어먹거나 하지도 않았으며, 무조건 '안 돼'라고 말했습니다. 지금도 블랙커피 마시기가 조금 힘들지만, 한 잔에 다섯 개가 넘는 인공감미료를 넣어 먹던 사람이 얼마나 대단합니까! 실행에 옮긴 지 이제 34일 되었는데, 그럴 만한 가치가 있냐고요? 물론이죠! 삶은 한 번뿐이고 제 삶은 다른 누구도 대신 살아줄 수 없으니까요.

확실히 사람마다 선택은 다양하다. 내가 사무집기나 물품을 구입하지 않을 때 행복하다고 해서 다른 사람도 문구용품 사는 것을 그만두어야 한다는 법은 없다. 그리고 '적당한 선에서 포기하기' 결심이 너무 독하고 스파르타식으로 느껴질지 모르지만, 무언가를 절제하기로 결심하는 것은 확실히 기분 좋은 일이다.

소설가 새뮤얼 버틀러는 이렇게 썼다.

"행복과 불행은 더 좋은 곳으로 혹은 더 나쁜 곳으로 나아가는 진행 과정에서 서로 양립한다. 당신이 얼마나 높은 곳에 있는지, 또는 얼마나 낮은 곳에 있는지는 상관없다. 중요한 것은 어느 방향으로 나아가고 있느냐 하는 것이다."

이 말은 돈과 행복의 상관관계를 이해하는 데 중요한 열쇠가 된다. 그러나 사람마다 돈이나, 혹은 돈으로 살 수 있는 것들에 반응하는 태도가 매우 다르기 때문에 일반화시키기에는 무리가 있어 보인다. 내 믹서의 경우를 한번 살펴보자. 물이 새는 믹서를 새로운 것으로 대체하기로 했을 때, 나는 과시욕에 사로잡혀 매우 고가에 강력한 성능의 것을 구입했다. 자칫 낭비처럼 보일 수 있지만 우리 가족은 매일 스무디를 만들어 먹기 때문에 새로운 믹서는 큰 기쁨을 안겨줬다. 하지만 요리를 전혀 하지 않는 사람이라면 고가의 믹서를 구입하는 것이 단지 남들의 이목을 끄는 사치에 지나지 않을 것이고, 구입 후에 그것을 사용하는 일도 거의 없을 것이다. 만약 돈이 인간의 행복을 향상시킬 수 있다면, 그것은 당연히 인간에게 행복을 주는 삶의 다양성을 지원하는 데 쓰여야 할 것이다.

"돈, 그것은 훌륭한 하인이지만 형편없는 주인이다."

8월

영적인 삶

영적 감성으로 영혼을 무장하라

✓ 재난 회고록을 읽어라

✓ 감사장을 기록하라

✓ 영적 선지자의 삶을 배워라

천국의 광대함과 영속성을 명상해보라.
그러면 적어도 가치 없는 것을 숭배하는 일은
그만두게 될 것이다.

- 보에티우스

나는 돈으로 행복을 살 수 있다는 사실에 확고한 믿음을 갖게 되었다. 하지만 돈에 대해 너무 많이 생각하는 것은 욕심 많고 속 좁은 사람인 듯한 기분이 들어서 썩 좋지는 않았다. 7월 말이 되어서야 나는 돈이라는 세속적인 주제에서 등을 돌려 영적인 세계로 들어설 수 있게 되었다.

8월은 보통 가족이 휴가를 떠나는 시기다. 나는 영원불변의 것에 초점을 맞추기에는 이때가 적기라고 생각했다. 틀에 박힌 일과에서 벗어남으로써 평범한 일상 아래 놓인 초월적 가치를 더욱 명확히 볼 수 있는 기회가 될 것 같았다. 그렇지만 우선은 영원의 명상을 통해 내가 얻고자 하는 것이 무엇인지부터 정확히 알아야만 했다.

나는 종교적인 교육을 받고 자라지는 않았다. 네브래스카에 사는 조부모님 집을 방문할 때만 주일학교에 나갔고, 크리스마스와 부활

절에는 집 안 곳곳에 많은 장식을 꾸며놓고 기념하기는 했지만, 그게 다였다. 그러고 나서 유대인인 남편과 결혼했는데, 남편 집안도 그다지 종교적인 분위기는 아니어서 나와 비슷한 종교적 경험을 겪으며 자랐다고 한다. 따라서 지금은 일종의 '혼합종교' 가정을 이루고 있었고, 종교에서 멀어진 상태였다. 우리는 크리스마스에는 아이들의 외조부모와 유대교 기념일에는 친조부모와 함께 보냈는데, 부모님들도 그 반대의 경우는 원치 않았기 때문에 지금의 방식에 만족스러워하셨다. 기타 기념일이나 공휴일은 평범하게 보내고 있었다.

나는 스스로를 경건한 불가지론자不可知論者로 정의하고 싶다. 하지만 그럼에도 나는 종교에 헌신적인 사람들의 경험을 통해 종교를 배워보고 싶었다. 또한 스스로에 대해 특별히 영적이라는 생각을 해본 일은 없지만 고결함이나 경외감, 감사, 충만함, 죽음에 대한 명상 같은 영적 상태를 행복의 필수요소라고 생각하게 되었다.

8월에는 '영원'을 묵상하는 데 초점을 맞추려 한다고 했더니 남편은 의심스러운 눈초리로 물었다.

"뭔가 무시무시한 거 막 하고 그러는 거 아니지?"

그 말을 들으니 은근히 구미가 당겼다.

"안 그럴 거야. 그런데 무시무시한 게 정확히 뭔데?"

"나도 몰라. 그렇지만 영원을 묵상한다는 말 자체가 가족 모두를 따분하게 만들 것 같은 느낌이 들게 하잖아."

"아니야. 탁자 위에 해골 같은 거 올려놓고 기도하는 일은 없을 테니, 걱정 마. 약속할게."

나는 남편을 안심시켰다. 일단 직접적이고 피상적인 것과는 멀리 떨어진 초월적이고 영원한 것으로 내 마음이 향하게끔 할 구체적인 방법을 찾아야만 했다. 나는 기꺼이 만족하고 감사하는 영혼을 길러보고 싶었다. 현재의 순간과 평범한 삶이 주는 영광도 고맙게 생각하고 싶었다. 나 자신의 행복보다 다른 사람의 행복을 우선시하는 마음도 얻고 싶었다. 하지만 이러한 영적 가치들은 너무나 자주 일상의 소음과 이기적인 마음속에서 길을 잃고 헤매다 묻혀버리곤 했다.

영적인 문제에 초점을 맞추면 삶이 더 행복해질까? 연구에 따르면 '그렇다'였다. 몇몇 조사에 따르면 영적인 삶을 살아가는 사람은 그렇지 않은 사람보다 상대적으로 더 행복하고, 정신적으로도 더 건강하며, 스트레스 해결 능력도 뛰어나고, 결혼생활도 훨씬 안정적이며, 더 건강하게(7년 정도) 오래 산다고 한다.

☑ 재난 회고록을 읽어라

서기 524년, 처형을 앞둔 철학자 보에티우스는 이렇게 썼다.

"천국의 광대함과 영속성을 명상해보라. 그러면 적어도 가치 없는 것을 숭배하는 일은 그만두게 될 것이다."

물론 일상의 평온함을 해칠 수 있다는 우려는 교수형의 위험에 비하자면 아무것도 아니지만, 나는 사소한 성가심이나 좌절에도 전혀 동요하지 않고 평정심을 유지할 수 있는 마음자세를 얻고 싶었다.

또한 만약의 경우 최악의 상황과 마주치더라도 꿋꿋하게 이겨나갈 수 있을 만큼 나 자신을 강인하게 만들고 싶었다. 바로 그 목적에 가까이 다가서도록 하기 위해 위대한 종교와 철학적인 마음이 우리로 하여금 죽음에 대해 생각하도록 격려하는 것이었다. 부처의 말씀에 이런 내용이 있다.

"마음을 깨우치는 명상 중에 죽음에 관한 것이 최고라 할 것이다."

그러나 나는 죽음에 관해 어떤 식으로 명상해야 한다는 것인지 정확히 알지 못했다. 중세 수도승들은 죽음을 경고하는 의미에서 해골 형상을 방에 놓아두었다고 한다. 16세기 바니타스 화가(바니타스란 라틴어로 허무함이나 덧없음을 뜻하는 말로, 중세 말의 비극적인 세계관을 그렸던 화가들을 의미함)들은 촛농이 흘러내리는 촛불이나 모래시계, 썩은 과일이나 거품처럼 인생무상과 죽음의 불가피성을 보여주는 상징물이 있는 정물화를 그렸다고 한다. 그렇다면 해골을 집 안의 탁자 위에 올려놓는 방법 말고 죽음과 재난이 닥쳐오고 있다는 사실을 확실하게 인식할 수 있는 방법으로는 어떤 것이 있을까? 갑자기 내게 어울릴 만한 죽음의 경고 하나가 떠올랐다. 그것은 바로 죽음을 앞둔 사람들이 쓴 회고록을 읽는 것이었다.

그길로 도서관에 달려간 나는 심각한 질병에 걸려 죽음과 사투를 벌이는 사람들의 이야기를 하나씩 찾기 시작하다가, 나중에는 죽음뿐만 아니라 이혼, 마비, 중독 등 모든 재난과 마주친 사람들의 이야기로 관심을 넓혀나갔다. 나는 이 사람들이 엄청난 고통을 감내하며 얻어낸 지식에서 같은 정도의 시련을 겪지 않고도 도움을 받을 수 있기를 진정으로 바랐다. 세상에는 스스로의 경험을 통해서는 결코 얻고 싶지 않은 심원한 지혜가 존재하기 때문이다.

8월은 도서관에서 빌린 어두운 책들과는 뚜렷한 대조를 보이는 태양과 휴가의 달이기에 그런 책을 읽기에는 최적의 시간이었다. 또한 가족과 함께라는 안도감이 다른 사람의 불행과 상실을 대리 경험하는 과정을 훨씬 수월하게 만들어줄 것 같았다. 바닷가로 휴가를 떠나려고 짐을 싸는 동안, 남편은 내가 낡은 가방에 채워 넣은 책 몇 권을 들춰보았다.

"휴가 내내 정말 이런 책을 읽을 작정이야?"

남편이 책 표지를 훑어보며 믿을 수 없다는 표정으로 물었다.

"암에 걸린 스탠 맥, 뇌종양을 앓았던 진 켈리, 다운증후군 아기를 출산한 마사 백?"

"그런 책을 읽으면 엄청나게 우울해질 거라는 건 나도 아는데, 사실은 그렇지 않거든. 슬프기는 하지만. 그게 그러니까 뭐라고 하면 좋을까…. 이런 표현이 어울릴지 모르겠지만 솔직히 '기분이 좋아.' 기분이 좋아지게 한다니까."

"알았어, 맘대로 해."

남편이 어깨를 으쓱해 보였다.

"나는 『밝게 빛나는 거짓말』과 『미들마치』 가져갈 거야."

여행이 끝나갈 무렵 나는 가져간 책을 모두 읽었다. 톨스토이는 "행복한 가족들은 서로 비슷하게 닮았다. 그러나 불행한 가족들은 각기 나름의 이유로 불행하다"고 말했다. 나는 행복한 가족이 비슷하다는 말에는 동의하지 않지만, 불행한 가족에게 나름의 이유가 있다는 말에는 공감했다. 내가 읽은 많은 회고록이 삶을 위협하는 죽음과의 사투라는 비슷한 환경을 묘사하고 있음에도, 각각의 책은 나름의 특별한 고통 이야기로 기억할 만했다.

그러한 책들을 읽고 나서, 나는 평범한 일상에 무한한 고마움을 느끼게 됐다. 사사로운 일상은 쭉 지속될 것만 같고 어떤 일이 있어도 절대 흔들릴 것 같지 않지만, 책을 읽으며 느낀 바에 따르면 이러한 일상은 내일 걸려올 단 한 통의 전화로도 산산조각 날 수 있다. 회고록은 한 개인의 친숙한 삶이 영원히 끝나버리는 특정한 순간의 기억으로 시작했다. 코미디언 길다 래드너는 이렇게 적고 있다.

"1986년 10월 21일, 나는 난소암을 판정받았다. … 저녁 7시에 결과가 나왔다. 악성 종양이라 치료도 불가능했다."

작가 코넬리어스 라이언은 1970년 7월 23일을 이렇게 회상하고 있다.

"이 감미로운 아침에 나는 나 자신이 죽어가고 있다는 사실을 인정해야만 한다. … 그 진단이 모든 것을 바꿔버렸다."

이러한 고백을 읽어가면서 나는 먹고 걷고 소변볼 수 있는 내 순종적인 몸에 대해 새롭고 강렬한 감사의 마음을 갖게 되었다. 휴가지에서 나는 평소의 식습관에서 한 발자국 떨어져 있을 수 있었는데, 그때 깨달은 것은 내가 감자칩, 밀크셰이크, 그릴에 구운 치즈샌드위치, 그리고 여러 군것질 거리에 거의 탐닉하다시피 매달린다는 사실이었다. 그러던 어느 날 아침, 나는 불어난 몸무게 때문에 기분이 울적해졌다. 하지만 암 선고를 받고 살아난 사람이 쓴 책 한 권을 막 끝마친 후라 내 몸에 대해 그전보다 훨씬 관대해졌다. 몸무게 때문에 끊임없이 불만스러워하는 대신, 활기차고 건강하며 통증이나 두려움도 느끼지 않는 상태를 기뻐해야 한다는 생각이 들었다.

재난에 대한 회고록뿐 아니라 종교나 철학 속에 깃든 공통적인 주제는 현재에 충실하고 감사하는 삶을 살아가라는 것이다. 하지만 사람은 보통 커다란 참사나 불행을 겪고 난 후에야 현재 가지고 있는 것에 감사하게 된다.

역사가 윌리엄 에드워드 하트폴 레키는 이렇게 말했다.

"사람이 살다보면 '어제'만 돌려받을 수 있다면 세상 모든 것을 다 줄 수 있을 것 같은 순간과 마주하게 된다. 그들 대부분은 어제의 고마움을 느끼거나, 어제라는 시간을 제대로 즐기지도 못했을 것이다."

평범한 삶의 소중함을 점점 더 확실히 깨달아가는 동안, 나는 그냥 흘려보내는 사사로운 순간들을 곁에 잡아두고 싶은 욕망에 압도되는 듯한 느낌을 받았다. 과거에 대해서는 그다지 생각해보지 않았지만, 아이를 갖고 난 후에는 시간의 흐름을 훨씬 신중하게 바라보게 되었다. 지금은 내가 엘리너를 보행기에 앉히고 있지만, 언젠가는 엘리너가 나를 휠체어에 앉히고 있을 것 아닌가. 그렇다면 그때의 나는 지금을 기억하게 될까? 어쩌면 호라티우스의 시구 하나도 떠올리기 힘들지 모른다.

"세월은 우리가 가진 것을 하나씩 약탈해간다."

나는 한 문장짜리 일기를 쓰기로 마음먹었다. 내가 아침마다 고급 노트에 서정적인 산문을 45분 동안이나 쓸 능력이 없다는 걸 누구보다 내가 잘 알고 있었고, 소문난 악필이라 나중에 알아보기도 힘들 것이 뻔했다. 하지만 매일 밤 컴퓨터로 한두 줄 정도의 글을 입력하는 것은 가능할 것 같았다.

이 일기는 삶을 달콤하게 만드는 데 기여했고, 기억에서 사라져 덧없게 느껴지는 순간들을 기록해두는 장소가 되어 행복한 경험의 효과를 증폭시킬 수 있도록 도와주었다. 따라서 이 여름이 과거로 흘러가버린 후에도, 나는 남편이 새로운 파이를 개발하던 밤이나 엘리자가 처음으로 혼자 식료품점에 다녀온 날처럼 행복했던 순간들을 다시 떠올릴 수 있는 도구를 갖게 된 것이다. 엘리너가 자신의 스파게티를 손가락으로 가리키며 파마산 치즈를 달라고 한다는 것이 "엄마, 파자마 좀 집어주세요"라고 말했던 순간을 어떻게 잊을 수 있다는 말인가. 하지만 이제는 잊어도 상관없었다.

바닷가에서 보낸 우리의 마지막 날, 짐을 다 챙기고 떠나려고 배를 기다리는 동안 남편과 나는 자리에 앉아 신문을 읽고 있었다. 그때 엘리너가 계단 오르기를 하고 있기에 나는 아이를 도와주기 위해 계단 쪽으로 갔다. 그리고 그곳에 서 있는 동안 신문을 가져다가 읽을까 생각하다가, 갑자기 '그래, 바로 이거야'라는 생각이 들었다. 그 순간은 바로, 아직은 작은 소녀인 엘리너와 함께 보내는 쏜살같이 사라질 소중한 순간이었다. 태양은 빛나고, 꽃은 만개했으며, 분홍색 여름드레스를 입고 있는 아이는 더 없이 사랑스러웠다. 그깟 신문을 읽겠다고 이 소중한 순간에서 나를 떼어놓으려 하다니 말이 되는

가? 엘리너는 이미 많이 자라 있었다. 이제는 그 자그맣던 아이를 안 아볼 수 없다.

예전에도 이런 생각을 했었지만, 갑자기 그것을 나의 '세 번째 찬란한 진실'로 잡아두어야겠다는 생각이 들었다. '하루는 길지만 세월은 짧다.' 이것은 마치 포춘 쿠키 속에서나 나올 법한 말 같지만, 부인하기 힘든 사실이었다. 매일 부딪히는 삶의 국면들은 하나하나가 매우 긴 것처럼 느껴지지만, 일 년이라는 시간은 지나고 보면 너무도 빨리 흘러가 있지 않은가. 나는 현재와 계절과 삶의 순간순간을 제대로 느끼며 감사하고 싶었다. 어린이 프로그램을 보거나 토끼가 나오는 동화를 읽거나 흉내 내기 놀이 등을 하며 엘리자와 함께 보낸 순간들은 지나가버렸다. 머지않아 어느 날 나는 엘리너의 아기 시절을 절절한 그리움으로 되돌아보게 될 것 같다. 이렇듯 서둘러 찾아오는 그리움의 순간은 너무도 강렬하고 달콤 쌉싸름하다. 바로 그 깨달음의 순간에 나는 상실과 죽음이라는 불가피하고도 강렬한 자각과 마주할 수 있었다.

어느 날 한 문장짜리 일기를 블로그에 소개했을 때, 나는 독자들의 열광적인 반응에 놀라고 말았다. 확실히 많은 사람이 나와 같은 이유로 일기를 쓰고 싶은 충동을 억제하고 있었음이 틀림없었다. 나처럼 그들도 '일기를 쓴다'는 생각에는 끌리고 있었지만, 지레 겁이 났던 것이다. 부담감 없이 경험이나 생각을 기록해두는 만족감을 즐기기 위해 문장 수를 한정해놓고 일기를 쓴다는 생각이 많은 사람에게 통한 것 같다.

그중 몇몇은 나름의 한 문장짜리 일기를 블로그 독자들과 공유하고자 했는데, 어떤 독자는 자신이 회사일로 출장을 많이 다니기 때문에 세 명의 자녀에게 보여주고자 일기를 쓴다고 했다. 그는 서류가방 안에 작은 노트 하나를 가지고 다니며, 비행기에 올라탈 때마다, 그것도 오직 승객들이 탑승하는 동안에만 일기를 쓰는데, 최근 가족들 간에 일어나는 일에 관해 거의 몇 페이지 분량을 쓴다고 한다. 내 생각에 그것은 비행기 탑승 시간처럼 낭비되는 시간을 즐겁고 창의적이며 생산적인 순간으로 변화시킨다는 점에서 현명한 방법 같았다.

또 어떤 독자는 〈오프라 윈프리 쇼〉에서 엘리자베스 길버트라는 작가의 인터뷰를 시청한 후에, 매일 가장 행복했던 순간을 노트에 적어놓는다는 작가의 방식을 모방해 '행복 일기'를 쓰기로 마음먹었다고 고백했다. 또 자신을 기업가라고 밝힌 한 독자는 사업과 관련된 중요한 행사, 문제, 발견 등을 빠짐없이 기록하는 업무 일기라는 것을 쓴다고 하는데, 그것은 자신이 특정한 상황을 어떻게 헤쳐 나갔는지 기억하고자 할 때 매우 소중한 자료가 된다는 것이다. 즉, 당시 자신이 어떻게 그 상황을 이끌었고 어떤 깨달음을 얻었는지 기억할 수 있도록 도와준다는 것이다.

한 문장짜리 일기를 적어나가는 것과 함께, 나는 그다지 유쾌하지만은 않은 어떤 일을 실행에 옮기기로 마음먹었다. 그것은 재난에 관한 회고록을 읽으며 깨달은 사실을 실천에 옮기는 것이었다. 모든 회고록에서 강조하고 있는 내용 중 하나가 충격과 슬픔에 빠져 어쩔 줄 모르는 시기에 냉정한 판단을 요구하는 이런저런 일을 처리해야 하는 것이 얼마나 끔찍한가 하는 것이었다.

"여보, 우리 유언장 내용 갱신해야겠어."

내가 남편에게 말했다.

"그래, 하자."

남편이 흔쾌히 대답했다.

"정말 하고 싶지 않은 일 중의 하나지만, 어쨌든 반드시 해야 하는 일이니까 결단을 내리고 실천하는 게 좋을 거야."

"나도 그렇게 생각해. 달력 보고 날짜 정하자."

그래서 우리는 하기로 했다. 아, 변호사 사무실에 가서 구닥다리 타자기의 택배용 서체로 찍은 듯한, 죽음을 상기시키는 '유언장'이라는 단어를 보는 것보다 세상에 더 무서운 일은 없을 것이다. 그래서였을까? 유언장 작성은 낭만적인 기미라고는 없어 보이지만, 그날 변호사 사무실에서 내가 남편에게 느꼈던 사랑은 그 어느 때보다도 깊고 절절했다. 또한 그가 살아 있으며 아직 건강하다는 사실이 어찌나 다행스럽고 고맙게 느껴지던지, 유언장 작성은 그저 재미삼아 하는 일일 뿐 우리의 삶과는 아무 상관없는 일인 것 같았다.

11월 4일 결혼기념일이 가까워오고 있었고, 나는 약간 꺼려지기는 했지만 그래도 그 기념일을 매년 우리의 상황을 돌아보는 기점으로 삼으면 어떨까 하는 생각이 들었다. 유언장 갱신은 했나? 다른 사람이 관리해주는 우리 가족의 재정 상황을 직접 확인해보았나? 남편은 내가 세금이나 보험 서류, 또는 딸애들 출생증명서를 어디에 보관해두는지 전혀 모른다. 그러니 남편에게도 그런 것을 알려주어야 했다. 이런 식으로 매년 결혼기념일마다 '준비된 날'을 반복하다 보면 유언장을 바라보는 시선도 가족의 의무를 표현하는 평범한 방식으로 받아들일 수 있게 될 것 아닌가.

어느 날 밤 나는 침대에 누워 조앤 디디온이 남편을 먼저 떠나보낸 첫해의 기억을 쓴 책 『상실』을 모두 읽었다. 책을 덮었을 때, 나는 남편이 아무 탈 없이 내 옆에 곤히 잠들어 있다는 사실에 무한한 고마움을 느꼈다. 엘리너의 기저귀를 갈아달라며 넋 놓고 기다리는 남편의 모습에 나는 왜 그다지도 짜증을 냈던 것일까? 내 이메일에 답장하지 않는다고 왜 그렇게 끊임없이 잔소리를 해댔을까? 이젠 다 잊어버리자!

나는 재난처럼 힘겨운 나날의 경험을 적고 있는 회고록에 대한 나자신의 반응에 약간의 죄책감이 느껴졌다. 이렇듯 슬픈 사건들을 읽으며 나 자신의 안위를 확인하는 것이 잘못된 것은 아닐까? 사실 어떤 면에서 보자면, 이런 식의 하향비교 행위는 아무리 관대하게 보아도 남의 불행을 고소하게 여기는 듯한 이기심을 드러내는 잔인한 특징이 있었다. 하지만 지금 이 순간 내가 운 좋은 사람이라는 깨달음을 통해 느끼는 행복의 감정이 바로 이런 종류의 책을 쓴 작가 대부분이 자신의 작품을 통해 독자에게 전하고자 하는 내용의 핵심이었다. 따라서 그들은 정기적으로 건강검진을 받고, 신체의 변화를 무시하지 말며, 반드시 건강보험을 들어두라는 조언을 끊임없이 함으로써 건강하고 평범한 삶에 감사할 것을 반복해서 강조한다.

따라서 이런 종류의 회고록들은 내가 심각한 질병에 걸려서 고통받고 있는 상태라면 별로 도움이 되지 않았을 것이다. 아니, 아예 그런 책들은 읽어보고 싶지도 않았을 것이다. 남편이 바로 그런 책을 거들떠보지 않는 대표적인 사람이었다. 자발적으로 병원에 가기에는 병원에서 겪은 '안 좋은 추억'이 너무 많기 때문이다. 그러니 다른 사람의 삶을 통해 그것을 또 한 번 겪고 싶을 리 없었다.

☑ 감사장을 기록하라

재난에 관한 회고록을 읽음으로써 나는 내게 그런 일이 일어나지 않았다는 사실에 극도의 감사함을 느끼게 됐다. 연구에 따르면, 인간은 다른 사람과의 상대적인 관계를 통해 스스로를 평가하기 때문에, 자신보다 더 나은 처지에 있는 사람과 비교를 하는지, 아니면 더 안 좋은 처지에 있는 사람과 비교하는지에 따라 행복을 느끼는 정도에 영향을 받는다고 한다.

한 연구에서는 사람들이 느끼는 삶의 만족도가 그들이 하는 말에 따라 극명하게 변화한다고 본다. 즉 '내가 …하지 않아서 정말 다행이야'라고 시작하는 말보다는 '내가 …하지 않다면 좋을 텐데'로 끝맺었을 때 삶에 대한 만족도가 훨씬 크다는 것이다. 9.11 테러가 일어난 이후, 대다수가 처음에는 희생자에게 동정심을 느꼈다가 차츰 자신이 살아 있음에 감사한 마음을 갖게 되었다고 한다.

감사함은 행복에 중요한 요소다. 몇몇 연구 결과를 보면 끊임없이 감사하는 사람은 자신의 삶에 훨씬 만족스러워한다는 것이다. 심지어 육체적으로도 더 건강하게 느끼고 운동에도 더 많은 시간을 할애한다고 한다. 감사하는 마음은 시기심에서도 해방시킨다. 지금 가지고 있는 것을 감사하게 되면, 다른 것 또는 더 많은 것을 원하고 소비하는 열정을 줄일 수 있기 때문이다. 그렇게 되면 더 쉽게 만족할 수 있고, 다른 사람에게도 더욱 관대하게 된다. 감사의 마음은 인내와 관용도 길러준다. 누구든 감사함을 느끼는 상대에게는 쉽게 실망하지 않기 때문이다. 감사는 우리를 자연과도 연결시킨다. 감사함을 가장 쉽게 느낄 수 있는 대상 중의 하나가 바로 자연의 아름다움이기 때문이다.

그러나 나는 계속해서 감사한 마음을 유지하는 것이 쉽지 않다는 사실을 깨닫게 되었다. 나라는 사람 자체가 모든 것을 너무 당연한 것으로 여기고, 다른 사람이 베풀어준 것을 너무 쉽게 잊어버리며, 기대치도 너무 높기 때문이었다. 나는 많은 행복 전문가들의 공통적인 조언에 따라 감사장을 기록해보기로 마음먹었다. 그리고 매일 감사하게 느꼈던 것 세 가지를 적었다. 한 줄짜리 일기를 쓰면서 감사하게 느꼈던 일도 함께 적었는데, 이 일이 더 큰 행복을 안겨주기는 했지만 나를 더 바쁘게도 했다.

일주일 정도 감사장을 적은 후에 나는 깨달았다. 그것은 내가 행복의 가장 중요한 근간이 되는 것에 대해서는 언급할 생각조차 하지 않았다는 사실이었다. 나는 안정적인 민주주의 사회에 살고 있음을 당연하게 여겼다. 언제라도 부모님의 사랑과 지원, 그리고 분별 있는 사회 전반의 상식에 의지할 수 있다는 사실은 물론이고 내 일을 사랑하고 아이들이 건강하다는 사실도 그랬다. 또한 시부모님과 꽤 가까운 곳에서 살고 있다는 편리함, 게다가 다른 사람들은 대부분 꺼리는 그 상황을 내가 무척이나 좋아한다는 사실까지도 당연시해왔던 것이다. 나는 단독주택에 사는 것보다 아파트에 사는 것을 좋아한다. 이유인즉, 잔디를 깎을 일도 없고, 겨울에 눈을 치워야 할 필요도 없으며, 아침마다 밖에 나가 신문을 집어오지 않아도 될 뿐더러, 쓰레기를 밖으로 들고 나갈 필요도 없기 때문이다. 하지만 아파트에 살고 있는 지금의 상황 또한 나는 너무 당연시해왔다. 그리고 이제 더 이상 수학능력시험 같은 것을 치르지 않아도 된다는 사실이 얼마나 감사한지 모른다.

나는 우리가 겪고 있지 않은 문제뿐 아니라 삶의 기본적인 요소에 대해서도 더욱 감사하려 노력했다. 예를 들어, 어느 날은 남편이 간 상태를 살펴보기 위해 담당의의 정기검진을 받고 와서 점심시간이 지나도록 내게 전화를 걸지 않았는데, 결국 기다리다 지친 내가 먼저 전화를 걸었다.

"의사가 뭐래?"

"똑같대."

남편은 건성으로 대답했다.

"무슨 뜻이야, 똑같다니?"

"변한 게 없다고."

예전 같았으면 나도 같은 식으로 별다른 감흥을 보이지 않았을 것
이다. 하지만 그동안 감사하는 마음의 중요성을 생각하고 재난에 관
한 회고록을 읽으며 깨달은 바가 있었기에 나는 그날이 얼마나 행복
한 날인지 새삼 느낄 수 있었다. 무소식이 희소식이었던 것이다. 따
라서 그 일은 감사장에 별표로 기록되었다. 미끄러운 도로를 지나다
가 다리가 빠질 뻔했던 일이나 엘리자가 혼잡한 찻길로 멍하니 걸어
가던 순간처럼 가까스로 스쳐 지나갔던 모든 불행에도 감사하는 마
음을 잊지 않았다. 블로그 독자들 역시 그들만의 행복 기록장을 적
었던 경험에 대해 들려주었다.

➡ 나는 몇 달 전부터 블로그 형태로 일기를 쓰기 시작했어요. 나를
성가시게 한 일이나 살아오면서 망쳐버렸다고 생각하는 일 등을 적
느라 많은 시간을 소비했을 뿐, 감사한 일을 적은 기억은 거의 없는
것 같아요.

➡ 내 경험으로 미루어보자면, 감사장을 기록하는 것은 좀 어려운
일이에요. 나는 약 2주 정도 일기를 써보려고 노력했었지만, 늘 작위
적이라는 느낌을 떨쳐버리기 힘들더라고요. 그래서 지금은 매일 명
상 시간의 일부를 할애해서 정말로 감사하게 여기는 것을 의식 속으
로 끌어들인 후 그 감정을 극대화하려고 노력합니다. 글로 적었던 감
사함을 마음으로 느끼게끔 바꿔보는 것도 좋은 방법인 것 같아요. 나

는 태국에서 명상에 대해 많은 것을 배웠습니다. 처음에 태국 사람들과 사원을 찾았을 때는 뭘 어떻게 해야 할지 몰라 일일이 물어봐야 했어요. 그랬더니 그냥 내가 경험하는 모든 것에 감사하면서 마음에서 우러나오는 기도를 하라고 하더군요. 그것은 내 안에 정말 큰 변화를 일으켰습니다. '인위적인 감사의 글'에서 진실되고 풍성한 경험으로 옮겨간 것입니다.

➡ 나는 삶에서 모든 것, 말 그대로 모든 것이 엉망이 되어버렸을 때 끔찍하게 힘든 시간을 겪어야 했습니다. 자존감이라고는 손톱만큼도 없었고 자신감도 모두 잃어버렸죠. 뒤늦게 나 자신에게 감사하는 감사장을 적기 시작했습니다. 기분이 좋지 않을 때도 절대 거르지 않고 규칙적으로 운동하는 나 자신의 의지에 감사했습니다. 2년 전에 담배를 끊었다는 사실도 고마웠습니다. 아버지 생신 때 직접 준비한 생일 파티를 열어드렸던 것도 기특했죠. 감사장을 쓰면서 나는 자기혐오의 늪에 빠져 허우적거리던 나 자신을 도울 수 있었습니다.

감사장을 적기 시작한 지 2주 정도 지났을 때, 나는 감사하는 마음이 행복감을 높일지는 몰라도 감사장 자체는 별 효과가 없다는 사실을 깨달았다. 감사함이라는 마음의 틀 안에 나를 들어서게 하는 대신, 억지로 숙제를 하는 듯한 부담감을 안겨주기 시작해서 슬슬 귀찮아지고 있었던 것이다. 후에 나는 한 연구 논문을 읽고 나서 감사장

을 매일이 아니라 일주일에 두 번 정도만 기록했더라면 훨씬 도움이 되었을 것이라는 사실을 알게 되었다. 감사의 마음도 너무 자주 표현하면 그다지 가치 있게 느껴지지 않기 때문이다. 하지만 이미 그때쯤 나는 감사장 적는 일에 시큰둥해져 있었기에 결국 접고 말았다.

감사장 적는 일이 실패로 돌아갔기 때문에, 나는 감사하는 마음을 길러줄 다른 방법을 찾아야 했다. 그래서 컴퓨터에 비밀번호를 입력하는 행위를 감사의 순간과 연결시켰다. 컴퓨터가 부팅되기를 기다리는 동안 감사하게 여기는 일에 대해 생각하기로 한 것이다. 이러한 감사의 명상은 감사장을 쓰는 것과 효과 면에서는 거의 비슷했지만, 전혀 부담감을 주지 않는다는 점에서는 확실히 달랐다.

'감사의 명상'이라는 말이 나왔으니 말이지만, '명상'이라는 단어는 내가 어떤 활동을 하든 그 뒤에 가져다 붙이기만 하면 갑자기 그 활동이 숭고하고 정신적인 것으로 느껴지게 하는 힘이 있었다. 예를 들어 버스를 기다리고 있을 때면 나는 내가 '버스 기다리기 명상'을 하고 있다고 생각했다. 또한 잡화점에서 천천히 줄어드는 긴 줄 뒤에 서 있다면, '줄 서기 명상'을 한다고 생각하는 것이다. 나는 평범한 일상에 감사하려고 노력했다. 나는 콘크리트 빌딩과 수많은 택시 사이에서 하늘의 색과 빛의 강도, 그리고 창틀에 놓인 꽃의 모습이 바뀌는 것을 보며 계절에도 감사했다. 새뮤얼 존슨은 이렇게 말했다.

"매년 바뀌어가는 세상의 모습과 새롭게 나타나는 소중한 자연의 모습 속에는 말로 표현하기 힘든 아름다운 것들이 있다."

가끔 무엇에 대해 감사해야 할지 모르겠다 싶으면, 나는 '느낀 대로 행동하자'를 적용해 그 혼란을 치유하려 노력한다. 불평하는 마음을 감사하는 마음으로 바꿀 수는 없을까? 엘리너를 소아과 정기 검진에 데려가는 일 때문에 짜증이 날 때도 나는 이렇게 생각하려 노력한다.

"엘리너를 의사에게 데려갈 수 있어서 얼마나 고마운지 몰라."

그런데 정말 어이없는 것은 그 방법이 효과가 있다는 사실이다! 아이를 병원에 데려갈 수 없다면 얼마나 속상하겠는가.

어느 날은 너무 피곤한데도 새벽 3시까지 잠들지 못하고 뒤척였고, 그렇게 4시가 되었을 때 짜증을 내는 대신 스스로에게 이렇게 말했다.

"새벽 4시에도 깨어 있다니 얼마나 고마워."

그러고는 차 한 잔을 들고 어둡고 조용한 작업실로 들어가서는 적어도 두 시간 동안 누구의 방해도 받지 않을 것에 만족하며 오렌지 꽃 향초에 불을 붙이고 자리에 앉았다. 그렇게 해서 잔뜩 불만에 차 지친 상태로 하루를 시작하는 대신, 고요하고 만족스러운 느낌으로 하루를 시작했다. 브왈라(voila: '자, 봐, 그렇지'라는 뜻의 프랑스어)! 불만이 감사로 바뀐 것이다.

어느 더운 일요일 오후, 우리 가족이 시부모님과 함께 수영장에 있을 때 엘리자가 이렇게 말했다.

"엄마, 내가 방금 무슨 생각했는지 알아요? 나는 지금 수영장에 있고, 여름이고, 또 일곱 살이고, 아주 예쁜 수영복도 입고 있는데, 할머니가 먹고 싶은 거나 마시고 싶은 거 없냐고 물어보시잖아요."

엘리자의 말은 '인생이 이보다 더 좋을 수는 없다'는 뜻이었다.

"네 말이 무슨 뜻인지 엄마도 정확히 알아."

☑ 영적 선지자의 삶을 배워라

세상에서 가장 보편적인 영적 실천은 영적 선지자들이 이해와 수양을 얻게 된 방법을 따라하는 것이다. 기독교인들은 토마스 아 켐피스의 『그리스도를 본받아』를 연구하고 '예수라면 어떻게 하셨을까?' 하고 스스로에게 물어본다. 종교를 믿지 않는 사람이 영적인 해답을 얻고자 할 때는 보통 전기문을 읽을 것이다. 위대한 선지자(또는 위인)의 삶을 통해 무언가 배울 수 있기를 바라기 때문이다. 내가 전기문을 쓰고자 하는 이유도 바로 그런 욕구에서 비롯되었다. 근래 나는 새로운 영적 선지자들을 연구하고 그들의 삶을 모방하기로 마음먹었다. 하지만 구체적으로 누구를 따라야 하는 것일까? 나는 블로그 독자들에게 그들이 본받고 싶은 영적 선지자들에 대해 물었다.

➡ 나는 두 선승을 매우 존경하고, 그분들께 많은 것을 배우고 있습니다.(물론 내 수양법은 그리 전통적이지는 않습니다.) 생활 선 재단 설립자인 노먼 피셔는 지혜와 인내, 그리고 상식을 갖춘 분입니다. 그리고 내가 가장 좋아하는 지혜와 웅변, 공정함의 여인은 실비라 부어스틴

이라는 유대계 선승입니다. 마지막으로 나 자신의 전통에서 꼽자면 찰스 크롤로프 랍비를 가장 존경합니다.

➡ 화가 빈센트 반 고흐예요. 반 고흐가 얼마나 영적인 사람인지 보려 한다면, 초월적인 자기 권능과 자기믿음의 예술 속에 깃든 천재 작가의 삶과 사상, 철학, 불굴의 의지에서 영감을 얻고자 한다면, 편지 모음집인 『테오에게』를 한 번 읽어보라고 권하고 싶네요.

➡ 생물학자 찰스 다윈입니다. 자연이 왜 지금의 방식으로 진화하는가를 밝히는 데 지대한 기여를 했지만, 그것을 가르치려 들지 않고 보여주었던 사람이죠. 그의 통찰력은 깊은 사고와 엄청난 노력에서 비롯된 것이에요.

➡ 작가이자 진보적 정치 활동가인 앤 라모트를 존경합니다. 매우 정직한 여성이거든요. 나는 유대인은 아니지만, 웨인 도식 랍비도 존경합니다.

➡ 두 명이 떠오르는데, 먼저 통합의학 의사이자 많은 저서를 출간한 앤드류 웨일 박사입니다. 어떻게 하면 사람들이 정신적, 신체적, 영적으로 더 건강해질 수 있을지 연구한 사람인데, 그의 조언은 하나같이 귀중합니다. 또 한 사람은 글쓰기 책 『뼛속까지 내려가서 써라』의 저자 나탈리 골드버그입니다. 그 책은 명상을 글쓰기에 적용시키

고 있지만, 작가가 이야기하고 있듯이 많은 상황에도 적용할 수 있습니다. 내가 읽기에 골드버그의 조언에서 중심이 되는 것은 '자기용서'인 것 같아요.

➥ 사실 나는 자연세계를 영적 스승이라고 말하고 싶습니다. 만약 우리가 자연의 소리를 귀 기울여 듣고 자세히 관찰한다면 많은 것을 배울 수 있을 거예요.

➥ 『죽음의 수용소에서』의 저자 빅터 프랭클 정신의학박사. 나는 시詩나 사도 바오로의 열정에 매혹당하기는 하지만, 아직 진정한 영적 스승을 찾았는지 확신하지 못하겠네요. 남편의 경우는 조지 오웰의 삶에서 큰 영감을 얻었다고 합니다.

➥ 달라이 라마요. 나는 그분의 사진만 들여다봐도 행복해집니다.

➥ 나는 한 매력적인 사람의 삶에 대해 자세히 배워볼 생각인데, 그분은 바로 미국 건국의 아버지 중 한 분인 벤저민 프랭클린입니다. 얼마 전 위키백과에서 그를 찾아봤는데, 이런 내용이 있더군요. '박학다식함으로 소문난 프랭클린은 주도적인 작가이자 화가, 풍자가, 정치 이론가, 정치가, 과학자, 발명가, 시민운동가, 그리고 외교관이기도 했다.'

➥ 라마 놀하 린포체! 그는 25년 동안 내 명상 스승으로서 영감을 불어넣는 분입니다. 그분은 깊고 긍정적인 명상 방식으로 스스로를 자유롭게 하는 데 초점을 두는 것 같아요.

➥ 이상하게 생각될지 모르지만 나는 섹스 전문 조언가 댄 새비지를 따르고 싶네요. 그는 윤리적인 면에서는 그다지 영적 선지자라고 할 수 없을 겁니다. 그리고 스스로 인정하듯이 입도 거친 편이죠. 하지만 정직, 사랑, 존경의 옹호자이기도 합니다. 게다가 '그것은 관계이지 선서가 아니다'처럼 인용해서 쓰고 싶은 멋진 말도 많이 합니다.

➥ 헨리 데이비드 소로가 가장 먼저 떠오르네요. 가톨릭 수도사 성 베르나르의 말에 공감하며 자연을 가까이 하고 있습니다. '그대는 책보다 숲 속에서 더 많은 것을 발견할 것이다. 그 어떤 선지자에게서도 배울 수 없는 것을 나무와 돌이 가르쳐 줄 것이기 때문이다.'

➥ 헤르만 헤세. 지금까지 한 번도 그를 정신적인 인도자로 생각해 본 적이 없었는데, 문득 책장을 둘러보니 내가 그의 회고록이며 시집 등 모든 저서를 가지고 있더군요. 아마도 그가 내 영적 선지자가 맞는 것 같습니다. '행복이란 '어떻게'에 관한 것이지, '무엇'에 관한 것이 아니다. 재능이지 대상이 아니라는 말이다.'

➥ 마더 테레사와 사회운동가 글로리아 스타이넘이요!

➡ 성 프란시스코는 내가 적이라고 구분한 대상을 인정하고 받아들일 수 있도록 많은 가르침을 주신 분입니다. 덕분에 미움을 키우는 대신 상황을 재구성하는 시야를 얻었죠. 여름에 기승을 부리는 모기를 무턱대고 미워하는 대신, 그 미물에게도 소명이라는 것이 있고, 새들을 먹여 살리는 역할을 하고 있다는 것을 나 자신에게 계속 상기시키는 겁니다. 물론 여전히 모기들이 귀찮기는 하지만, 그전처럼 지긋지긋하게 밉지는 않습니다. 나는 성 프란시스코의 많은 면을 사랑하고 그분을 닮아가려 노력하며 삽니다.

이러한 사람들은 나의 호기심을 자극했다. 다양한 전기문을 수도 없이 읽어대기 시작했지만, 그다지 호감이 가는 인물을 발견하지 못하다가 마침내 리지외의 테레사 수녀를 만나게 되었다. 처음 관심을 갖게 된 계기는 『칠층산』의 작가인 토머스 머튼이 자신의 회고록에서 그분을 칭찬했기 때문이었다. 나는 그 까다로운 수도사 머튼이 '작은 꽃'이라는 예명으로 불리는 성녀 테레사를 거의 숭배하다시피 묘사하는 것을 읽고 매우 놀라 그녀의 정신적 회고록인 『한 영혼의 이야기』를 보고 싶은 마음이 들었다. 그리고 그 책이 얼마나 나를 매혹시켰던지, 그 사실을 미처 깨달을 새도 없이 나는 성녀 테레사에게 집착에 가까운 관심을 갖기에 이르렀다. 그래서 그녀에 관한 책을 계속해서 사들이기 시작했다. 『한 영혼의 이야기』는 몇 번을 반복해 읽었는지 모른다.

어느 날, 내가 출간된 지 얼마 안 된 테레사 성녀의 전기문을 책장에 꽂힌 『성녀 테레사의 숨겨진 얼굴』과 『성녀 테레사의 두 개의 초상』 사이에 끼워 넣고 있을 때, 남편이 도저히 믿을 수 없다는 표정을 지으며 물었다.

"테레사 성녀 책을 도대체 얼마나 더 사 모을 작정이야?"

나는 놀라서 책장을 바라보았고, 그곳에는 성녀 테레사에 관한 전기물, 역사물, 논문 등이 놓여 있었다. 총 열일곱 권이나 되었고, 읽지 않은 책은 한 권도 없었다. 게다가 비디오테이프도 하나 있었고, 중고 서점에서 구입한 책도 하나 있었는데, 테레사 성녀의 사진 말고는 아무 내용도 없는 것이었다. 무려 75달러나 주고 샀는데, 나는 그것이 '적당한 낭비'에 해당한다고 생각했다.

빛이 보이는 것 같았다. 마침내 나도 영적 선지자를 찾은 것이다. 그녀는 자신만의 '사소한 방식'으로 유명한 소화 테레사로, 스무 명 남짓한 수녀들과 함께 외딴 수도원에서 9년 동안 직무를 수행하다가 겨우 스물넷에 결핵으로 사망한 프랑스 여성이었다. 왜 나는 그녀에게 유독 매혹을 느끼는 것일까?

곧 그 이유에 대한 확실하고 명확한 답이 생각났다. 나는 평범한 삶 속에서 작은 변화를 일으키는 것만으로도 더 행복해질 수 있으리라는 나만의 가설을 확인해보고자 행복 프로젝트를 시작했다. 다시 말해 월든 호수나 남극으로의 이사나 안식일 휴가 등의 방법으로 삶의 자연스러운 질서를 해치고 싶지는 않았다. 화장실 휴지 쇼핑을 포기하고 싶지도 않았고, 환각제 같은 것을 실험해보고 싶은 생각도 없었다. 나는 이미 직업도 바꿨다. 또한 나 자신의 부엌 안에서 더 큰 행복을 찾아냄으로써 인생을 송두리째 변화시키지 않고도 삶을 바꾸어나갈 수 있기를 희망했다.

모든 이의 행복 프로젝트에는 다 나름의 특징이 있다. 어떤 사람은 급진적으로 삶을 변화시키고 싶은 충동을 느낄지도 모른다. 나도 그러한 극적 모험의 충동에 대리 만족과 흥분을 느끼지만, 그것이 내게 맞는 행복추구법은 아니다. 나는 평범한 삶을 살면서 조금씩 더 행복해지는 단계를 밟아나가고 싶었는데, 그것이 바로 성녀 테레사의 정신 속에 깃들어 있었다.

테레즈 마르탱은 프랑스 알랑송에서 1873년 태어났다. 그녀의 부모님은 둘 다 결혼 전에 종교에 귀의하려는 뜻을 품고 있었다. 그래서 아버지는 수도사에, 어머니는 수녀에 지원했지만 받아들여지지 않았다. 하지만 결혼 후 낳은 아이들 중 살아남은 딸 다섯은 모두 수녀가 되었고, 그중에서도 테레즈 마르탱은 성녀 테레사가 되었다. 그녀는 열다섯 살이 되던 해, 이미 언니 둘이 있는 리지외의 카르멜파 봉쇄수녀원에 들어가고자 했지만, 주교는 나이가 너무 어리다는 이유로 허락하지 않았다. 테레사는 로마까지 가서 교황 레오 13세에게 허가를 청했지만, 교황도 주교의 뜻에 따르겠다고 결정한다. 하지만 결국 주교가 마음을 바꾸게 된다. 수녀원에서 지내는 동안, 큰언니 폴린이 '어머니'가 되어 테레사에게 어린 시절에 관한 이야기를 써보라고 권하는데, 그것이 바로 『한 영혼의 이야기』의 기반이 되었던 것이다. 1897년 스물네 살의 테레사는 결핵에 걸려 세상을 떠난다.

그녀가 살아 있던 동안에는 가족과 수녀원 식구를 제외한 그 누구도 테레사의 소식을 듣지 못했다고 한다. 따라서 회고록도 그녀가 사망한 후에 다시 편집이 되어 카르멜파 수녀원과 교회 관계자들에게 전해졌다는 것이다. 처음에는 2,000부가 인쇄되었지만, 테레사가 직접 쓴 『하얀 소화의 봄날 이야기』라는 개성적인 제목을 달고 있던 그 책의 인기는 놀라운 속도로 번져나갔다. 덕분에 테레사의 무덤 주위에는 기념품을 가져가려는 순례자들이 몰려들기 시작했고, 그녀가 사망한 지 2년 정도 되었을 때는 무덤을 보호하기 위해 보초를 세워야 할 정도였다. 어린 시절에 대한 짧고 겸손한 글이 어떻게 그런 영적 힘을 내뿜게 되었는지 이해하기는 힘들었지만, 나 역시 그 힘에 끌리고 있었다.

따라서 일반적으로 요구되는 자격이 보류된 상태에서 1925년 테레사는 성인에 추대되어, 사망한 지 겨우 28년 만에 '성녀 테레사'가 되었다. 1997년에는 교황 요한 바오로 2세가 사망 100주기를 기념하고자, 성 아우구스티누스와 성 토마스 아퀴나스가 포함된 33명의 최고 엘리트 성자에 그녀를 포함시키고, '교회의 박사'라는 자격을 부여했다.

테레사의 이야기 중에 나를 가장 매혹시키는 부분은 사소하고 평범한 행위의 완성을 통해 성인의 위치까지 올라섰다는 사실이었다. 그것이 바로 테레사의 '사소한 방법'이었다. 위대한 영혼이 위대한 업적을 수행해서가 아니라 작은 영혼이 '작은 길'을 따라가면서 성스러움을 얻게 된 것이다.

"사랑은 행동으로 증명되는 것이다.' 그렇다면 나는 어떻게 사랑을 보여드리면 될까? 위대한 행위란 내게 허락된 것이 아니니, 내가 사랑을 증명할 수 있는 유일한 방법은 작은 희생, 작은 눈짓과 말, 그리고 최소한의 행동을 통해서 실천하는 것이리라."

테레사의 삶과 죽음에는 보기에 두드러지는 특징 같은 것은 없다. 속세와는 멀리 떨어져 은둔생활을 했으며, 그나마도 수녀원 밖으로 나온 적이 거의 없었다. 그 이유 때문인지 그녀는 처칠보다 한 해 먼저 태어났음에도 아주 먼 과거의 인물처럼 느껴진다.(테레사가 수녀원의 의무실에서 사망했을 때, 처칠은 영국령 인도에서 말라칸드 야전을 치르고 있었다.) 테레사는 가정불화를 겪거나 크나큰 어려움을 극복한 경험도 없었다. 부유한 환경에서 애정 많은 부모님의 다정다감하고 관대한 양육을 받으며 자라났다. 그녀는 『한 영혼의 이야기』에서 이렇게 털어놓고 있기는 하다.

"나는 전사도 되고 싶고 신부, 사도, 교회의 박사, 또는 순교자도 되고 싶다. … 교회를 방어하다가 전장에서 죽음을 맞이해도 좋지 않겠는가."

테레사는 뛰어난 업적을 세우지도 않았고 대담한 모험을 하지도 않았다. 교황에게 청원을 하고자 떠났던 여행을 제외하고는 태어난 마을 근처를 벗어난 적도 없다. 하지만 그리스도를 위해 자신을 바치고 싶어 했다. 교황 비오 11세가 시성식 교서(성인으로 추대함을 알리기 위해 교황이 발표하는 문서)에서 강조했듯이, 테레사는 "기존의 평범한 질서를 거스르지 않고" 성인의 덕목을 갖춘 사람이었다.

나는 성녀 테레사의 위치를 열망하지는 않는다. 하지만 일상에서 완벽함을 열망하는 것으로 그녀의 선례를 따를 수는 있을 것 같다. 사람들은 AIDS 희생자들을 도우러 우간다로 날아간다거나 디트로 이트 노숙자들이 겪는 고통에 관한 조사를 벌이는 등의 실천을 통해 영웅적인 행동이 빛나기를 기대한다. 하지만 테레사의 예는 비록 눈에 띄지 않을지라도 평범한 삶 역시 가치 있는 행위를 펼쳐 보일만한 기회로 가득하다는 사실을 알려준다.

다음은 내가 가장 좋아하는 예 중의 하나다. 테레사는 동료 수녀들 중에서 성 아우구스티누스의 테레사라는 수녀를 끔찍이 싫어했다. 회고록 속에서 테레사는 그녀가 누구인지 직접적으로 언급하지 않고 이렇게 묘사했다.

"행동하는 방식, 언어, 성격 등 모든 면에서 내 마음에 하나도 들지 않는 한 자매님이 있다."

그 수녀를 피하는 대신, 테레사는 오히려 가는 곳마다 그녀를 찾아서 "마치 세상 그 누구보다도 사랑하는 사람인 양" 대우해주었다고 한다. 그런 테레사의 행동이 어찌나 자연스러웠던지, 어느 날 성 아우구스티누스의 테레사가 이렇게 물었다는 것이다.

"도대체 내가 어디가 그렇게 좋은 거예요? 어떻게 매번 눈이 마주칠 때마다 날 보고 미소 지을 수 있죠?"

테레사가 죽었을 때, 시복이 진행되는 동안 성 아우구스티누스의 테레사 수녀가 애도사를 하며 의기양양한 표정으로 이렇게 말했다.

"적어도 나는 이런 말을 할 수 있을 것 같습니다. 테레사 자매가 살아 있는 동안, 내가 그녀를 정말 행복하게 해주었다고요."

성 아우구스티누스의 테레사는 30년이라는 세월이 지날 때까지 자신이 책에서 언급된, 아무리 애를 써도 좋아할 수 없는 그 수녀라는 사실을 전혀 모르고 있다가, 몹시 격노한 수도원의 사제가 홧김에 진실을 말해버리는 바람에 비로소 알게 되었다고 한다. 물론 이 일화는 사소한 것에 불과하지만, 짜증나는 동료나 자아도취증에 빠진 룸메이트, 또는 잔소리 많은 시댁 식구를 겪어본 경험이 있는 사람이라면 그런 사람에게 친절하게 대하기 위해서는 하늘같은 덕목이 요구된다는 사실을 잘 알고 있을 것이다.

지금까지 해온 행복에 관한 연구 덕분에, 그녀의 책에서 내가 가장 충격적이라고 느꼈던 구절은 "하느님은 물론이고 내게 너무나도 자비로웠던 자매님들의 사랑을 얻기 위해 나는 행복해 보이려고 늘 노력했을 뿐 아니라 정말 행복해지기 위해서도 많은 노력을 기울였다"라고 적은 부분이었다. 한 수녀는 이렇게 말하기도 했다.

"테레사 자매님은 미덕을 수행할 필요도 없겠어요. 그걸 얻으려고 애쓸 필요가 없잖아요."

테레사의 삶이 거의 끝나갈 무렵에는 또 한 명의 수녀가 이런 말을 했다고 한다.

"테레사 수녀님은 웃다가 죽을 것 같아요. 정말 행복해 보인다니까요."

이는 의무실로 문병 가는 수녀들을 너무 많이 웃게 만들었던 탓이었는데, 당시는 테레사 수녀가 비밀스러운 영적 고통과 극심한 육체적 고통을 모두 겪고 있을 때였다.

불교에서는 '능숙한' 감정과 '서툰' 감정에 대해 이야기하는데, 그것은 노력과 능력을 담고 있는 것이다. 보통 우리는 행복하다는 듯이 행동하는 사람은 반드시 행복하게 느낄 거라고 가정한다. 물론 아무 노력 없이 저절로 느끼는 것이 행복의 가장 기본적인 특징이긴 하지만, 그러기 위해서는 때로 대단한 기술을 필요로 한다.

나는 나 자신의 행복이 다른 누군가를 행복하게 할 것 같을 때, 정말 행복한 것처럼 행동해서 성녀 테레사를 따라 하기 시작했다. 행복하지도 않으면서 일부러 행복을 가장하고 싶지는 않았지만 덜 냉소적으로 행동하고자 노력은 할 수 있었다. 그래서 입맛에 맞지 않는 음식이나 평소 즐기지 않는 활동, 또는 결점이 눈에 보이는 영화, 책, 공연 등에 대해서도 정직하게 열의를 보일 수 있는 방법을 찾으려 노력했고, 그 결과 무언가 칭찬할 거리를 발견하곤 했다. 또한 나는 행복한 감정을 조금은 과장할 필요가 있다는 사실도 깨달았다. 예를 들어, 지난번에 책이 출간되었을 때 가족들이 내게 질문을 퍼부었는데, 지금 돌이켜보니 그 질문들은 거의 다 내게서 다음 대답을 이끌어내려는 의도였던 것 같다.

"나 지금 너무 흥분돼! 책장에 내 책이 꽂혀 있는 것을 보니 정말 감동적이야! 모든 일이 다 잘되고 있어! 나 지금 정말로 행복해!"

하지만 나는 천성적으로 완벽주의자에 잘 만족하지 못하는 성마르고 걱정 많은 성격이어서 잘 흥분하지 않는다. 그때 내가 할 수 있었던 가장 사랑스러운 행동은 나만을 위해서가 아니라 가족들을 위해서 정말 행복하다는 듯이 구는 일이었을 것이다. 나는 가족 중의 하나가 행복할 때 나 역시 그 사람만큼 행복하다는 사실을 잘 알고 있다. 엘리자가 외할머니와 정성들여 다과상을 차리다가 기쁨에 들떠서 "버니, 오늘 정말 신나지 않아요!"라고 하면 할머니가 "그래, 정말 신나는구나"라고 맞장구치며 즐거워할 때, 나 자신이 얼마나 큰 행복을 느끼는지 잘 알고 있다.

행복 프로젝트를 실천에 옮기며 자주 일어났던 일처럼, 일단 다른 사람을 비난하고 트집 잡는 일을 그만두기로 스스로 맹세하고 나서야 나는 남을 비난하고 헐뜯고자 하는 내 본능이 얼마나 강렬한지 깨닫게 되었다.

성녀 테레사보다 내게 더 가까이 있는 사람 중에 본받을 만한 좋은 모델을 고르라면 친정아버지가 있었다. 여동생 친구들이 '미소 짓는 잭 크레프트'라는 별명을 붙여드린 친정아버지의 가장 사랑스러운 기질 중 한 가지는 예나 지금이나 변함없이 열정적이고 활기차게 행동하신다는 점이다. 그리고 그러한 특징이 다른 사람의 행복에도 영향을 주곤 했다. 언젠가 우리가 캔자스시티를 방문했을 때, 아버지가 회사에서 돌아오시자 엄마가 이렇게 말씀하셨다.

"저녁으로 피자 먹을 거예요."

그러자 아버지는 이렇게 대꾸하셨다.

"멋져! 아주 멋져! 내가 가서 사가지고 올까?"

나는 아버지에 대해 잘 알고 있었기에, 설령 당신은 드시고 싶지 않더라도, 그리고 다시 문을 열고 밖으로 나가기가 싫다고 해도 그렇게 대답하실 게 분명하다는 것도 잘 알고 있었다. 이런 식의 변함 없는 열정이 보기에는 쉬운 것으로 느껴질지 모르지만, 정작 그 태도를 본받아 실천하려 해보니 이만저만 어려운 것이 아니었다. 근엄한 척하기는 쉬워도 가벼운 척하기는 어려운 법이다.

행복한 체 행동하는 것은 물론이고, 정말 행복해지는 것도 그리 쉬운 일이 아니다. 게다가 온전히 받아들이는 데 정말 오랜 시간이 걸렸던 왜곡된 진실이 한 가지 있는데, 세상에는 행복해지기를 원치 않는 사람도 무척 많다는 것이다. 아니 적어도 다른 사람의 눈에 행복한 듯이 비치게 되는 것을 원하지 않는 사람이 많은데, 만약 그들이 행복하지 않다는 듯 행동하면 정말 그런 느낌을 받게 된다. 이 범주에는 우울증에 걸린 사람처럼 극도로 비관적인 사람들은 포함되지 않았다.

우울증은 행복과 불행이라는 연속체의 바깥에 존재하는 매우 심각한 질병이다. 직업을 잃었거나 배우자의 죽음을 겪는 등의 불행으로 인한 것이든 혹은 뇌의 화학적 불균형이나 그 외의 다른 원인들처럼 특정한 상황에 대한 반응이든 아니든 간에 우울증은 그 자체만으로도 끔찍한 질병이다. 그러나 우울증에 걸리지 않은 사람 중에도 많은 이가 불행하다고 느끼고 있는데, 그중 어떤 사람은 그 상태로 머물러 있기를 바라는 듯 보이기도 한다.

이유가 무엇일까? 어떤 이들은 행복이라는 목표가 그다지 가치 있는 것이 아니라고 생각한다. 행복이란 그저 하릴없는 미국식 선입견이자 너무 많은 돈과 너무 많은 TV 시청이 만들어낸 결과라는 것이다. 따라서 행복하다는 것은 가치의 결여를 드러낼 뿐이며, 불행한 것이 오히려 깊이 있음을 드러내는 신호라고 생각한다.

어떤 파티에 참석했을 때 누군가 내게 이런 말을 했다.

"모든 사람이 무언가를 성취하는 데만 몰두하느라 너무 제멋대로 예요. 그건 독립선언문에도 나와 있는 말이잖아요. 모두가 행복해야 한다고 생각하지만, 행복이 전부는 아니거든요."

"글쎄요. 미국이 대단한 번영을 이룩했으니 국민들도 더 높은 곳에 자신들의 목표를 두는 것이겠죠. 행복해지기를 원한다는 것은 높이 살 만한 가치 아닌가요?"

내가 대답했다.

"사회적인 정의나 평화, 또는 더 나은 환경을 지키고자 하는 목표가 행복보다 더 중요하다고 생각해요."

그 말에 나는 반기를 들었다.

"물론 타인을 돕는 것도 좋고 그들의 이익을 위해 일하는 것도 좋아요. 하지만 그것에 매달리는 궁극적인 이유가 뭘까요? 왜 우리가 가난이나 말라리아에 시달리는 아프리카 아이들의 삶을 걱정하는 걸까요? 그것은 바로 사람들이 그들의 건강, 안전, 번영 등을 바라기 때문 아니겠어요? 그러니 그들의 행복에 신경이 쓰인다면 당연히 자기 자신의 행복에도 신경이 쓰이겠죠? 그리고 연구에 따르면, 행복한 사람이 다른 사람을 더 많이 돕는 경향이 있대요. 또 사회 문제에도 훨씬 관심이 많고 자원봉사나 기부도 더 많이 한다는 거예요. 게다가 자기 개인 문제에는 덜 집착한다고 해요. 그러니 행복한 사람이 환경문제 같은 사회 이슈에 더 많은 관심을 보인다는 거죠."

그가 어이없다는 듯이 웃었다. 나는 그 상황에서 행복 프로젝트식 반응은 대화의 주제를 바꾸는 것이라고 판단했다. 그럼에도 상대방은 심한 비난을 해대기 시작했다. 즉 세상에 고통 받는 사람이 수도 없이 많은데 자신만 행복해지려 노력하는 것은 절대 옳은 일이 아니라는 것이었다.

다른 사람이 불행하다고 해서 자신의 행복까지 거부하는 것은 인도에 있는 아기들이 굶주리고 있으니 음식을 남기지 말고 깨끗이 먹어치워야 한다는 논리나 마찬가지다. 내가 불행하다고 해서 다른 사람이 행복해지는 것은 아니다. 오히려 행복한 사람들이 훨씬 이타적인 성향을 보인다는 점을 고려해봤을 때 그 반대라고 할 수 있다. 그것이 바로 '두 번째 찬란한 진실'의 순환논리였다. '나 자신을 행복하게 만드는 가장 좋은 방법은 다른 사람을 행복하게 만드는 것이다. 다른 사람을 행복하게 만드는 가장 좋은 방법은 나 자신이 행복해지는 것이다.'

어떤 이들은 행복이란 지적인 엄밀함이 결여된 상태라고 간주한다. 새뮤얼 존슨에게 이런 말을 한 사람도 그런 사람이었다.

"당신은 철학자예요, 존슨 박사. 나도 철학자가 되려고 오랫동안 노력했지만 쾌활함이 늘 방해를 하는 바람에 도저히 그 경지에 도달할 수가 없더군요."

어떤 이들은 창의성, 성실함, 판단력 같은 능력이 부르주아적인 만족감과는 절대 양립할 수 없는 자질이라고 주장한다. 그러나 우울하고 비관적인 사람도 현명해 보일 수는 있을지 모르지만, 연구에 따르면 행복과 지적인 능력은 궁극적으로는 전혀 관련이 없다고 한다.

물론 과하게 행복에 겨워하지 않는 것도 매력적으로 보이기는 한다. 행복이라는 단어에는 약간의 바보스러움과 순진함, 그리고 쉽게 만족시킬 수 있다는 느낌이 포함되어 있기 때문이다. 열정과 열의는 에너지와 겸손, 약속 등을 필요로 한다. 역설 속에서 피난처를 찾고 파괴적인 비난의 말을 쏟아내며, 철학적 권태의 분위기를 가장하는 것은 그다지 힘든 일도 아니다. 또한 역설과 삶에 대해 시들한 태도를 보이게 되면 자연히 패스트푸드, 컨트리클럽 회원권, 연료가 많이 드는 SUV, 리얼리티 TV 같은 것에 무관심해질 수밖에 없다. 나는 사회 명사들의 멍청함이나 그들의 가십거리를 찾아 읽는 사람들에 대해 쉴 새 없이 비난을 해대는 사람을 만난 적이 있다. 하지만 그의 업신여기는 듯한 말투는 자신도 그 명사들의 모습을 따라 하려 애쓰는 듯한 인상을 강하게 풍기고 있었다. 나는 그에게 새뮤얼 존슨이 영국 시인 알렉산더 포프에 대해 했던 말을 인용하고 싶었지만 꾹 참았다. 그 내용은 이랬다.

"위대한 인물에 대한 포프의 경멸적인 언급은 진심이라고 하기에는 너무 자주 되풀이되는 경향이 있다. 다시 말해 자신이 경멸하는 것에 대해 신중하게 생각하고 말하는 사람은 하나도 없다는 것이다."

따라서 명사들을 비난했던 여성에 관한 역설적인 사실은 그녀도 명사들에 대한 가십을 포용하면서 부인하는 두 가지 전략을 구사하고 있었다는 점이다.

어떤 이들은 다른 사람을 지배하기 위한 목적의 일환으로 불행해지려 노력한다. 만약 불행하지 않다면, 불행이 보장해주는 특별한 대가, 다시 말해 동정심이나 관심 같은 것을 포기해야 하기에 불행에 집착하는 것이다. 나 역시도 무언가에 대한 점수를 얻고자 할 때, 불행함을 강조한다. 예를 들어, 만약 남편이 사업상 참석해야 하는 저녁 식사에 동반하자고 제의할 경우, 이렇게 솔직한 감정을 털어놓는다.

"그런 자리에 가는 거 정말 싫지만, 당신이 꼭 가야 한다면 따라가기는 할게."

이렇게 대답할 경우 단순히 '나도 갈 수 있어서 정말 신난다. 기대하고 있을게'라는 악의 없는 거짓말을 하는 것보다 남편에게 훨씬 큰 점수를 딸 수 있다는 느낌이 든다. 만약 내가 아무 불평불만도 드러내지 않고, 불행하게 느낀다는 사실도 표현하지 않는다면, 남편이 내 고분고분한 태도를 당연한 것으로 여길지 모르기 때문이다.

어떤 사람들은 불행이 무슨 벼슬이라도 되는 듯 수십 년 동안 우려먹는다. 한 친구가 이렇게 말했다.

"우리 엄마는 당신이 나와 내 동생을 키우느라 박사과정을 포기했다는 사실을 평생 얼마나 강조하시는지 몰라. 속상하거나 화나는 일이 있으면 늘 그 얘기를 꺼내시거든. 당신의 불행으로 우리 남매는 물론이고 아버지까지 통제하려고 하신다니까. 그러면 우리는 죄책감을 느끼지."

불행이 이타적이고 행복이 이기적이라는 믿음은 잘못된 것이다. 행복한 듯이 행동하는 것이 훨씬 이타적이다. 끊임없이 마음 편한 사람인 듯 행동하는 데는 에너지와 관대함, 자제심이 필요하지만, 노력하는 사람의 행복을 대부분 당연하게 여기는 경향이 있다. 자신의 감정에 늘 주의를 기울이거나 항상 활기찬 기분을 유지하려 노력하는 사람은 흔치 않다. 그런 사람에게서는 강한 자부심이 느껴진다. 그리고 그는 다른 사람에게 위안을 주는 상대가 된다. 하지만 행복은 강요되는 것이 아니므로 그런 상대의 공적은 제대로 인정받지 못하는 것이 현실이다. 테레사 성녀의 공적도 그녀가 기울인 엄청난 노력에도 불구하고 심지어는 동료 수녀들에게조차 인정받지 못했다. 늘 행복해 보이기만 했으니, 다들 테레사 수녀의 행동을 노력 없이 저절로 나오는 기질로 간주했기 때문이었다. 나는 친정아버지처럼 밝고 긍정적인 성격을 타고난 듯한, 운 좋은 몇몇 사람을 알고 있다. 그리고 이제는 그들의 그런 모습이 어떻게 (쉽게) 얻어지는 것인지 그 진실이 알고 싶다.

세상에는 또 다른 그룹의 사람들이 있다. 그들은 행복하다는 사실을 인정하는 것은 신의 뜻을 거역하고 운명을 시험하는 것과 마찬가지라는 미신적인 두려움을 안고 살아간다. 확실히 그러한 성향은 보편적인 인간 본능에 해당할 뿐 아니라, 거의 모든 생명체가 자신의 행복 쪽으로 신의 주의를 환기시키면 우주의 분노를 불러일으킬지도 모른다는 두려움을 안고 살아가는 듯하다. 나 역시도 행복 프로젝트를 진행하면서 그러한 느낌을 떨쳐버릴 수 없었다. 내가 나 자신의 행복에 관심을 기울이는 것이 궁극적으로 다른 사람을 위험에 처하도록 하는 것일까?

세간에는 불행이나 비극이 다가올 것 같은 느낌이 들면 미리 손을 쓰면 된다는 미신도 있다. 불쾌한 결과에 대해 미리 대비하는 것은 안전벨트를 매거나 운동을 열심히 하게 하는 등 신중한 행동을 취할 수 있도록 도와주므로 두려움과 걱정이 좋은 예방책이 되기도 한다. 하지만 안 좋은 일이 터질 것 같은 두려움을 느끼는 것은 엄청난 불행의 원천이 되기도 한다. 게다가 그런 생각을 하는 사람들은 안절부절 못하는 상황이 불행을 회유하는 장점이 있다고 느낀다.

한 예로, 나는 남편의 C형 간염에 대해 걱정하고 있지 않을 때면 왠지 모를 죄책감을 느낀다. 그래서 얻을 수 있는 모든 정보를 찾아다니고, 가능하면 남편의 모든 병원 진료에 동행할 뿐 아니라 C형 간염에 대해서도 공부를 많이 한다. 그러나 그것이 우리 생활의 주된 이슈가 아닐 때는 되도록 생각하지 않으려 애쓰는데, 그러한 무관심이 가끔은 무책임하게 느껴지기도 한다. 그렇다면 남편의 병에 더 큰 관심을 기울여야 하는 걸까? 하지만 내가 걱정한다고 해서 남편의 간 상태가 더 좋아지지는 않을 것이다. 오히려 두려움에 광분하도록 나 자신을 몰아간다면, 둘 다 불행해질 것이 틀림없다. 반면 어떤 사람들은 불행한 채로 그냥 지내면 암에 걸리는 등의 끔찍한 일이 생길 거라고 생각한다. 물론 이런 생각이 새로운 건 아니다. 한 예로, 런던에 흑사병이 돌았던 1665년, 사람들은 즐거운 마음을 유지하면 병을 떨쳐버릴 수 있다고 믿기도 했다.

마지막으로 어떤 사람은 행복해지고자 마땅히 들여야 하는 수고를 하지 않기 때문에 불행하다. 행복해지기 위해서는 에너지와 자제심이 필요하다. 앞에서도 언급했지만 실없어지기보다는 진지해지는 것이 훨씬 쉽다. 불행한 상황에 처한 사람들은 비참함을 느낀다. 확실히 그들은 덫에 걸린 듯한 기분을 경험하게 된다. 그리고 안타깝게도 긍정적인 감정보다 부정적인 감정이 훨씬 강한 전염성을 보이기 때문에, 나의 불행은 주변 사람들에게 안 좋은 영향을 미치게 된다. 그리고 나 자신도 그 때문에 고통 받는다.

철학자, 과학자, 성인, 그리고 사기꾼마저도 어떻게 하면 행복해질 수 있는지에 대해 한마디씩 한다. 하지만 스스로 행복해지기를 원하지 않는다면 이 모든 조언은 아무짝에도 쓸모가 없다. 만약 내가 스스로 행복하다고 믿지 않는다면, 나는 행복한 것이 아니다. 로마의 희극작가 푸블리우스 시루스는 이렇게 말했다.

"스스로 행복하다고 느끼지 않는 한 그 누구도 행복하지 않다."

그러니 내가 행복하다고 느끼면 행복한 것이다. 그렇기 때문에 성녀 테레사도 이렇게 말한 것이다.

"나는 행복해 보이려고 애쓸 뿐 아니라 정말 행복해지려고 애쓴다."

이달의 결심과 내 행복 프로젝트 전체를 관통하는 근본적인 목적은 살다보면 어쩔 수 없이 마주칠 수밖에 없는 나쁜 소식을 싣고 온 전화벨이 울릴 때 용기 있게 맞설 수 있도록 나 자신을 준비시키는 것이다.

8월 말이 되었을 때 결국은 나쁜 소식이 전해졌다. 친정엄마의 전화였다.

"엘리자베스하고 통화해봤니?"

"아니요, 한 일주일 전화 못해봤어요. 왜요?"

내가 물었다.

"당뇨병이라는구나."

"당뇨병?"

"그래, 제2형 당뇨 같은데 확실히는 모르겠다고 한대. 혈당치가 위험할 정도로 높아서 의사가 한번 검사해보자고 했다는데, 그렇게라도 알게 되어서 얼마나 다행인지 모르겠다."

"엘리자베스는 뭐래요? 지금 상태는 어떻대요? 왜 당뇨에 걸린 거래요?"

내가 아는 당뇨병과 관련된 모든 사항이 머릿속에 빠르게 나열되기 시작했다. 식단과 생활습관을 변화시키면 바로 효과를 볼 수 있는 제2형 당뇨의 즉각적인 반응성, 연구 기금을 할당하는 문제에 있어서 제1형 당뇨병 옹호자와 제2형 당뇨병 옹호자 사이의 환자 커뮤니티에서 발생하는 긴장감, 그리고 초등학교 6학년 때 자신의 배에 직접 인슐린을 주사하던 친구를 바라보았던 기억 등이 주마등처럼 스쳐갔다. 엄마와 통화를 마치고 나는 동생에게 직접 전화를 걸어 그 애의 입으로 다시 한 번 내용을 전해 들었다.

그 후 몇 주 동안, 계속 다른 소식이 들려왔다. 우선 동생의 주치의는 엘리자베스가 젊고 마른 체격에 건강한 체질이라는 점에서 일반적인 제2형 당뇨와는 그 증상이 완전히 일치하지는 않지만 그래도 제2형 당뇨병이 맞다고 진단했다. 그 진단은 충격적이었지만, 그래도 두 가지 사실 덕분에 어느 정도 안심은 되었다. 우선 동생은 몸이 안 좋다고 느껴지면 혈당치를 조절해 컨디션을 회복할 수 있었다. 또한 우리 가족은 엘리자베스의 당뇨가 매일 인슐린을 공급해야 하고, 식이요법이나 운동으로는 증상을 완화시킬 수 없는 제1형이 아니라는 사실에 안도했다. 하지만 나중에 알고 보니 동생의 병은 제1형 당뇨였다.

심각한 좌절에 부딪히면 심리적 기제가 상황의 긍정적인 면을 볼 수 있게끔 도와준다고 하는데, 나 역시도 '외상 후 성장'의 기회를 찾았다는 사실을 느낄 수 있었다. 다양한 결심들이 귓가에 울리는 동안 나는 균형감과 감사의 마음을 유지하려고 노력했다.

"병이 이만할 때 발견해서 얼마나 다행인지 모르겠다. 앞으로 음식 잘 가려 먹고 운동 열심히 하는 거야. 그럼 혈당치는 얼마든지 조절할 수 있어. 차차 익숙해지면 건강도 되찾게 될 거야."

내가 말하자 엘리자베스가 하향비교 전략을 구사했다.

"물론이지. 게다가 더 나쁜 일도 얼마든지 일어날 수 있는데 이만하길 다행이지. 더 안 좋은 병이었으면 어쩔 뻔했어. 당뇨는 충분히 관리할 수 있는 병이잖아."

동생도 나도 언급하지 않았던 한 가지 사실은, 물론 이보다 훨씬 더 나쁜 상황이었을 수도 있었지만 실은 아무 병도 아닐 수 있다는 것이었다.

끊임없이 긍정적인 사고를 유지하기란 쉬운 일이 아니다. 그러나 나는 내가 지키고자 애쓰는 여러 결심들이 나쁜 소식에 대처할 수 있도록 돕고 있다고 생각한다. 만약 당뇨병을 진단받은 당사자가 나였다면 어땠을까? 그랬다면 더 큰 도움을 받았을 것이다. 18세기에 흔히 볼 수 있었던 비문 중에 이런 것이 있다.

"기억하라, 친구여. 그대가 이곳을 스쳐갈 때, 지금의 그대처럼 한때는 나도 그랬다는 것을. 지금의 나처럼 그대도 언젠가는 이곳에 있을지니 나를 따를 날을 준비하라."

진정한 행복 프로젝트 감성이 아니겠는가! 언젠가 전화벨이 울리더라도 지금은 최선을 다해 결심을 지켜나가야 할 때라고 다짐했다.

열정

성취의 만족감을 즐겨라

✓ 글쓰기에 빠져보라

✓ 열정의 시간을 만들라

✓ 결과에는 연연치 마라

✓ 도전이야말로 행복 에너지다

열정을 즐기는 이유는
결과를 걱정하지 않아도 되기 때문이다.
능률이나 성과에 대한 걱정은 접어두고
그저 빈둥거리며 돌아다니거나
어설프게라도 시도하라.

휴가에서 돌아온 후, 나는 즐겨 가던 도서관에 새삼 감사했다. 집에서 한 블록 정도 떨어져 있는 이곳은 거의 완벽했다. 아름다운 건물, 개방된 서가, 무료 와이파이, 잘 꾸며진 어린이 열람실 등. 더욱이 내가 글을 쓸 때 이용하는 열람실은 또 얼마나 조용한가! 어느 날 아침 깜빡 잊고 노트북 스피커를 꺼놓지 않아 시작 음이 울렸을 때, 모두가 서슬 퍼런 눈으로 나를 노려보던 장면은 지금도 생생하다.

사실 도서관 이용을 당연한 권리로 생각하기는 매우 쉽다. 지난 7년 동안 일주일에 서너 번씩 도서관을 이용해왔지만, 휴가를 다녀온 후에 내가 얼마나 도서관을 사랑하는지 새삼 깨닫게 되었다. 이는 여러 행복 전문가들의 조언을 증명하는 것으로 그들은 잠시 동안의 박탈이 소유의 기쁨을 더욱 (날카롭고) 새롭게 한다는 사실을 강조하고 있다.

도서관을 가는 행복을 즐기다보니, 9월은 학년이 새로 시작하는 때라는 사실이 떠올랐다. 그러니 이번 달은 책 주변을 배회해보는 것도 좋겠다는 생각이 들었다. 이달의 주요 결심은 '열정 추구하기'였는데, 내 경우에 열정이란 책과 관련된 모든 것을 의미했다. 나는 읽기와 쓰기를 좋아하고, 일도 읽기와 쓰기가 중심이 되고 있었으며, 이 두 가지 활동이 내 시간의 대부분을 차지하고 있었다.

오래전에 나는 작가 도로시아 브랜드가 작가들이 읽기나 대화하기, TV나 영화 또는 연극 보기 같은 말과 연관된 활동에만 시간을 쏟는 경향이 있다고 경고하던 글을 읽은 적이 있다. 브랜드는 작가들이 그러한 활동 대신 언어와는 상관없는 음악 듣기라든가, 박물관 관람하기, 혼자 하는 취미 활동, 산책하기 같은 활동으로 자신을 재충전할 필요가 있다고 제안했다. 확실히 고려해볼 만한 가치가 있다는 생각이 들었을 때, 나는 자발적으로 그 충고를 따르려 노력해봤다. 하지만 행복 프로젝트를 준비하는 기간 동안 서점을 둘러보면서 나는 확실한 깨달음을 얻게 되었다. 좋든 나쁘든 간에 내가 정말 사랑하는 일은 읽고 쓰고 책을 만드는 일이라는 사실이었다. 솔직히 말해서 그 외의 다른 직업은 갖고 싶지 않았다.

언젠가 아이가 셋 있는 친구가 내게 이런 말을 했다.

"주말이면 나는 가족과 함께 아침에 두 시간, 오후에 두 시간 정도 밖에서 시간을 보내는 때가 제일 좋아."

그래서 나는 이렇게 대꾸했다.

"나는 주말이면 가족 모두 파자마만 입고 침대에 누워서 점심때까지 책을 읽으며 뒹구는 게 제일 좋던데."

　이 말은 사실이었다. 하지만 말해놓고 나니 기분이 그다지 유쾌하지 않았다. 이유가 뭘까? 왜 나는 친구의 성향이 훨씬 우월하다고 느꼈던 것일까? 왜 누워서 뒹굴며 '단지 책을 읽는 것'에 죄책감을 느꼈을까? 어쩌면 그것이 나의 자연스러운 성향이기 때문일 것이다. 나는 늘 내가 지금과는 달리 광범위한 분야에 관심을 두었으면 하고 바란다. 하지만 실제는 그렇지 않다. 물론 이제는 읽기와 쓰기에 대한 열정을 추구하는 데 있어서 좀 더 사려 깊어질 때가 된 것 같기는 하지만, 어쨌든 밖에 나가 뛰어노는 것보다 책과 관련된 활동을 하는 것이 훨씬 재미있게 느껴진다.

　'열정 추구하기'라는 이달의 결심을 지키기 위해 처음으로 해야 할 일은 내 안의 열정을 인식하는 것이었다. 그리고 확인했다. 다음 단계는 열정을 추구할 만한 시간을 내는 것이고, 일상 속에 열정을 융합시키기 위한 방법을 찾는 것이었으며, 나와는 맞지 않는 부적절한 효율성의 기준에 맞추어 스스로를 평가하는 일을 그만두는 것이었다. 나는 또한 책 쓰는 일을 쉽게 해줄 새로운 기술도 배우고 싶었다.

　물론 모든 사람이 나의 열정을 공유하는 것은 아니다. 그것은 책 대신에 축구일 수도 있고, 지역사회 연극반, 정치, 차고 세일 같은 것일 수 있다. 하지만 나름의 열정이 무엇이든 간에 행복을 연구하는 사람들에 따르면, 자신의 열정을 불사를 충분한 시간을 내고 그 시간에 진정한 우선권을 부여하면 행복이 증진된다고 한다.

　블로그를 통해 배운 한 가지 사실은 어떤 사람들의 경우 다음과 같은 질문을 받으면 무척 당황한다는 것이다.

"당신의 열정은 무엇인가요?"

이 질문은 너무 방대하고 한마디로 대답하기도 힘들어 무력감을 느끼게 하는 것 같았다. 만약 그렇다면, 일이든 여가든 놀이든 간에 자신이 추구하는 열정이 무엇인지 쉽게 찾아내는 유용한 단서는 '당신이 하는 일을 하는 것$^{Do\ what\ you\ do}$'이다. 열 살 때 당신은 뭘 하기를 즐겼는가, 혹은 여유 있는 토요일 오후라면 무엇을 하겠는가 등을 생각해봄으로써 당신이 열정적으로 즐기는 일을 찾아낼 수 있다. 한 블로그 독자는 정말 기본적인 힌트를 주었다.

"사실은 내가 다니는 학교의 물리학 교수님이 조언해주신 것과 매우 비슷한 것인데, 그분은 이렇게 말씀하셨어요. 화장실에 앉아 있을 때 자네들은 무슨 생각을 하는가? 내 말은 그때 생각하는 것이 바로 자네들이 진정으로 생각하고 싶어 하는 것이라는 말일세."

'당신이 하는 일을 하는 것'은 자신의 기대치가 아닌 자신의 행동을 검토해보라는 것이다.

☑ 글쓰기에 빠져보라

내가 이달에 추진하는 가장 야심찬 프로젝트는 소설 쓰기였다. 그것도 30일 안에. 나는 마라톤에 출전하거나 산을 타고 싶다는 충동 같은 것은 살면서 한 번도 느껴본 적이 없지만, 한 달 안에 소설을 완성하겠다는 생각을 하면서 마라톤이나 등산을 하면 아마도 이 정도의 스릴과 욕구를 느끼게 되지 않을까 하는 마음이 들 정도로 엄청난 긴장감과 열정을 느끼게 되었다. 일단 내가 정말 해낼 수 있을지 알고 싶었다.

길에서 우연히 만난 한 지인이 한 달이라는 시간을 정해놓고 소설을 쓰고 있다고 내게 털어놓은 적이 있었다.

"정말이요?"

나는 즉각 호기심이 발동해서 물었다.

"어떻게요?"

"크리스 바티가 쓴 『플롯이 없어도 문제될 건 없다!』라는 책을 한 권 얻었거든요. 아무 준비 없이 시작해도 되고 교정도 볼 필요 없이 하루에 1,667자를 쓰는 거예요. 그러면 30일 만에 5만 자짜리 소설 한 권을 끝내게 되는 거죠."

"5만 자라고요? 진짜 소설도 그 정도 길이쯤 되지 않나요?"

내가 놀라서 물었다.

"맞아요. 『호밀밭의 파수꾼』이나 『위대한 개츠비』 정도 되지요."

"정말요? 나도 한번 시도해봐야겠는데요."

"그 작가가 '전국 소설 쓰기의 달'이라는 행사도 시작했어요. 이번 11월이에요. 그때 전국적으로 많은 사람이 소설을 쓸 거예요."

당시 우리는 유니언스퀘어에 있는 반스앤노블 서점에서 한 블록 정도 떨어진 골목 어귀에 서 있었다.

"지금 당장 가서 그 책부터 사야겠어요. 정말 해보고 싶거든요."

나는 결심을 하고 말했다. 그리고 책을 사서 나왔을 때 소설의 소재로 쓸 만한 아이디어가 하나 떠올랐다. 맨해튼에 사는 두 사람이 불륜에 빠지는 것이다. 나는 소설가 로리 콜윈과 록사나 배리 로빈슨, 그리고 여러 작가들이 중년의 결혼생활에 대해 쓴 이야기들을 읽었고, 나도 외도 같은 중년의 위기로 인한 행복이나 불행에 대해 한 번쯤 생각해보고 싶었다. 또한 같은 사회 집단에 속한 두 사람이 어떻게 그들의 관계를 비밀로 유지하는지에 대해 세부적으로 생각해보는 것도 재미있을 것 같았고, 뉴욕을 배경으로 해보는 것도 흥미로울 것 같았다. 9월 1일, 나는 제목에 '행복'이라는 단어를 쓰고 첫 문장을 적었다.

"후에 그 일을 떠올렸을 때, 에밀리는 마이클 하몬과 자신의 관계가 언제 시작되었는지 정확히 알게 되었다. 9월 18일 밤 8시, 리사와 앤드류 케셀의 아파트에서 열린 칵테일 파티에서였다."

그렇게 해서 1,667자의 글이 완성됐다.

소설을 쓰는 것은 상당히 고된 일이지만, 예상했던 것보다는 그다지 많은 시간을 잡아먹지는 않아서 시간을 내는 데 어려움은 없었다. 물론 나야 이미 전업 작가로 돌아섰기 때문에 다른 사람들보다는 글쓰기가 훨씬 수월했지만, 그렇다 해도 신문이나 잡지를 읽고, 사람들과 커피도 마시고, 재미있는 책을 읽거나, 빈둥빈둥 여유 부리는 시간을 쪼개서 써야 하는 작업이었다. 블로그 포스팅도 눈에 띄게 줄었음은 물론이다.

처음 열흘 정도가 지난 후, 한 가지 문제점과 부딪쳤다. 바로 플롯의 마지막에 도달했다는 점이다. 다시 말해 나는 소설에 쓸 만한 별다른 사건을 구상해놓지 않았다. '마이클과 에밀리가 함께 점심을 먹고 외도를 시작했다가 끝낸다.' 이것이 개괄적인 플롯이었지만, 2만 5,000자를 쓰기도 전에 이미 그 내용을 전부 다 써버리고 말았다. 바티의 책은 내가 더 많은 이야기를 생각해내게 될 것이므로 어려움을 겪는 일은 절대 없을 거라고 장담하고 있었고, 어느 정도는 그럭저럭 했다. 어쨌든 나는 계속 썼다. 어찌됐든 간에 그날 요구되는 글자 수는 가까스로 채워나갈 수 있었고, 마침내 9월 30일이 되었다. 그리고 나는 맨 마지막에 "그녀는 다른 잡화점에 들어가 쇼핑을 했다. 끝"이라는 문장을 쳤다. 글자 수를 계산해보니 5만 163자였다. 진짜 소설 작품 하나를 내가 끝마친 것이다. 적어도 내가 좋아하는 척 팔라닉의 『파이트 클럽』만큼 두꺼웠다.

양적으로만 보자면, 소설 쓰기는 내가 살면서 성취하고자 하는 모든 것을 제치고 가장 꼭대기에 올라설 만큼 엄청난 일거리였다. 그렇다면 그것이 나를 행복하게 해주었을까? 물론이다. 이것은 일종의 행복을 글로 쓰는 작업이었고, 엄청난 시간과 에너지를 들여야 했지만, 결과적으로는 내게 실질적인 행복의 증진을 가져다주었다.

그렇게 큰 프로젝트를 한 달 만에 완수하는 경험은 내 인생에 성장의 분위기를 한껏 고양시키는 어마어마한 기여를 했다. 마음먹은 대로 짧은 기간에 성취해내는 일을 본다는 것도 소름이 돋을 만큼 흥미진진했다. 또한 소설을 쓰는 동안 이야기를 풍성하게 만들 수 있는 자료를 늘 찾아보게 되니, 세상이 새로운 방식으로 생동감 있게 다가오는 것 같았다. 어느 날 오후 도서관에서 집으로 돌아오는 길에, 프랭크 캠벨 장례식장 앞에 수많은 군중이 모여 있는 걸 보자마자 떠오른 생각은 '좋은 소재가 될 것 같은데!'였다.

그러나 글쓰기를 통해 얻을 수 있는 가장 예리한 행복의 느낌은 매우 복잡한 생각, 즉 수백 장 정도는 족히 써내려갈 수 있을 정도의 아이디어를 글로 표현할 때 얻어지는 행복감이었다. 그런 아이디어가 떠올랐던 특별한 순간은 지금도 잊을 수가 없다. 언젠가 이웃에 사는 몇몇 부부와 함께 디너파티에 참석했을 때 두 명의 친구가 참 '순진한' 대화에 몰두하는 것을 보고 이런 생각이 들었다. '만약 저 두 사람이 함께 바람을 피우고 있다면 어떨까? 어떤 식으로 남들의 눈을 피해 만나고 또 어떤 일들이 일어날까?'

전에는 머릿속으로 상상한 것을 책으로 써내는 데 몇 년이라는 시간이 걸리곤 했지만, 이 소설은 훌륭한 작품이라는 소리는 못 들을지 몰라도, 어쨌든 한 달 안에 끝낼 수 있었다. 2월에 '극도의 친절함'을 베풀며 보았듯이, 신병훈련식 같은 접근은 많은 이점이 있었다.

명석한 스콧 맥클라우드도 '24시간 내에 만화책 만들기'를 제안한 적이 있다.

"전체 24쪽짜리 만화를 24시간 내에 만들어보자. 대본 같은 것은 필요 없다. 준비과정도 생략이다. … 이것은 창의성이 막혀버렸다고 생각될 때 써먹을 수 있는 매우 뛰어난 충격요법이다."

신병훈련식 접근법을 통해 나는 창의적 자유를 만끽할 수 있었는데, 그 이유는 가끔 소설이 쓰고 싶다는 도저히 조절 불가능한 충동을 느낄 때(이는 대중적으로 많이 언급되지는 않고 있지만, 수많은 작가들에게 널리 퍼져 있는 직업적 위험이라 할 수 있다), 그저 아무 생각 없이 앉아 쓰면 된다는 사실을 깨달았기 때문이다.

놀랍게도 쓰는 과정 또한 재미있었다. 보통 글을 쓸 때면 나는 작품에 관해 끊임없이 질문을 던지고 회의를 품는다. 하지만 소설을 작업하던 달에는 시간에 쫓기는 바람에 내 안의 비평가가 던지는 혹독한 질문에서 자유로울 수 있었다. 한 친구는 이렇게 말했다.

"솔직히 네 소설이 형편없다는 사실은 인정해야 할 거야. 하지만 그래도 상관없잖아!"

이 프로젝트는 '실패를 즐기자'라는 3월의 결심을 실천할 수 있도록 도와주었다. 5만 163자짜리 소설을 완성한 후, 나는 즉시 앞으로 돌아가 책을 교정하고 싶어서 온몸이 근질근질했지만 참았다. 심지어 다시 읽어보지도 않았다. 뭐, 언젠가는 다시 읽어볼 날이 올 것이다. 소설 쓰는 일은 다시 한 번 '성장의 분위기'를 조성해주었기에 나는 그것이 행복에 필수 요소라는 사실을 더욱 확신하게 되었다. 그래서 내 '첫 번째 찬란한 진실'에 그 요소를 포함시켰는데 내가 처음에 이해했던 것보다 훨씬 더 중요한 것 같았다.

커다란 임무를 성취해냄으로써 얻게 되는 만족감은 삶이 주는 가장 중요한 요소 중 하나다. 나는 블로그 독자들에게 일단 수행하기만 하면 자신에게 행복을 가져다주는 확실한 목표를 찾아 실천에 옮겨본 일이 있는지 질문했고, 많은 사람들이 자신의 경험을 올려주었다.

➡ 언젠가 나는 커다란 책임을 완수해내는 나 자신을 보고 매우 놀랐던 경험이 있습니다. 당시 나는 '100일 동안 실제 체험 도전하기'라는 유튜브 그룹에 가입했었죠. 그리고 100일 동안 하루도 빠짐없이 비디오 블로그를 만들어 올렸습니다. 그전에는 유튜브에 동영상을 올려본 적도 없었지만, 영화촬영용 카메라가 있었거든요. 매일 비디오 작업을 하는 것이 한 주에 한 번 정도 하는 것보다 쉽습니다. 일종의 습관이 되기 때문이에요. 사실 그 도전은 '끌어당김의 법칙(긍정적인 것이든 부정적인 것이든 삶은 에너지를 쏟고 주의를 기울이는 대상을 자연스럽게 끌어당긴다는 논리)'이라 불리는, 솔직히 그다지 큰 매력을 느끼지 못하는 법칙을 실험해보자는 취지였지만, 나는 비디오를 제작하는 과정의 즐거움부터 댓글을 통해 새로운 사람들을 알아가는 즐거움까지 정말 큰 행복감을 얻을 수 있었습니다.

➡ 나는 올해 반드시 철인3종 경기 훈련에 참가하리라 결심했습니다. 그리고 8주 동안 거의 매일 훈련에 참가했죠. 생애 처음 철인3종 경기를 완주한 후, 두 번째 대회에도 참가 신청을 했습니다. 나는 천성적으로 침대에 누워 뒹굴거나 책을 읽는 것을 좋아하는 사람이지만, 마흔(이제 2년 앞으로 다가왔네요)이 되기 전에 철인3종 경기에 도전하고 싶다는 생각은 늘 하고 있었거든요. 훈련은 정말 환상적이었어요. 그러니 '언제 한번 해봐야지' 하고 생각만 하는 분이 있다면, 눈 딱 감고 도전해보라고 적극 추천하고 싶어요.

➥ 우울증을 극복하고 난 후에 나는 6주 동안 혼자서 나무 보트를 만들었습니다. 스스로를 격려하고 싶어서 승리의 상징을 만들고 실행했던 일인데, 마무리를 하고 나니 무척 뿌듯했어요. 몇 번 물에 띄워 보았는데, 정말이지 기억에 남는 경험이었지요. 게다가 보트를 가지게 되면서 항해 클럽에도 가입하게 됐는데, 덕분에 아름답고 평화로운 장소를 찾아갈 기회도 얻고 흥미로운 사람들과 접할 수 있는 기회도 생겼습니다. 이 모든 것이 행복을 증진시키더군요.

➥ 나는 회고록을 쓰고 있습니다. 얼마 전부터 파트타임으로 간호사 일을 하고 있기 때문에, 글쓰기에 좀 더 전념할 수 있게 되었거든요. 그리고 글을 쓴다는 사실 자체도 정말 행복합니다. 원고는 거의 반쯤 완성된 것 같아요. 평소 꿈꾸던 일을 실천에 옮기는 것은 마치 파도를 타는 것 같은 느낌이 들게 하더군요. 이런 비유를 하는 것은 하와이에서 한 일 년 정도 지내며 서핑을 해본 경험이 있어서예요. 회고록을 쓰도록 나를 격려하게 된 계기는 인생을 변화시킬 만큼 큰 질병 때문이었어요. 다시 걸을 수 있을지 모르는 상태에서 거의 8개월 동안이나 목발에 의지해 살았거든요. 영구적인 장애는 진정한 가능성이 될 수 있습니다. 절망의 수렁에 빠질 만큼 큰일을 겪고 나면 많은 것을 포기하게 됩니다. 그리고 경험을 통해 깨닫게 되지요. '자신의 열정을 무시하고 살기에는 인생이란 너무 짧다'는 사실을요. 그래서 그 일을 시작한 겁니다. 나는 지금 파도를 타는 듯한 기분이에요.

➡ 나는 성장하면서 진정으로 원하는 일을 하는 것이 행복에 얼마나 중요한 역할을 하는지 알았습니다. 내가 추구하는 가장 큰 목표는 좋아하는 일을 하면서 돈도 벌 수 있는 방법을 찾는 것입니다. 나는 스물두 살이고 직장생활을 한 지 2년차가 됐지만, 진정한 열정은 보석을 디자인하는 일입니다. 얼마 전부터 가족이나 친구들을 위해 주문 제작 보석을 만들기 시작했고 온라인 쇼핑몰도 열었습니다. 보석을 만든 지는 꽤 됐지만 진지하게 내 열정을 추구하고 싶다는 생각을 하기 시작한 것은 최근 들어서예요. 비록 눈에 보이는 사업적 성과는 아직 없지만, 언젠가는 이룰 수 있을 거라고 확신합니다! 때로는 내 목표가 아직 작은 씨앗에 불과하다는 사실에 당황스럽기도 하지만, 내가 정말로 원하는 것의 미래상을 안고 있으니, 중간에 포기하지 않고 끝까지 갈 수 있는 동기부여는 된 것이라 믿어요! 열정적으로 무언가를 이루고자 열심히 노력하는 것은 정말 만족스러운 일일 뿐 아니라 삶에 진정한 행복을 더해주는 것 같아요.

새로운 조리법을 시도하는 일, 주립공원으로 열다섯 번째 캠핑을 가는 일, 환갑잔치를 계획하는 일, 자신이 가장 좋아하는 팀이 슈퍼볼에 진출하는 것을 보는 일이 진정한 열정일 수도 있다. 그리고 나는 소설 쓰는 일을 그만큼 좋아한다.

☑ 열정의 시간을 만들라

책 읽는 것이 내게는 아주 중요하고 기쁜 일 중에 하나라서 나는 그저 책 읽는 시간을 늘려 더 많은 즐거움을 누리고 싶다. 그렇게 하려면 그날그날 기분에 따라 원하는 대로 읽을 수 있도록 나 자신을 풀어놓을 수 있어야 한다. 새뮤얼 존슨은 이렇게 말했다.

"만약 우리가 자신의 성향을 무시하고 아무 글이나 읽는다면, 마음의 절반은 글이 아닌 주의를 집중시키는 데 소진해야 할 것이다. 따라서 읽고 있는 글에 집중하는 마음은 절반밖에 되지 않을 것이다."

과학도 이러한 주장을 뒷받침한다. 무엇이 3~4학년 학생들이 읽은 것을 더 잘 기억할 수 있게 도와주는지 조사한 연구에서 과학자들은 글에 대한 관심도가 글의 읽기 쉬운 정도보다 거의 30배 정도나 중요하다는 사실을 알아냈다고 한다. 그래서 나는 행복에 관한 조사를 하며 읽었던 여러 책들 가운데 심리학 교수 조너선 헤이트의 『행복의 가설』와 소설가 앤 라모트의 『플랜 B: 마음 같지 않은 삶을 위한 또 다른 계획』, 그리고 톨스토이의 전기문 가운데 미술사학자 레슬리 루이스의 『시골저택에서의 사적인 삶 1912~1939』은 포기하고 말았다. 같은 맥락에서 소설가 윌리엄 새커리의 『허영의 시장』과 샬롯 영의 『레드클리프의 상속인』, 로라 잉걸스 와일드의 책은 반복해서 여러 번 읽었다. 최고의 읽기란 반복해서 읽는 것이라고 생각한다.

나는 계속해서 도서 목록을 작성했다. 사람들에게 좋은 책을 추천해달라고 부탁함으로써 인간관계를 증진시키는 부수적인 효과도 얻었는데, 내가 자신들이 추천한 책을 받아 적으면 하나같이 만족스러워하는 표정을 볼 수 있었다. 아동문학 독서모임 회원의 조언에 따라, 나는 영국 계간지 〈슬라이틀리 폭스드〉를 구독 신청했다. 이것은 주로 책에 관한 에세이를 싣는 잡지였다.

그런데 많은 책을 읽는 데 걸림돌이 된 것은 무엇을 읽을까의 문제가 아니라 읽을 시간이 없다는 것이었다. 아무리 많은 시간을 독서에 할애해도 점점 더 많은 시간을 독서에 쓰고 싶었다. 물론 시간이 없다고 투덜대는 사람들에게 해줄 수 있는 첫 번째 조언은 'TV 좀 그만 봐라'일 것이다. 미국인이 하루 평균 4~5시간 정도 TV를 시청한다고 하니 그런 말을 들을 만도 하다.

"우리가 TV를 너무 많이 본다고 생각해?"

내가 남편에게 물었다.

"TV 거의 안 보잖아."

"그래도 아주 안 보는 건 아니지. 일주일에 대여섯 시간은 보는 것 같지 않아? 녹화해둔 거나 DVD를 보기는 하잖아."

"TV를 완전히 포기할 수는 없어. 멍청하게 시청하지만 않으면 이것도 좋은 매체라고."

남편이 옳았다. 딸애들이 잠들고 나서 프로그램 하나를 보는 것은 재미있었다. 또한 같은 방에서 따로 책을 읽는 것보다는 함께 TV를 시청하는 것이 훨씬 즐겁기도 했다. 아마도 같은 경험을 공유한다는 사실이 더 안락한 느낌을 주기 때문인 것 같았다.

최근 나는 재미없는 책은 읽지 않겠다고 맹세했다. 예전에는 모든 책을 끝까지 읽는다는 사실을 매우 자랑스러워했지만 이제 더는 그러지 않는다. 그리고 구입한 책은 하나도 버리지 않고 모아두었기 때문에 집이 책으로 덮여 있었다. 그래서 무자비한 선별을 감행해 가방에 책을 꽉꽉 채워들고 가서 중고 서점에 팔았다. 또 나는 부당한 비난이나 폭로를 주제로 하는 책은 물론이고, 그런 연극이나 영화도 절대 보지 않는 내 특이 성향을 인정하기로 했다. 그동안『올리버 트위스트』,『오셀로』,『앵무새 죽이기』,『어톤먼트』,『인도로 가는 길』,『죄와 벌』 같은 작품들은 가능한 한 피해 다녔는데, 앞으로도 그럴 참이다.

☑ 결과에는 연연치 마라

책을 읽을 때 나는 메모하기를 즐기는데, 가끔은 특별히 적을 것이 없어도 끄적거린다. 늘 책을 구상하고, 특이한 목록을 만들며, 특이한 범주에서 예들을 긁어모으기도 하고, 인상 깊은 구절을 적어놓기도 한다. 몇 가지 이유에서 나는 확실히 정의되지 않은 주제를 탐구하는 연구 프로젝트 수행을 즐긴다.

하지만 메모하는 습관도 역시 많은 시간과 에너지를 필요로 하기에 이러한 충동을 누르곤 했었다. 별 의미 없는 자기만족에 불과하다는 생각도 들었다. 그렇지만 이달의 결심과 1계명인 '나다워지기'

를 따르기 시작하면서 '결과에 연연하지 말자'라는 생각을 하게 되었고, 마침내 노트 정리를 시작하게 되었다. 심술궂게도 딱 한 번 이런 생각을 한 적이 있기는 하다.

"좋아, 그레첸, 이유 같은 건 상관없으니까 어디 원하는 대로 다 써봐."

그런 노트 정리가 내 작품에 얼마나 유용하게 쓰였었는지가 떠올랐다. 첫 번째 책 『권력과 돈과 명예와 섹스』는 상당한 양의 메모에서 시작되어 책으로 완성된 경우였다. 왜 오늘날 사람들은 자신들이 가진 것을 파괴하려 하는 것일까에 대한 질문을 담고 있는 『불경스러운 낭비』를 쓰게 됐을 때는, 수년 동안 알 수 없는 이유에서 메모해 두었던 놀랍고도 날카로운 실례들로 책의 내용을 꽉꽉 채울 수 있었다. 메모하는 일은 내게 '진짜 일'처럼 느껴지는 것이 아니라서, 실제로는 매우 가치 있는 작업임에도 그리 중요하게 생각하지 않았다.

열정을 즐기는 이유는 결과를 걱정하지 않아도 되기 때문이다. 능률이나 성과에 대한 걱정은 접어두고 마음 가는 만큼만 승리를 얻고자 투쟁할 수도 있고, 그저 빈둥거리며 돌아다니거나 어설프게 시도해보거나 혹은 탐구해볼 수도 있다. 다른 사람들은 왜 당신이 전혀 굴러가지도 않는 낡은 차를 시종일관 만지작거리며 행복에 겨워 어쩔 줄 모르는지 궁금해할지도 모르지만, 당신에게는 그런 시선이 전혀 상관없다. '성장의 분위기'는 엄청난 행복을 가져다준다. 하지만 때로는 성장이 주는 기쁨에서 자유로울 때 행복이 찾아오기도 한다. 그것은 전혀 놀라운 일이 아니다. 종종 위대한 진실은 그 반대도 진실인 경우가 많으니 말이다.

☑ 도전이야말로 행복 에너지다

내게 책을 쓰는 일은 오락거리나 마찬가지다. 어린 시절에는 백지 책만 잡았다 하면 시간 가는 줄 모르고 끼적거렸다. 전문 작가가 되기 전에는 두 편의 형편없는 소설을 쓰기도 했다. 가족과 친구들에게 줄 선물로 소형 책을 만들기도 했는데, 처음 그 프로젝트를 생각해내서 엘리자와 작업하기 시작했을 때는 가족 모두가 책 만드는 데 한몫 거들기도 했다.

예를 들어, 우리는 엘리자의 멋진 그림으로 책을 만들었다. 엘리자가 각 그림에 넣을 설명문을 불러주면, 내가 타이핑을 해서 프린트한 다음 가위로 오려낸 후 그것을 그림에 붙였다. 그리고 칼라 복사를 해서 스프링제본을 하면 책이 완성되었다. 정말 신나는 작업이었고, 더군다나 엘리자가 커가는 모습을 담고 있었기에 할머니, 할아버지께 드릴 크리스마스나 하누카 기념일 선물로는 더할 나위 없이 근사한 책이었다. 게다가 나는 집에 수북이 쌓여 있던 그림들을 싹 내다버릴 수 있으니 일석이조였다. 그런데 내가 이 프로젝트 내용을 블로그에 올리자 한 독자가 다음과 같은 댓글을 달아주었다.

"딸아이가 그린 원본 그림을 내다버렸다니 믿을 수가 없네요. 그림을 복사해두는 것에는 찬성이지만, 나 같으면 원본도 스크랩북에 모아두었을 거예요. 원본은 절대 복제할 수 없는 거잖아요. 그래서 이 글을 읽고 솔직히 말해 숨이 턱 막히는 기분이었어요."

최근에 나는 자비 출판 사이트에 관심을 갖게 되었다. 그 사이트에 따르면 30달러 정도의 경비로 제대로 된 표지까지 갖춘 책을 출간할 수 있다는 것이다. 이 사실을 남편에게 말하자 그가 코웃음을 치며 말했다.

"그런 걸 누가 한대?"

"그러니까 당신 말은 누가 책의 형태로 인쇄하고 싶은, 책 한 권이나 되는 문서를 집에 가지고 있겠냐는 거야?"

"그렇지."

"지금 농담해? 내가 그렇잖아! 만약 이게 정말 가능하다면 책으로 묶어낼 수 있는 원고가 열두 권 분량은 된단 말이야!"

마침내 그동안 목적 없이 적어두었던 그 모든 메모와 노트로 할 일이 생긴 것이다. 일단 시험 삼아 엘리자가 태어난 뒤 18개월 동안 열심히 적어두었던 육아일기를 책으로 만들어보기로 했다. 그것은 내가 자연스럽게 쓴 또 하나의 책이었다. 우선은 조바심을 내며 서두르고 싶은 욕구를 조절하기 위해 '스스로를 감옥에 가둘' 준비를 하면서 컴퓨터 앞에 앉았다. 하지만 전체 진행 과정은 20분이 채 걸리지 않았다.

몇 주 후 자비 출판 책이 도착했고 그것은 내 기대치를 상회하는 근사한 작품이었다. 나만의 육아일기가 생긴 것이다! 그것도 진짜 책으로! 그럼 다음 작품은? 먼저 전기에서 베낀 인용문을 모아 책으로 묶어보았고, 다음에는 장르를 가리지 않고 마음에 드는 인용문을 적어놓았던 것으로 책을 냈다. 그리고 계속 다음 책들을 상상해보았다. 행복에 대한 조사를 마치고 나면, 행복을 간파한 멋진 경구들을 책으로 출판할 수 있을 것이다. 그때는 사진과 삽화도 넣을 수 있을지 모른다. 내 소설 『행복』도 출간해야겠다. 한 문장짜리 일기도 출간하면 좋겠다. 그리고 그 책은 딸아이들 것도 함께 주문할 것이다! 그 외에도 행복과 관련된 책을 출간할 수 있는 아이디어가 마구 샘솟고 있었다. 만약 그것을 출판업자의 손에서 만들어낼 수 없다면 나 혼자 출간할 수 있는 것이다.

또한 온라인 사진 서비스 사이트를 통해, 내가 직접 표지가 하드커버로 된 앨범을 만들 수 있다는 사실도 알게 되었다. 물론 구체적인 실행 방법을 터득하는 것은 결코 쉽지 않았지만 결국 해낼 수 있었고, 다 마친 후에는 우리 가족과 양가 부모님께 드릴 사진첩을 주문했다. 그렇게 해서 마침내 모두가 사진으로 꽉 채워진 깔끔하고 근사한 책을 선물 받았다. 가격은 조금 비쌌지만, 그 일은 단지 '새로운 기술을 익히자'라는 결심을 실행에 옮겼다는 데만 의미가 있는 것이 아니라 '목표를 위해 반드시 필요한 물건은 사자', '적당한 낭비를 즐기자', 그리고 '집을 행복한 기억의 보물섬으로 만들자'라는 결심 또한 실행에 옮겼다는 사실 때문에도 의미가 깊었다.

일단 힘겨운 배움의 과정을 통과하자 나머지 과정은 즐겁기만 했다. 때때로 어렵고 혼란스러워 거의 미칠 지경에 이르기도 했지만, 신기술을 익힌다는 새로움과 도전의식이 엄청난 만족감으로 돌아왔고, 그것이 책을 향한 내 열정 추구에 또 다른 길을 제시해주었다.

지금까지 실천한 여러 결심 중에서 9월의 결심은 가장 지키기 쉬우면서 즐겁기까지 했다. 그래서 나는 내가 어떤 일을 좋아해야 할지 선택하려고 애쓰는 대신 진정으로 좋아하는 일과 싫어하는 일이 무엇인지 인정할 때 더 행복해질 수 있다는 사실을 다시 한 번 깨닫게 되었다. 다시 말해 나는 어린 시절부터 지치지도 않고 해왔던 메모하는 일과 책 만드는 일을 그만두려고 하지 않고 오히려 포용했을 때 더 큰 행복함을 느꼈다. 몽테뉴는 이렇게 말했다.

"영혼은 부담 없이 자연스러운 상태일 때 가장 아름답다. 따라서 가장 좋은 직업이란 가장 적게 강요받는 직업이다."

나는 내 천성을 받아들이고 더불어 밀어붙일 필요도 있었다. 언뜻 모순처럼 들리겠지만, 내 마음만은 흥미 없음과 실패에 대한 두려움 간의 차이점을 잘 알고 있다. 3월에 블로그를 만들면서 나는 그 차이를 경험했다. 블로그를 새로 시작한다는 사실에 매우 긴장하기는 했지만, 블로그 운영이 내가 좋아할 만한 일이라는 건 확실했다. 생각해보면 어릴 때 흥미로운 자료와 경구들을 모으고 글에 어울리는 인상적인 그림이나 사진을 붙여 만들었던 백지 책 작업이 블로그 포스팅과 꽤 비슷했기 때문이다. 5월부터는 블로그 운영을 통해 즐거움을 누렸지만, 어린 시절 나를 무척 기쁘게 했던 백지 책 작업을 다시 시작하고 싶은 향수도 간혹 느꼈다. 하지만 솔직히 피곤하기도 했다. 블로그는 점차 잡다한 기록들을 저장하는 창고 역할을 하게 되었다.

9월의 마지막 날, 나는 '네 번째 찬란한 진실'이라는 깨달음 하나를 얻었다. 그날 나는 남편과 함께 안면만 있던 어떤 사람과 식사를 하게 됐는데, 그는 내가 무슨 일을 하는지 물었고, 나는 행복 프로젝트에 대해서 얘기했다. 그랬더니 그 사람은 매우 정중한 태도로 반대의사를 나타내는 것이었다. 자신은 철학자 존 스튜어트 밀의 견해를 옹호한다면서 정확한 인용문을 들려주었다. 솔직히 인상적인 말이었다.

"스스로에게 행복한지 묻는 순간, 행복은 달아나버릴 것이다."

시도 때도 없이 행복에 대해 생각하는 일의 문제점 중 하나는 바로 단정적인 관점을 갖게 된다는 사실이다. 나는 식탁을 쾅쾅 쳐대며 "아니, 아니에요, 아니라니까요!"라고 소리치고 싶었다. 하지만 가까스로 고개를 끄덕이며 부드러운 목소리로 대답했다.

"예, 맞아요. 많은 사람이 그런 관점도 얘기해주더라고요. 그게 행복에 대한 논의에서는 꽤나 큰 영역을 차지하고 있는 듯하지만, 사실 저는 동의하지 않아요."

상대방 얼굴이 '존 스튜어트 밀과 그레첸 루빈의 한판 대결이라… 글쎄, 누가 이길까?'라고 말하는 듯했다. 하지만 적어도 내 경험에 따르면 행복을 생각함으로써 이전에 별 생각 없이 살아가던 때보다 훨씬 더 행복해질 수 있었다. 어쩌면 존 스튜어트 밀은 심리학자 미하이 칙센트미하이가 정의한 '플로우(자연스럽게 빠져드는 깊은 몰입)' 상태를 언급했을지도 모른다. 하지만 내가 생각하기에 밀이 의미했던 것은, 아니 대부분의 사람들이 믿고 있는 것은, 행복에 대해 생각하느라 자기 자신에게만 몰두하게 되면, 자신의 만족 이외에 타인이나 다른 것들에 관해 생각하지 않게 된다는 것이다. 밀이 말하고자 했던 바는 행복이란 다른 목표를 추구하는 과정에서 저절로 얻어지는 결과의 산물이지, 그 자체로 목표가 될 수는 없다는 뜻이었는지도 모른다.

물론 가만히 앉아서 행복해지기를 바라는 것은 충분하지 않다. 지금보다 좀 더 사랑하고, 즐길 수 있는 일을 찾아내는 등 부지런히 추구해야 한다. 하지만 나는 스스로에게 행복을 자문하는 것이 행동을 통해 현명하게 행복을 길러나가는 중요한 과정이라고 생각한다. 또한 내가 얼마나 행복한지 깨달아야만 그 행복에 진정으로 감사할 수 있는 것이다. 행복은 부분적으로는 외부 환경에 좌우되고, 한편으로는 그 환경을 바라보는 자신의 관점에도 좌우된다.

나는 일 년 내내 이 질문에 대해 생각해왔지만, 그날에서야 비로소 '스스로 행복하다고 생각하지 않으면 행복하지 않은 것이다'라는 것이 '네 번째 찬란한 진실'이라는 사실을 깨닫게 되었다. 또한 이 '네 번째 찬란한 진실'의 당연한 귀결로써 '스스로 행복하다고 생각하면 행복한 것이다'라는 결론도 얻게 되었다.

그러니 존 스튜어트 밀이 뭐라고 하든 상관없이, 행복에 대해 생각하는 것은 옳다.

10월

마음
챙김

포스트잇 한 장으로 충분하다

✔ 선문답을 명상하라

✔ 삶의 원칙을 고찰하라

✔ 새롭게 마음을 자극하라

✔ 음식일지를 적어라

october

인도의 금은보화를 집으로 가져가길 원하는 사람은
이미 자신의 몸에 그것을 지니고 있어야만 한다.

- 스페인 속담

사람들에게 행복에 대한 책을 쓰고 있다고 이야기하면 공통적으로 돌아오는 반응 중에 하나가 "불교를 연구해봐요"였다. "그럼 매일 밤 와인 한 병씩 마시겠네요?"라는 질문도 있었다. 책 중에서는 달라이 라마의 『행복론』을 가장 많이 추천 받았다.

나는 늘 불교에 매력을 느끼고 있었기에 불교와 부처의 삶에 대해 좀 더 배우고 싶은 마음이 간절했다. 하지만 내가 부처의 가르침 중 많은 부분에 감탄하기는 해도 그 사상의 깊은 곳에서는 고통을 완화 시키는 방법으로 초월을 강조하고 있었기에, 불교 그 자체와 긴밀하 게 연결되는 듯한 느낌은 받을 수가 없었다. 물론 세상에는 사랑과 책임이라는 감정이 슬픔의 족쇄나 마찬가지라고 여기는 곳도 있고, 실제로 그렇기도 하다. 하지만 나는 심원한 열정과 깊은 애정을 장 려하는 서구의 전통을 옹호한다. 사랑으로부터 냉담하게 물러서 있고 싶지 않다. 오히려 감싸 안길 원한다. 느슨하게 멀어져 있는 것이 아니라 더욱 깊이 있게 다가서고 싶다. 또한 서구의 전통은 동양의 전통과는 달리 독특하고 개별적인 영혼의 표현과 완성을 강조한다.

그럼에도 불구하고 불교를 공부하는 것은 그동안 간과하고 있던 몇 가지 개념의 중요성을 깨닫게 해주었기 때문이다. 그중 가장 중요한 것은 매 순간순간 자신의 상태를 정확히 알아차리는 '마음챙김'이었다.

내게는 마음챙김과는 상반되는 몇 가지 성향이 있다. 우선 계속해서 여러 일을 한꺼번에 하려고 들기 때문에 현재에서 나를 점점 멀어지게 한다. 그래서 종종 자동조종장치라도 작동시킨 듯 A에서 B로 어떻게 움직였는지도 모르는 상태로 집에 돌아오는데, 운전을 하던 중에 그 사실을 깨닫고 화들짝 놀라는 경우도 부지기수다. 길을 제대로 보고 있었는지 전혀 생각나지 않기 때문이다. 그리고 현재에 발을 확고히 딛고 있기보다는 미래에 대한 불안감이나 희망에 조바심 내는 성향도 있었다. 그러니 주의가 산만해져서 그릇을 깨거나 엎지르는 일이 잦다. 사교 모임에서 누군가를 소개받으면, 이름을 듣자마자 잊어먹는 경우도 허다하다. 음식을 먹을 때도 맛을 음미하기도 전에 다 먹어버린다.

몇 주 전에 겪은 특이한 경험을 통해 나는 마음챙김이 얼마나 중요한 것인지 깨닫게 되었다. 이틀 동안 세 번의 아이들 생일 파티를 다녀오기는 했지만, 그래도 가족과 안락한 주말을 보내고 난 후, 나는 아이들을 침대에 누이고 복도를 따라 나왔다. 그리고 이메일을 확인하기 위해 책상으로 향하다가 갑자기 내 몸 안으로 축소되어 들어가는 듯한 이상한 경험을 하게 됐다. 그것은 마치 2주 동안 나 자신의 몸에서 빠져나가 있다가 돌아오는 듯한 느낌이었는데, 지금 서 있는 곳이 너무나 낯설어 보였다. 나는 내내 평범한 일상을 살아오지 않았던가. 아주 이상하고 무기력한 기분이었다. 그때 마침 내가 집으로, 아니 내 안으로 돌아오는 중이었다면, 진정한 나는 어디에 가 있었던 걸까? 정말로 현실에 확실히 발을 딛고 있을 필요가 느껴졌다.

마음챙김은 많은 이득을 준다. 과학자들은 그것이 마음을 가라앉히고 뇌 기능을 향상시켜준다고 말한다. 또한 현재의 경험에 명확성과 생동감을 부여하고, 건강하지 못한 습관을 깨뜨릴 수 있도록 도와주며, 고통 받는 영혼을 진정시켜주고, 기분도 활기차게 해준다고 한다. 게다가 스트레스와 만성질환을 완화시키는 효과도 있고, 사람을 더 행복하고, 덜 방어적이며, 다른 사람과 잘 어울리게 해준다는 것이다.

마음챙김을 개발하는 매우 효과적인 방법은 명상이다. 그것은 부처나 다른 모든 분야의 행복 전문가들이 정신적인 훈련 방법으로 추천한 방법이다. 그럼에도 나는 명상에 몰입하기가 힘들었다. 요가 수업도 일주일에 두 번 정도 받고 있었지만, 내가 참가하는 수업에서는 요가의 정신적인 면을 그다지 강조하지 않았다.

"네가 명상을 하지 않다니 믿을 수가 없어. 행복에 대해 연구한다면 꼭 시도해봐."

한 친구가 꾸짖듯이 내게 말했다. 그녀는 10일간의 침묵 수행도 해낸 베테랑이었다.

"명상을 하고 싶어 하지 않는다는 사실이 정말로 명상이 필요하다는 사실을 반증하는 거야."

"네 말이 맞을지도 몰라. 그렇지만 도저히 명상에 몰입할 수가 없어. 그다지 끌리지도 않고."

내가 한숨을 쉬며 대답했다. 모든 이의 행복 프로젝트에는 나름의 독특함이 있다. 나는 일주일에 엿새 동안이나 블로그에 포스팅을 할 정도로 블로그 활동을 즐긴다. 어쩌면 누군가에게는 그것이 꿈만 같은 일일지도 모른다. 하지만 친구가 재촉하는 대로 매일 15분씩 명상을 하는 것은 어떨까? 아마 절대 못 할 것이다. 또 한 친구는 왜 자연 속에서 더 많은 시간을 보내야만 하는지에 관해 매우 설득력 있는 주장을 펴기도 했다. 하지만 두 사람의 견해 모두 내게 아무런 감흥도 주지 않았다.

행복 프로젝트를 처음 계획하기 시작했을 때 나는 가능한 한 모든 것을 시도해보겠다고 다짐했지만, 머지않아 그 목표가 가능하지도 않을 뿐 아니라 이상적이지도 않다는 사실을 깨닫게 됐다. 어쩌면 행복 프로젝트 2편에서는 명상을 시도해볼지 모르겠지만, 지금 당장은 아니다. 그저 내게 가장 잘 어울리는 방식으로 행복을 찾을 것이다.

하지만 반드시 명상이 아니더라도 마음챙김의 힘을 이용할 만한 다른 방법도 여럿 있었다. 나는 이미 결심목록을 이용하고 있었는데,

그것은 내 행동과 사고의 의미 있는 검토를 통해 좀 더 신중하게 행동할 수 있도록 나를 이끄는 방법이었다. 따라서 매일 밤 조용한 시간에 홀로 앉아 목록을 채워나가기는 했지만, 내 천성에 비추어봤을 때 자아성찰의 시간이라 할 수 있는 그 시간은 우주와의 대화라기보다 귀뚜라미와의 대화 시간처럼 느껴졌다. 이번 달에 나는 현재에 집중하고 머물 수 있는 다른 전략들을 찾으려고 한다. 또한 자동조종장치처럼 행동하는 나에게 충격을 주고 잠자고 있는 마음을 깨워놓고 싶다.

☑ 선문답을 명상하라

비록 명상을 수행하지는 않았지만, 나는 불교가 매력적이라는 사실은 잘 알고 있었다. 때때로 부처의 모습을 빈 의자나 발자국, 나무, 혹은 불기둥으로 묘사하는 불교의 상징성에도 매혹을 느꼈고, 삼보귀의나 사성제, 팔정도, 일산(보물 양산), 산개(승리의 깃발), 금어(금빛 물고기 두 마리), 보명(보물이 가득한 항아리), 법륜(항상 굴러가는 진리의 바퀴), 연화(더러움에 물들지 않는 연꽃) 등도 매우 흥미로웠다.

　그중에서 가장 관심을 끌었던 것은 선문답이었다. 선문답이란 논리적으로 이해할 수 없는 질문이나 진술을 의미한다. 선불교의 수도승은 깨달음을 얻기 위한 하나의 방편으로 이성에 의존하는 것을 피하고자 선문답을 명상한다. 가장 유명한 선禪의 화두 중 하나는 '양손을 마주치면 하나의 소리가 난다. 그렇다면 한 손에서 나는 소리는 무엇인가?'이다. 또 다른 선문답은 '부처를 만나면 부처를 죽여라' 혹은 '부모에게 태어나기 전 너의 본래 모습은 무엇이냐?' 등이다. 이렇듯 선문답은 이성으로 이해할 수도 말로 답할 수도 없다. 선의 화두는 익숙한 기존 논리로는 그 의미를 파악할 수 없기에 주의 깊은 사고를 촉진시킨다.

선문답에 관해 배우고 난 뒤, 나는 내게도 이미 고유의 선문답 목록이 있다는 사실을 깨닫고 매우 놀랐다. 예전부터 수수께끼 같은 문장이나 이상하게 느껴지는 순간들을 많이 적어놓았었는데, 그것이 바로 선문답이 될 것 같았다. 다음은 특히 마음에 드는 몇몇 문장들이다.

○ 밖으로 나가는 가장 빠른 길은 중심을 가로지르는 것이다
  – 로버트 프로스트

○ 우리는 난파되기 위해 떠난다 – J. M. 배리

○ 나는 모든 것을 선택한다 – 리지외의 성녀 테레사

○ 청명한 빛이 늘 최선이다 – 프란시스 베이컨/헤라클레이토스

○ 있는 자는 받을 것이요 없는 자는 그 있는 것까지 빼앗기리라
  – 〈마가복음〉 4장 25절

○ 나는 전망 좋은 방을 좋아하지만, 자리에 앉을 때는 전망을 등지
  고 앉는다 – 거트루드 스타인

○ 칸트가 불길에 휩싸이네 – 엘리아스 카네티

○ 오, 제발 '그게 뭔가요?'라고 묻지 마세요 -T. S. 엘리엇

○ 그녀는 단 하루를 사는 것조차도 정말 위험하다는 느낌을 마음속에 늘 품고 있었다 - 버지니아 울프

이러한 생각의 파편들이 늘 나를 사로잡았다. 지하철 승강장에서 열차를 기다리고 서 있거나 컴퓨터 화면을 들여다보고 있을 때, 혹은 이런저런 상황 속에서, 간혹 그 문장들이 마음속을 흘러 다녔고, 폭넓고 다양한 상황에서 이상하면서도 의미 있게 다가왔다.

내가 가장 자주 떠올렸던 개인적인 선문답은 보스웰이 쓴 『새뮤얼 존슨 전기』에 나오는 스페인 속담이었다.

"인도의 금은보화를 집으로 가져가길 원하는 사람은 이미 자신의 몸에 그것을 지니고 있어야만 한다."

몇 년 전에 처음 읽게 된 문장이었는데, 이후로 가끔씩 나도 모르게 마음속에서 되뇌곤 했다. 한참 후에 헨리 데이비드 소로의 『저널』에서도 존슨의 말을 발견했다.

"자신에게서 멀리 떨어진 황야를 꿈꾸는 것은 헛된 일이다. … 나는 콩코드의 외딴 미개척지에서보다 래브라도의 야생에서 더 멋진 자연의 모습을 발견하지는 못할 것이다."

시간이 지나면서 나는 이 두 선문답의 의미를 차츰 이해할 수 있게 되었는데, 그것은 행복 프로젝트에 지대한 영향을 미치는 것이었다.

어느 날 나는 이런 생각을 하며 도서관 계단을 터벅터벅 올라가

고 있었다. '인도의 행복을 찾고자 하는 사람은 반드시 인도의 행복을 가지고 있어야 한다.' 내 바깥에서 행복을 찾을 수는 없었다. 만약 내가 행복을 찾고자 한다면 그 비밀은 인도나 래브라도에 있는 것이 아니라 바로 우리 집 지붕 아래 있었다.

적어놓은 선문답을 곰곰이 생각한다고 해서 갑자기 참선을 통해 득도에 가까운 무언가를 깨닫게 되는 것은 아니었다. 적어도 내 경우에는 그랬다. 하지만 상상력에 불을 지피는 효과는 있었다. 선문답이 일상적이고 간단한 의미 상자에 도전하도록 나를 몰아붙였기 때문에, 생각에 대한 생각을 할 수 있었다. 그리고 그 과정을 통해 광범위하고 어려운 질문을 심사숙고함으로써 기분 좋은 지적 행복을 얻을 수 있었다.

☑ 삶의 원칙을 고찰하라

마음챙김을 얻기 위한 도전의 일환으로 나는 기계적인 생각과 행동에서 벗어나려 노력했다. 자동조종장치 위에 올려놓은 인생을 살아가는 대신, 무의식적인 가정과 판단들에 대해 질문하고 싶었다.

인지과학에 대한 고찰을 통해 나는 휴리스틱heuristics 개념을 알게 됐다. 휴리스틱이란 어떤 문제를 해결하거나 결정을 내릴 때 가장 빠르고 상식적인 원칙을 적용하는 경향을 일컫는 것으로, 경험과 교육에 바탕을 둔 방식을 말한다. 예를 들어 인간은 두 개의 대상과 마주쳤을 때, 그중 하나는 알아보지만 다른 하나는 알아보지 못한다면, 일반적으로 알아보는 대상에 더 높은 가치를 두는 경향이 있는데, 그것을 재인再認 휴리스틱Recognition Heuristic이라고 한다. 따라서 내가 뮌헨Munich은 들어보았지만 민덴Minden은 들어본 적이 없다면, 뮌헨이 더 큰 도시라고 가정하게 된다는 것이다. 또한 라이스 크리스피 시리얼은 들어봤지만 와일드 오츠 시리얼은 들어보지 못했다면, 라이스 크리스피가 더 인기 있는 상표라고 생각한다고 한다.

보통 대부분의 상황에서는 휴리스틱 개념이 적용되지만, 몇몇 상황에서는 인지적 본능이 우리를 엉뚱한 곳으로 이끌기도 한다. 사람들은 어떤 사건의 가능성을 예측할 때 얼마나 쉽게 예를 들 수 있는지에 기반을 둔다고 한다. 그런데 이것은 '토네이도가 맨해튼을 강타할 것 같은가?'라는 식의 질문에는 유용하지만, 때로는 너무도 생생한 예가 실제보다 사건을 더 그럴 듯하게 만들어놓기도 한다. 한 예로, 내 친구 하나는 행여나 날계란이 들어 있는 음식을 먹게 될까봐 한시도 경계를 늦추지 않는다. 왜 그럴까? 바로 그녀의 숙모가 25년 전에 살모넬라균에 감염됐기 때문이다. 하지만 아이러니하게도 차 안에서 안전띠는 절대 매지 않는다.

비록 휴리스틱의 정의와 일치하지 않을지도 모르지만 내게는 나만의 특별한 원칙들이 있다. 결정을 내리고 우선순위를 정할 때 적용하기 위한 소위 '진정한 원칙'이라는 것인데, 그것은 아버지께서 종종 말씀하시던 것이다. 예를 들어, 내가 대학을 마치고 처음 일을 시작했을 때 아버지는 이렇게 이야기하셨다.

"기억해라, 이건 '진정한 원칙' 중 하나란다. 만약 네가 기꺼이 비난 받을 용기만 있다면, 사람들은 네게 책임이라는 것을 맡겨줄 거야."

나도 내 나름의 '진정한 원칙'을 적용해서 결정하는 편이었다. 대부분의 경우 그것을 이용하고 있다는 사실조차도 깨닫지 못한 채 무의식적으로 적용하곤 했다. 너무도 빨리 머릿속에 나타났다 사라지기 때문이다. 따라서 그것을 감지하려면 보통 이상의 노력을 기울여야 하지만, 그래도 자주 이용하는 몇 가지 원칙은 인지하고 있다.

○ 내게는 그 무엇보다도 아이들이 먼저다

○ 매일 운동한다

○ 크든 작든 모든 문제에서 남편은 내 최우선순위다

○ '네'는 바로 말하지만, '아니오'는 절대 입 밖에 내지 않는다

○ 매일 일정 분량의 일을 한다

○ 가능하다면 늘 채소를 선택한다

○ 나는 대부분의 사람이 아는 만큼만 안다고 생각한다

○ 나는 바쁘다

○ 초대 받은 파티나 행사에는 가능한 한 참석하려고 노력한다

○ 부모님은 항상 옳다

○ 유비쿼티ubiquity는 새로운 배타성이다

○ 포함시켜야 할지 말아야 할지 망설여지는 문장은 주저하지 말고 버린다

○ 스프 전에 나오는 전채요리는 절대 먹지 않는다

○ 무엇을 해야 할지 선택해야 하는 순간이라면 일을 택한다

위의 '진정한 원칙'을 보고 있자니 무언가가 눈에 거슬렸다. 몇 개
는 서로 어울리지 않는 것 같았다. 남편과 일이 동시에 우선순위라
고? 게다가 남편은 '가능한 한 많은 사회적 모임에서 빠지려고 노력
한다'라는 원칙하에 움직이고 있다는 사실은 두말하면 잔소리였다.
그 때문에 우리 부부는 지금도 끊임없이 논쟁하고 있기 때문이다.

그래도 내 '진정한 원칙' 몇 가지는 매우 도움이 됐는데, 그중에는
엄마에게 배운 것도 있었다.

"이상하게 꼬였던 일이 나중에 돌이켜보면 최고의 추억이 된단다."

이것은 꽤 위안이 되는 사실이다. 예전에 엄마는 남편과 내 결혼
식을 위해 엄청난 준비를 하셨는데, 캔자스시티의 상징인 황소와 도
로시의 빨간 구두로 근사하게 꾸민 결혼식 초대장까지 직접 준비하
셨다. 덕분에 우리의 결혼식은 단 한 가지 매우 사소한 문제만 제외
하고는 화려하고 완벽했다. 문제가 됐던 일은 예식 식순에 작곡가
하이든Haydn의 이름을 'Hayden'으로 잘못 표기한 것이다. 그리고 확
실히 오늘날 나는 그 불필요하게 들어간 'e'를 매우 즐거운 기분으로
떠올린다. 그것을 떠올릴 때면 엄마와 함께 결혼식을 준비하던, 물론
엄마가 대부분의 일을 다 하셨지만, 어찌됐든 그 모든 시간을 함께
기억하게 되기 때문이다.

이렇듯 단 하나의 결점이 지나간 추억의 사랑스러운 느낌을 하나
로 모아주는 역할을 하기도 한다. 셰이커 교도들은 인간이 신의 완

벽함을 열망해야 한다는 사실을 일깨우기 위해 일부러 자신들의 실수를 털어놓는다는 글을 어디선가 읽었던 기억이 있다. 결점은 완전함 그 자체보다 더 완벽함을 만들어 낼 때도 있다.

반면 내 '진정한 원칙' 몇 가지는 별 도움이 안 되기도 한다. 예를 들어, '나는 바쁘다'라는 생각은 매일 수십 번도 넘게 내 머릿속을 스쳐가지만 결코 건설적인 생각은 아니다. 때문에 그 원칙을 '나는 반드시 해야 하는 중요한 일을 해낼 충분한 시간이 있다'로 바꾸어보려고 노력했다. '진정한 원칙'을 아무 생각 없이 적용하기보다는 때때로 의문을 제기함으로써, 내가 진실로 소중하게 여기는 것을 결정에 반영할 수 있을 때만 그 원칙들을 적용하려고 노력했다.

이런 식으로 생각하는 사람이 나 하나뿐일까? 친구들에게 혹시 그들도 나름의 '진정한 원칙'이 있는지 물어보니, 다들 내가 하는 말을 정확히 이해했을 뿐 아니라 자신들의 원칙도 몇 가지 알려주었다.

○ 먼저 '안녕하세요'라고 말한다

○ 늘 '엄마라면 어떻게 했을까?'를 생각한다

○ 아침이든 밤이든 5시에 일어나지 말고, 8시에 잠들지도 말자

○ 지루함을 극복하자

○ 변화는 좋은 것이다

○ 중요한 일부터 먼저 하자(예: 면접 전에 배부터 채운다)

○ 식료품점에 가면 원하는 만큼 사자. 외식보다 요리해 먹는 것이
　훨씬 싸다

○ 좀 더 큰 삶을 택한다

○ 모든 일에는 최선의 해결책이 있다

○ 다 쓰고 낡을 때까지 이용한다

나는 동생에게서도 매우 도움이 되는 '진정한 원칙' 하나를 얻을 수 있었다. 엘리자베스는 이렇게 말했다.

"여럿이 함께 작업하면 성공한다."

동생은 로스앤젤레스에서 방송작가로 활동하고 있었는데, 그 분야는 말도 못하게 경쟁적이고 시기심 많은 곳이었다. 남편과 나는 동료나 동기들이 큰 성공을 거두었을 때 느껴지는 묘하게 경쟁적이고 자기회의적인 불편함을 '우스운 느낌'이라고 부른다. 엘리자베스의 친구 하나가 영화 시나리오를 공동 작업해서 소위 대박을 터뜨렸을 때, 나는 동생에게 물었다.

"친구가 그렇게 큰 성공을 거두었는데, 좀 우스운 느낌 안 드니?"

"물론 아주 아니라고는 못하겠지만, 나 자신에게 '여럿이 함께 작업하면 성공한다'라는 사실을 계속 상기시키려고 해. 친구가 성공했다는 사실은 대단히 기쁜 일이잖아. 그리고 그의 성공이 내 성공에도 도움이 될지 모르고."

대조적으로 내 친구 한 명은 자신의 남동생이 행운이라는 것을 궁극적으로 제로섬 게임으로 인식한다고 말했다. 만약 누군가에게 좋은 일이 생기면, 그만큼 자신에게 좋은 일이 생길 기회가 줄어든다고 믿는다는 것이다. 따라서 그는 다른 사람의 행복에 결코 즐거워하지 않는다고 한다.

이제 여럿이 함께 작업하면 성공한다는 견해가 사실인지 아닌지에 대한 논의가 필요할 듯싶다. 내 경우에는 사실이라고 생각하지만, 그것이 객관적으로도 사실이든 아니든 간에 누군가를 더 행복하게 하는 하나의 '진정한 원칙'이라는 점에서는 의심의 여지가 없는 듯하다. 물론 사심 없는 관대함이 훨씬 존경할 만하기는 해도, 그저 자기 자신이 속 좁은 사람처럼 느껴질 때 '여럿이 함께 작업하면 성공한다'는 말을 되뇌는 것만으로도 기분이 나아지는 데 도움이 될 것이다.

남편에게도 '진정한 원칙'이 하나 있는데, '첫 번째가 항상 옳은 것은 아니다'라는 것이다. 따라서 친구가 원하는 직업을 얻지 못하거나 입찰에 참여한 아파트를 사지 못했을 때, 남편은 이렇게 말해주곤 한다.

"처음에 되는 것이 다 좋은 건 아니니까, 기다려봐. 그럼 결국에는 이번 일이 성사되지 않아서 다행이라고 여길 만한 좋은 일이 생길 거야."

중요한 것은 이 '진정한 원칙'이 정확한 근거를 바탕으로 한 사실인지 아닌지가 아니라(나는 남편의 인식이 "왜 우리는 늘 '마지막으로 이곳만 살펴보자'라고 생각하는 장소에서 잃어버린 물건을 찾게 되는 것일까?"식의 논리적인 오류를 안고 있음을 잘 알고 있다), 그것이 행복을 증진시켜줄 생각의 방식이라는 점이다.

'진정한 원칙'을 모으는 일은 재미있는 작업이었고 유용하기도 했다. 내가 나름의 '진정한 원칙'에 의문을 품게 되면 그것을 실제에 적용했을 때 훨씬 잘 인식할 수 있었기 때문이다. 무의식적으로 원칙들을 적용하는 대신 내가 믿는 가치에 어울리는 행동을 하기로 마음먹음으로써, 나는 행복을 증진시키는 확실한 결정을 할 수 있었다.

☑ 새롭게 마음을 자극하라

마음챙김을 할 방법을 모색하다가 나 자신을 긴장시키고 낯선 방식으로 두뇌를 이용하는 것이 현재의 인식을 강화시킬 수 있는 방법이라는 사실을 깨달았다. 그래서 몇 가지 전략을 세워보았다.

먼저 기르고 싶은 마음을 지속적으로 상기시킬 수 있도록 집 안 곳곳에 포스트잇을 붙여놓았다. 컴퓨터에는 '집중하고 준수하자', 침실에는 '조용한 마음', 안방에는 '부드럽고 편안한 마음', 작업실에는 '열정적이고 창의적인 마음'이라고 붙였다. 그런데 남편의 메모에 한바탕 웃음이 났다. '가벼운 괴짜가 되자.'

나는 또한 5월에 구입했던 가벼운 미풍처럼 노래하는 파랑새의 전원도 켜놓고, 감사의 생각으로 마음을 꽉 채우려 노력했다. 한 블로그 독자가 자신도 마음챙김을 잃지 않으려고 나와 비슷한 방식을 이용하고 있다고 말해주었다.

➡ 나는 프로그램이나 컴퓨터에 로그인하느라 비밀번호를 수도 없이 입력합니다. 자주 이메일을 확인하느라 하루에 열두 번도 더 같은 단어의 자판을 누르게 됩니다. 그러던 어느 날, 내가 비밀번호로 사용하는 단어가 내 안에 깊이 뿌리박힌다는 사실을 깨닫게 됐어요. 너무 자주 사용하기 때문에 마치 주문 같은 효과가 있지요. 예를 들어, 내 비밀번호는 '테니스'였는데(실은 평소 테니스 치는 것을 좋아합니다) 일부러 테니스에 대해 하루 종일 생각하지 않더라도 결국은 그것이 내가 가장 좋아하는 운동일 뿐 아니라 가장 많은 시간과 노력을 들이는 일이고 밖에서 하는 대부분의 활동에 해당한다는 사실을 깨닫게 되었죠. 그래서 후에는 내가 작업하고 있는 일이나 성취하고 싶은 목표를 상징하는 단어로 비밀번호를 바꾸었습니다. 그러면 그 목표나 꿈, 또는 성취하고자 하는 바를 지속적으로 상기시킬 수 있거든요. 이 방법은 목표나 꿈을 상기시키려고 집에 메모를 붙여두는 것과 같은 겁니다. 또는 긍정적인 생각을 마음속으로 계속 반복하기도 해요.

나는 마음챙김을 하는 또 하나의 경로로써 최면을 시도해보기로 결심했다. 친구 중에 한 명이 다른 사람의 영향을 쉽게 받는 편이었는데, 어느 날 그 친구가 최면 중에 자신이 했다는 일을 들려주었고, 그 황당한 이야기가 나의 관심을 단번에 사로잡았다. 그래서 10월의 내 첫 번째 일은 요가 강사의 사촌이자 최면술사인 피터를 만나기

위해 기차를 타고 코네티컷의 올드 그리니치에 가는 것이었다.

나는 최면에 대해 아직 이렇다 할 개념이 없었다. 최면 지지자들은 집중과 극도의 편안함, 암시 감응성에 도달한 최면 상태가 집중력을 높여주고 즉각적으로 반응하도록 하기 때문에, 사람들이 나쁜 습관을 버리고 새로운 마음 패턴을 각인할 수 있도록 돕는다고 주장한다. 개인적으로는 '호손 효과', 다시 말해 행위를 관심 있게 지켜봄으로써 변화를 이끌어내는 효과로 최면 후의 변화를 설명할 수 있을 것 같다는 생각이 들었다. 혹은 '위약 효과placebo effect'로도 설명 가능할 듯했다. 어쨌든 그 특정한 메커니즘이 무엇이든 간에 최면은 일단 한번 시도해볼 만한 것 같았다.

올드 그리니치에 도착해 피터의 차에 올라탔을 때, 나는 아직 그에 대해 아는 바가 거의 없다는 사실을 비로소 깨달았다. 따라서 코네티컷의 작은 마을까지 찾아가 주거용 건물에 있는 치료실까지 그의 차에 동승하고 있다는 사실이 약간 어색하고 이상하게 느껴졌다. 다행히 피터는 합법적인 최면술사였다.

처음에 그는 몇 가지 단계를 거치며 나를 편안한 상태로 이끌었다. 그러고 나서 내가 끌어내고자 의도하는 것이 무엇인지에 대해 대화를 나누었다. 나는 밤마다 간식 먹는 습관부터 매일 감사하는 마음을 표현하는 것까지 크고 작은 목표를 모두 포함시켰다. 그다음에 정말 '최면'의 시간이 왔다.

우선 피터는 내게 눈으로 숫자를 더듬어가면서, 왼손이 공중으로 올라가는 모습을 마음속으로 그리는 동시에(물론 내 손은 전혀 움직이지도 않았다) 몸이 점점 무거워지는 상상을 하라고 했다. 그리고 내가 바꾸고 싶어 하는 행동을 하나씩 불러주기 시작했다.

하나, 갑자기 욱하는 기분이 느껴질 때면, 나는 느긋해져야 한다고 스스로에게 상기시킬 것이다. 짜증 대신 유머와 부드러움만으로도 의견을 충분히 효과적으로 전달할 수 있다.

둘, 약사라든가 간호사, 상점 직원 등이 내게 형편없는 서비스로 불쾌하게 할지라도 친절하고 협조적인 목소리를 유지하려 노력할 것이다. 상대에게 여유로움을 보여주어야 한다는 사실을 기억할 것이다.

셋, 내 글이나 일반적인 '성공'에 대한 비평을 접하고 방어적인 기분이 들 때면, 깊이 심호흡을 한 후 내가 해야만 하는 일에 대해 얼마나 운이 좋은지 생각하고, 내가 해놓은 일에 대해, 그리고 앞으로 할 일에 대해 겸손한 마음을 품으려고 노력할 것이다. 그런 상황을 너무 심각하게 대하지 않고 웃어넘길 것이다.

넷, 컴퓨터를 켜거나 식사를 하려고 자리에 앉을 때, 혹은 거리를 걸어갈 때, 내가 건강하다는 사실과 지금 하는 일을 무척이나 사랑한다는 사실, 그리고 사랑하는 가족과 안락한 생활을 누릴 수 있다는 사실에 감사하면서 관대하고 따스한 마음 씀씀이를 끌어낼 것이다.

다섯, 다른 사람이 이야기할 때는 집중해서 들을 것이며, 그들의 언급 하나하나를 성의껏 따라가고, 농담에는 웃어주고, 진지하게 몰두할 것이다. 중간에 끼어들거나 내 차례가 오기만을 손꼽아 기다리지 않을 것이다.

여섯, '있잖아, 그거 알지you know' 또는 '저, 있잖아like' 같은 속어 표현을 삼갈 것이다. 내가 그 말 하는 것을 스스로 듣게 된다면 깊이 호흡을 하고, 말의 속도를 늦춘 후, 좀 더 신중하게 단어를 고르는 노력을 할 것이다.

일곱, 저녁 식사 후에는 부엌의 불을 끄고 다시는 들어가지 않을 것이다. 야식은 안 된다. 과자 한 개도 먹지 않을 것이다. 배가 고프면 과일이나 채소를 먹을 것이다.

피터가 숫자를 거꾸로 세면서 '상쾌한' 기분으로 깨어나라고 말했다. 전체 과정은 약 20분 정도 걸렸고 피터는 그것을 카세트테이프에 녹음해두었다.

"이 테이프를 매일 들으세요. 편안한 상태에서 집중해서 듣되 졸면 안 됩니다. 그러니 잠자기 전에 듣는 것은 절대 금물입니다."

"정말 효과가 있을까요?"

나는 도저히 묻지 않고는 배길 수가 없었다.

"눈에 띄게 좋아진 사례를 많이 봐왔어요."

그가 안심하라는 듯 말했다.

나는 오랫동안 사용하지 않았던 워크맨을 꺼내고 건전지도 여분으로 몇 개 더 샀다. 그리고 테이프를 들을 때마다 피터가 지시한 대로 매번 내가 세워놓은 목표대로 행동하는 상상을 했다.

남편은 날 골려먹느라 신이 나 있었다. 그는 최면의 전체 과정이 너무 우스꽝스럽다고 생각했다. 그래서 "내가 만약 당신에게 오리처

럼 꽥꽥거리라고 말하면 어떤 일이 일어날까?" 등의 농담을 던지곤
했다. 남편의 장난을 그냥 웃어넘기려고 했지만, 그래도 조금 의기소
침해지는 것은 어쩔 수 없었다. 나는 최면요법이 자기개선으로 가는
쉽고 수동적인 지름길이 되기를 바랐지만 테이프에 집중하는 일은
생각만큼 쉽지 않았다.

그렇지만 최선을 다했고 도움도 받았다고 생각한다. 어느 날 나는
다섯 시간에 걸쳐 인터넷에 온라인 앨범을 만드느라 고생했다. 그리
고 마지막 손질을 하기 위해 계정에 로그인하고 들어가니 앨범이 사
라지고 없었다. 겨우 찾아낸 것이라고는 '비어 있는 폴더'뿐이었다.
나는 거의 비명을 지를 뻔했지만, 고객서비스센터에 전화를 걸었을
때 갑자기 '친절하고 협조적인 목소리를 유지하려 노력할 것이다'라
는 테이프 녹음 목소리가 들려오는 듯했다. 그래서 목소리대로 따랐
다. 다행히 사라졌던 파일이 다시 나타났다. 또한 흑설탕을 병에서
퍼먹던 습관도 고쳤다. 메스꺼울지 모르지만, 과거에 나는 꽤 자주
그랬다.

그런데 이것이 내 경우에는 최면 암시성의 결과라기보다는 마음
챙김의 결과에 더 가까워 보였다. 물론 최면 과정을 녹음한 테이프
가 내 생각과 행동에 대해 확실한 인식을 할 수 있도록 해주었기 때
문에, 일종의 정신적 훈련을 통해 그 습관을 바꿀 수 있었던 것이기
는 하다. 하지만 효과만 있다면야 아무래도 상관없었다.

마음챙김을 기르기 위한 다음 실험으로 나는 '웃음요가'라는 것을
시도해보기로 했다. 인도의 한 의사가 창시한 웃음요가는 요가와 웃

음을 결합한 형태였는데, 전 세계적으로 빠르게 확산되는 중이었으며, 행복을 유도하는 운동이라는 추천을 꽤 여러 곳에서 볼 수 있었다. 웃음요가는 마음과 몸을 평온하게 진정시키고자 박수, 노래, 호흡, 그리고 요가의 스트레칭을 이용했고 운동이 유발해낸 가짜 웃음을 종종 진짜 웃음으로 바꾸어놓았다.

　뉴욕에 사는 즐거움 중의 하나는 모든 것이 제공된다는 점이다. 나는 별 어려움 없이 아파트 근처에서 웃음요가 수업을 찾아냈고, 어느 화요일 저녁에 한 물리요법 치료실의 지하 회의실로 찾아갔다. 열두 명의 수강생이 요가 수업에 참석해 호흡을 하면서 가짜 웃음을 웃었다. 사자자세도 배우고, 하하하, 호호호 하고 웃는 훈련은 물론 박장대소하는 연습도 했다. 그러면서 느낀 바는 그 많은 훈련이 정말 기분을 유쾌하게 바꾸는 데 효과가 있다는 것이었다. 특히 어떤 두 사람은 정말 발작적으로 웃음을 터뜨리기도 했지만, 나는 그 정도는 아니었다. 강사는 친절하고 박식했으며, 수강생들도 모두 서글서글한 성격이었고, 운동도 목적이 확실했지만, 내가 느낀 것이라고는 끔찍한 자의식뿐이었다.

　처음 수업에 들어갈 때, 나는 적어도 세 번은 수업에 참가하겠다는 맹세를 했지만, 수업 후 밖으로 나왔을 때는 마음이 달라져 있었다. 많은 사람이 웃음요가의 효과를 소리 높여 칭찬하는 만큼, 또 그 새로움과 도전성이 행복에 값진 영향을 미치는 만큼, 그리고 진심으로 웃어대며 운동한다는 것이 듣기에는 완벽한 생각처럼 느껴질지 몰라도, 그것이 나를 위한 것은 아니라는 생각이 강하게 들었다.

대신 나는 그림으로 옮겨갔다. 고등학교 이후로 그림이라고는 전혀 그려본 적이 없었기 때문에, 그림 수업은 오랫동안 휴면상태에 있던 마음을 깨워줄 것만 같았다. 그리고 마음챙김을 기르는 것이 비판단적인 깨달음을 개발하는 것을 의미한다면, 그림이 훌륭한 도전이 될 것 같은 생각이 들었다. 존재하지도 않는 그림 실력을 판단한다는 것은 힘들 테니 말이다.

나는 시각적인 정보를 처리하는 방식에 변화를 주어 누구라도 그림 그리는 법을 배울 수 있게 한다고 주장하는 '오른쪽 뇌로 그림 그리는' 수업에 관해 읽은 적이 있었다. 그래서 웃음요가의 경우와 마찬가지로 '오른쪽 뇌로 그림 그리는' 수업도 맨해튼에 있을 거라 생각했다. 예상대로 프로그램개발 원장은 자신의 소호 아파트에서 수업하고 있었다. 나는 '적당한 소비'를 즐기기 위해 수업에 등록했고, 닷새 동안 9시 30분부터 5시 30분까지 종일반 수업을 듣기 위해 지하철에 올라탔다.

새로운 도전은 행복을 크게 고양시킨다. 하지만 피로와 좌절감도 함께 안겨준다. 수업을 받는 동안 나는 두려움과 방어적인 자세 그리고 적의감을 느꼈다. 때로는 조바심으로 거의 공황상태에 빠지기도 했다. 매일 밤 지쳐 있었고 허리는 끊어질 듯 아팠다. 왜 그렇게 긴장했는지 모르겠지만, 강사의 지시사항을 따르고 곁눈질을 해대고, 엄지손가락을 들어 올려 크기를 가늠하고, 대각선으로 직선을 그어대는 일은 심신에 엄청난 부담이 됐다. 함께 수업에 참여하는 많지 않은 수강생 중 한 사람은 3일을 버티다 포기하고 말았다. 하지만 무언가 새로운 것을 배움으로써 성장의 분위기에 참여하고 있다는 사실만은 꽤 만족스러웠다.

그림 그리기는 자주 사용하지 않는 두뇌를 활용하게 했는데, 그 사실을 제외하더라도 수업을 듣는다는 사실 하나만으로도 마음챙김이 커지는 듯했다. 또한 하루의 일상적이지 않은 시간대에, 평소 자주 갈 일이 없는 다른 지역에 있다는 사실도 주변에 대한 자각을 강화시켰다. 뉴욕은 매우 아름답고 끊임없이 사람을 자극하는 곳이다. 하루의 리듬은 내 전형적인 일정과는 판이하게 달랐다. 나는 새로운 사람 만나는 것을 즐겼다. 또한 수업도 효과가 있었다. 처음에는 손을 그리고, 의자를 그린 후 자화상도 그렸다. 물론 전혀 내 모습 같지는 않았지만, 적어도 사람처럼 보이는 그림이었다.

그림 수업은 내 어른의 비밀 중 하나인 '행복의 원칙이 늘 사람을 행복하게 만드는 것은 아니다'라는 사실을 반영해주었다. 다시 말해, 장기적인 행복에 기여하는 활동이 늘 단기간에 나를 행복하게 만들어주지는 않는다. 오히려 가끔은 철저하게 불쾌한 기분을 주기도 한다.

수업 첫째 날 초상화를 그렸다. 후에 친구에게 아래 그림을 보여주자 그는 이렇게 말했다.

"왜 이래, 솔직히 말해봐. 수업 마지막 날에 실력이 는 것처럼 보이려고 일부러 엉터리로 그린 거 아냐?"

솔직히 말하자면, 아니다. 정말 최선을 다해 그린 그림이었다. 오른쪽 초상화는 수업 마지막 날 그린 것이다. 강사가 어려운 부분은

다 도와주었고, 나와 비슷하지는 않지만 어쨌든 사람 같아 보이기는 한다.

다음으로 나는 휴면상태에 있던 마음의 일부를 깨우고자 그림에서 음악으로 관심을 돌렸다. 그동안 실시했던 조사에 따르면, 음악을 듣는 것이 기분과 에너지를 증진시키는 가장 빠르고 간단한 방법이라 한다. 음악은 행복을 촉발시키는 뇌의 기능을 자극하고, 몸의 긴장을 완화시킨다. 의학적인 치료 과정에서 선별한 음악을 들려주면 환자의 심박수, 혈압, 불안감의 수치가 낮아진다고 한다.

그럼에도 불구하고 내가 '나다워지기'의 일환으로 한 가지 인정하고 넘어가야 할 것은 음악에 대해 거의 아는 바가 없다는 사실이다. 음악을 좀 더 즐기기를 바라지만 잘 안 된다. 물론 어쩌다 한 번씩은 꽂히는 음악이나 노래가 있기도 해서, 최근에는 레드 핫 칠리 페퍼스의 〈다리 밑에서〉를 거의 강박적으로 찾아듣고 있다.

며칠 전 커피숍에서 글을 쓰고 있을 때, 예전에 한참 좋아했었던 팻보이 슬림의 〈당신을 찬미해요〉라는 노래가 흘러나왔다. 그날 집으로 돌아가서 그 노래를 다운받아 밤에 작업실을 청소하는 동안 반복해서 들었다. 그 곡은 연애 시절의 추억에 푹 빠져들게 했다. 그렇다. 우리는 힘든 시간과 행복한 시절을 함께 겪어왔다! 그래, 나는 남편을 많이 칭찬해줘야 한다! 아마 2월, 결혼의 달에 했더라면 정말 좋은 활동이 됐을 것이다.

나는 어린 시절의 열정을 되살리고 싶어서 블록 쌓기 놀이를 다시 했다는 칼 융을 떠올렸다. 어렸을 때, 나는 좋아하는 음악을 틀어놓고 방 안을 빙글빙글 돌며 춤을 추곤 했었다. 글을 읽기에는 너무 어렸기에, 엄마에게 부탁해서 〈호두까기 인형〉 음반에 표시를 해놓았다. 그런데 나이가 들면서 춤추기도 멈췄던 것 같다. 지금이라도 다시 춤을 춰 보는 것도 좋지 않을까 하는 생각이 들었다.

하지만 춤추는 모습을 다른 사람에게 들키고 싶지 않았기 때문에 적절한 기회를 잡기까지는 시간이 좀 걸렸다. 그동안 혼자 집에 있는 시간이 거의 없었다는 사실도 새삼 깨달았다. 마침내 어느 일요일 오후, 남편이 아이들을 데리고 부모님 댁을 방문한다고 나설 때 나는 집에 남아 있겠다고 했다. 아파트가 텅 비자 나는 침실로 들어가 불을 끄고는 블라인드도 내리고 음악을 켰다. 그리고 내가 형편없는 춤꾼이자 얼간이처럼 보일 거라는 자아비판을 억누르느라 잠시 뜸을 들여야 했다.

결론부터 얘기하자면 재미있었다. 바보처럼 보이기는 했지만 기운도 나고 기분도 좋아졌다. 그날부터 음악에 대해 좀 더 생각하게 되었다. '나다워지기'의 일환으로 내가 음악을 별로 좋아하지 않는다는 점을 받아들이기로 결심하기는 했지만, 사실은 약간 달랐다. 음악을 좋아하지 않는 것이 아니라 단지 나 자신의 취향을 인정하지 않고 있을 뿐이었다. 다시 말해 나는 재즈나 클래식, 혹은 마이너 록음악처럼 약간 고상해 보이는 음악을 내가 좋아했으면 하고 바랐던 것이다. 하지만 실제 내 취향은 거의가 FM 라디오에서 흘러나오는 가벼운 음악들이었다. 아, 맞다. 나다워지자.

음악을 듣고 그 음악에 맞춰 춤을 추는 것은 마음챙김을 한껏 부풀려주는 효과가 있었다. 나는 낮에 음악에 쉽게 빠져들었는데, 식사 준비를 하는 동안에는 아바의 〈내게 기회를 주세요〉를 크게 틀어놓았다. 그것은 오히려 현재에 더욱 몰두할 수 있게 도와주었다. 음악을 꺼버리는 대신, 이제는 음악이 내 경험의 일부가 된 것이다.

☑ 음식일지를 적어라

나는 또한 마음챙김의 원칙을 식습관에도 적용해보고 싶었다. 연구에 따르면 먹는 것에 신경을 쓰는 사람들은 훨씬 건강한 먹거리를 찾는다고 한다. 따라서 전문가들은 식습관에 유념하도록 음식일지를 쓰라고 권한다. 기록해두지 않으면 아무 생각 없이 먹어대는 음식의 양을 간과하기 쉽다는 것이다. 즉 하루 종일 동료의 책상을 지나치며 초콜릿을 집어먹거나 부엌을 치우다가 남긴 음식을 먹어치우면서도 자각하지 못한다. 한 연구에 따르면, 체중조절을 할 때도 음식일지를 적는 사람은 그렇지 않은 사람보다 거의 두 배 정도 몸무게를 줄인다고 한다.

나는 오랫동안 안 좋은 식습관 때문에 죄책감을 느껴왔기에 이제는 조절해서 먹으려고 애쓰고 있고 무리한 식이조절 없이 살을 좀 뺄 수 있으면 하고 바라고 있다. 물론 미국인의 70퍼센트 정도가 살을 빼기 위해 식이요법을 챙긴다고 하니, 이것이 나만의 독창적인 목표라고는 할 수 없을 것이다. 어찌 됐든 먹는 음식을 모두 기록한다는 생각은 그리 어려운 일처럼 느껴지지 않았고, 내가 지키려고 애쓰는 모든 결심들 중에서 제일 쉬운 결심이 될 것 같았다. 그래서 작은 노트를 하나 구입했다. 내가 이 결심을 한 친구에게 말하자 그가 그랬다.

"나도 음식일지를 쓰고 있어."

그러고는 작은 수첩을 꺼내 보여주었다. 그 안에는 음식 이름이 깨알 같은 글씨로 적혀 있었다.

"음식을 먹을 때마다 적은 거야."

"다들 음식일지를 적으면 건강에도 도움이 되고 살도 빠진다고 하더라고. 그래서 나도 시작하려던 참이야."

"맞아. 해볼 만한 일이야. 난 벌써 몇 년째 적고 있어."

친구의 추천으로 나는 음식일지도 좋은 생각이라고 확신했다. 친구는 마른 체격에 건강한 식습관을 갖고 있었는데, 또 가장 특이한 성향을 보이기도 했다. 그때 친구가 음식을 주문했다.

"그리스식 샐러드에 드레싱은 없지 말고, 올리브와 포도잎말이는 빼주세요. 석쇠에 구운 닭고기랑 찐 브로콜리도 추가해주시고요."

음식이 나오자 친구는 닭고기와 브로콜리를 샐러드 위에 얹었다. 양도 많고 맛도 좋은 음식이었다. 나도 같은 음식을 주문했지만 닭고기와 브로콜리는 추가하지 않았다. 먹기 전에 우리는 인공감미료를 샐러드 위에 뿌렸다. 친구가 가르쳐준 방법이었는데, 듣기에는 이상할지 모르지만 인공감미료는 설탕이나 드레싱을 대신하는 대체물이었다. 맛이 느껴지지는 않았지만 음식의 풍미를 더 좋게 했다.

"나는 다이어트 같은 것은 하고 싶지 않아."

내가 말했다.

"오, 나도 그래! 그렇지만 음식일지는 계속 써봐. 일주일 동안 네가 어떤 음식을 얼마나 먹는지 보는 것도 꽤 재밌을 거야."

나는 일지를 적기 시작했다. 문제는 도대체 뭘 먹었는지 일일이 기억해내는 것이 거의 불가능해서 일지를 적기가 수월하지 않다는 점이었다. 나는 어떤 행동이 습관이 되려면 적어도 21일 이상 그것을 지속해야 한다는 글을 여러 번 읽은 적이 있었지만, 경험에 따르면 그것은 사실이 아니었다. 하루도 빠짐없이 노력해도, 하루 동안 먹은 모든 것을 기억해내서 일지에 기록하기란 결코 쉽지 않았다. 유념하지 않아서 생기는 한 가지 문제점은 잊지 않고 기록을 유지하기가 힘들다는 점이었다. 그럼에도 불구하고 음식일지를 쓰려고 시도하는 행위 자체가 좋은 훈련이 되기는 했다. 예를 들어 빵 한 조각이든 엘리너가 먹다 남긴 라자냐 조금이든 간에, 입에 들어가는 음식의 종류를 조화롭게 맞춰보려고 하기 때문이다.

가장 중요한 것은 '가짜음식(fake food: 머리는 만족시키고 몸은 속이는 음식)'을 먹는 습관과 담대히 맞서게 했다는 점이다. 솔직히 나는 가끔씩만 그런 종류의 간식을 탐닉하는 척했지만, 실상은 프레즐, 저지방 쿠키, 브라우니, 사탕, 그 외에도 엄청나게 많은 것을 먹고 있었다.

"수상한 포장에 담긴 음식은 다 구멍가게에서 파는 불량식품이라고 생각하면 돼."

한 친구가 내 약점을 짚었다. 낮 동안 배가 고프면 식탁에 앉아 스프나 샐러드를 먹기보다는 간편하게 먹을 수 있는 가짜음식을 선호한다. 게다가 가짜음식은 간식으로 먹기에도 좋다. 영양분은 적고 칼로리만 높다는 사실을 잘 알고 있으면서도 나는 계속 그것들을 먹어왔고, 이러한 습관은 죄책감과 자책의 원천이 되곤 했다. 매번 가짜음식을 사고 싶을 때마다 그러지 말자고 스스로를 타이르지만, 결국은 사게 되고 말았다. 과거에는 가짜음식을 포기하려고 시도하다가 실패하고는 했지만, 음식일지를 적기 시작하면서 (비록 완벽하게 적지는 못했지만) 그래도 내가 가짜음식을 얼마나 많이 먹고 있는지 자각할 수는 있었다.

이제 나는 가짜음식을 완전히 포기했고, 그러고 나니 무척이나 기분이 좋았다. 지금까지 나는 가짜음식을 가벼운 간식 정도로 생각했을 뿐, 그것이 얼마나 큰 죄책감과 자기방임, 심지어는 수치심 등을 느끼게 하는지에 대해서는 인식하지 못했다. 이제 그러한 느낌은 모두 과거지사가 됐다. 내가 돈에 관해 생각하던 6월에 목격한 것과 마찬가지로, '무언가를 포기하는' 결심을 지켜나가는 일은 놀랍도록 만족스러웠다. 자기부정이 이토록 기분 좋은 일이 될 거라고 누가 상상이나 했겠는가?

내가 한 일을 말했을 때, 동생은 사려 깊은 대답을 했다.

"기본적으로는 건강한 식단을 챙겨먹고 있잖아. 그러니 가짜음식이라도 완전히 끊어버릴 필요는 없지 않을까? 매주 한계를 정해놓고 먹으면 되잖아."

"아니, 그럴 수는 없어! 그랬다가는 다시 그런 음식들을 습관처럼 먹게 될 거야. 나는 누구보다 내가 잘 알아."

가짜음식에 관한 한 나는 새뮤얼 존슨과 마찬가지다.

"자제보다 금욕이 실천하기 쉽다."

무언가를 완전히 포기할 수는 있지만, 적당히 즐기기는 힘들다는 것이다. 사실 나는 '가짜음식'에 대해 나름의 정의를 내리고 있다. 지금도 나는 엄청나게 다이어트 콜라를 마시고 여전히 인공감미료를 뿌려 먹는다. 사탕도 많이 먹지만 '가짜'가 아니라 진짜라고 생각되는 종류를 먹는다. 더는 수상한 포장지에 싸인 구멍가게 제품은 먹지 않게 됐으니 그거야말로 작은 소득이었다. 바나나, 아몬드, 오트밀, 참치 샌드위치, 피타 빵과 살사소스가 가짜음식이 남겨놓은 빈 공간을 채우고 있다.

내 가짜음식 경험담은 왜 마음챙김이 나쁜 습관을 깨뜨리는 데 도움이 된다는 것인지를 잘 보여준다. 진정으로 먹는 것에 신경 쓰게 되었을 때, 나는 생각 없이 선택하는 습관을 고치는 것이 어렵지 않다는 것을 알게 되었다. 하루에 두세 번 정도는 길모퉁이 구멍가게에서 간식거리를 고르기도 하지만, 내가 무엇을 사고 있는지 깨닫게 되면 즉시 하던 일을 멈췄다. 그리고 가짜음식을 먹는 것이 소모적인 습관이라는 것을 깨닫고 나니 아예 그 습관을 떨쳐버릴 수 있게 되었다. 그런 음식이 건강에 좋지 않다는 걸 알고 있었기에 매일 자책으로 인한 실망감으로 불편했었기 때문이다. 일단 그 습관을 버리고 나니 끈질기게 들러붙던 불쾌한 기분도 사라졌다.

마음챙김을 기르기로 한 10월의 결심은 흥미롭고 생산적이었으며, 행복을 상당히 증진시키는 역할도 했다. 스스로에 대한 자각도 증가한 덕에 한 가지 중요한 깨달음을 얻게 되었는데, 그것은 바로 자칫하다가는 내가 일종의 '행복 불량배'로 변할지 모를 위험에 처해 있다는 사실이었다.

나는 부정적인 사람이나 비관론자들에게 이전보다 훨씬 민감해졌다. 또한 유쾌함과 감사함의 올바른 정신을 보여주는 것 같은 사람들에게도 촉각을 곤두세웠고, 어디를 가나 훈계하고 싶은 충동을 강하게 느꼈으며, 그것을 적절히 억누르지 못했다. '관대해지자'라는 6월의 결심을 지키는 대신 그전보다 더 사람들을 평가하지 못해 안달이었다.

행복 전도사가 되고 싶다는 욕구 때문에 점점 참견쟁이가 되고 있었다. 어떤 사람이 내게 자신은 잡담을 별로 좋아하지 않기 때문에, 느긋하고 여유로운 디너파티에 초대받으면 보통 머릿속으로 복잡한 수학 문제를 풀며 시간을 때운다고 말했을 때, 또는 한 젊은 여성이 자신은 치과의사가 일하는 모습이 멋져 보여서 치과대학을 가고 싶었지만, 어느 날 자신의 진정한 열정은 꽃이라는 사실을 깨닫게 되어 플로리스트로 꿈을 바꾸었다고 말했을 때, 나는 "안 돼요! 지금 실수하는 거예요. 왜 그런지 얘기해줄게요!"라고 소리치고 싶은 것을 억지로 꾹꾹 참아야만 했다. 나는 '행복 무뢰한'이 되어가고 있었다. 우디 앨런의 영화에서 막 튀어나오기라도 한 것처럼 나는 참선에 대해 이야기를 나누던 중 상대방과 거의 주먹다짐까지 갈 뻔한 경우도 있었다.

"집착을 버려야 한다는 생각에 집착하고 있는 것 같네요."

나는 비난하듯이 말했고 계속 말 중간에 끼어들었으며 내 주장을 멈추지 않았다. 마치 행복 프로젝트를 전파하는 십자군이라도 된 듯이 굴며 말 그대로 다른 사람들이 입을 다물게 만들었다.

특히 친구들에게 집에 쌓아놓은 잡동사니들을 정리해야 한다고 계속 강요했다. 우리 집에 있던 잡동사니는 모두 사라진 후였기에, 옷장을 정리하며 느꼈던 희열을 대신할 만한 것이 필요했던 것이다.

"내 말 들어봐."

어느 날 밤 남편이 내게 타이르듯 말했다.

"다 도움이 되자고 하는 일인 줄은 알지만, 계속해서 사람들에게 집 정리나 옷장 정리를 하라고 재촉하면 다들 감정이 상하게 될 거야."

"그래도 옷장을 정리해주면 다들 얼마나 좋아하는지 알기나 해?"

"제안이야 괜찮지만, 강요하지는 말라고. 듣는 입장에서는 정말 부담스러울 수 있어."

나는 최근에 한 친구의 집에 들어가자마자 그녀가 원한다면 언제든지 집 정리하는 것을 도울 의사가 있다고 말했던 기억이 났다. 그당시에도 친구가 내 행동을 무례하다고 생각하면 어쩌나 하는 걱정을 했던 것 같다.

"그래, 당신 말이 맞아. 이제 사람들을 몰아붙이지 않을게."

나는 잘못을 인정했다. 그리고 동생에게 전화를 걸었다.

"내가 행복에 관해서 시도 때도 없이 얘기하는 게 혹시 신경에 거슬리니?"

"물론 아니지."

동생이 대답했다.

"그럼 내가 이전보다 더 행복해졌다고 생각해?"

"당연하지!"

"어떻게 장담하는데?"

"글쎄…, 훨씬 가볍고 편안해진 것 같고 욱하는 성격도 많이 수그러든 것 같아."

그러고는 다음과 같이 덧붙였다.

"물론 그전에도 많이 그랬던 건 아니지만, 그래도 알잖아."

"요즘에는 가능하면 성질내지 않으려고 많이 노력하거든. 네가 그걸 눈치 챘다는 사실이 어쩌면 내가 그전에 많이 욱했다는 걸 단적으로 보여주는 거지."

"하는 일에서도 즐거움을 잘 찾아내는 것 같아."

"예를 들어서?"

"전에 내 결혼식에서 엘리자의 머리모양을 어떻게 할지 상의한 적 있었잖아. 전에는 그런 일에 무척 긴장해서 신경이 날카로워지곤 했었는데, 이제는 그다지 심하게 걱정하지도 않고 그저 아이가 하자는 대로 따라주고 있더라고. 그건 그렇고 내가 몇 가지 결심을 실천할 수 있게 언니가 영감을 불어넣었다는 얘기, 내가 했던가?"

"정말? 그거 진짜 멋진데! 뭘 결심한 거야?"

내 행복 프로젝트가 누군가에게 영향을 미쳤다는 생각에 말할 수 없이 큰 희열을 느꼈다.

"우선은 필라테스, 등산, 심장 강화 운동 등 다양한 운동을 열심히 하고 있어. 지금껏 살면서 취미라고는 없었는데, 이제는 운동을 취미로 하려고. 왜 전에 얘기했듯이 일종의 '취미 재구성'이 되는 거지. 그러니까 건강과 성장의 분위기를 동시에 얻게 되더라고. 또 치과 담당의가 몇 년 동안 내게 치아교정을 하라고 권했었는데, '미루지 말고 해치우자' 덕분에 투명 치아교정기를 했어. 또 집에서 식사하는 횟수도 늘렸더니 건강에도 훨씬 좋고 위생상으로도 더 만족스러워. 그리고 주말에는 더 자주 여행을 다니려고 해. 그러면서 나를 행복하게 해주는 곳에 돈을 쓰는 거지."

"그런 것들이 널 정말 행복하게 해주는 것 같니?"

"그럼! 언니 말이 맞더라고. 정말 효과가 좋아. 솔직히 놀라울 정도야."

11월

태도

큰 소리로 웃어넘겨라

- ✓ 큰 소리로 웃어넘겨라
- ✓ 좋은 태도를 가져야 한다
- ✓ 긍정의 힘을 사용하라
- ✓ 나만의 안식처를 만들어라

마음이 즐겁고 활기찬 사람은
자신이 왜 그렇게 즐거운지 설명할 만한 이유가 있다.
이것은 타고난 축복이자
그 어떤 것도 이 자질을 대신할 수는 없다.
한 인간이 젊고 잘생기고 부유하며 존경까지 받는다고 치자.
만약 우리가 그의 행복을 판단하고자 한다면,
무엇보다도 먼저 그가 즐거운지 물어봐야만 한다.

- 쇼펜하우어

행복 프로젝트의 한 해가 끝나가고 있었기에, 11월의 목록에는 아직까지 시도하지 못한 결심을 포함시켜야 한다고 느꼈다. 다행스럽게도 남겨두었던 것들은 하나로 묶을 수 있는 것이었다. 즉 행위 대신 태도에 관심을 기울여보기로 했다. 나는 관대하고 사랑 많으며 친절한 마음을 길러보고 싶었다. 만약 그러한 마음가짐을 기를 수만 있다면 다른 결심을 지켜나가는 것도 훨씬 수월해질 게 분명했다.

영국의 일기작가인 새뮤얼 피프스는 행복의 특성에 대해 가끔씩 적어두곤 했는데, 1662년 2월 23일 일기에는 이렇게 적혀 있다.

"열심히 살고 재산을 모으자. 그러면서도 매사에 만족스러움을 느낀다면, 나는 나를 행복한 사람이라고 생각하게 될 테고, 그러면 신도 나를 칭찬하실 것이다. 그러니 이제 기도하고 잠자리에 들자."

나는 피프스의 글 중에서 스스로에게 자격을 부여하는 '매사에 만족스러움을 느낀다면'이라는 말에 감동을 받았다. 이 말의 중요성은 지나쳐버리기가 쉬운데, '만족스러운 마음' 없이는 절대 행복해질 수 없는 것이다. 이것이 바로 '네 번째 찬란한 진실'이다.

그렇다면 나는 매사에 만족스러움을 느끼고 있을까? 꼭 그렇다고는 말하기 힘들다. 나는 만족시키기 힘든 성향의 사람이다. 야망이 크고 불만도 많고 성마르고 거칠어서 쉽게 기쁨을 느끼지 못한다. 어떤 상황에서는 이런 기질이 그리 나쁘지만은 않다고 생각되기도 한다. 계속해서 일할 수 있도록 스스로를 몰아붙여 목표를 성취할 수 있도록 해주기 때문이다. 하지만 삶의 많은 영역에서 이 비판적인 기질은 그다지 도움이 되지 않는다. 남편이 내가 가장 좋아하는 치자나무를 심어 놀래주려 했을 때도, 나는 나무가 너무 크다고 소란을 떨며 불평을 해댔다. 언젠가는 잘못된 크기의 전구를 사왔을 때, 실은 나도 함께 골랐음에도 화가 나서 어쩔 줄 몰라 했었다.

웃어넘기기보다는 불평하기 쉽고, 농담하기보다는 소리 지르기가 쉬우며, 만족하기보다는 지나친 요구를 해대기가 더 쉽다. 나는 '만족스러움을 느끼는 것'을 통해 행동에 변화를 주고 싶었다. 고치고 싶은 태도가 있었기 때문이다.

먼저, 나는 더 많이 웃고 싶었다. 더 많이 웃기만 해도 나는 물론이고 주변 사람들까지도 더 행복하게 만들 수 있을 것 같았다. 지난 몇 년 동안은 점점 침울해지기만 해서, 잘 웃지도 않고 미소도 짓지 않았던 것 같다. 어린아이들은 하루에 400번 이상을 웃고 어른은 겨우 열일곱 번을 웃는다고 하는데, 내 경우에는 매일 그 정도에도 못 미치는 것 같다.

나는 좀 더 재치 있고 친절해지고 싶기도 했다. 내 생각에 친절은 존중할 만한 태도이기는 하지만, 신뢰성이나 충실함처럼 별 특징 없는 미덕이기도 했다. 하지만 자비를 강조하는 불교에 대해 조사하면서 내가 중요한 것을 놓치고 있었다는 사실을 확신하게 되었다. 나는 자비를 실천하고 싶었는데, 그것은 찬사를 보내기는 쉬워도 적용하기는 힘든 상당히 모호한 목표였다. 도대체 어떤 전략을 이용해야 일상생활에서 자비를 실천하도록 나 자신을 일깨울 수 있을까?

나는 만족스럽게 느껴지지 않는 내 매너와 몸가짐을 개선할 수 있도록 기본적인 결심들을 실천하기로 마음먹었다. 그것은 단지 식사예절만을 의미하는 것이 아니었다. 물론 식사예절도 그다지 좋다고 자부할 수는 없었지만, 어쨌든 내 행동 전반을 개선해볼 작정이었다. 단순히 훌륭한 예의범절을 익히는 것만으로는 자비심이 생겨나게 할 수 없을지도 모르지만, 예의 바르게 행동함으로써 적어도 그런 자질을 갖고 있다는 인상 정도는 줄 수 있을 것 같았다. 어쩌면 단순한 인상이 진짜 자질로 변할지도 모르는 일 아닌가.

나는 뉴요커 같다는 느낌을 없애버리고 싶었다. 부모님을 방문하러 고향에 갈 때마다, 중서부 사람들의 친절함을 새삼 느끼곤 하기 때문이다. 캔자스시티 사람들은 그리 바빠 보이지 않았다. 또한 상점 직원들도 훨씬 친절한데다 말도 많고, 운전자들도 보행자를 먼저 배려한다. 그에 비해 뉴욕의 차들은 보행자들을 범퍼로 밀어버리기라도 할 듯이 달려든다. 어떤 연구에 따르면 뉴욕의 보행자들이 미국에서 가장 빠르게 걷는다고 한다. 나는 빠르게 움직이고 퉁명스럽게 말하는 대신, 유쾌한 기분으로 매사에 여유를 두고 싶다.

또한 너무 단정적이고 까다로운 비판적 기질도 바꿀 수 있었으면 한다. 어릴 적에는 부모님이 긍정적이고 열정적인 면을 강조하셔서, 때로 동생과 나는 두 분이 우리를 '위선적이게' 만든다고 불평했었다. 다 자란 지금은 비꼬는 것과 쓸데없이 부정적인 태도를 금지하는 부모님의 일관된 교육방침을 존경한다. 그것이 집 안 분위기를 훨씬 온화하게 만들기 때문이다. 마지막으로 침착함과 활기를 유지하게 하는 한 방편으로, 나는 스스로를 화나고 짜증나게 하는 주제에서 가능하면 멀어지도록 자신을 훈련하기로 마음먹었다.

이렇듯 몸가짐을 교정하는 일이 정말 한 달을 다 차지해도 좋을 만큼 가치 있는 것인지 약간 고민이 되기도 했지만, 쇼펜하우어의 글을 읽고 나서는 활기찬 성격이 왜 중요한 것인지 확신하게 되었다. 물론 그가 비관론으로 유명하기 때문에 좀 이상한 생각이 들기도 하겠지만, 다음 문장을 읽어보면 이해가 될 것이다.

"마음이 즐겁고 활기찬 사람은 항상 자신이 왜 그렇게 즐거운지 설명할 만한 이유가 있다. 그 어떤 것도 이러한 자질이 받을 수 있는 모든 축복뿐만 아니라, 그 자질 자체를 완전히 대신할 수는 없다. 한 인간이 젊고 잘생기고 부유하며 존경까지 받는다고 치자. 만약 우리가 그의 행복을 판단하고자 한다면, 무엇보다도 먼저 그가 즐거운지 물어봐야만 한다."

이번 달은 유쾌함에 바치려 한다.

☑ 큰 소리로 웃어넘겨라

지금까지 나는 '느낀 대로 행동하기'의 저력에 대해 한 번도 의심해본 적이 없다. 만약 내가 행복하고 편안한 마음 상태를 누리고 싶다면 그렇게 행동할 필요가 있다. 다시 말해 큰 소리로 웃어넘길 수 있어야 한다.

웃음은 단지 하나의 유쾌한 행동에 불과한 것이 아니다. 그것은 면역성도 길러주고 혈압과 콜레스테롤 수치도 줄여준다. 또한 고통에 대한 참을성도 길러준다. 사회적인 유대감의 원천이 되기도 하고, 갈등을 줄이는 데 도움이 되기도 하며, 직장이나 결혼생활 혹은 인간관계에서 생기는 긴장감을 완화시키는 역할도 한다. 함께 모여 웃을 때, 사람들은 더 많이 말하고 접촉하는 경향이 있으며 눈도 더 자주 마주친다고 한다.

나는 재미있는 일을 찾아내고 더 크게 웃으며 타인의 유머감각을 감사히 생각해야 하는 이유를 찾아보기로 했다. 예의상 웃어주는 일은 이제 그만둘 것이다. 친구가 우스운 이야기를 풀어놓아 웃음꽃이 피었을 때, 그 웃음소리가 채 잦아들기도 전에 내 이야기를 하겠다고 설쳐대지도 않을 것이다. 악의 없는 농담과 장난에 움츠러들거나 꺼리는 일도 없을 것이다. 살면서 더없이 즐거운 일 중 하나는 사람들을 웃게 하는 것이다. 심지어는 남편도 내가 그의 농담에 큰 소리로 웃어주면 무척 즐거워하는 것 같고, 환하게 웃는 나를 바라보는 두 딸의 모습을 바라보면 가슴이 저릴 만큼 행복하기도 하다.

어느 날 아침 엘리너가 도무지 무슨 소린지 모를 '노크-노크' 농담을 거의 열 번이나 했을 때, 나는 갑자기 아이의 아랫입술이 떨리고 있다는 것을 알아차렸다.

"우리 꼬맹이 왜 그래?"

"엄마가 안 웃었잖아요!"

아이가 구슬픈 목소리로 말했다.

"다시 말해줄래?"

엘리너가 이야기를 시작했고, 이번에는 나도 큰 소리로 웃어주었다. 사실 대부분의 경우에 나는 크게 웃고 싶다. 하지만 선천적으로 나 자신을 너무 심각하게 받아들이는 편이다. 자주 있는 일은 아니지만, 그래도 어쩌다 한 번씩 크게 웃고 나면 정말 기분이 좋아진다.

어느 날 내가 수프를 사려고 길게 줄을 서 있는 동안 그 주제가 계속 머릿속에서 떠돌고 있었다. 맨 앞에 서 있는 두 명의 나이든 여성은 메뉴를 고르느라 뜸을 들이고 있었다.

"매운 렌즈콩 수프 한번 먹어볼까요?"

한 여성이 소형 수프 컵을 손에 쥐고 맛을 본 다음 말했다.

"너무 매워! 음, 매운 소시지 수프 한번 줘보세요."

직원이 또 다시 작은 컵에 수프를 떠서 카운터 너머로 건네주었다.

"이것도 너무 맵네!"

맛을 보던 여성이 소리 질렀다. 직원이 어깨를 으쓱했지만, 나는 그녀의 마음을 읽을 수 있을 것 같았다.

'할머니, 그래서 '매운'이라는 말이 붙어 있잖아요.'

그때 인내심을 잃지 않았던 나 자신이 기특했지만, 뒤에서 들려오는 투덜거림을 들어보니 다른 사람들도 그다지 고상한 마음으로 서 있는 것은 아니었다. 바로 그때, 맛을 보던 여인이 친구를 돌아보며 말했다.

"오, 나 말하는 것 좀 봐! 꼭 시트콤 〈열정을 자제하라〉에 나오는 사람 같지 않니?"

그러더니 깔깔대며 웃기 시작했고, 옆에 있던 친구도 합세했다. 나도 다른 사람도 웃기 시작했다. 짜증나던 기다림을 타인과 함께 하는 즐거운 순간으로 바꾸는 재주에 나는 탄복하지 않을 수 없었다.

하지만 나 스스로는 물론이고 다른 대상을 지금보다 더 웃음의 소재로 만드는 방법을 고안해내기란 쉽지 않았다. 자신의 모습을 보면서 웩 하게 만드는 특별한 전략을 떠올릴 수가 없었던 것이다. 나는 매일 밤 코미디 프로그램을 시청하거나 코미디 DVD를 빌려다 보는 것은 어떨까 생각해봤지만, 그런 방법은 시간만 낭비하는 꼴이 될 것 같았다. 웃자고 하는 일 때문에 엄청난 스트레스를 받고 싶지도 않았다. 나는 그런 극단적인 조치나 인위적인 수단을 이용해야 할 만큼 정말 유머감각이 없는 것일까? 결국 나는 스스로에게 '잘 듣고 웃어주자'라는 말을 상기시킬 수밖에 없었다. 사람들이 갈망하는 큰 반응을 주기까지 약간의 속도 조절이 필요할 것 같았다.

작가 체스터턴이 옳았다. 가벼워지기란 정말 어렵다. 농담하는 것도 훈련이 필요하다. 엘리자의 끊임없이 뒤얽히는 수수께끼를 들어주고 적당한 펀치라인에서 웃어주는 일에도 엄청난 의지력이 필요하다. 엘리자가 베개에서 머리를 들어 올리며 백만 번쯤 까꿍을 외칠 때 아이가 기대하는 만큼 웃어주는 데도 대단한 인내력을 필요로 한다. 하지만 아이들이 무척이나 행복해하기 때문에 그 기쁜 모습을 보는 것이 큰 보상이 된다. 그 때문에 억지로 웃는 웃음이 가끔 실제 웃음으로 변하기도 하는 것이다.

나는 또한 재미있다 싶은 것에는 좀 더 주의를 기울이려 노력했다. 예를 들어, "X는 새로운 Y다"라는 문장을 처음 접했을 때 재미있고 신기하다는 느낌이 들었다. 별로 특별할 것도 없는데 그저 재미있었다. 그래서 나도 나름의 목록을 만들어봤는데, 이는 내 결심목록 중에 '결과에 연연하지 말기'라는 항목을 지키는 것이기도 했다.

- ○ 잠은 새로운 섹스다
- ○ 아침밥은 새로운 점심밥이다
- ○ 할로윈은 새로운 크리스마스다
- ○ 5월은 새로운 9월이다
- ○ 월요일은 새로운 목요일이다(새 계획을 세울 수 있는)
- ○ 셋은 새로운 둘이다(아이들의 숫자)
- ○ 40대는 새로운 30대이고, 열한 살은 새로운 열세 살이다

도대체 이런 말이 왜 재미있는 것일까? 나도 모르겠다. 그 후로 나는 새롭게 떠오르는 장르인 '스턴트 논픽션'에 관한 책 리뷰를 보면서, 나 자신을 농담거리로 만들 기회를 잡을 수 있었다.

"이것 좀 봐!"

내가 남편의 얼굴 앞으로 신문을 들이밀며 말했다.

"내가 새 장르의 일부가 됐어! 게다가 그냥 장르가 아니라 '스턴트 장르'야!"

"스턴트가 뭘 의미하는데?"

"일 년 동안 무언가를 하면서 시간을 보내는 거."

"그게 뭐 어때서? 소로도 월든 호숫가로 이사 가서 일 년 동안 살았잖아, 정확히는 2년이었지만. 어쨌든 그게 뭐 문제될 게 있어?"

"내 행복 프로젝트가 별로 독창적이지도 않고 바보 같은 일인 것처럼 느껴지게 하잖아."

내가 구슬프게 말했다.

"게다가 행복에 관한 '스턴트 소설'을 쓰는 사람이 나 혼자가 아니라는 거야! 그러니 독창적이지도 않고 바보스럽고 피상적이기까지 한 게 아니고 뭐겠어."

그러다가 나는 갑자기 기억해냈다. 방어 자세를 취하거나 조바심을 내는 것이 결코 행복으로 가는 길이 아니라는 사실을. 큰 소리로 웃어넘기고 스스로를 농담거리로 만들고 느낀 대로 행동하고 재구성하자. 그래서 나는 갑자기 가벼운 목소리 톤으로 말했다.

"아, 글쎄, 한편으로는 나도 모르는 사이 새로운 문화 움직임에 편승하게 된 거네. 닷컴 붐도, MP3도, 인기 가요도 모르면서 시대정신 속으로 곧장 뛰어든 셈이잖아."

그리고 웃기 시작했는데 즉시 기분이 좋아지는 것 같았다. 그리고 남편도 따라 웃기 시작했는데, 그 역시 어떻게든 내 기분을 풀어주려 하지 않아도 된다는 사실에 안도하는 것 같았다.

'큰 소리로 웃어버리는 것'은 단순히 웃음 그 이상의 것을 안겨주었다. 웃음에 반응한다는 것은 내가 자존과 방어적 본능, 자기중심적 사고 등을 포기한다는 뜻이기도 했다.

☑ 좋은 태도를 가져야 한다

조사의 일환으로 나는 '뉴캐슬 성격진단' 테스트를 치렀다. 좋은 태도를 유지하기 위해 좀 더 열심히 노력해야 한다는 결과가 나왔다. 그 테스트는 단지 열두 개의 질문만 있는 짧은 것이었지만, 최근 가장 유용한 과학적인 틀로 인정받은 '5대 요인' 모델을 이용해 성격을 정확히 평가한다고 소문난 것이었다. 다음과 같은 5대 요인에 점수를 매겨 성격을 측정한다.

1. 외향성 : 보상에 대한 반응

2. 신경증 : 위협에 대한 반응

3. 성실성 : 금지에 대한 반응(자제심, 계획)

4. 친화성 : 다른 사람들에 대한 배려

5. 경험에 대한 개방성 : 기억과 심리적 연상의 폭

나는 늘 '외향성'이 기본적으로 '친근함'이라고 생각했었지만, 위의 도식에 따르면 외향성 점수가 높은 사람일수록 지속적으로 즐거움과 열망, 흥분, 열정 등의 감정을 전달하고자 매우 강한 긍정적 반응을 즐긴다고 한다. 그리고 비록 내가 가끔씩 '신경학적인'이라는 단어를 쓰면서도 정확한 의미는 몰랐는데, 신경증의 점수가 높은 사람들은 두려움, 조바심, 부끄러움, 죄책감, 불쾌함, 슬픔 등의 부정적인 반응을 나타내고, 그러한 감정이 스스로를 향하는 경우가 많다고 한다. 열두 개 질문에 모두 답하고 나서 점수를 계산해보았다.

1. 외향성 : 낮은 중간 정도
2. 신경증 : 낮은 중간 정도
3. 성실성 : 높음
4. 친화성 : 낮음
5. 경험에 대한 개방성 : 높음

결과는 매우 정확했다. 4월에 지하철을 타고 집으로 돌아가다가 느꼈던 사실처럼, 소위 '중립적'인 상황에 있을 때면 나는 특별히 유쾌하지도 딱히 우울하지도 않았다. 그저 낮은 중간 정도일 뿐이다. 게다가 자의식은 강했다. 경험에 대한 개방성이 높게 나왔다는 사실은 매우 기뻤다. 어떻게 그런 결과가 나왔는지는 잘 모르겠다. 가장 의미 있었던 것은 성실성이 높게 나왔다는 사실이었다. 당연했다. 다시 말해 나는 스스로를 잘 알고 있었던 것이다. 그런데 내 친한 친구들에게 친화성이 낮게 나왔다고 말해주니, 그들은 이구동성으로 소리 질렀다.

"말도 안 돼! 네가 얼마나 친화력이 좋은데!"

그런 충성스러운 반응을 보니, 그들이 친화성 면에서는 나보다 한 수 위라는 생각이 들었다. 톨스토이는 이렇게 말했다.

"지속적인 친절보다 우리의 삶을 혹은 타인의 삶을 더 아름답게 만드는 것은 없다."

일상에서 친절이란 좋은 태도로 드러나는데, 내가 친화성이 낮다는 사실을 보여주는 증거는 바로 무신경이었다. 나는 늘 주변 사람에게는 전혀 신경 쓰지 않고 바쁘게 거리를 지나다닌다. 지하철 자리에 앉은 후에도 누군가에게 양보해야 하지 않을까 싶어서 주변을 둘러보는 법도 없다. "먼저 가세요", "괜찮으니까 가져가세요", 혹은 "도와드릴까요?" 등의 말도 거의 하지 않는다.

좀 더 우호적이고 친절하고자 한다면, 대화를 즐기는 사람들의 훌륭한 몸가짐을 따를 필요가 있었다. 하지만 나는 늘 뭐든지 다 아는 듯 행동해야 직성이 풀린다. 예를 들어 이런 식이다.

"안젤라 서켈 소설의 진짜 재미는 바로 소설가 앤서니 트롤럽이 만들어낸 상상 속의 영국 도시인 바셋 주에서 일어나는 일을 다루고 있다는 점이에요."

또한 늘 모든 사람을 이기고 싶어 했다.

"아침이 엉망진창이었다고요? 그럼 우리 집 아침은 어땠는지 한 번 들어볼래요?"

김 빼는 역할 또한 내 몫이었다.

"재밌다고? 난 그 영화 정말 지루하더라."

그러니 이런 성향을 고치려면, 내가 다른 사람의 관점에도 흥미가 있다는 사실을 보여줄 필요가 있었다.

"그래, 네 말이 맞아."

"정말 기억력 좋으시네요."

"네가 어떻게 했는지 다른 사람들에게 다 말해줘."

"왜 나는 그런 생각을 못했을까?"

"네 말이 무슨 뜻인지 알겠어."

"어떻게 생각해요?"

내 대화 스타일을 살펴보니, 가장 시급하게 통제할 특징이 바로 호전성이었다. 어떤 사람이 무언가에 대해 자신의 견해를 말하는 순간, 나는 무조건 그 말에 반박할 구실만 찾는다. 누군가 내게 이렇게 말한 적이 있었다.

"지난 50년 동안 미국이 가장 중요하게 생각해온 것은 중국과의 관계였어요."

나는 그 말이 사실이 아님을 증명하기 위한 예들을 찾기 시작했다. 그러다가 생각했다. 왜지? 왜 논쟁하려고 하는 거야? 단지 반대를 위한 반대를 하겠다는 거야? 게다가 나는 그 주제에 대해 아는 것도 없었다. 법대를 다녔던 경험이 원래 성향을 강화시켰던 것이다. 나는 논쟁하도록 훈련받았고, 그 방면에 재주가 있다는 사실을 자랑스러워하고 있었지만, 대부분의 사람은 법대생들처럼 논쟁을 좋아하지 않는다.

일상생활에서는 논쟁적 성향이 별로 문제가 되지 않지만, 술을 마시면 평상시보다 훨씬 투쟁적으로 변하는 경향이 있었다. 게다가 그러한 성향이 좋은 몸가짐을 보여야 한다는 내 의지를 약화시키기도 했다. 나는 술을 많이 마시는 편이 아니고 신진대사 때문에 알코올에 대한 내성이 아주 낮은 편이었다. 사교 모임에 다녀온 날이면 나는 침대에 누워 '내가 정말 불쾌한 사람인가?' 또는 '왜 나는 늘 부정적인 방식으로 내 논점을 관철시키려 할까?'에 대해 거듭 고민하곤 했다. 게다가 남편도 내 행동을 늘 지지하지는 않았다.

이번 달에 나는 호전적인 성격을 통제해보겠다고 결심했다. 물론 그 결심을 술을 끊으면서 성취할 생각은 아니었지만, 남편이 C형 간염 때문에 술을 끊기로 마음먹었을 때, 그의 노력에 힘을 보태고 싶다는 생각에 나도 술을 멀리하기로 결심했다.

술을 덜 마신다는 생각이 기대했던 것보다 큰 위안을 주는 것 같아서 나는 이참에 완전히 술을 끊어보기로 결심했다. 이러한 결과는 사실상 예측 가능한 것이기도 했다. 이유는 2월에 실시했던 조사에 따르면, 남편이 술을 포기한다는 사실은 내가 술을 끊게 될 확률을 거의 다섯 배쯤 높여줄 수 있기 때문이다. 게다가 술을 마시지 않으니 훨씬 행복해지는 것 같았다. 솔직히 나는 술맛을 잘 몰랐기에 독한 술은 마실 수도 없었고, 얼큰하게 취한 후의 기분도 별로 좋아하지 않았다.

하지만 술을 마신다는 행위 자체는 좀 그리웠다. 그것은 내가 원스턴 처칠을 좋아하는 이유 중의 하나였기 때문이다. 나는 샴페인과 시가에 대한 그의 열정을 사랑한다. 하지만 '어른의 비밀'에서도 적었듯이, '다른 사람에게 즐거운 일이라고 해서 내게도 반드시 즐거운 일이 되라는 법'은 없다. 그러니 반드시 인정하고 받아들여야 하는 사실은 다른 사람이 얼마나 알코올을 즐기든 간에 내게는 술 마시는 것이 결코 즐거움이 될 수 없다는 점이었다. 아니, 오히려 술은 기분이 나빠지게 하는 주범이었다.

일단 술을 포기하고 나니, 그동안 술이 나를 무례하게 만들었던 이유 하나를 발견했다. 즉 술을 마시면 졸음이 몰려왔던 것이다. 정중하거나 호의적이 되려면 피로로 기진맥진하지 않아야 가능하다. 프로젝트 초반에 느낀 바로는 육체적으로 편안한 상태여야 기분도 더 행복하고 몸가짐도 바르게 유지할 수 있었다. 다시 말해 사람들이 비웃더라도 긴 내복에 두 겹으로 된 스웨터를 입거나, 뜨거운 물컵을 손에 쥐어 몸을 따뜻하게 하고, 자주 먹어야 하는 특성을 고려해 간식도 간간이 챙겨먹고, 피곤함을 느끼면 바로 불을 꺼버리며, 두통이 있으면 참지 말고 바로 약을 먹는 등의 노력을 기울이는 것이다. 19세기 영국의 웰링턴 공작은 "기회가 있을 때마다 소변을 봐야 한다"고 조언했는데, 나도 그의 말에 전적으로 동감이었다. 추위로 떨거나 화장실을 찾아 돌아다니거나 와인을 두 잔째 마시고 있을 때보다는 그렇지 않을 때 유쾌하게 처신하기가 훨씬 쉽다.

☑ 긍정의 힘을 사용하라

나는 더 많이 웃고 더 자비로워지고 더 열정적으로 변하고 싶다. 비난이 백해무익하다는 것을 잘 알지만, 솔직히 재미있기는 하다. 그렇다면 왜 비난을 해대면서 만족해하는 것일까? 비난을 하면서 나는 스스로 무척 세련되고 지적인 사람인 듯한 착각에 빠지는데, 연구에 따르면 실제로도 매사에 비판적인 사람을 통찰력 있는 사람으로 간주하는 경향이 있다고 한다. 예를 들어, 어떤 연구에서는 피실험자들에게 특정한 책에 대해 쓴 두 편의 비평문을 보여주었는데, 두 편 모두 수준 높은 글이었음에도 불구하고 긍정적 비평을 쓴 작가보다는 부정적 비평을 쓴 작가에 대해 훨씬 전문가답다는 평가를 내렸다고 한다. 또 다른 연구에 따르면, 일반적으로 사람은 자신을 비판하는 사람이 그렇지 않은 사람보다 훨씬 똑똑하다고 생각한다는 것이다. 그리고 어떤 이가 모임의 만장일치를 반대하고 나서면, 그 모임의 사회적 권력이 약화되는 경향이 있다고 한다.

나는 사람들이 이러한 현상을 이용하는 경우를 많이 봤다. 어떤 모임에서 모든 사람이 하나의 주제, 예를 들어 '그 선생님은 정말 잘 가르치시는 것 같아요' 혹은 '그 음식점 정말 괜찮지 않나요?' 등에 만장일치의 견해를 보일 때, 한 사람이 유독 반대 의견을 개진하며 모임 분위기를 망치는 것을 한두 번 본 게 아니었다. 비판적이 되는 것도 나름의 이점이 있고, 더욱이 만족시키기 힘든 사람이 되는 편이 훨씬 쉽기도 하다. 비록 열정이 훨씬 쉽고 덜 민감해 보일지 모르지만, 실은 무언가를 경멸하기가 포용하기보다 쉽다. 더 큰 위험부담을 안아야 하기 때문이다.

다른 사람들에 대한 내 반응을 살펴보았을 때, 나 역시 비판적 견해를 밝히는 사람이 더욱 통찰력 있고 심미안을 갖춘 사람이라고 생각하고 있음을 알 수 있었다. 물론 세상에 기쁜 일이라고는 없는 것처럼 구는 사람들과 어울리면서 즐거워지기란 하늘의 별따기보다 힘들 것이다. 나는 매사에 판단을 보류하고 활기차고 재미있는, 열정적인 사람들과 어울리고 싶다.

한 예로, 어느 날 저녁 친한 친구의 깜짝 생일 파티 뒤풀이로 우리는 배리 매닐로우의 콘서트에 갔었다. 나중에 나는 자타가 공인하는 배리 매닐로우의 팬이 된다는 것은 상당한 힘을 내포하는 개성이 될 수 있다는 생각을 하게 되었다. 사실 배리 매닐로우는 그저 배리 매닐로우일 뿐이지 않은가. 그러니 친구처럼 그의 음악을 완전히 숭배하듯이 즐기는 것보다는 흉보거나 역설적이고 과장된 방식으로 즐기는 편이 훨씬 안전할지도 모른다. 하지만 사람들은 다른 이의 평가에도 상당한 영향을 받는다. 그날 친구가 "정말 멋진 음악이야. 정말 대단한 콘서트야!"라고 감탄하던 열정이 나까지 붕 뜨게 만들었다.

나는 이런 열정을 본받고 싶었다. 그래서 '정말 가고 싶은 기분이 아니야', '음식이 너무 기름져', 혹은 '신문 읽어봐야 도움 될 거 하나 없어'처럼 불필요하게 부정적인 감정이 들어간 말을 그만둘 수 있도록 나 자신을 바꾸고 싶었다. 따라서 좀 더 열정적인 사람으로 변할 수 있는 진지한 방법을 모색해볼 생각이었다.

어느 날 오후 남편의 제안에 따라 우리는 아이들을 할머니 할아버지께 맡기고 둘이서만 영화를 보러 갔다. 그리고 아이들을 데리러 갔을 때 시어머니가 물었다.

"영화 어땠니?"

그때 "뭐 그렇게 나쁘지는 않았어요"라는 말이 튀어나오려는 것을 꾹 참고, 나는 이렇게 대답했다.

"이런 오후에 영화를 보러 갈 수 있었는데 어떻게 좋지 않을 수가 있겠어요?"

그건 내 행복뿐 아니라 시어머니의 행복도 키워주는 대답이었다.

긍정적인 의견을 내놓으려면 겸손해야 한다. 솔직히 나는 남의 자존심을 상하게 하는 유머나 빈정거림, 역설적인 여담, 냉소, 감정을 상하게 하는 말 등을 내뱉으면서 느꼈던 우월감이 조금은 그립기도 하다는 사실을 인정해야 할 것 같다. 상대의 말에 기꺼이 기뻐할 수 있으려면 일단은 겸손해야만 하고 심지어 순수함도 있어야만 한다.

태어나서 처음으로 나는 변함없이 내 곁을 지켜주는 사람들에게 감사의 마음을 품을 수 있게 되었다. 히포의 성 아우구스티누스는 기도문에는 이런 구절이 있다.

"병든 자들을 돌봐주십시오. 오 주님이시여! 지친 자를 쉬게 하시고 죽어가는 자를 축복하시며 고통 받는 자를 위로하시고 병든 자를 불쌍히 여기시며 당신을 기쁘게 하는 자를 돌봐주시옵소서. 오직 당신의 사랑만을 염원하나이다."

처음에는 온통 '죽어가는 자'와 '고통 받는 자'를 위해 기도하다가 갑자기 '기쁘게 하는 자'가 불쑥 튀어나와 이상하다는 느낌이 들기도 했다. 도대체 기쁘게 하는 자들을 왜 걱정해야 한다는 말인가?

하지만 긍정적인 견해를 보이도록 열심히 노력해보자는 마음을 먹고 난 후에야, 나는 비로소 그 기도문의 의미를 깨달을 수 있었다. 즉 나 역시 쉽게 만족하고 기뻐할 줄 아는 사람들을 통해 엄청난 행복을 누리고 있다는 사실을 부인할 수 없었기 때문이다. 게다가 그런 사람들이 온화하고 긍정적인 성격을 기복 없이 보여주기 위해 들이는 노력도 엄청날 것이 분명했다. 무겁기는 쉽지만 가볍기는 어려운 법이다. 나처럼 쉽게 기뻐하지 않는 성향의 사람들은 그 반대 사람들에게서 에너지와 활력을 빼앗아간다. 또한 그들의 좋은 기운이 내 기운을 북돋아주어 짜증과 조바심을 완화시켜줄 수 있기를 기대한다. 동시에 인간 본성의 어두운 요소 때문에 우리는 때때로 그 열정적이고 유쾌한 사람들을 동요시켜 그들을 감싸고 있는 환상에서 빠져나오라고 자극한다. 그 유쾌함을 보호하기보다는 그들의 놀이가 멍청한 짓이고, 돈은 낭비되고 있으며, 만남은 아무 의미 없다는 사실을 각인시켜 모든 것을 날려버리려는 의도에서다. 이유가 무엇일까? 도무지 알 수가 없었지만 그러한 충동만은 분명히 존재했다.

내가 블로그에 위의 기도문을 올려놓자 몇몇 독자가 댓글을 달아주었다.

- -

➥ 이 글을 읽고 거의 울 뻔했습니다. 스스로를 '기쁘게 하는 자'라 자

부하는 사람으로서, 나는 공감을 표현하는 것이 때로 힘든 일이기도 하지만, 별다른 노력이 들지 않는다는 점에도 전적으로 동의합니다.

➡ 나는 매일 아침 행복한 마음으로 깨어나는 사람 중 하나입니다. 세상살이가 만족스러워 그러는 것이 아니라, 단지 말 그대로 행복하게 살아야겠다고 마음먹었기 때문입니다. 완벽하게 이해하지는 못하겠지만, 몇몇 이유 때문에 사람들은 내가 기분이 좋다고 생각하는 것 같아요. 다들 내게서 그 에너지를 얻어가고 싶어 하죠. 때로는 그 점 때문에 지치기도 합니다.

➡ 그레첸, 나도 '기쁘게 하는' 사람 중 하나예요. 사실 그러기로 선택한 거죠. 매일 그렇게 마음을 다잡거든요. 최근 나는 힘겨운 이별을 겪어야 했어요. 어쩔 수 없는 선택이었는데, 아직 내상에서 벗어나지 못해서 필사적으로 그 사실에만 매달리고 있어요. 매일 점점 더 아래로 끌어당겨지는 느낌이에요. 하지만 이제는 다시 앞으로 나가야 할 것 같아요. 안 그랬다가는 숨도 쉬지 못할 것 같거든요. 이런 기분을 이해해줄 사람이 있으리라고는 생각지도 못했어요.

위의 댓글들을 읽고 있자니 '기쁘게 해주는 사람'의 즐거움도 지칠 줄 모르는 에너지이저는 아니라는 생각이 들었다. 그러니 주변의 모든 이를 즐겁게 하기 위해 애쓰는 사람들을 지원하는 데 내 원기

를 이용하고자 노력해야겠다는 생각이 들었다.

'긍정적인 견해를 주자'라는 결심을 지키고자, 나는 '극도의 친절함'을 베풀었던 주간이나 '소설 쓰기' 기간 동안 적용했던 강력한 접근법을 이용해보기로 했다. 어쩌면 한 일주일 정도 극도의 낙천주의를 실천해보면 긍정적으로 나를 이끌어가는 데 도움이 되지 않을까 싶기도 했다.

엄청난 성공을 거두었던 엘리너 포터의 소설『폴리애나의 기쁨놀이』에서 주인공 폴리애나는 일명 '기쁨을 주는 게임'을 하는데, 그것은 자신에게 무슨 일이 닥치든 간에 그 일이 기쁜 이유를 찾아내는 것이었다.

나 역시 '폴리애나 주간'을 만들어 한 주 내내 부정적 언급을 전혀 입에 담지 않기로 했다. 그러려면 반드시 '느낀 대로 행동'해야 했고, 만약 열정적이고 따스하며 솔직한 느낌을 얻고자 한다면 결정적인 순간에 한 방 먹이는 식의 언급으로 그 목표에 도달해서는 안 된다는 사실도 잘 알고 있었다.

첫날 아침, 잠자리에서 일어났을 때 나는 폴리애나 주간이라는 사실을 명심하고 있었음에도, 오전 7시쯤에 이미 게임의 규칙을 어기고 말았다. 내가 남편에게 한 첫마디는 질책이었다.

"도대체 왜 내 이메일에 답장을 안 하는 거야? 어제도 답장 안 했잖아. 그래서 우리 일정을 하나도 정리 못했단 말야. 목요일 저녁에 보모 오라고 해 말아?"

다음 날에도 나는 똑같았다. 아이들이 학교로 출발하기 전 모두가 탁자에 둘러앉아 있을 때, 엘리너가 자신의 입을 손가락으로 가리키기 시작했고, 남편과 나는 그 모습이 사랑스럽다고 생각했다. 하지만 곧 엘리너가 구역질을 하며 웩웩거리는 소리를 냈다.

"빨리, 수건 가져와요. 애 토하려고 그러잖아!"

엘리자가 부엌으로 쏜살같이 달려가기는 했지만, 엘리너가 반쯤 소화된 우유를 자기 몸과 내 몸, 그리고 가구에 게워낼 때까지도 나타나지 않았다.

"여보, 수건 좀 가져다줘!"

남편은 그때까지도 눈앞에 벌어진 장면을 바라보며 그냥 자리에 앉아 있었다. 남편과 엘리자가 둘 다 수건을 들고 부엌에서 나왔을 때는 이미 상황종료 상태였고, 엘리너와 나는 우유 웅덩이 위에서 엎치락뒤치락하는 중이었다.

"왜, 두 사람 다 좀 더 있다 오지 그랬어. 꾸물거리지 말고 빨리 왔으면 이렇게 엉망진창이 되지는 않았을 거 아냐."

나는 못마땅한 투로 말했다. 도대체 왜 그렇게 부정적이어야 했을까? 그래봤자 요점은 하나 전달 못하고 그저 가족들의 사기만 떨어뜨릴 뿐이었는데 말이다.

폴리애나 주간에 깨달은 한 가지 교훈은 비록 비판하는 상황이라 할지라도 얼마든지 긍정적인 방식으로 내 요점을 전달할 수 있다는 사실이었다. 예를 들어, 나는 엘리자와 '줍는 사람이 임자' 게임을 하다가 폴리애나 주간의 맹세를 깨뜨렸다. 줍는 사람이 임자 게임에서는 가장 많은 타일 조각을 모은 사람이 승자였다.

"내 야구모자 타일이랑 엄마 나비 타일이랑 교환해도 되나요?"

게임이 한 바퀴 돌아가고 나서 엘리자가 물었다.

"좋아."

그러고 나서 우리는 한 판 더 했다.

"내 야구 글로브랑 엄마 꽃이랑 바꿔요."

"그래."

그리고 한 바퀴가 더 돌았다.

"내 축구공이랑 엄마 아이스크림이랑은 바꾸면 안 돼요?"

나는 짜증이 나기 시작했다.

"엘리자, 그렇게 자꾸 바꾸자 그러면 어떡하니, 엄마 귀찮잖아. 그냥 네가 딴 거 가지고 있다가 마지막에 바꾸자. 네 것만 그냥 가지고 있으면, 짜증날 일 없잖…."

"알았어요."

아이가 밝게 대꾸했다. 그러고 나서야 나는 굳이 아이를 비난하지 않고도 얼마든지 내 요구를 알아듣게 설명할 수 있었다는 사실을 깨달았다. "빨리 빨리 할수록 게임이 훨씬 재미있으니까, 우리 나중에 한꺼번에 바꿀까?"라고 얘기할 수도 있었던 것이다.

폴리애나 주간의 가장 큰 어려움은 목표를 마음속 맨 위에 위치시켜야 한다는 사실을 늘 기억하는 것이었다. 하루 일과를 수행하는 동안 나는 그 결심을 자주 잊어먹곤 했다. 따라서 11월에 시도했던 마음챙김을 유지하는 전략 중 몇 가지를 빌려오기로 했다.

폴리애나 주간의 세 번째 날 아침, 나는 넓은 주황색 팔찌를 남은 주간 동안 차고 다니면서 오직 긍정적인 언급만 하기로 한 내 목표를 상기시키는 상징물로 삼기로 했다. 팔찌는 상당히 효과가 있었지만, 한 번의 예외가 있기는 했다. 어느 날 친구에게 팔찌가 너무 무겁고 투박스럽다는 불평을 늘어놓았던 것이다! 오직 긍정적인 언급만 하기로 한 목표를 상기시키는 용도로만 사용하기에는 좀 버거운 감이 없지 않았다.

그러나 승리의 순간도 많았다. 인터넷 연결이 끊어졌을 때도 불평하지 않았고, 남편이 사흘 내내 기름기가 줄줄 흐르는 디저트를 만들었을 때도 불만을 터뜨리지 않았으며, 엘리자가 실수로 엘리너의 보행기를 부엌 벽에 부딪히게 만들어 검은 자국을 남겼을 때도 수선 떨지 않고 그냥 넘겼다. 또한 엘리너가 내 립스틱을 화장실 변기에 빠뜨렸을 때도 립스틱 가격과 다시 사러 나가야 하는 불편함을 떠올리는 대신, 그저 '어쩔 수 없지, 실수로 그런 건데 뭐' 하고 받아들였다.

폴리애나 주간 동안 부정적인 언급을 한 번도 하지 않고 지나간 날은 없었지만, 그럼에도 나는 이번 시도가 성공적이었다고 선언하고 싶다. 비록 100퍼센트 성공은 불가능한 야망이었을지 몰라도, 일단 노력해봤다는 사실과 자각이 뿌듯했고 의미도 있었다. 폴리애나 주간의 효과는 그 주가 끝난 후에도 오랫동안 내 주변에 머물렀다.

✓ 나만의 안식처를 만들어라

인간은 본래 '부정적 편견'을 가지고 있다. 우리는 비교적 좋은 점보다는 나쁜 점에 더 지속적이고 강한 반응을 보인다. 2월의 결혼생활 편에서 적어도 다섯 번의 좋은 행동을 해야만 한 번의 비난이나 파괴적인 행동을 만회할 수 있었다. 돈의 경우에도 손실의 고통이 돈을 얻었을 때의 기쁨보다 훨씬 크다. 내가 쓴 책이 베스트셀러 순위에 들어갔을 때 느꼈던 전율은 악평을 쏟아놓은 리뷰를 읽었을 때보다 크지 않았다.

부정적 편견의 한 가지 중요성은 보통 마음이 여유로울 때 사람들은 근심이나 분노의 기분을 더 많이 느끼는 경향이 있다는 것이다. 그리고 곰곰이 생각하는 습관, 다시 말해 사소한 문제나 불쾌한 사건, 또는 슬픈 사건 등에 집착하는 것도 나쁜 기분이 드는 지름길이다. 사실 여성이 남성보다 우울증에 걸리기 쉬운 이유 중 하나가 바로 그들의 반추하는 성격적 특성 때문일지 모른다. 남자들은 쉽게 다른 활동으로 주의를 돌릴 수 있다. 연구에 따르면 쉽게 주의를 돌리는 능력도 기분을 바꾸어주는 강력한 수단이 될 수 있고, 나쁜 기분에 집중하게 되면 그것을 완화시키기보다 오히려 악화시키기가 쉽다고 한다.

나는 나 자신이 종종 골똘히 생각하는 경향이 있다는 사실을 알고 있었기에 '피난의 영역'을 생각해냈다. 어느 날 법대 시절 동기를 만나고 돌아오다가 나는 엘리베이터 옆에 "피난 구역"이라는 표지

판이 붙어 있는 것을 보게 되었다. 아마도 화재 시에 휠체어를 탄 사람이나 몸이 불편한 사람들이 대피할 수 있도록 만들어놓은 것 같았다. 바로 그 '피난 구역'이라는 말이 머리에서 떠나지 않았다. 그래서 만약 기분이 안 좋거나 우울해지면 정신적인 '피난 구역'을 찾아보리라 마음먹었다.

그 후 나는 처칠의 연설문, 특히 영국 총리를 지낸 네빌 체임벌린을 위한 추도연설문을 종종 내 정신적인 피난처로 여기게 되었다. 또는 남편의 우스운 댄스를 떠올리기도 한다. 한 친구는 자신의 아이들에 대해 생각한다고 말해주었다. 또 한 친구는 자신이 작가는 아니지만 머릿속으로 단편소설을 써 본다고 했다. 또한 『피터 팬』 이야기에 영감을 준 아서 루엘린 데이비스는 한쪽 광대뼈와 입천장 일부를 들어낸 수술에서 회복 중일 때 J. M. 배리에게 이렇게 썼다고 한다.

"내가 생각하는 것들. 마이클이 학교에 가는 모습, S의 푸른색 드레스, 버팸 정원, 계곡 건너 커크비의 풍경, 잭이 목욕하는 모습, 놀리는 말에 반응하는 피터의 모습, 정원에 있는 니콜라스, 한결같은 조지."

이것들은 타인에게는 아무것도 아닌 것처럼 보일지 모르지만, 그에게는 피난처 역할을 해주었던 것이다.

11월 말이 되었을 때, 나는 행복 프로젝트의 가장 중요한 교훈 중의 하나가 만약 내가 모든 결심을 지키고 나를 더 행복하게 해줄 일들을 찾아서 한다면, 정말로 더 행복해져서 훨씬 도덕적으로 우월한 일을 하게 될 것이라는 깨달음이었다. 좋은 일을 하면 기분도 좋고 기분이 좋으면 좋은 일을 한다.

12월

행복

목표와 결심의 차이를 알아라

✔️ 프로젝트 완성하기
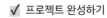

행복해야 할 의무만큼
우리가 과소평가하는 의무는 없다.

- 로버트 루이스 스티븐슨

11개월 동안 나는 여러 결심을 실행해왔고, 마지막 달인 12월에는 프로젝트를 완성시키고 싶었다. 지금까지 실천해온 모든 결심을 한 달 내내 실행에 옮길 작정이었다. 바라는 것이 있다면 내 결심목록 위에 반짝이는 황금별을 달아놓는 것이었다. 사실상 모든 결심을 실천에 옮기려면 엄청난 정신 훈련과 자기관리를 요하기 때문에 목표를 완수한다는 것은 두려운 일이기도 했다.

따라서 이번 달에 나는 되도록 일찍 정리정돈하고 잠자리에 들었다. 아침에는 노래를 부르고, 큰 소리로 웃고, 사람들의 감정을 배려하고, 불필요한 말은 삼갔다. 블로그 활동도 하고, 도움도 요청하고, 실패를 무릅쓰고 덤볐으며, 모임에 자주 나가고, 가던 길도 벗어나보았다. 한 문장짜리 일기도 썼다. 작가전략모임과 아동문학 읽기 모임에도 열심히 나갔다. 최면 테이프도 열심히 들었을 뿐 아니라, 가짜

음식도 먹지 않았고, 필요한 물건들을 구입했다.

물론 실패했던 경우도 많았다. 유종의 미를 거두려고 노력했지만 모든 결심을 다 성공적으로 지켜나갈 수는 없었다. 하지만 그 결심들! 지금까지 열한 달이나 되는 긴 시간을 거쳐왔으면서도, 나는 매번 그 결심들을 충실히 지켜냈을 때 그 결과가 나를 얼마나 행복하게 했는지 떠올리며 놀라움을 금할 길이 없었다. 나는 때때로 새뮤얼 존슨의 1764년 일기 도입부를 떠올리곤 하는데, 그는 강박적으로 결심을 세우기도 하고 깨뜨리기도 했던 '과정'의 수호성인이라 할 만한 인물이었다.

"나는 결심을 하면서 55년이라는 세월을 살아왔다. 정확한 시기를 기억하기 힘들 만큼 오래전부터 더 나은 삶을 살기 위한 계획을 세워온 것이다. 별로 이루어놓은 것은 없다. 하지만 실천할 수 있는 시간은 짧기 때문에 무언가를 해야 한다는 필요성이 나를 끊임없이 재촉한다. 오, 신이시여, 제가 올바른 결심을 하고 그 결심을 실행에 옮길 수 있도록 도와주소서."

내가 12월 중에 단 하루라도 완벽하게 모든 결심을 실천한 적이 있었던가? 없다. 하지만 노력은 했다. 행복 프로젝트가 내게 가장 도움이 된 것은 아무리 일진이 사나운 날이라도 '일진 사나운 좋은 날'이 되도록 해준다는 점이었다. 만약 기분이 안 좋은 날이면, 나는 사기 증진 전략을 실행에 옮긴다. 체육관에 가거나, 일을 해치우거나, 너무 배고프지 않도록 챙기고, 미루었던 귀찮은 일을 처리해 할 일 목록에서 말끔히 지워버리고, 사람을 만나고, 가족들과 일부러 즐거운 시간을 보낼 수 있도록 시간을 할애하기도 했다. 때로는 그 어떤 것도 효과가 없을 때도 있지만, 그래도 나쁜 기분을 바꾸어보겠다고 이러한 전략들을 한 단계씩 밟아가면서 얻게 되는 진정한 이점은 아무리 그날의 기분이 엉망이었다고 해도 '짧은 햇빛'을 통해 만족스러운 기분을 느낄 수 있다는 점이었다.

그러는 동안 한 가지 진전이 내게 엄청난 용기를 북돋아주었다. 어느 날 블로그에 자신만의 결심목록을 만드는 데 도움 될 만한 모델을 보고 싶은 사람이 있다면 내 결심목록를 보내주겠다는 글을 올리고 난 후, 나는 많은 독자로부터 그들의 행복 프로젝트에 대한 메일을 받아볼 수 있었는데, 그중에는 행복 프로젝트를 실행하기 위해 이미 블로그를 개설한 사람도 있었다. 나는 내게 효과가 있었던 방법과 결심들을 시도해보라고 독자들을 설득할 수 있었다는 사실이 만족스러웠다.

➥ 결심목록을 공유해주셔서 정말 고맙습니다. 남편과 나는 한 달씩 결심목록을 만들어볼 계획입니다. 운동은 두 사람 모두에게 즐거울 뿐 아니라, 몇 달 동안 정서적으로 힘든 시기를 보낸 후라서 서로의 유대감을 다시 느끼게 해줄 좋은 활동이 될 것 같습니다. 아직 구체적인 계획을 짜놓은 것은 아니에요. 바쁜 일들이 우리가 함께할 수 있는 양질의 시간을 빼앗는 것 같습니다. 하지만 곧 시작하자고 상의하고 있어요. 나는 결혼생활에 초점을 맞출 수 있는 간단한 결심들을

염두에 두고 있습니다. 예를 들어 밤에 데이트하기, 애정 표현하기, 뭔가 새로운 것 함께하기, 이유 없이 오후 반차 내고 집에 누워 있기, 드라이브 가기(우리 부부는 차에 함께 앉아 있을 때 훨씬 대화가 잘 통하더라고요) 등을 하는 겁니다. 우리는 많은 것을 당연시해왔다는 사실을 얼마 전에야 깨달았습니다. 그동안 충분히 주의만 기울였다면 얼마든지 행복을 키우는 데 도움이 되었을 사소한 것들을 지나쳤던 거죠.

➥ 마음챙김으로 고마운 사람들에게 감사하는 마음을 표현하고 싶어서, 한동안 내 삶에 영향을 미쳐온 그레첸이 꾸려가는 블로그의 긍정적 효과를 함께 누려보기로 마음먹었습니다. 그리고 블로그에 올라온 것 중에 특히 몇 가지가 마음에 들어 아예 내 것으로 차용해보기로 했죠. 우선은 성취하고자 하는 것에 대해 구체적일 필요가 있고, 좀 더 사교적으로 변하는 것이 더 큰 행복으로 나아가는 지름길이 된다는 사실을 알게 된 후, 나는 세 가지 목표를 설정해봤습니다. 마지막에는 성공 여부를 평가해볼 생각입니다. 수업을 듣자, 자원봉사를 하자, 모임에 가입하자. 나는 즉각 UC버클리 평생교육원에 가서 두 강의를 신청했습니다. 그리고 보이스카우트연맹에 자원봉사도 신청했죠. 두 가지 결심을 실천에 옮기느라 지난 6개월 동안 나는 자유 시간의 대부분을 할애했습니다. 최근 세 번째 결심인 보트 클럽에도 가입하게 됐습니다. 이 세 가지 결심이 올해 겪은 최고의 경험들이 되어주었다는 사실을 나는 주저 없이 얘기할 수 있습니다. 경제학 수업에서 중요한 친구들을 사귈 수 있었고, 보이스카우트연맹에서

는 스스로에게 동기를 부여하는 법과 경험을 되살리는 법을 배울 수 있었습니다. 그리고 보트 클럽에 가입한 후에는 운동도 하면서 사교의 범위도 넓혀가기 시작했죠. 솔직히 말해서 사람들이 요즘 뭐하고 지내냐고 물어보면, 나는 연초에 했던 결심에 따라 실천하고 있는 일들을 들려주는데, 내가 듣기에도 흥미진진합니다. 하지만 그보다 더 중요한 사실은 내가 정말로 충만한 기분을 느끼고 있으며, 확실히 더 행복해졌다는 겁니다.

➡ 그레첸이 블로그에 올려준 여러 제안 중에서 가장 마음에 와 닿았던 것은 그레첸 부친께서 들려주었다는 '일단 신발부터 신고 우체통까지 나가보는 거다'라는 말이었어요. 이젠 나도 일주일에 다섯 번 운동화를 신고 밖으로 나갑니다. 나는 그레첸의 연구와 경험을 통해 정말 많은 것을 배웠고, 꾸준히 시도해볼 만한 가치가 있는 일이라고 추천하고 싶습니다. 행복 프로젝트가 내 삶에 미친 영향은 매우 즉각적이었어요. 그리고 적어도 몇 년은 지속적으로 영향을 미치리라는 사실을 믿어 의심치 않아요. 때로 사람들은 자신이 해놓은 어떤 일이 단 한 사람에게라도 영향을 미칠 수 있다면 그것은 할 만한 가치가 있는 일이라고 말합니다. 그리고 당신이 해냈습니다!

내 블로그가 만나본 적 없는 사람들의 행복에 기여하고 있다는 사실을 알게 되었을 때 나는 무척 행복했다. 물론 그것이 블로그의 원

래 목적이기는 하지만 실제로 효과가 있음을 알게 되니 전율까지 느껴지는 것이다.

그리고 친구들은 계속 이렇게 물었다.

"이제 한 해가 다 가고 있잖아. 어때, 더 행복해진 거 같니?"

나는 즉시 대답했다.

"당연하지!"

"하지만 그걸 어떻게 증명하니? 프로젝트 수행과정에 적용시켜볼 만한 체계적인 측정 수단 같은 거라도 있어?"

"아니, 없어."

"남편에게 매일 점수를 매겨달라고 한 것도 아니고, 스스로 기분 측정표 같은 걸 기록한 것도 아니었잖아?"

"그래, 안 했어."

"그렇다면 전혀 행복해지지도 않았는데 단지 그렇다고 생각하는 걸 수도 있어."

"글쎄, 어쩌면 다 내 상상일지도 모르지. 하지만 아니야. 난 정말 더 행복해졌어."

"어떻게?"

"더 행복하다고 느끼거든!"

그것은 사실이었다.

내 '첫 번째 찬란한 진실'은 '행복해지고자 한다면 좋은 기분, 나쁜 기분, 올바른 기분을 느끼는 것에 관해 성장의 관점에서 생각해야만 한다'고 말한다. 그리고 나는 그 모든 요소를 염두에 두고 프로젝트를 수행했으며 그것이 큰 차이를 만들어냈다.

지금 돌이켜보니 내게 가장 중요했던 화두는 '나쁜 기분'이었다. 가장 큰 행복감도 욱하는 기분이나 잔소리, 험담하기, 잡동사니에 둘러싸여 있기, 가짜음식 먹기, 술 마시기처럼 나쁜 기분을 불러일으키는 요소들을 제거했을 때 느낄 수 있었다. 특히 까칠한 혀를 통제했을 때 행복감은 배가되었다. 요즘에는 고함을 지르기 바로 직전 한 박자 쉬었다가 목소리 톤을 바꾸어 말하거나 아예 중간쯤에서 의식적으로 목소리 톤을 바꾸려고 노력한다. 심지어 보험 서류를 제대로 처리하지 않았다고, 혹은 도서관에서 빌려온 책을 잃어버리고도 찾아보려 하지 않는다고 남편에게 잔소리를 늘어놓는 동안에도 웃을 수 있게 되었다.

동시에 독서모임에서 아동문학에 관한 이야기를 하거나 좋아하는 음악을 듣는 등 '좋은 기분'을 느낄 수 있는 기회도 훨씬 많아졌고, 가족과 함께 웃는 시간도 늘어났다. 또한 행복을 키워나갈 다양한 방식도 배웠다.

'올바른 느낌'은 직업을 법조계에서 글쓰기로 바꿀까 고민할 때 내 행복에서 중요한 역할을 해주었지만, 지난 몇 달 동안은 결심의 원천이 되어주지 않았다. 12월의 시작 무렵, 나는 다가오는 새해에 '올바른 기분'이 필요할 때 실천할 수 있는 목표를 하나 생각해냈다. 즉, 장기기증과 관련된 활동을 해보고 싶었다. 물론 우리 가족 모두는 부디 남편이 장기이식을 필요로 하지 않기를 소망한다. 하지만 남편이 C형 간염을 앓고 있기 때문에 나는 장기기증에 더욱 관심을 쏠게 되었다. 만약 내가 전국의 장기기증자 수를 늘리는 데 작은 보탬이라도 될 수 있다면, 한 개인의 불행을 더 큰 행운으로 바꿔줄 수도 있지 않겠는가. 나는 만나보고 싶은 사람들의 명단과 여러 수단을 모으기 시작했다. 이 일이 즐겁기만 한 것은 아니지만 내게 올바른 느낌이 들게 하리라는 것은 확신할 수 있었다.

'첫 번째 찬란한 진실'에서 나를 가장 놀라게 했던 것은 바로 '성장의 분위기'라는 화두의 중요성이었다. 행복의 네 번째 요소로 정의하기는 했지만 솔직히 처음에는 그다지 무게를 두지 않았다. 하지만 내 행복 프로젝트가 성장의 분위기야말로 행복으로 나아가게 하는 거대한 기여자라는 사실을 증명한 것이다. 비록 내 본능은 새로움과 도전에서 되도록 멀리 떨어져 숨고 싶어 하지만, 사실 나처럼 모험심 없는 사람에게조차도 이 요소는 행복의 중요한 원천으로 작용했다. 특히 내 경우에는 블로그가 제공해준 성장의 분위기가 행복에 엄청난 원천이 되었다. 블로그 운영 기술을 성공적으로 익힘으로써 감사의 느낌도 얻게 되었고, 그 느낌을 연마함으로써 더욱 나 자신을 채찍질할 수 있는 힘 또한 얻게 되었다.

사람들이 내게 끊임없이 묻는 것이 또 한 가지 있다.

"남편은 어때? 남편도 바뀐 것 같아? 더 행복해졌대?"

장담할 수 있는 사실은, 남편에게 자신의 정서적 상태에 대해 포괄적인 분석을 해보라고 귀찮게 졸라댄다면, 남편은 결코 행복하다고 느끼지 않을 것이라는 점이다. 하지만 그럼에도 불구하고 어느 날 밤, 나는 도저히 묻고 싶은 유혹을 피할 수가 없었다.

"내 행복 프로젝트가 자기도 더 행복하게 해준 것 같아? 뭐 변했다거나 그런 거 없어?"

"없어."

남편의 대답이었다. 하지만 그는 변했다. 내가 잔소리하지 않아도 자신의 일을 해치웠다. 주말에 같이 쇼핑을 한다거나 개인 자산관리 기관에 우리 소득을 저축한다든가 하는, 전에는 결코 하지 않았던 일을 스스로 하고 있었다. 내 이메일에 답장해주는 횟수도 현저히 늘었고, 가끔씩 기저귀 담아두는 통을 비우기도 했는데, 그것은 거의 일 년 전쯤 마지막으로 하고 처음 하는 일이기도 했다. 또한 내 생일을 기억해서 아침에 눈 뜨자마자 "생일 축하해"라고 말해주었을 뿐 아니라, 가족 파티도 준비하고, 선물도 미리 사두었으며, 전에는 죽어도 싫다고 하던 사진도 함께 찍었다.

남편은 생각보다 내 행복 이야기를 훨씬 많이 흡수했다. 어느 날, 우리가 바깥에 볼일이 있어 나갔을 때, 남편이 엘리자에게 이렇게 속삭이는 것을 들을 수 있었다.

"이따가 마트에 가면 정말 재미있는 장면을 보게 될 거야. 엄마가 5달러짜리 물건을 하나 사고 나서 얼마나 행복해하는지 보여줄게. 아주 작은 물건도 사람을 행복하게 할 수 있다는 거지. 그게 얼마나 비싸냐는 문제가 안 되는 거야."

그렇다면 그 물건이란? 싱크대 옆에 붙여놓고 쓰는, 물기를 빨아들이는 컵이 달린 스펀지홀더였다. 시동생 부부 집에서 처음 목격한 이래로 하나 꼭 장만하고 싶었던 물건이었다. 그리고 남편의 말이 옳았다. 그 물건을 사고 나서 나는 극도로 행복해했다. 하지만 작년만 하더라도 남편은 그런 나의 모습을 눈여겨보지 않았었다. 그런데 나를 가장 행복하게 만들었던 것은 그가 약속만 해놓고 전화를 하지 않아 내가 무척이나 화를 낸 다음에 보낸 이메일 답장이었다.

발신: 제이미 루빈

수신: 그레첸 루빈

제목: 여보 화 풀어! 아래를 보세요!

솔직히 고백하자면 처음 행복 프로젝트를 시작했을 때, 나는 만약 남편에게 잔소리와 불평하던 것을 그만두면 그가 모든 귀찮은 일을 내게 떠맡기지는 않을까 걱정했었다. 하지만 그런 일은 일어나지 않았다. 연관성이 반드시 인과성을 내포하는 것은 아닌 것이다. 어쩌면 남편의 변화도 내 행복 프로젝트와는 아무 상관없을지 모른다. 이유야 어떻든 간에, 집 안 분위기는 전보다 훨씬 좋아졌다. 물론 그것이 과학적인 측정법이라고는 할 수 없을 테고, 어쩌면 나는 내가 보고 싶은 것만 보고 있는지도 모른다. 하지만 무슨 상관인가?

내가 더 행복해졌다고 생각한다면 나는 더 행복한 것이다. 그것이 바로 '네 번째 찬란한 진실'이었다. '네 번째 찬란한 진실'이 내가 정의한 마지막 진실일지는 모르겠지만, 사실 나는 버스 안에서 처음 행복 프로젝트라는 아이디어를 떠올렸을 때부터 그것에 대해 어느 정도까지는 이해하고 있었다. 스스로 행복하다고 생각하지 않는 한 나는 행복하지 않고, 오직 행복이라는 주제도 나 자신을 꽉 채우도록 밀고나갈 때 진정으로 경험할 수 있는 것이다.

비록 '첫 번째 찬란한 진실'이 내 삶을 더 행복하게 바꾸어나가는 방법을 보여준다는 점에서 중요한 가치가 있다고 하더라도, 행복의 특성을 이해하는 데는 '두 번째 찬란한 진실'이 더 중요하다. '나 자신을 행복하게 만드는 최고의 방법은 다른 사람을 행복하게 만드는 것이다. 다른 사람을 행복하게 만드는 최고의 방법은 나 자신이 행복해지는 것이다.' 이 말은 행복해지려고 노력하는 것이 왜 이기적인 목표가 아닌지 확실히 보여주었고, 로버트 루이스 스티븐슨의 "행복해야 할 의무만큼 우리가 과소평가하는 의무는 없다"는 말도 명확하게 보여주고 있다.

불행하다고 느껴지는 날이면 나는 풀이 죽고 무기력하고 방어적이 되어 다른 사람에 대한 흥미를 잃어버린다. 더 심한 경우 화가 나거나 분개하게 되면 일부러 더 화를 내고 짜증낼 구실만 찾게 된다. 반면 행복한 기분이면 훨씬 더 쾌활하고 관대하고 창의적이며 용기백배해서 타인에게 도움도 많이 주게 된다.

12월은 동생 엘리자베스에게 정신없이 바쁜 달이었다. 다른 작가 한 명과 경력에 있어서 가장 중요한 기회가 되어줄지 모를, 네트워크 TV쇼에 내보낼 파일럿 프로그램 대본을 집필했고, 약혼자 아담과 함께 살 집을 장만했으며, 결혼식 계획도 짜고 있었고, 최근 진단받은 당뇨병도 관리해야 했다. 나는 동생을 위해 무언가 해줄 만한 것이 없을까 고민하다가 좋은 일 하나를 생각해냈다. 그래서 동생에게 전화를 걸었다.

"맞혀볼래?"

"뭘?"

약간 귀찮다는 목소리였다.

"너 요즘 엄청나게 스트레스 받고 있는 거 보면서 내가 기분이 좀 안 좋았거든. 그래서…."

나는 극적 효과를 주려고 약간 뜸을 들였다.

"내가 너 대신 주말에 장 보는 거 해주려고!"

"언니, 진심이야? 그래주면 정말 좋겠다."

그동안 얼마나 스트레스에 시달렸던지 엘리자베스는 사양하는 시늉조차 하지 않았다.

"기꺼이 해주고말고!"

나는 약속을 지켰다. 동생의 목소리를 타고 전해지는 안도감과 행복감에 나 역시 행복해졌다. 만약 내가 불행한 기분이었다면 장보기는 고사하고 동생 것을 대신 해주겠다고 제안했을까? 동생을 도와야겠다는 생각 같은 것을 하기는 했을까? 아마도 아닐 것이다.

'세 번째 찬란한 진실'은 약간 종류가 다르다고 할 수 있다. '하루는 길지만 세월은 짧다'라는 말은 계절을 만끽하고, 12월의 크리스마스 분위기나 딸들이 쌍으로 차려입은 체리 무늬 잠옷, 또는 삶의 갈피들을 즐기고자 한다면 순간에 충실해야 한다는 점을 상기시킨다.

매일 잠자리에 들기 전, 나는 아침을 쾌적하게 맞이하기 위해 정리정돈을 하느라 분주히 돌아다니거나 침대에 누워 책을 읽는다. 하지만 남편에게는 매우 사랑스러운 습관이 하나 있다. 우리는 그것을 '사랑스럽게 응시하기'라고 부른다. 몇 주에 한 번씩 남편은 나를 부르며 이렇게 말한다.

"어서 와, 사랑스럽게 응시하러 가자."

그러면 우리는 엘리자와 엘리너가 잠든 모습을 조용히 바라보는 것이다.

며칠 전에도 남편은 컴퓨터 앞에 앉아 있는 나를 잡아끌었다.

"안 돼, 나 지금 할 게 너무 많아. 오늘 반드시 끝내야 할 일이 몇 개 있거든. 그러니까 당신만 가봐."

그래도 남편은 고집을 부렸고, 결국 나도 일어나서 함께 엘리너의 방문 앞으로 갔다. 그리고 꼭 요람 안에 넣어두겠다고 고집을 부리는 바람에 쌓아놓은 거대한 책 더미 너머에서 곤히 잠든 아이를 '사랑스럽게 응시'했다. 나는 남편에게 이렇게 말했다.

"언젠가는 우리도 과거를 돌아볼 날이 있을 텐데, 그때쯤 되면 우리가 이렇게 작은 아이들을 키웠다는 사실을 기억하기 힘들지도 몰라. 아마 이렇게 말하겠지. '엘리너가 그 빨대 달린 보라색 젖병 물고 있던 시절 기억나?' 또는 '엘리자가 그 루비 슬리퍼만 종일 신고 다니던 거 생각나?'라고 말이야."

남편이 내 손을 꼭 쥐며 대답했다.

"분명 이렇게 얘기할 거야. 그때 정말 행복했지!"

하루는 길지만 세월은 짧다.

☑ 프로젝트 완성하기

일 년 동안 사람들이 내게 '행복의 비밀이 뭐예요?'라고 물을 때마다, 나는 '운동'이나 '잠' 또는 '좋은 일을 하면 기분도 좋아진다' 혹은 '다른 사람들과의 유대감을 강화시켜라' 등의 대답을 했다. 12월 말쯤 되었을 때 내 행복 프로젝트에서 가장 도움이 되었던 부분이 그러한 결심이나 '네 번째 찬란한 진실', 혹은 과학이나 고상한 책들이 아니라는 사실을 깨달았다. 행복 프로젝트에서 가장 효과적이었던 수단은 바로 결심목록을 지켜나갔다는 점이었다.

처음 시작했을 때, 나는 그 목록을 감사장 적는 일이나 다를 바 없는 하나의 흥미로운 실험이라고 생각했었다. 하지만 그것은 엄청나게 중요해졌다. 그때그때 각오를 다지는 것이 예상했던 것보다 힘들었지만, 행복 프로젝트에서 지켜나갈 목표를 세우는 것은 그다지 힘든 일이 아니었다. 그 목표를 지켜나가는 실천이 가장 힘들었다. 변화를 일으킬 실천을 못하면, 변하고 싶다는 욕구 같은 것은 아무짝에도 쓸모없었다.

지속적인 평가와 책임의 기회를 제공함으로써 결심목록은 내가 꾸준히 나아갈 수 있도록 도와주었다. '가벼워지기, 사랑의 증거 보여주기, 사람들이 여유로워질 수 있도록 돕기' 등의 구절이 끊임없이 머릿속에서 신호를 보내고 있었고, 덕분에 나는 수시로 행동을 수정해나갈 수 있었다. 도서관에서 옆에 앉은 여자가 끊임없이 한숨을 쉬어대는 통에 짜증이 났을 때도 나는 '영적 선지자들을 본받자'

라는 생각으로 앉아 있었다. 성녀 테레사도 비슷한 경험담을 이야기한 적이 있었다. 하루는 저녁 기도 시간에 동료 수녀 한 명이 딸깍거리는 소음을 계속 내는 바람에 짜증을 삭히느라 식은땀까지 흘린 적이 있었다는 것이다. 비록 내가 모든 결심을 완벽하게 실천한 것은 아니었지만 최선을 다했으며, 행복하면 행복할수록 더욱더 충실히 결심을 지켜나갔다.

나는 꽤 많은 사람이 '결심' 대신 '목표'라는 단어를 사용한다는 사실을 우연히 알아차리게 되었는데, 12월의 어느 날, 실은 그 둘의 차이에 큰 의미가 있다는 사실을 깨닫게 되었다. 즉 목표는 도달하는 것이고 결심은 지키는 것이다. '마라톤을 뛰는 것'은 좋은 목표가 될 수 있다. 그것은 구체적이고, 성공을 가늠하기도 쉬우며, 목표에 도달하면 그것으로 끝이다. '아침에 노래하기'와 '더 열심히 운동하기'는 결심에 해당한다. '어느 날 아침 일어나 보니 그것을 성취했더라' 식의 논리는 성립하지 않는다. 매일 그리고 영원히 하기로 마음먹어야 한다. 목표를 향해 나아가는 것도 성장의 분위기를 제공한다. 하지만 목표에 도달하는 것이 생각했던 것보다 힘들다면 중간에서 포기해버리기 쉽다. 또한 목표에 도달하고 난 다음에는 무슨 일이 있겠는가? 예를 들어, 마라톤을 완주했다고 하자. 그렇다면 이제 운동을 그만두겠는가? 아니면 새로운 목표를 세우겠는가? 결심을 했을 경우에는 기대치가 다르다. 매일 나는 그 결심을 지키려고 노력한다. 때로는 성공하기도 하고, 또 가끔씩 실패하기도 하지만, 매일 매일이 새로운 계획이자 새로운 기회가 된다. 나는 결심을 완수한다는 생각은 해본 적이 없기에, 계속 도전으로 남아 있어도 실망하지 않는다. 그리고 실제로도 늘 도전해야 하는 것이 결심이다.

한 달 한 달 지나가는 동안, 나는 '나다워지기'의 중요성도 다시금 깨닫게 되었다. 모든 위대한 선지자들이 지적했듯이 인간의 가장 절박한 관심사는 우리 안에 내재한 천성의 법칙을 발견하는 것이어야 한다. 나는 무엇이 나를 행복하게 만들어주기를 바라는가가 아닌, 나를 정말 행복하게 만드는 것이 무엇인가를 알아내야만 했다. 행복 프로젝트를 실천하면서 가장 놀라웠던 사실 하나는 나 자신을 알기가 참 어렵다는 점이었다. 솔직히 나는 너무도 당연해 보이는 그 사실을 끊임없이 강조하는 철학자들에게 약간은 화가 나 있었다. 하지만 마지막에 가서는 '어떻게 나다워질 수 있을까?'에 대한 답을 얻고자 한다면 아마 평생을 다 바쳐야 할지도 모른다는 사실을 깨닫게 되었다.

재미있는 사실은 오직 단 한 번, 그것도 내 행복 프로젝트가 거의 끝나갈 무렵, 갑자기 왜 내가 행복 프로젝트를 실천해보고 싶다는 생각을 하게 되었는지 궁금해졌다는 것이다. 물론 버스를 타고 가다가 더 행복해지는 것에 관한 계시를 얻었고, 일상에서 한 걸음 물러나 초월적인 문제들을 명상해볼 수 있다는 생각도 위안이 되었고 그로 인한 전율도 느꼈었다. 하지만 정작 일 년 동안 꾸준히 그것을 지켜나갈 수 있도록 내게 동기를 부여한 것이 무엇이었을까?

남편의 생각은 이랬다.

"내 생각에는 이 행복 프로젝트를 통해 당신이 스스로의 삶에 대해 좀 더 통제권을 얻으려 노력하는 게 아닌가 싶어."

정말일까? 어쩌면 그럴지도 모른다. 스스로의 삶을 통제한다는 느낌은 행복에 있어서 중요한 요소다. 말하자면 수입보다도 행복의 정도를 측정하는 데 더 좋은 장치가 된다는 것이다. 자율적이라는 기분을 느끼는 것은, 자신의 삶에서 어떤 일이 일어나고, 또 어떻게 시간을 사용할지에 대해 스스로 선택할 수 있다는 점에서도 매우 중요하다. 결심을 확인하고 실천하는 과정을 통해 나는 스스로의 시간, 몸, 행동, 주변 환경, 심지어는 생각까지도 훨씬 잘 통제하고 있다는 확신을 얻게 되었다. 자기 자신의 삶을 통제할 수 있다는 것은 확실히 내 행복 프로젝트의 한 결과임이 분명했고, '통제감'이 주는 대단한 느낌도 행복을 키우는 데 주요한 역할을 했다.

그러나 행복 프로젝트의 이면에는 그보다 심오한 무언가가 있었다. 물론 처음 시작했을 때는 몰랐다. 나는 무시무시하고 두려운 시련에 대비해 정신을 바짝 차리거나 그동안 쌓아온 미덕을 기반으로 심판의 날에 대비해야만 한다고 생각했던 것이다. 결심목록은 내 진정한 양심이었다. 만약에 먼 훗날 올해의 행복 프로젝트를 '나는 당시 얼마나 순진했었나' 하는 놀라움으로 돌이켜보게 된다면 아마도 이렇게 말할지도 모른다.

"그때는 행복해지기도 참 쉬웠어."

어느 흐린 날 아침에는 이렇게 생각할지도 모른다.

'지금 사는 인생을 있는 그대로 감사하기 위해 힘닿는 데까지 노력했더라면 얼마나 더 행복할 수 있었을까?'

한 해가 가고 있다. 그리고 나는 정말 더 행복해졌다. 수많은 조사를 통해 나는 지금 알고 있는 모든 것을 깨달았다. 인생을 송두리째 바꾸지 않고도 삶을 변화시킬 수 있었다. 그 목표에 도달하려고 애쓰고 있을 때, 루비 슬리퍼가 내내 발에 걸쳐 있었고, 파랑새 역시 부엌 창문 밖에서 시종일관 지저귀고 있었다는 사실도 알 수 있었다.

당신의 행복 프로젝트

사람마다 행복 프로젝트는 모두 다르겠지만, 행복 프로젝트를 시작하고도 그 혜택을 누리지 못하는 사람은 없을 것이다. 나는 행복 프로젝트를 일 년 동안 수행했으며, 바라건대 남은 생애에도 계속 실천해나갈 수 있었으면 한다.

행복 프로젝트는 언제라도 시작할 수 있으며, 원하는 만큼 지속할 수 있다. 매일 밤 집에 들어오면 같은 장소에 자동차 키를 두는 일처럼 작은 결심부터 시작해도 좋을 것이고, 혹은 가족과의 관계를 전면적으로 수정하는 큰 문제부터 해결해도 좋을 것이다. 분명한 것은 모든 결정은 전적으로 본인에게 달려 있다는 것이다.

어떤 결심을 목록에 적어 넣을 것인지 결정하고, '첫 번째 찬란한 진실'은 무엇으로 정할지 생각해본 후 다음 질문에 답해보길 바란다.

"무엇이 당신을 기분 좋게 하는가? 어떤 활동이 즐겁고, 만족스러우며, 활력을 불어넣어주는가?"

"무엇이 당신을 기분 나쁘게 하는가? 삶에서 어떤 요소들이 당신을 화나고 짜증나고 지루하게 하고 좌절감을 느끼게 하며, 조바심치게 하는가?"

"인생에서 무언가 옳지 않다고 느껴지는 부분이 있는가? 혹시 직업이나 살고 있는 도시, 가족 상황, 또는 여타의 주변 환경을 바꾸고 싶다는 생각이 드는가? 스스로의 기대치에 부응하며 살고 있는가? 당신의 삶이 스스로의 가치를 반영한다고 생각하는가?"

"성장의 분위기를 제공하는 원천이 있는가? 당신 삶의 어떤 요소가 발전, 배움, 도전, 향상, 정통성 등과 관련이 있다고 생각하는가?"

위의 질문에 답을 하다보면 원하는 변화로 나아갈 수 있는 로드맵을 얻을 수 있다. 그렇게 해서 어떤 영역에 관심을 두어야 할지 정하고 나면, 자신이 확실히 발전하고 있는지 평가할 수 있는 측정 가능한 결심목록을 찾아내야 한다. 결심은 막연할 때보다 구체적일 때 훨씬 실천하기 쉽기 때문이다. '좀 더 사랑을 베푸는 부모가 되자' 같은 결심은 '아이들이 깨어나기 전에 옷을 입을 수 있도록 15분 일찍 일어나자' 같은 결심보다 훨씬 지켜나가기가 힘들다.

일단 결심목록을 만들었으면 진행 과정을 평가하고 스스로에게 믿음을 줄 수 있는 전략을 세워야 한다. 내 경우에는 벤저민 프랭클린의 덕 목표를 참조해 결심목록이라는 것을 고안해냈다. 또는 목표 그룹을 시도하거나, 진행 과정을 체크하면서 한 문장짜리 일기를 쓴다거나 블로그를 시작해보는 것도 좋을 것이다.

또 하나의 유용한 방법은 자신의 행동 지표가 되어줄 개인적인 계명을 만들어보는 것이다. 예를 들어, 내게 가장 도움이 되었던 중요한 계명은 '나다워지기'였다.

행복 프로젝트를 수행하는 모임을 만들고 싶다면 'grubin@gretchenrubin.com'으로 이메일을 보내도 된다. 또한 'Better: From Grechen Rubin' 앱을 통해서도 행복, 좋은 습관, 인간 본성에 관해 나누는 대화에 무료로 참여할 수 있다. 앱스토어에서 'Better Gretchen Rubin'을 검색하거나 'betterapp.us' 사이트를 방문하면 더 많은 것을 배우고, 관계를 맺고, 책임감 있는 모임을 구성하며 행복 프로젝트를 함께 수행해나갈 사람들을 만날 수 있다. 우리는 서로에게 모든 것을 배울 수 있다.

이 책을 읽은 독자들이 자신만의 행복 프로젝트를 시작하게 되기를 간절히 바란다. 그것은 지금 이 순간을 무의미하게 흘려보내는 '나'에 대한 가장 큰 질책이자 사랑이며, 나를 둘러싼 모든 것들에 대한 가장 큰 배려가 될 것이다.

행복 프로젝트 선언문

○ 행복해지려면 좋고, 나쁘고, 옳다고 느끼는 기분을 성장 단계에서
 부터 생각해봐야 한다.

○ 자신을 행복하게 하는 가장 좋은 방법은 다른 사람을 행복하게 하
 는 것이고, 다른 사람을 행복하게 하는 가장 좋은 방법은 자기 자
 신이 행복해지는 것이다.

○ 하루는 길지만, 세월은 짧다.

○ 행복하다고 생각하지 않는 한 행복하지 않다.

○ 우리의 몸은 소중하다.

○ 타인은 행복이다.

○ 자신을 잊을 수 있도록 자신에게 집중하라.

○ 무거워지기는 쉽고, 가벼워지기는 어렵다. – G. K. 체스터턴

○ 다른 사람에게 즐거운 일이라고 해서 내게도 반드시 즐거운 일이
 되라는 법은 없다.

○ 최고는 좋은 것이고, 더 좋은 것은 최고다.

○ 외부 질서는 내면의 평화에 기여한다.

○ 행복은 더 많이 갖거나 덜 갖는 것에서 오는 게 아니라, 자신이 가
 진 걸 원하는 것에서 온다.

○ 자신이 하는 일을 선택할 수는 있지만, 하고 싶은 일을 선택할 수
 는 없다.

○ 행복해야 할 의무만큼 우리가 과소평가하는 의무도 없다. – 로버

트 루이스 스티븐슨

○ 우리는 헤아릴 수 있는 것만 감당할 수 있다.

○ 사랑의 행위는 사랑의 감정을 불러일으킨다.

○ 위대한 진리의 반대 역시 진실이다.

어른의 비밀

○ 우리는 우리가 생각하는 것보다 다른 사람들과 더 비슷하고, 덜
비슷하다.

○ 종종 상황은 쉽게 변하기 전에 더 어려워지는 경우가 많다.

○ 따라잡는 것보다 꾸준히 하는 것이 더 쉽다.

○ 때로는 골치 아픈 상황이 최고의 추억이 된다.

○ 사람을 바꿀 수는 없지만, 내가 바뀌면 다른 사람도 바뀌고, 관계
도 바뀐다.

○ 모든 결정에 강도 높은 연구조사가 필요한 것은 아니다.

○ 일하는 것은 미루기의 가장 위험한 형태다.

○ 모든 방에는 보라색을 약간씩 포함해야 한다.

○ 완벽함이 선함의 적이 되게 하지는 마라(완벽함만 추구하다가는 일
을 그르친다).

○ 라스베이거스에서 계속 유지되는 것은 아무것도 없다.

○ 준비된 제자에게는 스승이 나타난다.

○ 다시 시작하는 것이 그냥 시작하기보다 더 어렵다.

○ 빨리 가려면 천천히 가라.

○ 동기motivation에 의해 동기motivation를 부여받길 기대하지 말라.

○ 때때로 육체를 통해 정신을 만족시킬 수 있다.

○ 모든 건 쟁반 위에 있을 때 더 정돈돼 보인다.

○ 언제든 할 수 있는 일은 종종 아무 때도 하지 않게 된다.

○ 자기 자신보다 주변 환경을 바꾸는 것이 더 쉽다.

행복의 역설

○ 적게 일함으로써 더 많이 성취하라.

○ 선반은 비워두고, 잡동사니 서랍을 둔다.

○ 다른 사람에게 가까이 다가갈 수 있도록 감정적으로 자족하기 위해 노력한다.

○ 모든 것이 중요하지만, 아무것도 중요하지 않다.

○ 고결하려고 애쓸수록 고결함을 훼손할 수 있다.

○ 타인은 지옥이며, 천국이다.

○ 때로는 침묵이 최고의 대답이다.

○ 다른 사람들이 행복하지 않다는 사실을 인정하게 해서 그들을 행복하게 하라.

○ 부자가 되려면 돈을 써라.

○ 결점이 완벽함보다 더 완벽할 수 있다.

○ 실패로 성공하라.

○ 자신을 잊을 수 있도록 자신에게 집중하라.

○ 행복의 원칙이 늘 사람을 행복하게 만드는 것은 아니다.

○ 이기적인 이유로만 이기적인 사람이 되자.

○ 다가가기 쉬운 사람이기만 하면 때때로 사람들과 연결되기 힘
   들다.

○ 때로는 물질적인 욕망에 영적인 측면이 있다.

○ 지금을 기다려라.

○ 가짐으로써 관대해질 수 있다.

○ 자신을 인정하고, 자신에게서 더 많은 것을 기대하라.

추천도서 목록

여기 제시된 목록은 내가 추천하는 행복에 대한 책들이다.

━━ 행복의 역사에 관한 책

- 아리스토텔레스 『니코마코스 윤리학(The Nicomachean Ethics)』
- 프랜시스 베이컨 『수필집(The Essays)』
- 보에티우스 『철학의 위안(De consolatione philosophiae)』
- 키케로 『좋은 삶(On the Good Life)』
- 달라이 라마 · 하워드 커틀러 『행복의 기술(The Art of Happiness)』
- 외젠 들라크루아 『외젠 들라크루아의 일기(The Journal of Eugne Delacroix)』
- 에피쿠로스 『저작집(The Essential Epicurus)』
- 윌리엄 해즐릿 『수필집(Essays)』
- 윌리엄 제임스 『종교적 경험의 다양성(The Varieties of Religious Experience)』
- 프랑수아 드 라로슈푸코 『라로슈푸코의 격언집(Maxims of La Rochefoucauld)』
- 미셸 에켐 드 몽테뉴 『몽테뉴 수상록(The Complete Essays of Montaigne)』
- 플루타르크 『에세이 선집(Selected Lives and Essays)』
- 버트런드 러셀 『행복의 정복(Conquest of Happiness)』
- 아르투르 쇼펜하우어 『수필과 이삭줍기(Parerga and Paralipomena)』
- 세네카 『어느 스토아 학자가 보내온 편지(Letters from a Stoic)』
- 애덤 스미스 『도덕감정론(The Theory of Moral Sentiments)』

━━ 행복에 대한 과학과 실천을 담고 있는 흥미로운 책

- 마이클 아가일 『행복 심리학(The Psychology of Happiness)』
- 타일러 코웬 『경제학 패러독스(Discover Your Inner Economist)』

- 에드 디너 · 로버트 비스워스 『모나리자 미소의 법칙(Happiness)』
- 그레그 이스터브룩 『진보의 역설(The Progress Paradox)』
- 마이클 이드 · 랜디 J. 라르센 『주관적 웰빙의 과학(The Science of Subjective Well-being)』
- 프라이 · 브루노 · 알로이스 스투처 『행복과 경제학(Happiness and Economics)』
- 대니얼 길버트 『행복에 걸려 비틀거리다(Stumbling on Happiness)』
- 말콤 글래드웰 『블링크(Blink)』
- 조나선 헤이트 『행복의 가설(The Happiness Hypothesis)』
- 소냐 류보머스키 『하우 투 비 해피(The How of Happiness)』
- 대니얼 네틀 『행복의 심리학(Happiness)』, 『성격의 탄생(Personality)』
- 다니엘 핑크 『새로운 미래가 온다(A whole new mind)』
- 배리 슈워츠 『선택의 패러독스(The Paradox Of Choice)』
- 마틴 셀리그먼 『긍정심리학(Authentic happiness)』, 『학습된 낙관주의(Learned Optimism)』, 『자녀에게 줄 최상의 선물은 낙관적인 인생관이다(The Optimistic Child)』, 『당신이 변화시킬 수 있는 것은 무엇이며 변화시킬 수 없는 것은 무엇인가(What You Can Change & What You Can't)』
- 틱낫한 『거기서 그것과 하나 되시게(The Miracle of Mindfulness)』
- 티모시 윌슨 『나는 내가 낯설다(Strangers to Ourselves)』

━━ 다른 사람들의 행복 프로젝트
- 알랭 드 보통 『프루스트를 좋아하세요(How Proust can Change Yourlife)』
- 빅터 프랭클 『죽음의 수용소에서(Man's Search for Meaning)』
- 엘리자베스 길버트 『먹고 기도하고 사랑하라(Eat, Pray, Love)』
- A. J 제이콥스 『미친 척하고 성경말씀대로 살아본 1년(The Year of Living Biblically)』

- 카를 구스타프 융 『카를 융: 기억 꿈 사상(Memories, Dreams, Reflections)』
- 존 크라카우어 『야생의 세계로(Into the Wild)』
- 앤 크레이머 『나이 먹는다는 것(Going Gray)』
- 앤 라모트 『사용 설명서(Operating Instructions)』, 『은총의 여행(Traveling Mercies)』
- W. 서머싯 몸 『서밍 업(The Summing Up)』
- 마우라 오할로란 『순수한 마음, 밝은 마음(Pure Heart, Enlightened Mind)』
- 수잔 샤피로 『빛을 발하다(Lighting Up)』
- 헨리 데이빗 소로우 『월든(Walden)』

▬ 관계에 도움이 되는 책
- 앤 드마리스 · 밸러리 화이트 『첫 인상(First Impressions)』
- 어델 파버 · 일레인 매즐리시 『어떤 아이라도 부모의 말 한마디로 훌륭하게 키울 수 있다(How to Talk So Kids Will Listen and Listen So Kids Will Talk)』
- 헬렌 피셔 『연애본능(Why We Love)』
- 존 M. 고트맨 『행복한 부부 이혼하는 부부(The Seven Principles for Making Marriage Work)』
- 로버트 서튼 『또라이 제로 조직(The No Asshole Rule)』

▬ 재난에 관한 회고록 중 가장 감명 깊게 읽은 책
- 마사 베크 『아담을 기다리며(Expecting Adam)』
- 아나톨 브로야드 『내 병에의 도취(Intoxicated by My Illness)』
- 조앤 디디온 『상실(The Year of Magical Thinking)』
- 스탠 맥 『자넷과 나(Janet and Me)』
- 진 오켈리 『인생이 내게 준 선물(Chasing Daylight)』
- 앨릭스 케이츠 슐만 『있는 그대로를 사랑하라(To Love What Is)』

- 바이얼릿 와인가르튼 『죽음의 암시(Intimations of Mortality)』

▬ 내가 가장 좋아하는 행복에 관한 소설

- 로리 콜윈 『늘 행복하라(Happy All the Time)』
- 마이클 프레인 『태양에 착륙하기(A Landing on the Sun)』
- 리사 그룬왈드 『행복할 수 있다면 무엇이든 하자(Whatever Makes You Happy)』
- 닉 혼비 『좋은 사람 되기(How to Be Good)』
- 이언 매큐언 『토요일(Saturday)』
- 앤 패쳇 『벨칸토(BelCanto)』
- 메릴린 로빈슨 『길리아드(Gilead)』
- 윌러스 스테그너 『안전으로의 횡단(Crossing to Safety)』
- 레프 톨스토이 『안나 카레니나(Anna Karenina)』, 『이반 일리치의 죽음(Death of Smert Ivana Ilyitsha)』, 『부활(Voskresenie)』, 『전쟁과 평화(War and Peace)』
- 엘리자베스 폰 아르님 『엘리자베스와 그녀의 독일식 정원(Elizabeth and Her German Garden)』

▬ 내 행복 프로젝트에 가장 큰 영향을 미친 책

- 벤저민 프랭클린 『프랭클린 자서전(The Autobiography of Benjamin Franklin)』
- 리지외의 성녀 테레사 『한 영혼의 이야기(Story of a Soul)』
- 새뮤얼 존슨의 모든 글

• 이 책은 2010년에 출간된 『무조건 행복할 것』의 개정판입니다.

KI신서 9917

무조건 행복할 것 (10주년 기념판)

1판   1쇄 발행 2010년 12월 20일
1판 24쇄 발행 2013년 11월 4일
2판   1쇄 인쇄 2021년 10월 4일
2판   1쇄 발행 2021년 10월 13일

지은이 그레첸 루빈
옮긴이 전행선
펴낸이 김영곤
펴낸곳 ㈜북이십일 21세기북스

출판사업부문 이사 정지은
유니브스타본부장 장보라
인문기획팀 양으녕 최유진 디자인 어나더페이퍼
마케팅본부장 변유경 영업본부장 민안기
마케팅2팀 엄재욱 이정인 나은경 정유진 이다솔 김경은 김현아
출판영업팀 김수현 이광호 최명열
해외기획실 최연순
제작팀 이영민 권경민

출판등록 2000년 5월 6일 제406-2003-061호
주소 (10881) 경기도 파주시 회동길 201 (문발동)
대표전화 031-955-2100 팩스 031-955-2151 이메일 book21@book21.co.kr

ⓒ 그레첸 루빈, 2021
ISBN 978-89-509-9760-1 03320

㈜북이십일 경계를 허무는 콘텐츠 리더

21세기북스 채널에서 도서 정보와 다양한 영상자료, 이벤트를 만나세요!
페이스북 facebook.com/jiinpill21 포스트 post.naver.com/21c_editors
인스타그램 instagram.com/jiinpill21 홈페이지 www.book21.com
유튜브 youtube.com/book21pub

당신의 인생을 빛내줄 명강의! 〈유니브스타〉
유니브스타는 〈서가명강〉과 〈인생명강〉이 함께합니다.
유튜브, 네이버, 팟캐스트에서 '유니브스타'를 검색해보세요!

• 책값은 뒤표지에 있습니다.
• 이 책 내용의 일부 또는 전부를 재사용하려면 반드시 ㈜북이십일의 동의를 얻어야 합니다.
• 잘못 만들어진 책은 구입하신 서점에서 교환해 드립니다.